Excel로 풀어보는

경 영 통 계 학

강규철 · 최정일 공저

도서 출판 상 학 당

머리말

우리가 살아가는 일상생활 속에서 알게 모르게 많은 통계를 접하고 있습니다. 학생들의 상대평가 성적 A, B, C부터 장학금 비율, 학생식당의 메뉴판을 보면 지난해에 비해 25% 인상된 돈가스 가격, 아침저녁으로 통근버스를 이용하는 학생들의 비율 등이 모두 통계입니다.

올해 프로야구 선수 중에서 누가 가장 좋은 성적을 내고 있는지 알고 싶으면 팀별, 타자별, 투수별로 성적을 살펴보면 됩니다. 타자의 경우 타율, 홈런, 타점, 도루, 출루율 등의 항목으로 구분하고 투수의 경우 방어율, 다승, 구원승 등으로 구분하여 통계를 산출하고 있습니다.

수시로 변하는 몸무게를 체크하고 수첩에 적으면서 운동량과 식사량과의 상관관계를 기록하고 있습니다. 시험을 볼 때마다 공부한 시간과 점수와의 상관관계를 점검하면서 매번 반성하고 있습니다. 친구를 만날 때마다 함께 먹는 식사메뉴에 따라 변하는 친구의 표정과의 상관관계도 관찰하고 있습니다.

저녁시간만 되면 1,500원 라면을 먹고 우아하게 2,000원 카페라테를 마실지 아니면 3,000원 한식을 먹고 500원 자판기 커피를 마실지를 놓고 고민을 합니다. 과연 어느 것을 선택해야 만족도가 커지고 후회하지 않을까 매일 생각에 잠깁니다. 점심때 우동을 먹었으니 저녁에는 한식을 선호할 수도 있습니다.

우리의 평범한 일상생활이 온통 통계 속에 묻혀 사는데 기업이나 조직을 이끌어가는 관리자 입장에서는 수시로 최선의 방안을 선택하고 결정해야 합니다. 불확실한 미래상황에 대해 만족할 수 있는 성과를 이루기 위해서는 최소의 정보로 최대의 효과를 얻을 수 있어야 합니다.

의사결정에 도움이 되는 정보를 수집하고 어느 방향이 확률적으로 바람직한 결과를 얻을 수 있는지 통계분석을 통해 판단할 수 있습니다. 전문적인 지식과 다양한 경험이 관리자에게는 중요한 덕목이라 할 수 있지만 가능하면 통계적인 사고를 겸비하고 있다면 유능한 관리자로 기억될 것입니다.

이 책이 통계학을 공부하는 모든 분들에게 많은 도움이 되기를 바라는 마음으로 한 줄 한 줄 정성을 들였습니다. 통계과정을 직접 계산하는 것도 중요하지만 가능하면 다른 분이 작성한 통계결과를 보면서 이해할 수 있는 정도의 통계지식을 갖추었으면 하는 바람입니다.

어렵지 않고 쉽게 이해할 수 있도록 작성했습니다. 복잡한 계산과정은 직접 계산하지 않고 엑셀을 통해 간단하게 해결할 수 있도록 정리했습니다. 누구에게나 친근하게 다가갈 수 있는 통계학 책으로 기억되었으면 하는 마음입니다. 끝으로 이 책이 나오기까지 수고해 주신 모든 분들께 진심으로 감사드립니다.

수리산 봉우리를 바라보며

2009년 8월

저자

차 례

제1장_통계학의 이해_11

제2장_자료의 종류와 표현_25

제3장_중심경향치와 산포도_65

제4장_확률이론_105

제5장_확률변수와 확률분포_137

제6장_이산확률분포_165

제7장_연속확률분포_195

제8장_표본분포_223

제9장_추정이론_257

제10장_가설검정_297

제11장_상관분석과 회귀분석_317

CHAPTER

1

통계학의 이해

통계학은 모집단에서 임의로 표본을 추출하여 분석하고 정보를 얻으며 이를 근거로 사람, 물건, 사물, 조건 등의 특성을 알아내는 과학이다. 경영통계학은 기업경영에 필요한 자료를 바탕으로 기업방침을 정하고 경영관리를 수행하는 방법을 연구하는 학문으로 경영학의 한 분야이다.

1.1 통계학의 개념

통계학은 고대 이집트, 그리스, 로마, 중국 등에서 세금을 징수하기 위해 인구나 토지 등을 수량적으로 조사하기 위해 실시되었다. 근대 국가에서는 경지면적과 인구수, 세금액 등에 관한 사항을 조사하여 통치자에게 국가경영에 관한 정보를 제공하는 데 이용되었다.

통계학 Statistics는 라틴어에서 확률을 뜻하는 statisticus 또는 상태를 뜻하는 statisticum, 이탈리아어에서 정치가나 국가를 뜻하는 statista 등에서 유래되었다고 한다. 특히 이탈리아어 statista의 영향으로 국가의 인구나 재산 등 국가적 자료를 조사하는 학문으로 인식되어 왔다.

19세기 이후 확률의 의미와 수학적 사고가 추가되면서 기술통계학이 발생하게 되었다. 확률론은 17세기 수학자 파스칼과 페르마가 도박꾼의 파산에 대한 기댓값을 구하는 문제에 대해 주고받은 7통의 편지에서 게임의 법칙을 발견하면서 시작되었다.

1662년 영국의 그런트는 런던시청에서 발표한 사망자표를 수십 년 동안 모아 분석하고 보고서를 발표했는데 이를 최초의 기술통계적 분석으로 평가하고 있다. 오늘날 통계학에서 독일 대학파는 명칭을 계승하였고 영국 정치산술파는 수적자료를 기초로 인과관계를 규명하고 사회경제의 수량적인 관찰과 해석을 주로 다루었다.

통계적 사고는 자연과 사회적 현상을 관찰하고 이에 대한 정보나 자료를 수집하여 분석하고 자연과 사회의 현상을 예측하는 것이다. 과학은 사물에 대한 직접적인 학문을 세우고 철학은 자각의 학문을 세우는 반면 통계학은 사물에 대한 변화를 예측하고 방향을 제시하는 학문으로 볼 수 있다.

통계학은 사회현상을 수치적 분석에 의해 관찰하고 연구하는 학문으로 기술통계와 추론통계로 구분한다. 통계를 이용함으로써 불확실성의 감소, 관계분석, 예측, 현명한 의사결정 등이 가능하다.

어떤 현상에 대한 인식을 통해 집단의 특성을 분석하고 우연성에 대한 규칙성을 발견하여 불확실한 상황을 현명하게 대처하는 방법론을 제시하는 학문이다. 정보를 효율적으로 수집하고 분석하여 불확실한 상황에 대해 과학적인 판단을 내릴 수 있도록 다양한 방법을 제시하여 의사결정에 도움을 주고 있다.

다양한 분야에서 주어진 문제에 대해 적절한 정보를 수집하고 분석하여 해답을 구하는 과정을 수행하고 있다. 주어진 문제에 대해 적절한 자료의 형태, 자료를 수집하는 방법, 문제해결에 최적의 분석방법을 결정하는 것이 통계학의 역할이다.

1.2 통계학의 종류

통계학은 기술통계학과 추론통계학 두 가지로 구분하고 있다. 기술통계학은 통계자료를 정리하고 요약하여 미지의 현상을 정확하게 파악하기 위한 것으로 계산방법이 필요한 학문이다. 추론통계학은 모집단에서 추출한 표본을 분석하여 모집단의 특성을 규명하는 학문이다.

기술통계학(descriptive statistics)은 자료를 수집하고 그래프나 표를 사용하여 정리하고 대표치나 산포도 등 자료의 전반적인 특성을 수량화하는 방법을 다루는 학문이다. 예를 들어 합계, 평균, 분산, 표준편차, 상관계수 등이 있다.

추론통계학(inferential statistics)은 불확실한 상황에서 효율적인 의사결정을 하기 위해 주어진 자료를 분석하고 현재 상태를 파악하거나 미래 예측에 도움을 주는 방법을 다루는 학문이다. 예를 들어 모집단, 표본, 모수, 통계량, 확률분포, 추정 등이 있다.

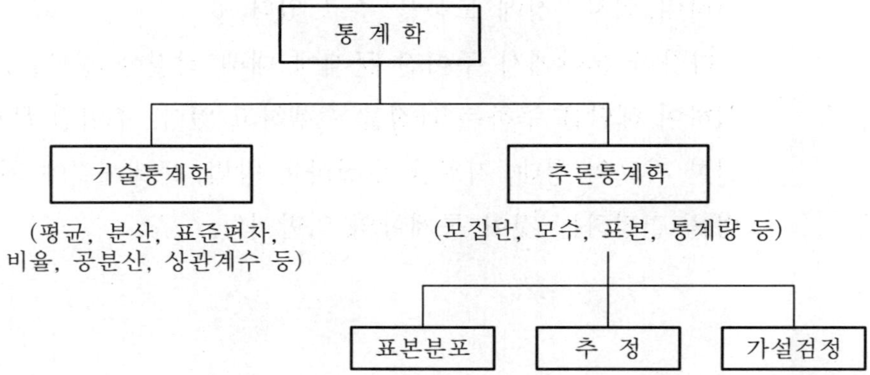

[그림 1-1] 통계학의 종류

추론통계학은 확률론과 모집단과 표본의 이상적 개념을 기초로 한다. 확률을 이용하여 모집단의 일부인 표본의 자료를 통해 모집단 전체의 특성을 추정하는 방법을 파악하였다.

통계학에서 사용하는 추론에는 추정과 가설 두 가지가 있다. 추정은 모집단에서 추출한 표본을 관찰하여 모집단의 평균이나 분산과 같은 양을 계산하기 위한 일련의 과정이다. 가설은 모집단의 집합을 가설로 다른 집합을 대안으로 놓고 표본에서 추출한 모집단 특성이 가설이 있는 값의 집합에 속하는지를 결정하는 일련의 과정이다.

1.3 모집단과 표본

통계학에서 자주 접하는 용어들에 대한 설명이다.

- 모집단(population) : 조사자가 관심을 갖는 대상의 모든 집합
- 표본(sample) : 모집단에서 조사대상으로 추출된 일부
- 모수(parameter) : 모집단의 특성을 나타낸 수치
- 통계량(statistic) : 표본의 특성을 나타낸 수치

모집단은 조사하고자 하는 모든 대상의 실험값이나 측정값의 집합을 의미한다. 모집단은 구성하고 있는 대상의 성질을 의미하는 것이 아니고 하나의 전반적인 특성을 의미한다.

모집단은 구성요소의 수에 따라 집단 전부를 조사하는 전수조사, 유한개의 집단을 조사하는 유한모집단, 무한개의 집단을 조사하는 무한모집단이 있다. 예를 들어 전수조사에는 국세조사나 신체검사

등이 있으며 유한개의 집단이라 하여도 규모가 크면 무한모집단의 성격을 갖는 것으로 인식한다.

표본은 모집단에서 실제조사를 통해 추출한 모집단 구성단위의 일부를 의미한다. 모집단의 일부분으로 전체를 분석하는 것보다 비용이나 시간 측면에서 더 경제적인 것으로 인식한다.

예를 들어 고등학생의 몸무게를 측정하고자 할 경우 전국의 고등학생을 대상으로 실시하기보다는 몇몇 고등학교를 선별하여 측정하는 경우이다. 전국의 고등학생이 모집단이라면 선별된 고등학교가 표본이 되는 것이다.

모수는 모집단을 대표하는 값으로 전수조사를 통해서만 파악할 수 있다. 통계학에서는 단지 모수를 추정할 뿐이며 모평균, 모분산, 모표준편차, 모비율 등이 있다.

통계량은 추출에 의해 얻은 표본의 자료이며 어느 변수의 추정값이다. 표본에 따라 변동하는 확률변수로서 표본평균, 표본분산, 표본표준편차, 표본비율 등이 있다. 모집단의 모수와 표본의 통계량의 관계가 [그림 1-2]에 나타나 있다.

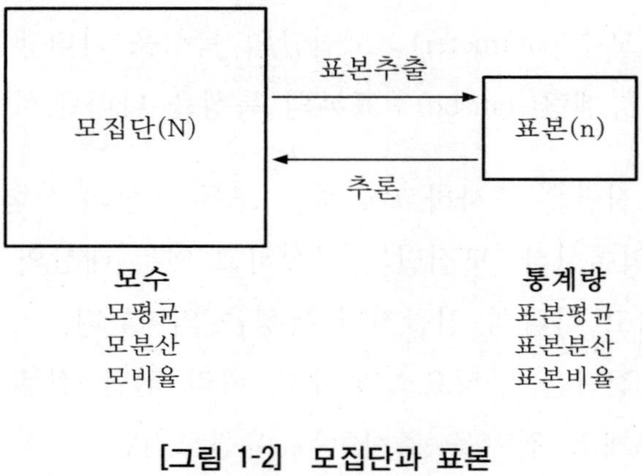

[그림 1-2] 모집단과 표본

예를 들어 전국에 있는 가구의 평균소득에 관한 조사를 하는 경우 비용이나 시간적인 측면에서 전수조사는 한계가 있으므로 모수를 얻기는 불가능하다고 본다. 따라서 표본조사를 통해 자료를 수집하게 되는데 이 자료들을 통계량이라 한다.

1.4 경영통계 자료의 이용

경영통계를 하기 위해서는 먼저 필요한 자료를 수집해야 한다. 경영통계에 필요한 자료를 인터넷을 통해 수집하는 방법에 대해 살펴보자.

경영통계관련 자료는 주로 통계청의 통계정보시스템(kosis)이나 한국은행의 경제통계시스템(Ecos)을 이용한다. 한국은행이 2006년 개발한 경제통계시스템(Ecos)에 대해 설명하고자 한다.

경제통계시스템(Ecos)은 한국은행 홈페이지(www.bok.or.kr)에서 우측 중간부분에 위치한 경제통계시스템(Ecos)을 클릭해도 되고 주소창에서 직접 ecos.bok.or.kr을 입력해도 된다.

통계시스템(Ecos)에 접속하면 메인 화면의 ECOS 검색에서 통화금융, 금리, 지급결제, 증권/재정, 자금순환, 물가, 국제수지/무역, 환율/외환 등이 나온다. 이 중에서 필요한 항목을 선택하면 된다.

(1) 필요한 자료 찾기

만일 한국의 주식시장 통계를 찾고 싶으면 '증권/재정' 항목을 클릭하고 오른쪽에 세부 메뉴가 나타나면 '증권'을 선택한다.

증권 항목을 클릭하면 ‘검색기간 선택’, ‘통계분류 선택’, ‘상세항목 선택’의 화면이 나타난다. 검색기간의 검색주기에서는 년, 월, 분기, 일별로 선택할 수 있고 검색기간에서는 원하는 기간을 선택할 수 있다.

통계분류에서 주식시장(일별)을 선택하면 오른쪽에 상세항목이 나타나고 이 중에서 필요한 항목을 선택하면 된다.

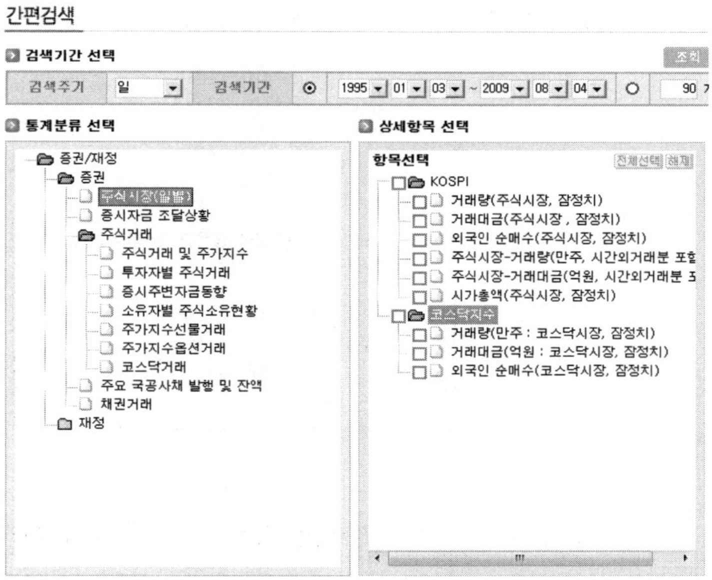

(2) 자료 다운 받기

항목선택에서 전체선택을 클릭하고 우측 상단에 있는 '검색결과자료받기'를 클릭하면 '파일유형선택'의 상자가 나타난다.

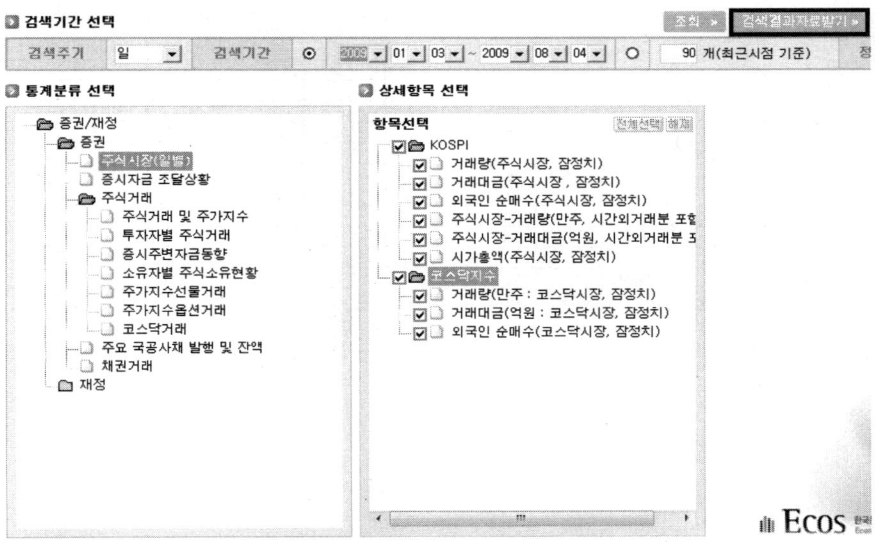

'파일유형선택'의 상자에서 엑셀을 선택하고 확인을 클릭한다.

다음과 같이 엑셀에 필요한 자료가 입력되어 나타난다.

	A	B	C	D	E	F	G	H	I	J	K	L
1	통계표	주식시장(일별)										
2	항목명1	KOSPI	거래량(주식시장, 잠정치)	거래대금(주식시장, 잠정치)	외국인 순매수(주식시장, 잠정치)	주식시장-거래량(만주, 시간외거래분 포함)	주식시장-거래대금(억원, 시간외 거래분 포함)	시가총액(주식시장, 잠정치)	코스닥지수	거래량(만주 : 코스닥시장, 잠정치)	거래대금(억원 : 코스닥시장, 잠정치)	외국인 순매수(코스닥시장, 잠정치)
3	단위	1980.01.04=100	만주	억원	억원	만주	억원	억원	1996.7.1=1000	만주	억원	억원
4	2009/01/03											
5	2009/01/04											
6	2009/01/05	1,173.57	40,888	51,898	3,338	41,453	52,882	6,022,280	342.77	58,941	12,292	−1
7	2009/01/06	1,194.28	43,782	54,924	3,709	44,395	56,084	6,131,760	348.41	67,127	14,212	87
8	2009/01/07	1,228.17	56,181	75,537	5,616	56,834	76,504	6,309,190	356.13	64,170	15,538	120
9	2009/01/08	1,205.7	46,660	57,188	−1,319	47,220	58,261	6,191,500	356.52	57,319	14,021	26
10	2009/01/09	1,180.96	43,806	52,480	−855	44,328	53,279	6,070,340	358.48	67,157	13,965	−62
11	2009/01/10											
12	2009/01/11											
13	2009/01/12	1,156.75	35,258	38,962	−1,002	35,258	38,962	5,947,140	351.35	71,426	12,916	−200
14	2009/01/13	1,167.71	38,123	41,018	305	38,123	41,018	6,002,450	355.13	67,569	12,989	−69
15	2009/01/14	1,182.68	35,868	39,635	98	35,868	39,635	6,077,310	364.63	65,710	14,803	47
16	2009/01/15	1,111.34	36,621	45,683	−1,826	36,621	45,683	5,710,930	343.35	65,984	16,531	−265
17	2009/01/16	1,135.2	33,119	40,294	−3,074	33,555	40,841	5,834,660	354.6	59,659	13,104	−148
18	2009/01/17											
19	2009/01/18											
20	2009/01/19	1,150.65	36,480	44,264	1,641	37,004	45,074	5,912,100	363.13	59,710	13,971	133
21	2009/01/20	1,126.81	31,495	37,327	−627	31,921	38,037	5,790,770	358.19	66,618	13,409	−147
22	2009/01/21	1,103.61	32,953	40,868	−2,429	33,438	41,447	5,672,640	352.43	54,343	11,610	−270
23	2009/01/22	1,116.23	34,165	42,098	−640	34,670	42,813	5,735,840	358.58	52,474	11,625	−49
24	2009/01/23	1,093.4	25,911	34,677	−1,481	26,803	35,583	5,618,010	352.83	50,263	11,632	−95
25	2009/01/24											

1.5 금융시장에서 통계가 이용되는 사례

한국은행 사이트에서 금융관련 자료를 수집하고 국민은행 사이트에서 부동산관련 자료를 수집한다. 지난 2001년부터 2008년도까지 8년 동안 물가상승률, 회사채수익률, 아파트상승률, KOSPI 상승률과 각각의 평균과 표준편차를 구하여 〈표 1-1〉로 작성하였다.

<표 1-1> 한국의 주요자산 수익률(2001 ~ 2008년)

%	물가상승률	회사채 수익률	서울지역아파트가격상승률	강남아파트 가격상승률	KOSPI 상승률
2001	4.1	7.1	6.4	10.6	37.5
2002	2.7	6.6	23.4	37.7	−9.5
2003	3.6	5.4	12.6	16.5	29.2
2004	3.6	4.7	4.1	7.3	10.5
2005	2.7	4.7	2.5	6.1	54.0
2006	2.1	5.2	13.8	27.6	6.0
2007	3.6	6.7	3.6	0.5	34.2
2008	4.1	8.4	3.2	−1.9	−41.4
평균	**3.3**	**6.1**	**8.7**	**13.0**	**15.0**
표준편차	0.7	1.3	7.4	13.6	30.4

자료 : 한국은행, 국민은행

높은 수익을 얻기 위해서는 더 높은 위험을 감수해야 한다는 것을 수익률과 표준편차를 이용하여 [그림 1-3]에서 보여주고 있다. 표와 그림을 동시에 보여줌으로써 상대방을 보다 효율적으로 이해시킬 수 있다.

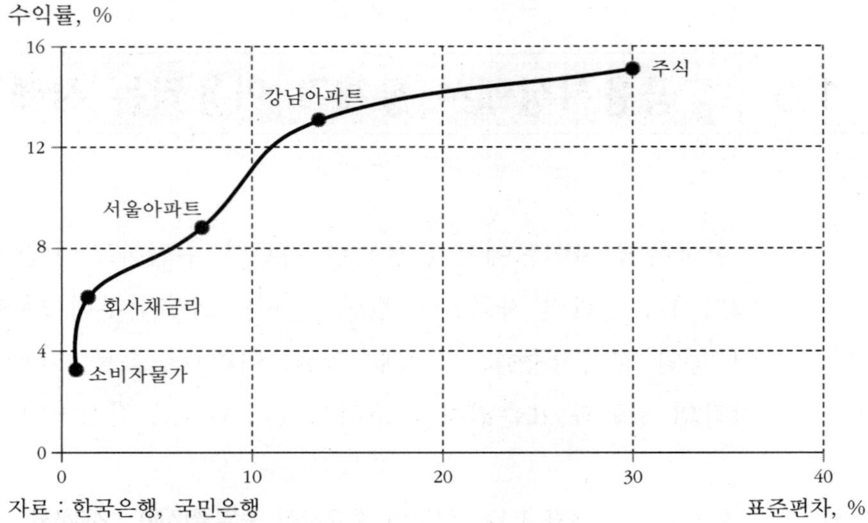

[그림 1-3] 한국 주요자산 수익률과 투자위험(2001 ~ 2008년)

한국의 주요자산 간 상관계수를 조사한 자료가 〈표 1-2〉에 잘 나타나 있다. 상관계수를 이용하여 주요자산 사이의 관계를 나타내고 있다.

〈표 1-2〉 한국 주요자산 간 상관계수(2001 ~ 2008년)

%	소비자물가 상승률	회사채 수익률	서울아파트 가격상승률	강남아파트 가격상승률	KOSPI 상승률
소비자물가 상승률	1.00				
회사채 수익률	0.59	1.00			
서울아파트 가격상승률	−0.52	−0.05	1.00		
강남아파트 가격상승률	−0.68	−0.25	0.96	1.00	
KOSPI 상승률	−0.12	−0.56	−0.26	−0.13	1.00

자료 : 한국은행, 국민은행

소비자물가와 회사채수익률 그리고 서울아파트와 강남아파트는 서로 양의 관계를 보여주고 있다. 반면 소비자물가와 아파트가격 그리고 회사채수익률과 KOSPI는 서로 음의 관계를 보여주고 있다. 양과 음의 상관계수에 대해서는 본문에서 자세히 공부하기로 한다.

[그림 1-4]는 상관계수가 −1을 기록한 자산끼리 포트폴리오를 구성한 것처럼 가정하고 그린 경우이다. 상관계수 −1의 의미를 파악할 수 있을 것이다. 어느 하나가 오르면 다른 하나가 하락하므로 이 두 자산으로 포트폴리오를 구성하면 투자수익률은 그대로 유지하고 반면 변동성(위험)은 크게 감소하게 된다.

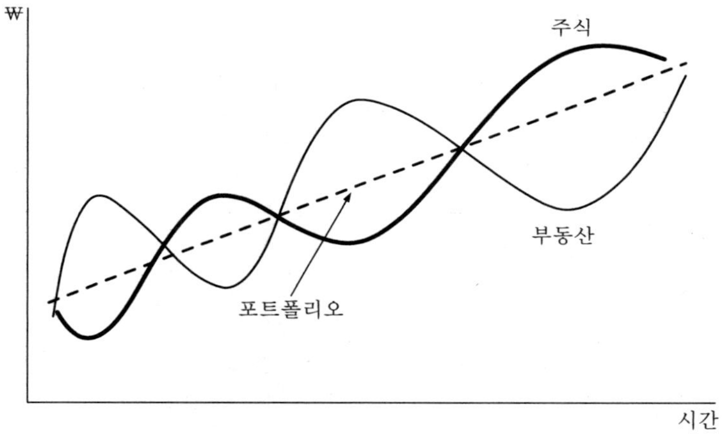

[그림 1-4] 상관계수가 −1인 자산으로 구성된 포트폴리오

금융시장에서 통계가 사용되고 있는 사례를 일부 소개하였다. 필요한 자료를 수집하여 정리하고 표나 그래프로 작성하는 분석 업무도 중요하다. 반면 이미 통계적으로 작성된 자료를 보면서 이해할 수 있는 능력 또한 중요하다고 본다.

<< 연습문제 <<<<<<<<<<<<<<<<<<<<<<<<<<<<<<<<<<<<<<<<<<<<<<

01 통계학을 공부하는 이유에 대해 이야기하라.

02 통계학의 종류에 대해 설명하라.

03 모집단과 표본에 대해 설명하라.

04 최근 한 달 동안의 원/미국달러(기준환율)를 찾아 엑셀로 작성하라.

CHAPTER

2 자료의 종류와 표현

우리는 일상생활 속에서 다양한 매체를 통해 종합주가지수, 주가, 거래량, 환율, 금리, 물가, 무역수지, 원자재가 등 다양한 자료(data)들을 접하고 있다. 이 자료들은 인터넷이나 각종 전문서적 등을 통해 수집할 수 있으며 이해하기 쉽게 정리하고 표현해야 가치 있는 정보로서 역할하게 된다.

아직 정리되지 않은 방대한 양의 자료를 원자료(raw data)라 하는데 자료의 중요한 특성을 나타내지 못한다. 통계분석을 위해서는 방대한 자료를 조사 목적에 알맞게 분류하고 정리해야 한다. 수집된 자료를 척도에 맞게 측정하고 이해하기 편리하게 표와 그래프로 작성한다.

2.1 자 료

자료는 숫자, 영상, 단어 등으로 표현하는 의미 단어이다. 자료를 의미 있게 정리하면 정보가 되고 연구나 조사의 기본이 되는 재료가 된다. 자료의 종류와 자료의 배열에 대해 살펴보자.

1 자료의 종류

통계분석에는 다양한 자료가 이용되며 자료의 종류에 따라 분석방법도 다양하다. 자료는 사람, 물건, 조건, 상황 등을 나타내는 기본적인 사실의 집합이다. 연구목적에 따라 어떤 기본단위를 대상으로 자료를 수집해야 할지 결정해야 한다.

기본단위는 자료를 수집하는 관측대상을 말하는 것으로 인구, 학생, 핸드폰, 학교 등을 예로 들 수 있다. 변수는 주어진 자료에서 대상이 되는 모집단이나 표본의 특성이나 현상을 말하는 것으로 점수, 학점, 가격, 연봉 등을 예로 들 수 있다.

자료는 보통 세 가지 방식으로 분류한다. 첫째, 기본단위의 자료의 수에 따라 단변수 자료와 다변수 자료로 구분한다. 둘째, 각 변수의 측정 방식에 따라 질적 자료와 양적 자료로 구분한다. 셋째, 각 변수의 시간적 흐름에 따라 시계열 자료와 횡단면 자료로 구분한다.

(1) 단변수 자료와 다변수 자료

단변수 자료(univariate data)는 관측대상이 되는 각 기본단위가 하나의 변수만 있는 것으로 대표치, 기본단위의 동질성, 전체와 차별되는 특이한 관측대상인 이상치의 존재 등이 있다.

다변수 자료(multivariate data)는 대상이 되는 기본단위에 변수가 두 개 이상 여러 개 있는 것으로 변수 간의 관계나 관련성, 몇 개의 변수를 이용한 다른 변수의 미래값에 대한 예측 등이 있다.

단변수 자료는 변수가 하나밖에 없어 단순하고, 적용하는 분석방법도 비교적 단순하다. 반면 다변수 자료는 변수가 두 개 이상으로, 분석방법도 보다 다양하게 정보를 구할 수 있다.

(2) 질적 자료와 양적 자료

자료의 측정 방식에 따라 질적 자료(qualitative data)와 양적 자료(quantitative data)로 구분한다.

질적 자료는 기본적으로 수치로 표시할 수 없다. 측정대상의 특성을 분류하거나 확인할 목적으로 수치를 부여하는 경우가 있지만 그

수치들이 양적인 크기를 나타내는 것은 아니다. 예를 들어 상표, 성별, 직업, 국가, 종교 등이 있다.

질적 자료는 서열자료(ordinal data)와 명목자료(nominal data)로 구분한다. 서열자료는 첫째, 둘째, 셋째 등 순위를 정하는 선호도나 경제력 등을 나타내는 경우이고 명목자료는 남자와 여자, 봄·여름·가을·겨울 등 의미 있는 순서를 정할 수 없는 경우에 사용한다.

양적 자료는 자료의 크기나 양을 수치로 표현할 수 있어 수치자료라고 한다. 측정대상의 특성을 셀 수 있는 정수값으로 표현하는 이산적 자료(discrete data)와 연속적인 양으로 표현되는 연속적 자료(continuous data)가 있다.

예를 들어 이산적 자료에는 학생수, 과목수, 불량품수, 토익점수 등이 있으며, 연속적 자료에는 성적, 길이, 무게, 온도 등이 있으며 연속적으로 모든 값을 구할 수 있다.

질적 자료는 모두 이산적 자료인 반면 양적 자료는 이산적 자료와 연속적 자료 모두 포함하고 있다.

(3) 시계열 자료와 횡단면 자료

시계열 자료(time-series data)는 시간이 연속적으로 이어지는 자료를 분석하는 것으로 자료의 특성은 같지만 시차가 다른 경우이다. 예를 들어 1980~2009년의 주가지수나 환율, 물가, 금리, GDP 등 동일한 자료지만 시차가 있는 자료를 분석한다.

횡단면 자료(cross-sectional data)는 동일시점에서 자료의 특성이 다른 것들을 비교하는 경우이다. 예를 들어 2009년도 대우증권, 대신증권, 삼성증권 등의 실적을 비교하면서 어느 증권사가 영업을 잘했는지 왜 차이가 발생했는지에 대한 이유를 찾는 경우이다.

예 2-1 세계 1000대 은행의 규모 및 증가율 추이와 세계 5대 은행의 기준에 관한 자료이다. 다음을 구하라.

①

세계 1000대 은행의 기본자본 규모 및 증가율 추이

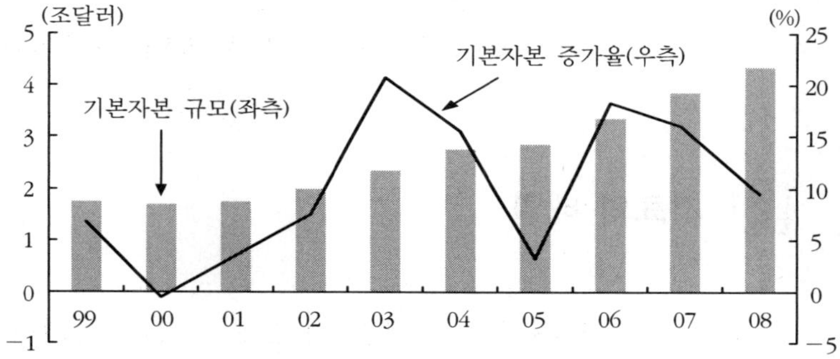

②

주요기준별 세계 5대 은행

(억달러)

기본자본 기준	총자산 기준	주식 시가총액 기준
1. JP Morgan Chase (1,361)	1. Royal Bank of Scotland (35,010)	1. China Construction Bank (1,632)
2. Bank of America (1,208)	2. Deutsche Bank (30,653)	2. HSBC Holdings (1,499)
3. Citigroup (1,188)	3. Barclays Bank (29,927)	3. JP Morgan Chase (1,278)
4. Royal Bank of Scotland (1,018)	4. BNP Paribas (28,887)	4. Wells Fargo & CO (1,054)
5. HSBC Holdings (953)	5. HSBC Holdings (24,180)	5. Santander Central Hispano (886)

(2008년 말 현재)

(1) 기본단위는?

(2) 시계열 자료와 횡단면 자료는?

(3) 변수는?

(4) 이산적 자료 또는 연속적 자료?

풀이 (1) JP Morgan Chase, Bank of American, Citigroup, Royal Bank of Scotland, HSBC Holdings

(2) 시계열 자료 : ①번, 횡단면 자료 : ②번

(3) 기본자본 규모, 기본자본 증가율, 기본자본 기준, 총자산 기준, 주식시가총액 기준

(4) 연속적 자료 : 자본, 총자산, 주식시가총액

2 자료의 배열

자료의 배열은 주어진 자료를 일정한 차례나 간격에 따라 나열하거나 동일한 성격의 자료를 간편하게 정리하는 작업이다. 무질서한 자료들을 크기 순서대로 나열하거나 어느 자료가 가장 큰 값이고 작은 값을 갖는지 쉽게 인식할 수 있도록 정리하는 과정이 필요하다. 주어진 자료의 총합과 평균이 얼마나 되는지도 자료의 배열을 통해 구할 수 있다.

예 2-2 다음은 마케팅 시험의 기말고사 점수이다. 학점을 정하기 위해 점수를 순서대로 정리하고 전체 평균도 구하고자 하는데 엑셀을 이용하라.

77	48	76	57	38	61	46	57	48	53
63	58	59	86	62	74	95	69	82	66
59	64	62	74	55	64	89	75	80	82
65	74	75	59	78	60	60	50	93	85
58	85	82	50	66	77	88	70	58	64

풀이 ■ Excel 활용하기 1 ■

(1) 오름차순

① 다음과 같이 점수가 학번 순서대로 나열되어 있다. 학생들의 점수분포도를 확인하기 위해 오름차순과 내림차순으로 바꾸어 보도록 한다. 먼저 오름차순부터 정리해 보자.

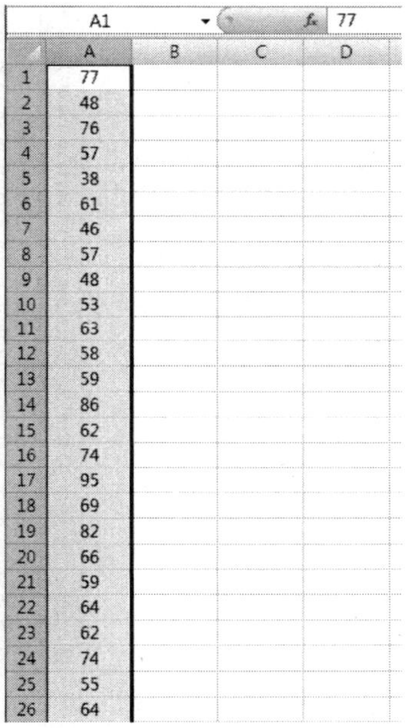

② 메뉴에서 '데이터'를 선택하고 '정렬'을 선택하면 다음과 같은 정렬상자가 나타난다. 정렬 기준에서 자료가 있는 '열 A'를 선택하고 정렬에서 '오름차순'을 선택하여 확인을 누른다.

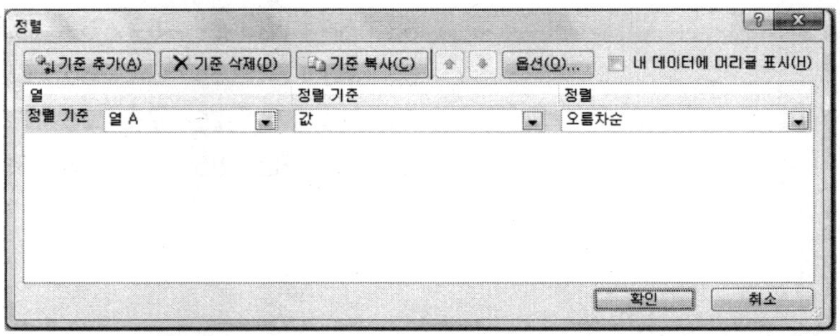

③ 가장 낮은 점수 38점부터 순서대로 점수가 점점 높아지면서 오름차순으로 정렬되었다. 이 자료를 **호글**로 복사하기 위해서는 A1~A50까지 선택한 다음 마우스의 오른쪽 버튼을 누르고 '복사'를 클릭한다.

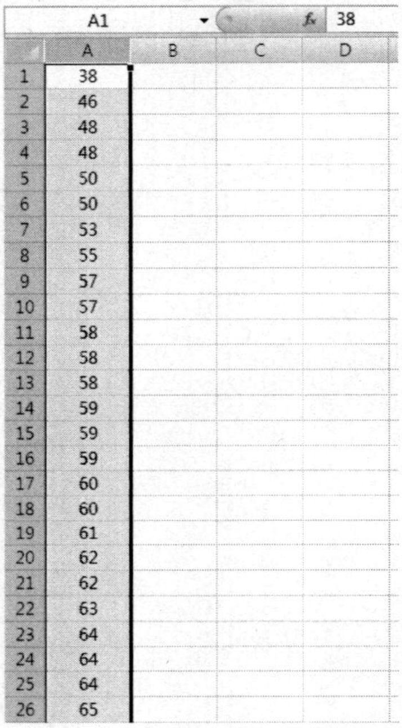

A1 | fx 38

	A	B	C	D
1	38			
2	46			
3	48			
4	48			
5	50			
6	50			
7	53			
8	55			
9	57			
10	57			
11	58			
12	58			
13	58			
14	59			
15	59			
16	59			
17	60			
18	60			
19	61			
20	62			
21	62			
22	63			
23	64			
24	64			
25	64			
26	65			

④ **호글**의 원하는 위치에서 마우스 오른쪽 버튼을 누르고 '붙여넣기'를 선택한 다음 표를 정리하면 다음과 같은 표가 완성된다.

38	46	48	48	50	50	53	55	57	57
58	58	58	59	59	59	60	60	61	62
62	63	64	64	64	65	66	66	69	70
74	74	74	75	75	76	77	77	78	80
82	82	82	85	85	86	88	89	93	95

(2) 내림차순

① 이번에는 같은 방법으로 자료를 내림차순으로 정리해 보자. 정렬에서 '내림차순'을 선택하고 확인을 누른다.

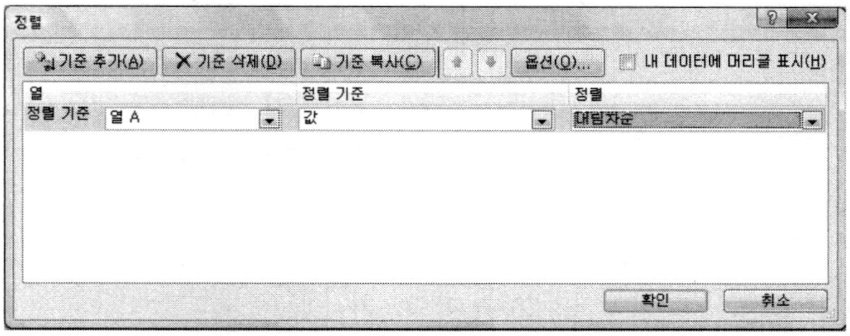

② 가장 높은 점수 95점부터 순서대로 점수가 점점 낮아지면서 내림차순이 완성되었다. 이 자료를 **호글**로 복사하기 위해 A1～A50까지 선택한 다음 마우스의 오른쪽 버튼을 누르고 '복사'를 클릭한다.

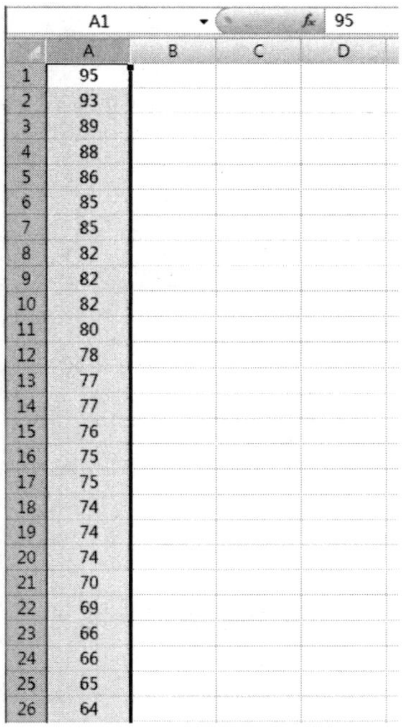

③ 오름차순과 같은 방법으로 내림차순의 자료가 표로 완성되었다. 점수의 순서대로 학점을 정하면 된다.

95	93	89	88	86	85	85	82	82	82
80	78	77	77	76	75	75	74	74	74
70	69	66	66	65	64	64	64	63	62
62	61	60	60	59	59	59	58	58	58
57	57	55	53	50	50	48	48	46	38

(3) 평균 구하기

셀 A51에서 '=AVERAGE(A1:A50)'을 입력하면 50명 학생의 점수 평균 67.52가 계산되어 나온다.

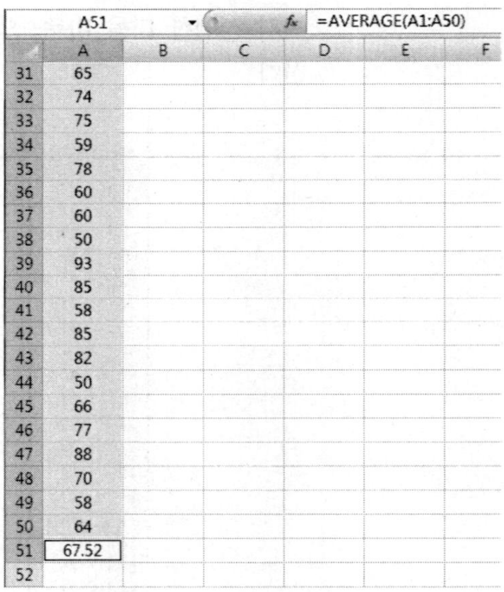

(4) 행과 열 바꾸기

위·아래로 놓여 있는 자료를 좌·우로 위치를 바꾸는 경우이다.

① 자료를 A1～A50까지 선택한 다음 마우스의 오른쪽 버튼을 누르면 다음과 같은 화면이 나온다. 여기서 '선택하여 붙여넣기'를 클릭한다.

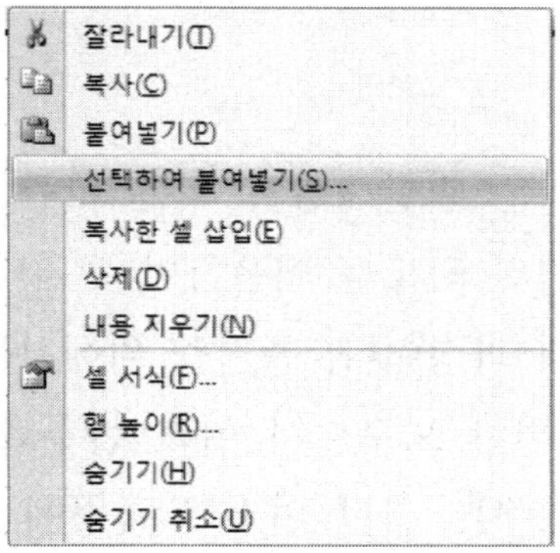

② 선택하여 붙여넣기 화면이 나오면 하단 우측에 있는 '행/열 바꿈'을 선택한다.

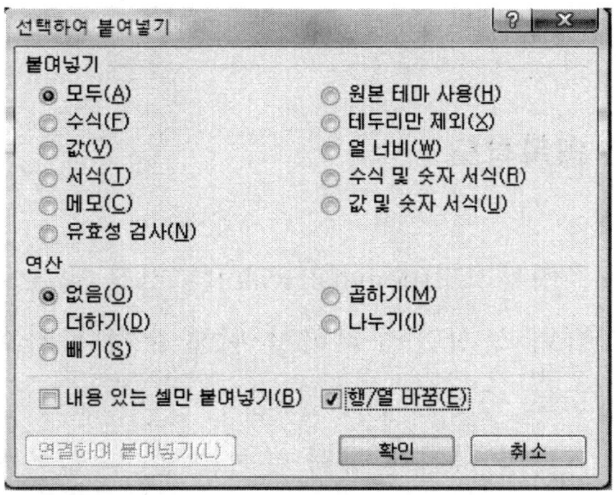

③ 위·아래로 놓여 있던 자료가 다음과 같이 좌·우로 위치가 바뀌어 나타난다.

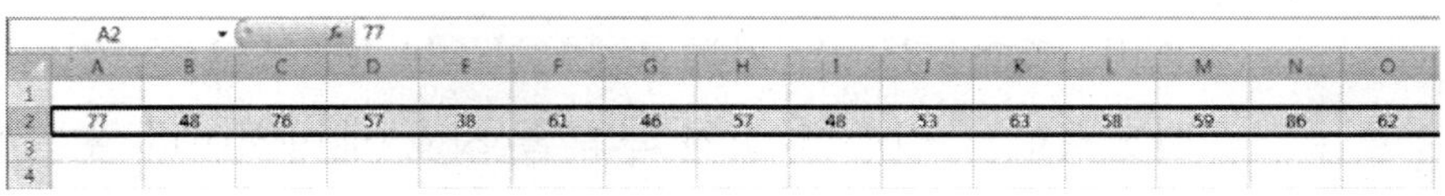

2.2 척도의 유형

측정은 관찰대상이 되는 사람, 사건, 상황 등을 일정한 규칙으로 만들어진 척도를 이용하여 수치나 상징을 부여하여 특성을 밝혀내는 일련의 과정이다. 측정을 위해서는 측정 도구가 필요하다. 척도는 측정을 위한 도구로서 여러 변수로 구성되어 있다.

척도에는 질적 변수의 측정에 사용되는 질적 척도와 양적 변수의 측정에 사용되는 양적 척도가 있다.

질적 척도에는 명목척도와 서열척도가 있으며 양적 척도에는 등간척도와 비율척도가 있다.

1 명목척도

명목척도(nominal scale)는 가장 낮은 수준의 척도로 측정대상을 종류나 특성만 구분하기 위해 수치나 기호를 부여한 척도이다. 명목척도로 측정한 자료를 명목자료라 부른다.

특성 사이에 양적 분석을 할 수 없으며 특성 사이에 대소의 비교도 할 수 없다. 예를 들어 성별에서 ① 남자 ② 여자, 직업에서 ① 노동직 ② 사무직 ③ 학생, 사는 지역에 따라 ① 서울 ② 인천 ③ 안양 등이 있다. 또한 결혼에 관한 질문으로 ① 미혼 ② 기혼 ③ 이혼 등이 있으며, 종교로는 ① 기독교 ② 천주교 ③ 불교 ④ 기타 등이 있다.

명목척도는 변수의 질적 부분을 상호 배타적이나 포괄적으로 분류

하며 수치적인 의미를 부여하지 않는다. 단지 각 변수의 도수나 백분율을 계산하는 정도의 분석에 사용한다.

2 서열척도

서열척도(ordinal scale)는 사회과학에서 많이 쓰이는 측정의 수준으로 각 범주 사이의 간격이 일정하지 않다. 측정대상의 크기를 측정하여 순서대로 나타낼 수 있으며 명목척도와 동일하게 대상을 서로 구분할 수 있고 서로 비교가 가능하다.

예를 들어 석차의 경우 성적에 따라 1등, 2등, 3등을 순서대로 정하지만 등수 사이의 점수 차이는 중요하게 생각하지 않는다. 또한 만족도에 관한 설문조사에서 ① 매우 만족스럽다 ② 만족하는 편이다 ③ 그저 그렇다 ④ 불만족스럽다 ⑤ 매우 불만족스럽다 ⑥ 무응답 ⑦ 모르겠다 등이 있다.

서열척도는 대상들의 순서에 관한 정보를 측정하는 데 사용하지만 순서 사이의 간격은 고려하지 않는다. 좋거나 나쁘다 또는 높거나 낮다 등을 서로 비교할 수는 있지만 얼마나 좋고 얼마나 높은지에 대한 차이는 알 수 없다는 한계가 있다.

3 등간척도

등간척도(interval scale)는 명목척도와 서열척도의 특징을 모두 가지고 있으며 크기가 어느 정도나 되는지 또는 특성 사이의 차이가 얼마나 되는지 파악이 가능한 척도이다.

측정대상이 가지고 있는 상대적 크기를 측정하여 대상들을 서로 비교가 가능하도록 하였다. 대상의 상대적 크기와 차이를 측정하기 위해 일정한 간격으로 구분하고 길이를 이용하여 크기를 측정한다.

서열 순서를 정하는 점에서는 서열척도와 같지만 서열을 나타내는 수치의 간격이 산술적인 의미를 갖는다는 점에서 서열척도와 비교가 된다. 예를 들어 온도, 지능지수, 광고인지도, 주가지수, 운동 실기점수 등이 있다.

등간척도는 측정대상이 속성의 양을 나타내는 것으로 측정결과가 수치로 표현되지만 절대적인 원점을 가지고 있지 않은 척도이다. 두 값 사이의 비율은 의미가 없다.

예를 들어 섭씨온도의 경우 10℃와 20℃를 비교할 때, 0℃는 온도가 없는 상태를 의미하는 것이 아니다. 또한 20℃는 10℃에 비해 수치의 크기는 2배지만 2배 뜨겁다는 것을 의미하지는 않는다.

등간척도는 속성들의 크기를 측정할 수 있으므로 가감(+, −)은 가능하지만 속성의 절대적인 크기를 측정할 수 없으므로 승제(×, ÷)는 가능하지 않다. 등간척도는 구간척도라 부르기도 한다.

4 비율척도

비율척도(ratio scale)는 등간척도보다 높은 수준으로 가장 높은 수준의 척도라 할 수 있다. 명목척도, 서열척도, 등간척도가 갖는 특성을 모두 포함하고 절대 기준점인 0을 가지고 있어 상대적 크기와 절대적 크기의 비율을 반영하고 있다.

측정대상에 대해 가장 자세한 정보를 제공하고 서로 구분 가능하며 크기의 비교와 크기의 차이가 모두 가능하다. 측정대상이 모두 수치로 표시되어 대상들 간에 수리적인 계산이 가능하다.

비율척도로 측정한 자료를 비율자료라 하는데 길이, 무게, 소득, 시간, 높이 등의 자료를 예로 들 수 있다.

예를 들어 장미란 선수가 2008년 베이징 올림픽에서 인상과 용상 합계 326kg을 들어 올렸는데 만일 내가 80kg을 들어 올린다면 무려 4배 이상의 무게를 들어 올렸다고 보면 된다. 또한 내 키가 180cm인데 유치원 다니는 어린이의 키가 90cm라면 내 키는 어린이 키의 두 배가 되고 어린이는 내 키의 절반이라고 보면 된다.

비율척도는 등간척도의 가감(+, −)뿐만 아니라 서로 곱하거나 나누는 것이 가능하다. 비율척도는 다른 척도에 비해 가장 많은 정보를 포함하고 있다.

5 척도의 특성

척도는 명목척도, 서열척도, 등간척도, 비율척도 순으로 올라갈수록 많은 정보를 포함하고 있다. [그림 2-1]에 보듯이 비율척도는 다른 척도가 가지고 있는 특성을 모두 포함하고 있으며 절대 기준점인 0을 가지고 있어 비율측정도 가능하다.

수준이 낮은 명목척도에서 가장 수준이 높은 비율척도로 올라갈수록 정보의 양이 증가하고 그만큼 자료수집에 많은 노력이 필요하다. 정보를 많이 얻고자 할수록 설문 참여자들에게 많은 부담을 주게 되고 정확한 답변을 얻기가 어려워지는 단점이 있다.

따라서 많은 정보를 얻고 보다 정확한 측정을 위해서는 많은 노력과 시간과 비용이 소요된다. 설문 참여자에게 부담을 줄이면서 많은 정보를 얻을 수 있는 적절한 방안을 찾는 노력이 필요하다.

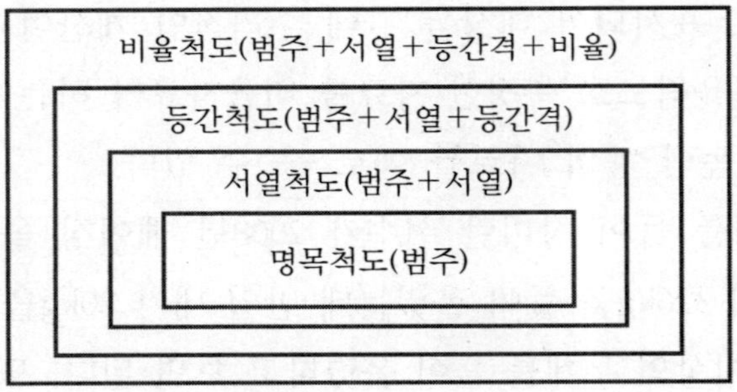

[그림 2-1] 척도의 특징

예 2-3 다음은 분석하고자 하는 자료들이다. 어떤 유형의 척도가 필요한가?

① 주가지수	② 연간 순이익
③ 증권사 영업실적 순위	④ 시가총액 상위 10개사
⑤ 주가상승률 10개 종목	⑥ 종목코드
⑦ 박지성 선수 7번	⑧ 임직원의 연봉
⑨ 주민등록번호	⑩ 학번
⑪ 학년	⑫ 우편번호
⑬ 생년월일	⑭ 학점
⑮ 백두산 높이	⑯ 빅뱅의 3집 앨범

풀이

① 등간	② 비율	③ 서열	④ 서열
⑤ 서열	⑥ 명목	⑦ 명목	⑧ 비율
⑨ 명목	⑩ 명목	⑪ 서열	⑫ 명목
⑬ 등간	⑭ 서열	⑮ 비율	⑯ 비율

2.3 도수분포표

주어진 자료를 효율적으로 정리하고 가장 많이 사용하는 방법으로 도수분포표(frequency distribution table)가 있다. 변수값을 여러 구간으로 나누어 각 구간별 도수(빈도수)를 파악하여 이해하기 편하게 정리한 표를 의미한다.

1 개 념

도수분포표는 수집된 자료를 요약하고 정리하여 상대방이 이해하기 편하게 표나 그래프를 작성하는 데 이용된다. 도수분포표를 작성하기 위해서는 계급과 도수라는 두 요소와 계급폭, 중간점 등의 요소가 필요하다.

예를 들어 학교에서 실시한 학생들의 모의 토플시험의 점수를 도수분포표로 만들면 다음과 같다.

<표 2-1> 모의 토플점수의 도수분포표

토플점수	학생수
800 이상~900 미만	10
700~800	25
600~700	40
500~600	20
400~500	5
계	100

- 계급(class)은 자료를 정리하기 위해 정해진 기준에 따라 일정하게 나눈 구간으로 변수값이나 범주를 나타낸다. 각 계급값을 대표하는 값을 대표치라 한다. 〈표 2-1〉에서 계급의 수는 5개이다.
  예 800～900, 700～800, 600～700, … 등

- 계급한계(class limit)는 각 계급이 시작되는 값을 하한이라 하고 끝나는 값을 상한이라 한다.
  예 600～700에서 600은 계급의 하한이고 700은 계급의 상한이다.

- 계급폭(class interval)은 계급의 상한과 하한의 차를 말하며 계급의 넓이라고 한다.
  예 600～700에서 계급의 폭은 700−600=100이다.

- 도수(frequency)는 각 계급에 속하는 자료의 개수를 나타내며 빈도수라고 한다.
  예 10, 25, 40, 20, 5가 도수이다.

계급과 도수와의 관계를 도수분포라 하고 이를 간단히 표로 정리한 것을 도수분포표라 한다. 도수분포표를 통해 자료의 분포모양을 알 수 있으며 도수가 가장 많은 계급을 쉽게 알 수 있다.

2 질적 자료 도수분포표

질적 자료는 둘 이상의 범주로 나누어지는 자료를 이용하여 작성한다. 예를 들어 경영학과 졸업생 50명을 대상으로 진로에 대해 조사한 결과가 다음과 같다.

<표 2-2> 졸업생의 진로

진학	취직	취직	취직	취직	입대	입대	유학	유학	취직
취직	취직	취직	진학	진학	취직	취직	입대	입대	유학
유학	취직	취직	취직	취직	취직	취직	진학	진학	취직
취직	입대	입대	입대	유학	유학	취직	취직	취직	취직
진학	진학	취직	취직	진학	진학	취직	취직	입대	입대

이 원자료를 이용하여 도수분포표를 작성하기 위해서는 다음과 같은 과정이 필요하다.

첫째, 계급을 정한다. <표 2-2>에서 취직, 유학, 입대, 진학의 4가지가 계급이 된다.

둘째, 각 계급별 도수를 계산한다. 취직, 유학, 입대, 진학에 대해 각각 개수를 세어 도수를 계산하고 도수분포표를 작성한다.

<표 2-3> 졸업생 진로의 도수분포표

졸업생 진로	도 수
취직	26
유학	6
입대	9
진학	9
계	50

<표 2-3>을 보면 졸업생 진로 중에서 취직 > 입대=진학 > 유학 순으로 많다는 것을 알게 되었다.

이제는 각 진로가 졸업생 전체 중에서 차지하는 비율(%)을 구할 수 있는데 이를 상대도수(relative frequency)라 한다. 상대도수를 구하는 공식은 다음과 같다.

■ 상대도수 공식

$$상대도수 = \frac{f_i}{n}$$

$$상대도수(백분율) = \frac{f_i}{n} \times 100$$

여기서, f_i : 계급 i의 도수, n : 총도수

상대도수는 각 계급의 도수를 총도수(표본의 수)로 나누어 구하는데 졸업생 진로의 상대도수와 백분율을 계산해 보자.

졸업생 진로	도 수	상대도수	상대도수(%)
취직	26	0.52	52
유학	6	0.12	12
입대	9	0.18	18
진학	9	0.18	18
계	50	1.0	100

예 2-4 위 사례의 졸업생 진로의 자료를 가지고 엑셀을 이용하여 도수분포표를 작성하라.

풀이 ■ Excel 활용하기 2 ■

① 주어진 자료를 다음과 같이 입력한다. 취직, 유학, 입대, 진학에 대한 도수와 상대도수, 상대도수(%)를 구하고자 한다. 먼저 셀 D3에서 취직의 도수를 구한다.

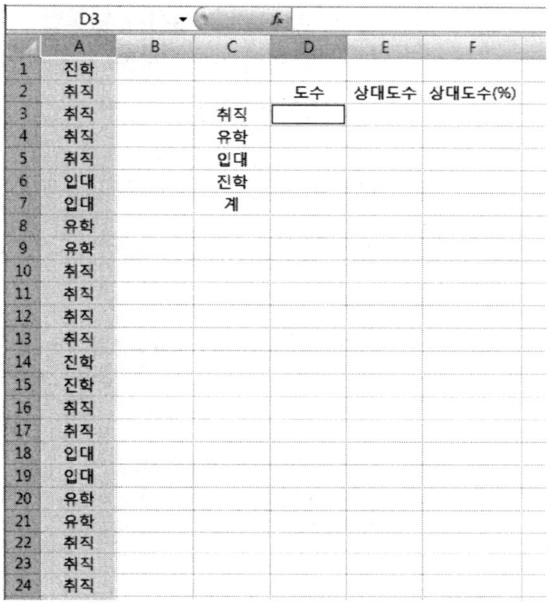

	A	B	C	D	E	F
1	진학					
2	취직			도수	상대도수	상대도수(%)
3	취직		취직			
4	취직		유학			
5	취직		입대			
6	입대		진학			
7	입대		계			
8	유학					
9	유학					
10	취직					
11	취직					
12	취직					
13	취직					
14	진학					
15	진학					
16	취직					
17	취직					
18	입대					
19	입대					
20	유학					
21	유학					
22	취직					
23	취직					
24	취직					

② 메뉴에서 '수식' ⇒ '함수 삽입'을 누르면 다음과 같이 함수 마법사가 나온다. 범주 선택에서 '통계'를, 함수 선택에서 'COUNTIF'를 선택하고 확인을 누른다.

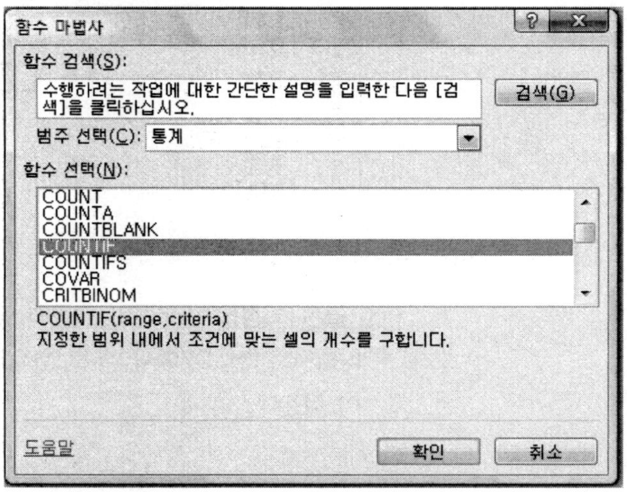

③ 함수 인수 상자가 나오면 Range에 'A1:A50'을, Criteria에 'C3'을 입력한다. 그러면 C3에 있는 취직의 개수 26이 나타나고 확인을 누른다.

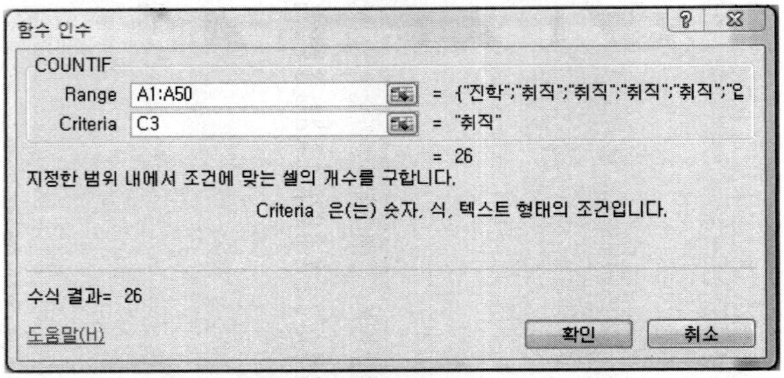

④ 셀 D3에 취직의 개수 26이 나온다. 이제는 유학의 개수를 구하기 위해 셀 D4에서 취직의 개수를 구할 때와 같은 방법을 반복한다.

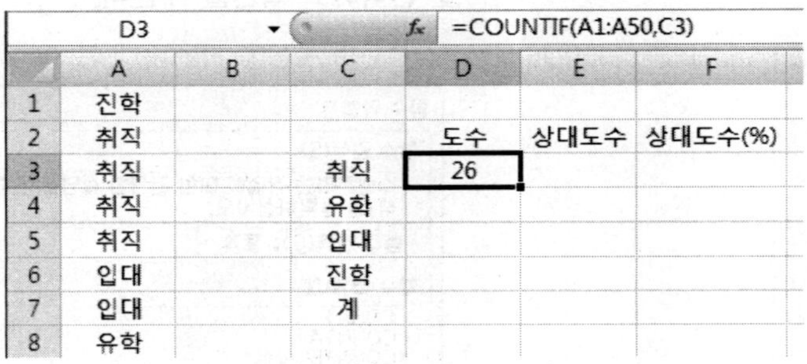

⑤ 같은 과정을 반복하면 다음과 같이 유학, 입대, 진학의 개수가 나타난다. 셀 D7에서 '=SUM(D3:D6)'을 입력하면 각 도수의 합이 나온다.

D7 | f_x =SUM(D3:D6)

	A	B	C	D	E	F
1	진학					
2	취직			도수	상대도수	상대도수(%)
3	취직		취직	26		
4	취직		유학	6		
5	취직		입대	9		
6	입대		진학	9		
7	입대		계	50		
8	유학					

⑥ 이번에는 취직의 상대도수를 구하기 위해 셀 E3에서 '=D3/50'을 입력하면 상대도수 0.52가 계산되어 나온다.

E3 | f_x =D3/50

	A	B	C	D	E	F
1	진학					
2	취직			도수	상대도수	상대도수(%)
3	취직		취직	26	0.52	
4	취직		유학	6		
5	취직		입대	9		
6	입대		진학	9		
7	입대		계	50		
8	유학					
9	유학					

⑦ 유학, 입대, 진학의 상대도수를 구하기 위해 셀 E6까지 복사한다. 상대도수의 합을 구하기 위해 셀 E7에서 '=SUM(E3:E6)'을 입력한다.

E7 | f_x =SUM(E3:E6)

	A	B	C	D	E	F
1	진학					
2	취직			도수	상대도수	상대도수(%)
3	취직		취직	26	0.52	
4	취직		유학	6	0.12	
5	취직		입대	9	0.18	
6	입대		진학	9	0.18	
7	입대		계	50	1	
8	유학					
9	유학					

⑧ 이번에는 상대도수의 백분율(%)을 구하기 위해 셀 F3에서 '=(D3/50)*100'을 입력한다.

F3 | fx =(D3/50)*100

	A	B	C	D	E	F
1	진학					
2	취직			도수	상대도수	상대도수(%)
3	취직		취직	26	0.52	52
4	취직		유학	6	0.12	
5	취직		입대	9	0.18	
6	입대		진학	9	0.18	
7	입대		계	50	1	
8	유학					
9	유학					

⑨ 셀 F3에 취직의 상대도수(%)가 나오면 유학, 입대, 진학의 상대도수(%)를 구하기 위해 F6까지 복사한다. 셀 F7에서 상대도수(%)의 합을 구하면 100이 나온다.

F7 | fx =SUM(F3:F6)

	A	B	C	D	E	F
1	진학					
2	취직			도수	상대도수	상대도수(%)
3	취직		취직	26	0.52	52
4	취직		유학	6	0.12	12
5	취직		입대	9	0.18	18
6	입대		진학	9	0.18	18
7	입대		계	50	1	100
8	유학					

⑩ 엑셀에서 만들어진 도수분포표를 **호글**로 옮기기 위해 다음과 같이 화면을 만든 다음 마우스의 오른쪽 버튼을 누르고 '복사'를 클릭한다.

	A	B	C	D	E	F
1	진학					
2	취직			도수	상대도수	상대도수(%)
3	취직		취직	26	0.52	52
4	취직		유학	6	0.12	12
5	취직		입대	9	0.18	18
6	입대		진학	9	0.18	18
7	입대		계	50	1	100
8	유학					
9	유학					

⑪ **호글**에서 원하는 위치에 마우스를 대고 오른쪽 버튼을 누르고 '붙여넣기'를 클릭하면 다음과 같은 도수분포표가 나온다.

	도수	상대도수	상대도수(%)
취직	26	0.52	52
유학	6	0.12	12
입대	9	0.18	18
진학	9	0.18	18
계	50	1	100

⑫ **호글**의 메뉴에서 표를 선택하고 '셀 테두리/배경'을 선택하여 다음과 같이 도수분포표를 완성한다.

	도수	상대도수	상대도수(%)
취직	26	0.52	52
유학	6	0.12	12
입대	9	0.18	18
진학	9	0.18	18
계	50	1	100

3 양적 자료 도수분포표

양적 자료는 크기와 순서를 정할 수 있는 수치적 자료로서 질적 자료에 비해 작성하는 과정이 다소 복잡하다. 조사자의 주관적인 판단이나 과거 사례를 참고하여 작성하기도 한다.

양적 자료를 이용하여 도수분포표를 작성하는 과정을 설명하기 위해 앞서 오름차순으로 정렬된 마케팅 점수를 참고하도록 한다.

<표 2-4> 오름차순으로 정렬된 마케팅 점수

38	46	48	48	50	50	53	55	57	57
58	58	58	59	59	59	60	60	61	62
62	63	64	64	64	65	66	66	69	70
74	74	74	75	75	76	77	77	78	80
82	82	82	85	85	86	88	89	93	95

첫째, 자료의 범위를 구한다. 가장 높은 점수가 95점이고 가장 낮은 점수가 38점이므로 몸무게 범위는 95점에서 38점을 빼어 57점이 나온다. 자료의 범위 57점은 계급구간을 정할 때 참고가 된다.

둘째, 계급의 수를 결정한다. 계급의 수는 조사자의 판단에 의해 결정할 수도 있으나 스터게스 공식(계급의 수 $=1+3.3\times\log(n)$) 또는 자료수의 제곱근을 이용하여 정하기도 한다.

위 사례에서 $n=50$이므로 $1+3.3\times\log50=5.6067$과 $\sqrt{50}=7.0711$이 되어 대략 6, 7개의 계급 수가 설정된다.

셋째, 계급폭을 정한다. 각 계급 사이의 구간이 일정하도록 정하는데 일반적으로 자료의 범위에서 계급의 수를 나누어 정한다.

위 사례에서 자료의 범위가 57점이고 계급의 수를 7이라 할 때 대략 8.17의 폭이 설정된다. 하지만 편의상 10으로 정하기로 하자.

넷째, 각 계급폭에 해당되는 자료의 수를 기록한다. 자료의 수를 도수라 하며 상대도수와 상대도수(%), 누적상대도수를 구할 수 있다.

예 2-5 오름차순으로 정렬된 마케팅 점수를 이용하여 양적 자료 도수분포표를 엑셀을 이용하여 작성하라.

풀이 ■ **Excel 활용하기 3** ■

① 오름차순으로 정렬된 점수와 점수구간, 구간 중에서 최대값을 미리 입력시켜 놓고 구하고자 하는 도수와 상대도수, 상대도수(%)의 공간을 확보해 놓았다. 먼저 도수를 구하기 위해 다음과 같이 셀 E3~E9 사이를 확보해 놓는다.

E3 | fx

	A	B	C	D	E	F	G
1	38						
2	46		점수	최대값	도수	상대도수	상대도수(%)
3	48		30~39	39			
4	48		40~49	49			
5	50		50~59	59			
6	50		60~69	69			
7	53		70~79	79			
8	55		80~89	89			
9	57		90~99	99			
10	57						
11	58						

② 메뉴에서 '수식'을 선택하고 '함수 삽입'을 선택하면 다음과 같은 함수 마법사가 나타난다. 함수 선택에서 'FREQUENCY'를 선택하고 확인을 누른다.

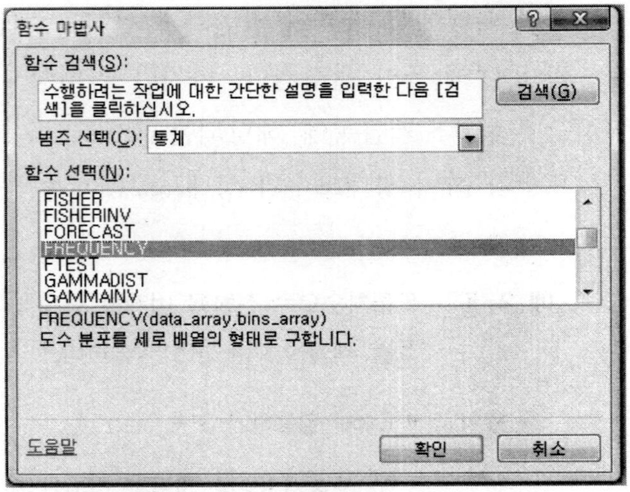

③ 함수 인수 상자가 나타나는데 Data_array에서 점수가 나열되어 있는 'A1:A50'을 입력하고 Bins_array에서는 최대값이 있는 'D3:D9'를 입력한다. 그리고 동시에 〈Ctrl〉+〈Shift〉+〈Enter〉를 누른다.

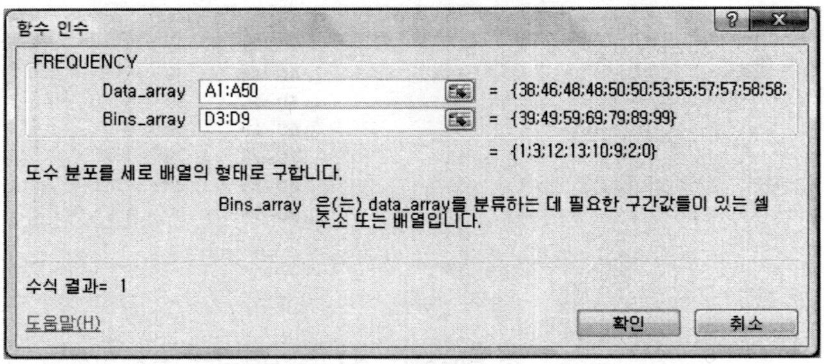

④ 셀 E3~E9에는 각 점수구간에 대한 도수가 나타난다. 셀 E10에는 각 도수들의 합이 나타나 있다.

E10 =SUM(E3:E9)

	A	B	C	D	E	F	G
1	38						
2	46		**점수**	**최대값**	**도수**	**상대도수**	**상대도수(%)**
3	48		**30~39**	39	1		
4	48		**40~49**	49	3		
5	50		**50~59**	59	12		
6	50		**60~69**	69	13		
7	53		**70~79**	79	10		
8	55		**80~89**	89	9		
9	57		**90~99**	99	2		
10	57			계	50		
11	58						

⑤ 셀 F3～F9에는 상대도수를 구하고 셀 F10에는 합을 구한다. G3～G9에는 상대도수 백분율(%)을 구하고 G10에는 합 100이 나타난다.

G10 =SUM(G3:G9)

	A	B	C	D	E	F	G
1	38						
2	46		**점수**	**최대값**	**도수**	**상대도수**	**상대도수(%)**
3	48		**30~39**	39	1	0.02	2
4	48		**40~49**	49	3	0.06	6
5	50		**50~59**	59	12	0.24	24
6	50		**60~69**	69	13	0.26	26
7	53		**70~79**	79	10	0.2	20
8	55		**80~89**	89	9	0.18	18
9	57		**90~99**	99	2	0.04	4
10	57			계	50	1	100
11	58						

⑥ 엑셀에서 구한 도수분포표를 **호글**로 옮기기 위해 복사를 원하는 구간을 먼저 확보한다. 그리고 마우스 오른쪽 버튼을 누르고 '복사'를 선택한다.

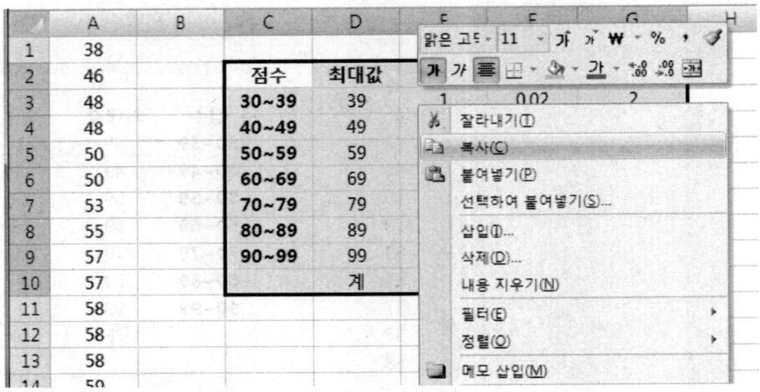

⑦ **호글**에서는 마우스 오른쪽 버튼을 누르고 '붙여넣기'를 선택한 다음 메뉴 표에서 '셀 테두리/배경'을 선택하여 다음과 같이 원하는 도수분포표를 작성한다.

점수	최대값	도수	상대도수	상대도수(%)
30~39	39	1	0.02	2
40~49	49	3	0.06	6
50~59	59	12	0.24	24
60~69	69	13	0.26	26
70~79	79	10	0.2	20
80~89	89	9	0.18	18
90~99	99	2	0.04	4
	계	50	1	100

2.4 자료의 그래프 분석

앞에서 작성한 자료나 도수분포표를 가지고 그래프를 작성해 보자. 자료 작성에 있어 표나 그래프는 시각효과를 높여 자료의 성격을 파악하는 데 도움을 준다.

예 2-6 다음은 모의 토플점수의 도수분포표이다. 이 자료를 가지고 엑셀을 이용하여 막대그래프와 원형그래프를 작성해 보자.

토플점수	학생수
800～899	10
700～799	25
600～699	40
500～599	20
400～499	5
계	100

풀이 ■ Excel 활용하기 4 ■

(1) 막대그래프

① 토플점수의 도수분포표를 복사하여 엑셀에 붙여넣기하고 토플점수와 학생수를 선택하여 활성화시킨다. 메뉴에서 '삽입'과 '세로막대형'을 선택하고 2차원 세로막대형을 선택한다.

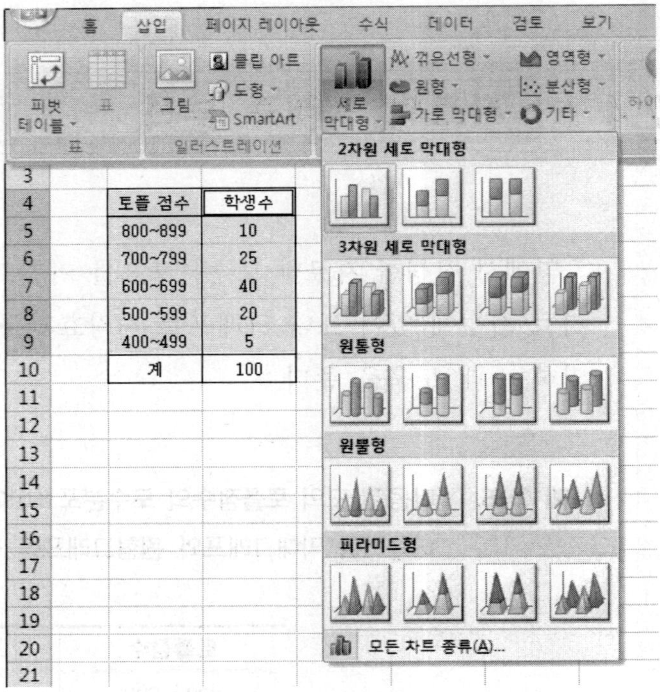

② 막대그래프가 나타나는데 눈금선과 축서식을 클릭하여 원하는 그래프로 만든다.

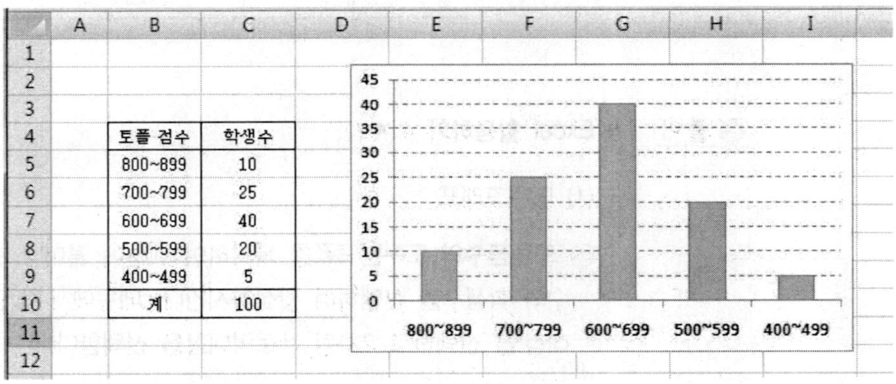

(2) 원그래프

메뉴에서 '삽입'과 '원형'을 선택하고 2차원 원형을 선택한다. 데이터 레이블 서식과 글꼴을 클릭하여 원하는 모양으로 만든다.

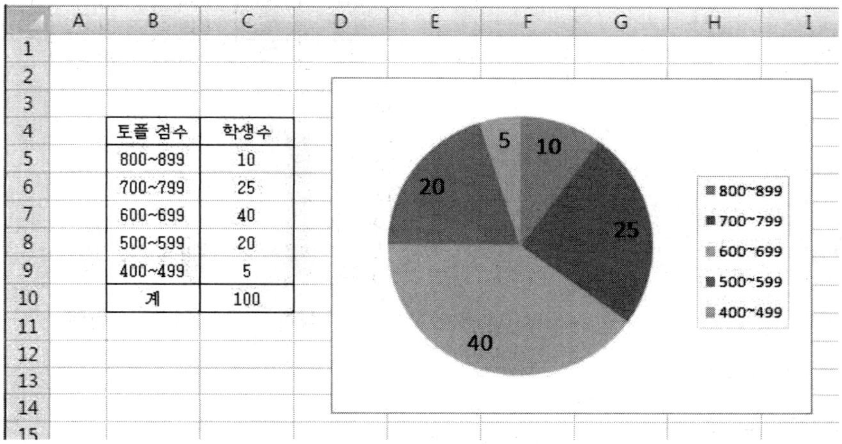

예 2-7 다음은 졸업생 진로를 나타낸 도수분포표이다. 이 자료를 엑셀을 이용하여 막대그래프와 원형그래프, 꺾은선 그래프를 작성해 보자.

졸업생 진로	도 수	상대도수	상대도수(%)	누적상대도수
취직	26	0.52	52	52
유학	6	0.12	12	64
입대	9	0.18	18	82
진학	9	0.18	18	100
계	50	1.0	100	100

풀이 ■ **Excel 활용하기 5** ■

(1) 막대그래프

졸업생 진로의 도수분포표를 복사하여 엑셀에 붙여넣기하고 졸업생 진로와 도수를 선택한다. 메뉴에서 '삽입'과 '세로막대형'을 선택하고 2차원 세로막대형을 선택한다.

졸업생 진로	도수	상대도수	상대도수(%)	누적 상대도수
취직	26	0.52	52	52
유학	6	0.12	12	64
입대	9	0.18	18	82
진학	9	0.18	18	100
계	50	1	100	

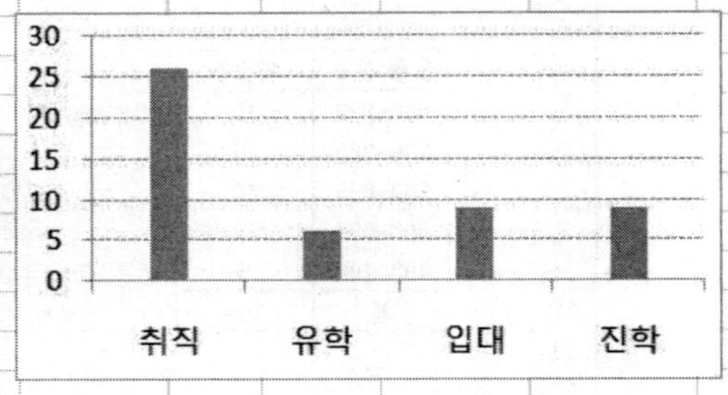

(2) 원그래프

메뉴에서 '삽입'과 '원형'을 선택하고 3차원 원형을 선택한다. 데이터 레이블 서식과 글꼴을 클릭하여 원하는 모양으로 만든다.

졸업생 진로	도수	상대도수	상대도수(%)	누적 상대도수
취직	26	0.52	52	52
유학	6	0.12	12	64
입대	9	0.18	18	82
진학	9	0.18	18	100
계	50	1	100	

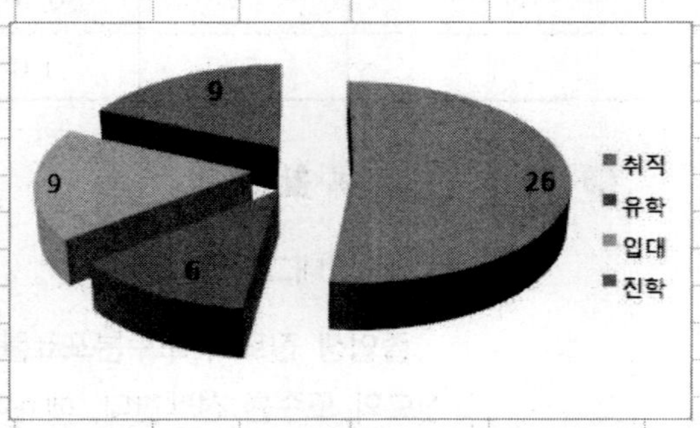

(3) 막대와 꺾은선 그래프

졸업생 진로와 도수, 누적상대도수를 선택하고 세로 막대그래프를 선택한다. 누적상대도수의 막대그래프를 마우스 오른쪽 버튼으로 클릭하고 '계열차트종류변경'에서 꺾은선 그래프를 선택한다.

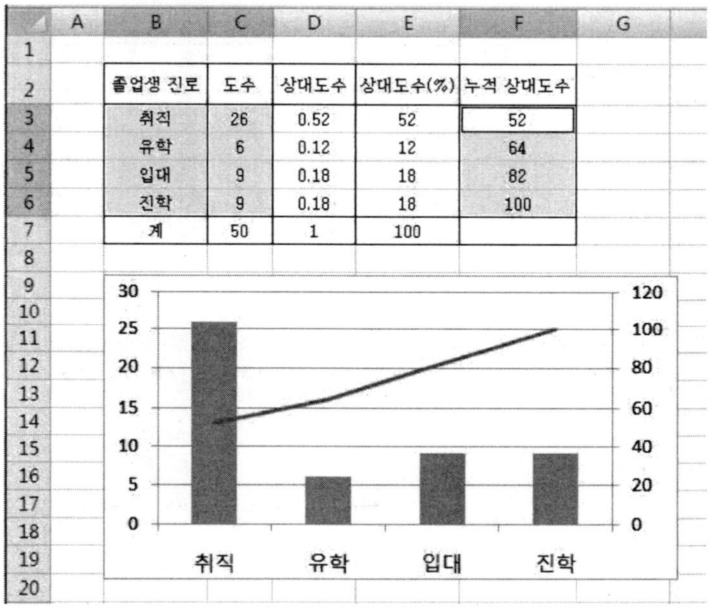

졸업생 진로	도수	상대도수	상대도수(%)	누적 상대도수
취직	26	0.52	52	52
유학	6	0.12	12	64
입대	9	0.18	18	82
진학	9	0.18	18	100
계	50	1	100	

예 2-8 다음은 지난해 매월 실시한 영어점수이다. 이 자료를 엑셀을 이용하여 꺾은선 그래프를 작성해 보자.

월별	1월	2월	3월	4월	5월	6월	7월	8월	9월	10월	11월	12월
점수	65	74	75	59	78	60	60	50	93	85	58	85

풀이 ■ Excel 활용하기 6 ■

매월 영어점수표를 복사하여 엑셀에 붙여넣기하고 월별과 점수를 선택한다. 메뉴에서 '삽입'과 '꺾은선형'을 선택하고 2차원 꺾은선형을 선택한다.

월별	1월	2월	3월	4월	5월	6월	7월	8월	9월	10월	11월	12월
점수	65	74	75	59	78	60	60	50	93	85	58	85

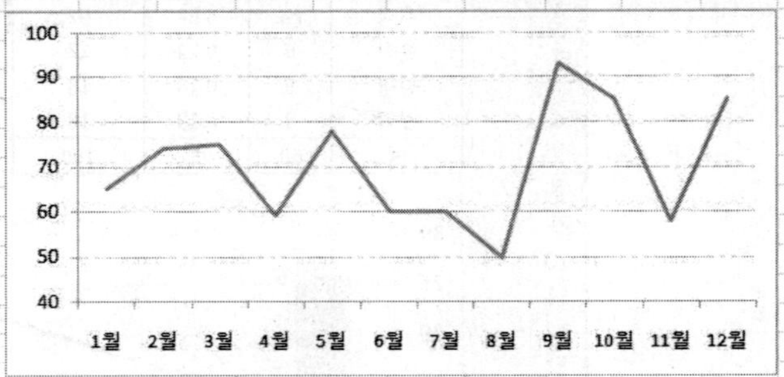

<< 연습문제 <<<<<<<<<<<<<<<<<<<<<<<<<<<<<<<<<<<<<<<<<<<<<<

01 자료의 종류에 무엇이 있는지 구분하여 설명하라.

02 척도가 무엇인지 유형과 특성에 대해 설명하라.

03 도수분포표의 개념과 작성과정에 대해 설명하라.

04 다음 마라톤 동아리의 연령별 분포를 보고 물음에 답하라.

연 령	인원수
20 이상～30 미만	5
30～40	15
40～50	20
50～60	8
60～70	2
계	50

(1) 계급과 계급의 수를 구하라.
(2) 계급한계를 구하라.
(3) 계급폭을 구하라.
(4) 도수를 구하라.
(5) 각 계급의 상대도수와 상대도수백분율을 구하라.
(6) 31세 이상 50세 이하는 전체의 몇 %인가?

05 다음은 학생들이 등교할 때 이용방법에 대한 상대도수분포표이다.

연 령	상대도수
버 스	0.25
지 하 철	0.40
도 보	?
오토바이	0.10
자 가 용	0.05
계	1

(1) 도보의 상대도수는 얼마인가?
(2) 학생의 수가 300명이면 도보의 도수는 얼마인가?
(3) 도수분포표를 완성하라.
(4) 막대그래프를 작성하라.

06 다음 자료는 점심시간에 식당에서 학생들이 주문한 내역이다.

라면	한식	한식	우동	한식	우동	우동	짜장	짜장	한식
한식	한식	한식	라면	라면	한식	짜장	우동	우동	짜장
짜장	한식	한식	라면	한식	한식	한식	라면	라면	한식
한식	우동	우동	우동	짜장	짜장	한식	우동	한식	한식
라면	라면	한식	한식	라면	라면	한식	한식	우동	우동

(1) 도수분포표를 작성하라.
(2) 상대도수와 상대도수백분율(%)을 작성하라.
(3) 엑셀을 이용하여 도수분포표와 상대도수를 작성하라.
(3) 막대그래프를 그려라.
(4) 원그래프를 그려라.

07 다음은 투자론 기말고사 성적이다. 이 자료의 양적 자료 도수분포표를 엑셀을 이용하여 작성하라.

56	82	62	85	69	68	77	48	70	84
71	72	69	75	68	67	67	81	74	67
61	68	60	94	62	90	60	87	53	55
61	59	72	54	53	41	70	58	66	64
68	46	54	78	73	77	74	69	37	69

(1) 오름차순으로 정렬하라.

(2) 계급구간을 구하고 도수분포표를 작성하라.

(3) 상대도수와 상대도수백분율(%)을 작성하라.

(4) 막대그래프를 그려라.

(5) 원그래프를 그려라.

08 다음은 지난해 실시한 수학점수이다. 이 자료를 가지고 엑셀을 이용하여 꺾은선 그래프를 작성해 보자.

월별	1월	2월	3월	4월	5월	6월	7월	8월	9월	10월	11월	12월
점수	72	78	89	71	63	75	85	92	88	82	77	90

CHAPTER

3

중심경향치와 산포도

제2장에서는 수집한 원자료를 정리하고 요약하여 시각적으로 표현할 수 있도록 자료의 분포를 표와 그래프로 작성해 보았다. 이번에는 수집한 자료의 분포 특성을 하나의 간단한 값으로 나타내어 보다 정확한 통계 분석이 가능하도록 공부해 보고자 한다.

자료 분포의 특성에는 중심경향치와 산포도 등이 있으며 내용은 다음과 같다.

■ 중심경향치(measure of central tendency)

자료의 대표적인 값을 나타내는 수치로서 자료가 어디에 집중되어 있는지를 나타낸다. 산술평균(arithmetic mean), 가중평균(weighted mean), 중앙값(median), 최빈값(mode) 등이 있다.

■ 산포도(measure of dispersion)

자료가 흩어져 있는 정도를 나타내는 수치로서 자료가 얼마나 산포되어 있는지를 나타낸다. 범위(range), 사분위범위(interquartile range), 평균편차(mean deviation), 분산(variation)과 표준편차(standard deviation), 변동계수(coefficient of variation), 왜도(skewness), 첨도(kurtosis) 등이 있다.

3.1 중심경향치

자료를 수집하여 표나 그래프로 작성하면 자료가 어느 수치나 어떤 값을 중심으로 집중되어 있는지를 볼 수 있다. 이때 자료 분포의 중심이 되어 자료 전체를 대표할 수 있는 하나의 수치나 값을 대표값 또는 중심경향치라 한다.

1 산술평균

산술평균은 대표값 중에서 가장 많이 사용되는 값으로 양적 자료에 사용되고 있다. 자료값의 합을 자료의 수로 나누어 계산하며 단순히 평균이라 부른다.

■ 산술평균 계산

$$\overline{X} = \frac{1}{n}(X_1 + X_2 + \cdots + X_n) = \frac{1}{n}\sum_{i=1}^{n} X_i \qquad (3\text{-}1)$$

여기서, X_i : i 번째 관측치, n : 자료수

예 3-1 우리 가족 6명의 몸무게는 다음과 같다. 평균 몸무게는 얼마인가?

80	72	64	55	47	36

풀이

$$\overline{X} = \frac{80+72+64+55+47+36}{6} = 59(\text{kg})$$

예 3-2 동아리 회원 10명의 나이는 다음과 같다. 평균 나이는 얼마인가?

20	20	22	23	23	23	25	25	25	25

풀이

$$\overline{X} = \frac{20\times 2+22+23\times 3+25\times 4}{10} = 23.1(\text{살})$$

2 가중평균

최근 자료가 과거 자료에 비해 더 비중이 높다거나 어떤 값이 다른 값에 비해 더 중요한 경우에 가중평균을 계산할 수 있다. 각 자료마다 상대적 중요도에 따라 가중치를 다르게 계산한다.

■ 가중평균 계산

$$\overline{X} = \frac{n_1 X_1 + n_2 X_2 + \cdots + n_k X_k}{n_1 + n_2 + \cdots + n_k} = \frac{\sum_{i=1}^{k} n_i X_i}{\sum_{i=1}^{k} n_i} \tag{3-2}$$

여기서, X_i : i 번째 관측치

예 3-3 성결전자의 최근 5개월간 주가는 다음과 같다. 가중평균은 얼마인가?

1,000	1,200	1,500	1,400	1,600

풀이 $\overline{X} = \frac{1,000 \times 1 + 1,200 \times 2 + 1,500 \times 3 + 1,400 \times 4 + 1,600 \times 5}{1+2+3+4+5}$

$\fallingdotseq 1,433$(원)

예 3-4 경영학과 남학생 20명의 평균키는 175cm이고 여학생 10명의 평균키는 162cm이다. 경영학과의 가중평균은 얼마인가?

풀이 $\overline{X} = \frac{20 \times 175 + 10 \times 162}{20 + 10} \fallingdotseq 170.7$(cm)

3 중 앙 값

수집된 자료들을 크기 순서대로 나열했을 때 중앙에 있는 관측치를 중앙값이라 한다. 자료들 사이에 하나 또는 두 개의 수치가 매우 크거나 작아 관측치의 분포가 매우 치우친 경우에는 평균보다는 중앙값을 그 자료의 대표값으로 사용한다.

■ 중앙값을 구하는 절차

① 수집된 자료를 크기 순서로 정리한다.

② 자료의 수가 n개일 때

ⓐ n이 홀수이면, 중앙에 있는 $\frac{(n+1)}{2}$번째 자료가 중앙값

ⓑ n이 짝수이면, 중앙에 있는 두 개의 자료 $\frac{n}{2}$번째와 $\left(\frac{n}{2}+1\right)$번째 자료를 산술평균한 값이 중앙값

중앙값은 자료들의 중앙에 위치한 값이므로 중앙값보다 크거나 작은 관측치는 중요하지 않지만, 평균은 모든 관측치를 반영하고 있어 서로의 차이점이다. 자료들 사이에 매우 크거나 작은 값이 포함되어 있으면 중앙값과 평균의 차이가 크게 나타나게 된다.

예 3-5 다음 자료에서 중앙값을 구하라.

(1) 10, 20, 30, 80, 100

(2) 5, 10, 15, 15, 30, 45

(3) 40, 50, 60, 70, 80, 90

(4) 20, 22, 24, 26, 500

풀이 (1) 30 (2) 15
(3) 65 (4) 24

예 3-6 파티에 두 팀이 참석하였다. 한 팀은 대학동창생들이고 다른 한 팀은 가족이 초대되었다. 두 팀의 평균연령과 중앙값은 얼마인가?

대학동창	가 족
25	45
25	42
25	15
25	13
25	10

풀이 대학동창 : 평균연령 = 25살, 중앙값 = 25살
가　　족 : 평균연령 = 25살, 중앙값 = 15살

4 최 빈 값

중심경향을 나타내는 또 하나의 통계값으로 수집된 자료 중에서 가장 많이 나타나고 있는 관측치를 말한다. 평균과 중앙값은 하나만 존재하지만 최빈값은 자료에 따라 존재하지 않을 수도 있고 두 개 이상 존재할 수도 있다. 두 개가 동시에 존재하면 쌍봉이라 하고 세 개 이상 존재하면 다봉이라 부른다.

최빈값을 구하는 방법은 다음과 같다.

첫째, 수집된 자료를 나열했을 때 같은 수치가 가장 많이 나오는 관측치를 최빈값으로 한다.

둘째, 수집된 자료를 도수분포표로 정리했을 때 최빈계급의 관측치나 중간점을 최빈값으로 한다.

예 3-7 다음 자료에서 최빈값을 구하라.

(1) 5, 10, 10, 15, 20, 30

(2) 3, 4, 5, 7, 9, 10

(3) 2, 5, 5, 6, 7, 7, 8

(4) 5, 6, 6, 6, 7, 9, 9

(5) 3, 3, 3, 5, 5, 8, 8, 8

(6) 2, 2, 4, 4, 7, 7

풀이

(1) 10　　(2) 없다

(3) 5, 7　　(4) 6

(5) 3, 8　　(6) 없다

예 3-8 다음은 성결주식의 최근 10개월 동안의 주가흐름이다. 최빈값을 구하라.

510	525	560	570	570	585	590	620	635	680

풀이 (1) 최빈값은 가장 빈도가 높은 570이다.

(2) 위 주가를 도수분포표로 정리하면

주가 구간	관측치 빈도수
510~549	2
550~599	5
600~649	2
650~699	1

최빈값은 관측치 빈도수가 가장 많은 구간 550~599의 중간값인 575가 된다.

5 평균, 중앙값, 최빈값의 비교

평균, 중앙값, 최빈값은 모두 수집된 자료의 중심경향의 정도를 나타내는 측도로 사용된다. 이 중에서 평균은 계산이 쉽고 모든 관측치를 고려하고 있어 대표치로서 가장 많이 사용되고 있다.

평균이 신뢰성 있는 대표치로서 선호되고 있지만 중앙값과 최빈값도 각각 특징이 있으므로 주어진 상황에 따라 어떤 측도를 사용하는 것이 좋을지 결정해야 한다. 고려해야 할 사항은 다음과 같다.

- 중앙값과 최빈값은 수집된 자료의 일부만 이용하지만 평균은 자료의 크기와 빈도까지 모두 이용하고 있다. 반면 평균은 매우 크거나 매우 작은 극단적인 자료에 영향을 크게 받을 수 있으므로 이런 경우에는 대표치로 선택하지 않는 것이 좋다.
- 중앙값과 최빈값은 수학적 계산이 필요 없지만 평균은 수학적 계산이 가능하다. 수집된 자료에 대해 평균은 오직 하나 존재하며 자료 하나하나에 영향을 받아 자료가 변하면 평균도 같이 변한다.
- 평균과 중앙값은 한 개만 존재하지만 최빈값은 없거나 한 개 또는 두 개 이상 존재할 수도 있다. 일반적으로 평균과 중앙값이 최빈값보다 중심경향을 나타내는 측도로 더 많이 이용되고 있다.
- 중앙값과 최빈값은 수집된 자료의 수가 제한적인 경우에 사용된다. 최빈값은 양적 자료보다는 평균과 중앙값을 계산할 수 없는 질적 자료에 주로 사용된다. 가장 인기 있는 TV 크기나 디자인, 기성복 사이즈와 색상, 글자체, 가구 디자인 등을 선정할 때 주로 사용한다.

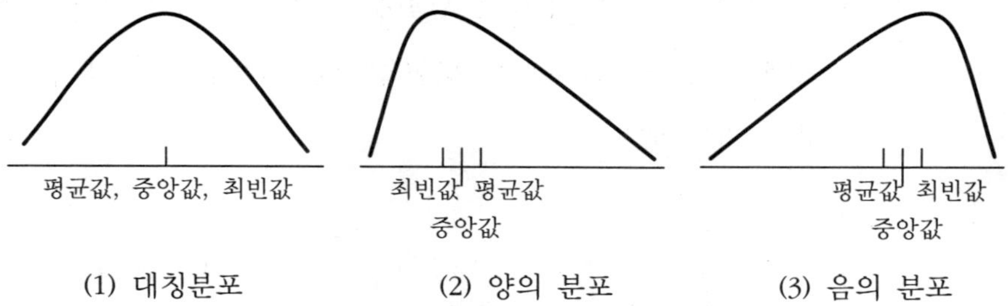

[그림 3-1] 평균, 중앙값, 최빈값의 분포모양

평균, 중앙값, 최빈값의 특성을 파악하고 자료의 분포에 따라 상대적 크기가 달라지는 것을 [그림 3-1]에서 볼 수 있다.

그림 (1)은 대칭분포에서 자료의 분포가 거의 좌우대칭이고 봉우리가 하나인 형태로서 평균, 중앙값, 최빈값의 값이 일치하고 있다. 이 경우 어떤 대표치를 선택해도 문제가 되지 않는다.

그림 (2)는 양의 분포를 (3)은 음의 분포를 나타내는데 각각 자료의 분포가 왼쪽이나 오른쪽으로 치우친 형태로서 평균, 중앙값, 최빈값의 값이 서로 일치하지 않고 각각 다른 값을 보인다. 이 경우에는 중앙값이 극단적인 자료에 의해 영향을 받지 않으므로 평균에 비해 좋은 대표치가 될 수 있다.

6 Excel 활용하기

종합주가지수 3월 26일부터 6월 23일까지 총 거래일수 62일 동안의 자료를 가지고 평균, 중앙값, 최빈값을 구해 보자. 구하는 방법은 다음 순서대로 진행한다.

① 수집된 자료를 가지고 A열에 날짜를, B열에 종합주가지수를 입력한다. 이후 셀 D3에 '평균값', 셀 D4에 '중앙값', 셀 D5에 '최빈값'을 입력한다.

E3 | fx

	A	B	C	D	E
1	날짜	KOSPI			
2	2009/03/26	1,244			
3	2009/03/27	1,238		평균값	
4	2009/03/30	1,197		중앙값	
5	2009/03/31	1,206		최빈값	
6	2009/04/01	1,233			

② 평균값을 구하기 위해 셀 E3를 선택하고 '=AVERAGE(B2:B63)'을 입력한 후 엔터를 치면 1,360이 나타난다. 여기서 1,360은 산술평균을 의미한다.

E3 | fx =AVERAGE(B2:B63)

	A	B	C	D	E
1	날짜	KOSPI			
2	2009/03/26	1,244			
3	2009/03/27	1,238		평균값	1,360
4	2009/03/30	1,197		중앙값	
5	2009/03/31	1,206		최빈값	
6	2009/04/01	1,233			

③ 중앙값을 구하기 위해 셀 E4를 선택하고 '=MEDIAN(B2:B63)'을 입력하면 1,377이 나타난다. 여기서 1,377은 중앙값을 의미한다.

E4 | fx =MEDIAN(B2:B63)

	A	B	C	D	E
1	날짜	KOSPI			
2	2009/03/26	1,244			
3	2009/03/27	1,238		평균값	1,360
4	2009/03/30	1,197		중앙값	1,377
5	2009/03/31	1,206		최빈값	
6	2009/04/01	1,233			

④ 최빈값을 구하기 위해 셀 E5를 선택하고 '=MODE(B2:B63)'을 입력하면 1,363이 나타난다. 여기서 1,363은 최빈값을 의미한다.

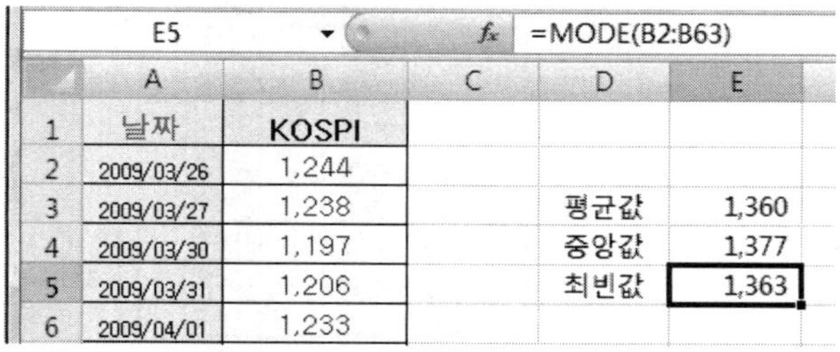

⑤ 앞에서 구한 중앙값과 최빈값을 확인해 보자. '데이터'에서 '정렬'을 클릭하고 정렬 기준에서 'KOSPI'와 정렬에서 '내림차순'을 선택하면 총 62개의 주가지수가 높은 수치에서 낮은 수치의 순으로 나타나게 된다.

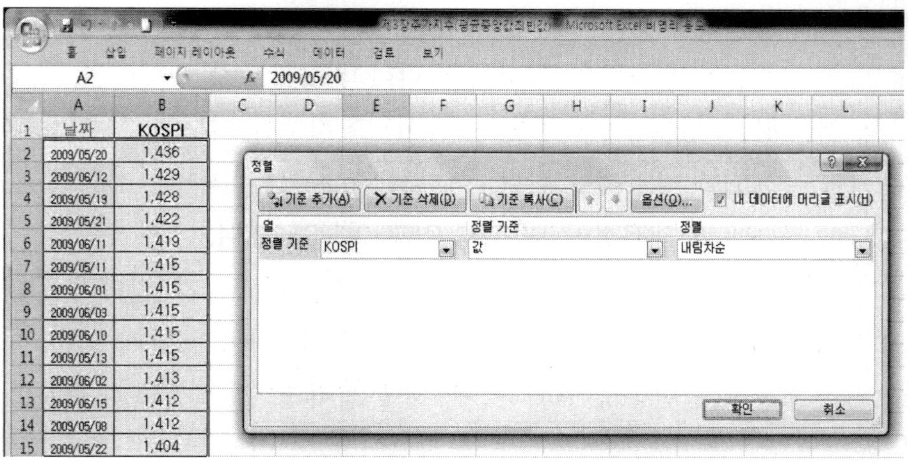

⑥ 주가지수 자료가 총 62개이므로 짝수가 되어 31번째 1,378과 32번째의 1,376의 산술평균인 1,377이 중앙값이 된다. 최빈값은 3개의 빈도수를 보인 1,363으로 나타났다.

O56			
	A	B	C
29	2009/05/18	1,387	
30	2009/06/19	1,383	
31	2009/05/14	1,381	
32	2009/06/04	1,378	중앙값
33	2009/06/18	1,376	
34	2009/05/26	1,372	
35	2009/06/09	1,372	
36	2009/04/30	1,369	
37	2009/04/23	1,363	
38	2009/05/27	1,363	최빈값
39	2009/06/23	1,363	
40	2009/04/22	1,356	
41	2009/04/24	1,354	

3.2 산 포 도

주어진 자료의 특성을 정리하고 요약하기 위해서는 앞에서 공부한 평균, 중앙값, 최빈값 등 중심경향치뿐만 아니라 각 자료들의 흩어진 정도를 파악해야 한다. 여기서 각 자료의 흩어진 정도를 산포도라 하는데 의사결정에 있어 중요한 역할을 한다.

산포도는 분산도로 불리기도 하는데 자료가 얼마나 넓게 또는 좁게 분포되어 있는지를 나타내고 있다. 자료가 넓게 또는 좁게 변하는 성질을 변동성이라 하는데 변동성이 크면 클수록 대표치로서 신뢰성은 낮아지고 작을수록 신뢰성이 높아진다.

예를 들어 A, B 두 학생의 중간고사와 기말고사의 영어점수가 A는 110점과 90점을, B는 140점과 60점을 맞았다고 하자. 두 학생의 평균은 모두 100점으로 동일하지만 A학생의 점수 차이는 20점으로 B학생의 80점에 비해 좁게 나타났다.

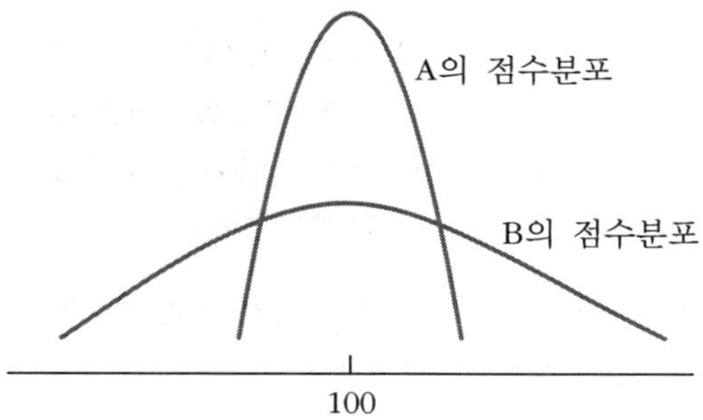

[그림 3-2] A와 B의 점수산포도

이 경우 A학생은 B학생에 비해 변동성이 작다고 하고 더 높은 신뢰성을 주게 된다. 두 학생의 점수분포를 그래프로 나타내면 [그림 3-2]와 같이 표현할 수 있다.

산포도를 측정하기 위해서는 특정자료만 고려하는 경우에 범위(range)와 사분위범위(interquartile range) 그리고 모든 자료를 고려하는 경우에 평균편차(mean deviation)와 분산(variance) 등이 있다.

1 범 위

산포도를 나타내는 가장 간단한 방법으로 주어진 자료에서 가장 큰 값과 가장 작은 값의 차이를 의미한다.

예를 들어 앞선 사례를 보면 종합주가지수 62개의 자료 중에서 최대값은 1,436이고 최소값은 1,197로 나타났다. 따라서 최근 62일간 종합주가지수 등락폭의 범위는 $R = 1,436 - 1,197 = 239$이 된다.

예 3-9 다음은 최근 15일간 환율자료를 크기순으로 나열한 것이다. 범위를 구하라.

1,237	1,245	1,247	1,249	1,251
1,251	1,252	1,253	1,258	1,259
1,260	1,261	1,263	1,266	1,270

풀이 범위 $R = 1,270 - 1,237 = 33$이 된다. 따라서 최근 15일간 환율의 등락폭은 33원이다.

범위는 계산이 간편하고 이해하기 쉽지만 몇 가지 문제점이 있다.

첫째, 산포도는 각 자료들이 중심경향치에서 얼마나 흩어져 있는가를 나타내야 하는데 범위의 경우 중심경향치를 전혀 고려하지 않고 있다.

둘째, 범위는 주어진 자료의 수에 관계없이 가장 크거나 가장 작은 두 개의 극단적인 자료만을 고려하고 있다. 따라서 의외의 비정상적인 자료에 의해 영향을 받을 수 있다.

범위는 이러한 문제점으로 인해 산포도를 나타내는 데 제한적으로 사용되고 있으며 표본의 크기가 크지 않을 때 주로 사용한다. 실무에서 가장 많이 사용되고 있는 분야는 품질관리이다.

예 3-10 다음 두 회사는 에어컨을 생산하는 기업이다. 두 회사의 각 월별 불량품 수를 살펴보고 범위와 평균을 구하라.

	대박회사	쪽박회사		대박회사	쪽박회사
1월	25	25	4월	20	20
2월	20	25	5월	20	15
3월	20	20	6월	15	15

풀이 대박회사 : 범위 $R = 25 - 15 = 10$, 평균 $= 20$

쪽박회사 : 범위 $R = 25 - 15 = 10$, 평균 $= 20$

⟨예 3-10⟩에서 두 회사의 범위가 모두 10으로 같지만 대박회사는 쪽박회사에 비해 평균에 밀집해 있음을 볼 수 있다. 때로는 범위만으로 두 회사의 분산도를 비교하는 것이 어려울 수도 있다.

2 사분위범위

양극에 있는 극단적인 자료 두 개만을 사용하는 범위의 문제점을 보안하기 위해 중간에 있는 자료들을 대상으로 사분위범위를 구하고자 한다. 사분위범위는 자료들을 크기 순서로 나열했을 때 중앙을 중심으로 좌로 $\frac{1}{4}$과 우로 $\frac{1}{4}$을 포함하여 총 $\frac{1}{2}$에 해당하는 범위를 의미한다.

[그림 3-3]에서 주어진 자료를 순서대로 나열할 때 중앙에 오는 중앙값을 Q_2라 하고 제2사분위수라 한다. 유사한 방법으로 전체 자료의 $\frac{1}{4}$번째 해당되는 자료를 Q_1라 하고 제1사분위수라 한다. 동일한 방법으로 전체 자료의 $\frac{3}{4}$번째 해당되는 자료를 Q_3라 하고 제3사분위수라 한다.

여기서 사분위범위는 $Q = Q_3 - Q_1$로 정의한다.

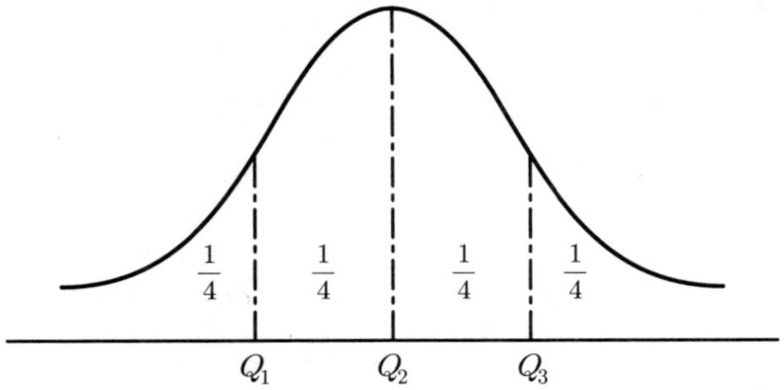

[그림 3-3] 사분위범위 $Q = Q_3 - Q_1$

사분위수의 위치를 계산하는 방법을 등위계산법이라 하는데 다음과 같다.

- 제1사분위수 $Q_1 = \frac{(n+1)}{4}$의 위치에 있는 자료값
- 제2사분위수 $Q_2 = \frac{2(n+1)}{4}$의 위치에 있는 자료값
- 제3사분위수 $Q_3 = \frac{3(n+1)}{4}$의 위치에 있는 자료값

사분위범위를 산포도로 활용하기 위해서는 자료의 수가 충분히 많아야 Q_1과 Q_3을 구하는 데 어려움이 없다. 자료의 수가 정확히 4등분되어 사분위수가 정수로 구해지면 좋겠지만 대부분 그렇지 못하고 소수점이 나오게 된다. 이 경우 Q_1은 소수점을 버리고 하나 아래로 Q_3은 하나 위의 자료를 선택하는 것이 일반적이다.

사분위범위는 매우 크거나 작은 두 양극의 자료에 영향을 받는 범위의 문제점을 보완하였다. 그러나 Q_1과 Q_3 외부에 있는 자료의 분포에 대해서는 어떠한 정보도 제공하지 못하는 문제점을 가지고 있다.

예 3-11 최근 15일간 콜금리 자료를 크기순으로 나열한 것이다. 범위와 사분위범위를 구하라.

1.57	1.58	1.65	1.66	1.72	1.74	1.76	1.79	1.80	1.82	1.85	1.87	1.89	1.92	1.95
n_1	n_2	n_3	n_4	n_5	n_6	n_7	n_8	n_9	n_{10}	n_{11}	n_{12}	n_{13}	n_{14}	n_{15}
			↑				↑				↑			
			Q_1				Q_2				Q_3			

풀이 ① 범위 $R = 1.95 - 1.57 = 0.38$

② 사분위범위 $Q = Q_3 - Q_1 = 1.87 - 1.66 = 0.21$

$$Q_1 = \frac{(15+1)}{4} = 4\text{번째 자료} = 1.66$$

$$Q_2 = \frac{2(15+1)}{4} = 8\text{번째 자료} = 1.79$$

$$Q_3 = \frac{3(15+1)}{4} = 12\text{번째 자료} = 1.87$$

3 평균편차

범위와 사분위범위는 자료의 흩어진 정도를 파악하는 데 유용하지만 모든 자료를 포함하지 못하고 평균을 중심으로 어느 정도 흩어져 있는지를 다루지 못한 아쉬움이 있다.

평균편차(MD)는 모든 자료를 대상으로 자료들이 평균으로부터 얼마나 멀리 흩어져 있는지를 나타낸다. 또한 평균값과 각 자료들과의 편차의 절대값을 모두 더한 다음 자료의 수로 나누어 구한다.

■ **평균편차의 계산**

$$MD = \sum_{i=1}^{n} \frac{|X_i - \overline{X}|}{n} \tag{3-3}$$

여기서, X_i : i 번째 관측치, $\overline{X}$: 평균값

여기서 평균값은 주로 산술평균을 이용하며 $\Sigma(X_i - \overline{X}) = 0$이 되는 것을 방지하기 위해 절대값을 사용한다.

예 3-12 다음은 최근 10일간 종합주가지수이다. 평균편차를 구하라.

날 짜 i	종합주가지수 X_i	편 차 $X_i - \overline{X}$	절대편차 $\lvert X_i - \overline{X} \rvert$
1	1,415	18.8	18.8
2	1,427	30.8	30.8
3	1,446	49.8	49.8
4	1,412	15.8	15.8
5	1,399	2.8	2.8
6	1,391	−5.2	5.2
7	1,376	−20.2	20.2
8	1,383	−13.2	13.2
9	1,365	−31.2	31.2
10	1,348	−48.2	48.2
합 계	**13,962**		**236**
평 균	**1,396.2**		**23.6**

풀이 $$MD = \sum_{i=1}^{10} \frac{\lvert X_i - \overline{X} \rvert}{10} = 23.6$$

위 예에서 평균편차 23.6의 의미는 최근 10일 동안 종합주가지수의 등락이 평균 1,392로부터 평균적으로 23.6만큼 떨어져 있다는 것을 보여준다.

평균편차는 모든 주어진 자료를 이용하고 평균과의 관계를 보여주는 장점이 있다. 그러나 절대값의 사용으로 계산과정이 다소 복잡해질 우려가 있어 산포도를 파악하는 데 널리 이용되지 못하고 있다.

4 분산과 표준편차

산포도를 나타내는 척도 중에서 분산이 가장 널리 사용되고 있다. 분산은 주어진 모든 자료를 고려하고 있으며 산술평균과 관측치 차이를 제곱한 후 그 평균을 계산하여 사용하고 있다.

■ 분산의 계산

모분산

$$\sigma^2 = \frac{\sum_{i=1}^{N}(X_i - \mu)^2}{N}$$

표본분산

$$S^2 = \frac{\sum_{i=1}^{n}\left(X_i - \overline{X}\right)^2}{n-1}$$

범위와 사분위범위는 관측치들이 얼마나 흩어져 있는지를 나타내지만 분산은 평균을 중심으로 어느 정도 떨어져 있는지를 나타낸다. 분산은 평균과의 차이를 제곱하여 구하므로 항상 0보다 커야 한다. 만일 분산이 0이 되는 경우는 모든 관측치가 평균과 같은 값을 갖는다는 것을 의미한다.

표본분산(sample variance : S^2)은 그 자체로 갖는 의미보다는 모집단 분산(population variance : σ^2)을 추정하기 위해 사용한다. 표본분산은 표본의 평균과 각 관측치 차이를 제곱한 후 n으로 나누지 않고 $(n-1)$로 나누어 계산한다. 그 이유는 모집단의 분산을 더 정확하게 추정할 수 있다는 이론이 있기 때문이다.

분산의 계산을 보면 평균과 관측치의 차이를 제곱하는데 그 이유에 대해 살펴보자. 예를 들어 중간고사와 기말고사의 영어점수가 A

는 105점과 95점을, B는 150점과 50점을 맞았다. 두 학생의 평균은 모두 100점으로 동일하지만 평균과의 점수 차이가 A는 +5, −5로 B 학생은 +50, −50으로 나타났다.

학 생	영어점수	평 균 $\overline{X}$	편 차 $X_i-\overline{X}$	편차의 합	편차의 제곱 $(X_i-\overline{X})^2$	편차제곱의 합
A	105, 95	100	+5, −5	0	25, 25	50
B	150, 50	100	+50, −50	0	2500, 2500	5000

만일 평균과 각 관측치 차이를 제곱하지 않으면 A와 B 모두 편차의 합이 0이 되어 서로의 차이를 구분할 수가 없게 된다. 따라서 분산을 계산할 때는 평균과 각 관측치 차이를 제곱하여 사용한다.

이런 이유로 분산을 계산할 때는 제곱을 하는데 이로 인해 측정수치가 원래수치보다 더 커지게 되고 측정단위가 원래단위와 다르게 된다. 예를 들어 점^2, 원^2, cm^2 등이 되므로 제곱근하여 원래단위로 다시 환원시킬 필요가 생긴다.

표준편차는 분산을 단순히 제곱근한 것으로 원래자료의 단위와 같게 만든 것이다. 표준편차는 분산의 특성과 일치하여 각 관측치가 평균으로부터 어느 정도 떨어져 있는지를 나타내고 있다.

■ 표준편차의 계산

모분산	표본분산
$\sigma=\sqrt{\sigma^2}$	$S=\sqrt{S^2}$

예 3-13 다음은 A, B, C가 동일한 금액을 가지고 올린 수익률이다. 분산과 표준편차를 구하라.

	투자비율	수익률
A	$\frac{1}{3}$	−15%
B	$\frac{1}{3}$	20%
C	$\frac{1}{3}$	40%

풀이 ① 평균(기대수익률)은

$$\overline{X} = \frac{1}{3}\times(-15\%) + \frac{1}{3}\times 20\% + \frac{1}{3}\times 40\% = 15\%$$

② 분산과 표준편차는

ⓐ	ⓑ 투자비율	ⓒ 수익률 (X_i)	ⓓ $X_i - \overline{X}$	ⓔ $[X_i - \overline{X}]^2$	ⓕ ⓑ×ⓔ
A	$\frac{1}{3}$	−0.15	−0.15−0.15=−0.30	$(-0.30)^2 = 0.09$	0.0300
B	$\frac{1}{3}$	0.20	0.20−0.15=0.05	$(0.05)^2 = 0.0025$	0.0008
C	$\frac{1}{3}$	0.40	0.40−0.15=0.25	$(0.25)^2 = 0.0625$	0.0208
					$\sigma^2 = 0.0516$

따라서 분산은 $\sigma^2 = 0.03 + 0.0008 + 0.0208 = 0.0516$이고

표준편차는 $\sigma = \sqrt{0.0516} = 0.227$이다.

예 3-14 다음은 최근 10일간 종합주가지수이다. 분산과 표준편차를 구하라.

날 짜 i	종합주가지수 X_i	편 차 $X_i - \overline{X}$	편차제곱 $(X_i - \overline{X})^2$
1	1,415	18.8	353.44
2	1,427	30.8	948.64
3	1,446	49.8	2480.04
4	1,412	15.8	249.64
5	1,399	2.8	7.84
6	1,391	−5.2	27.04
7	1,376	−20.2	408.04
8	1,383	−13.2	174.24
9	1,365	−31.2	973.44
10	1,348	−48.2	2323.24
합 계	**13,962**		**7945.6**
평 균	**1,396.2**		

풀이 분산 $S^2 = \dfrac{7945.6}{9} = 882.8444$

표준편차 $S = 29.7127$

5 Excel 활용하기

종합주가지수 3월 26일부터 6월 23일까지 총 거래일수 62일 동안의 자료를 가지고 표본 분산, 표본 표준편차, 모집단 분산, 모집단 표준편차를 구해 보자.

구하는 방법은 다음 순서대로 진행한다.

① 셀 D3에 '표본 분산'을 입력한다. 차례로 D4에 '표본 표준편차', D6에 '모집단 분산' D7에 '모집단 표준편차'를 입력한다.

G16 | f_x

	A	B	C	D	E
1	날짜	KOSPI			
2	2009/03/26	1,244			
3	2009/03/27	1,238		표본 분산	
4	2009/03/30	1,197		표본 표준편차	
5	2009/03/31	1,206			
6	2009/04/01	1,233		모집단 분산	
7	2009/04/02	1,277		모집단 표준편차	
8	2009/04/03	1,284			

② 표본 분산을 구하기 위해 셀 E3을 선택하고 '=VAR(B2:B63)'을 입력하면 값이 구해진다.

E3 | f_x | =VAR(B2:B63)

	A	B	C	D	E
1	날짜	KOSPI			
2	2009/03/26	1,244			
3	2009/03/27	1,238		표본 분산	3332.473
4	2009/03/30	1,197		표본 표준편차	
5	2009/03/31	1,206			
6	2009/04/01	1,233		모집단 분산	
7	2009/04/02	1,277		모집단 표준편차	
8	2009/04/03	1,284			

③ 표본 표준편차를 구하기 위해 셀 E4에 '=STDEV(B2:B63)'을 입력하면 값이 구해진다.

E4 | f_x | =STDEV(B2:B63)

	A	B	C	D	E
1	날짜	KOSPI			
2	2009/03/26	1,244			
3	2009/03/27	1,238		표본 분산	3332.473
4	2009/03/30	1,197		표본 표준편차	57.72758
5	2009/03/31	1,206			
6	2009/04/01	1,233		모집단 분산	
7	2009/04/02	1,277		모집단 표준편차	
8	2009/04/03	1,284			

④ 모집단 분산을 구하기 위해 셀 E6에 '=VARP(B2:B63)'을 입력하면 값이 구해진다.

E6 | f_x =VARP(B2:B63)

	A	B	C	D	E
1	날짜	KOSPI			
2	2009/03/26	1,244			
3	2009/03/27	1,238		표본 분산	3332.473
4	2009/03/30	1,197		표본 표준편차	57.72758
5	2009/03/31	1,206			
6	2009/04/01	1,233		모집단 분산	3278.724
7	2009/04/02	1,277		모집단 표준편차	
8	2009/04/03	1,284			

⑤ 모집단 표준편차를 구하기 위해 셀 E7을 선택하고 '=STDEVP(B2:B63)'을 입력하면 값이 구해진다.

E7 | f_x =STDEVP(B2:B63)

	A	B	C	D	E
1	날짜	KOSPI			
2	2009/03/26	1,244			
3	2009/03/27	1,238		표본 분산	3332.473
4	2009/03/30	1,197		표본 표준편차	57.72758
5	2009/03/31	1,206			
6	2009/04/01	1,233		모집단 분산	3278.724
7	2009/04/02	1,277		모집단 표준편차	57.26014
8	2009/04/03	1,284			

3.3 산포도에 대한 추가내용

Chebyshev의 정리와 분포의 비대칭 정도를 나타내는 왜도와 분포도가 얼마나 중심에 집중되어 있는지 나타내는 첨도에 대해 살펴보도록 한다.

1 Chebyshev의 정리

표준편차가 작으면 관측치가 평균에서 가까이 분포되어 있고 표준편차가 크면 관측치가 평균에서 멀리 떨어져 있다. 이런 현상을 수학자 Chebyshev가 수치로 나타내었다. 이 수치는 분포모양과 관계없이 평균에서 일정 수의 표준편차 안에 있는 관측치의 퍼센트를 말한다.

즉, 주어진 자료의 분포모양을 알 수 없을 때 평균에서 관측치들이 얼마나 흩어져 있는지를 설명해 주는 이론이다. 이 이론은 어떠한 분포모양에서도 모두 적용이 가능하지만 만일 정규분포의 모양이라면 다음과 같은 경험법칙이 성립된다.

■ 경험법칙

평균에서 거리	거리 안의 관측치 비율
$\mu \pm 1\sigma$	68%
$\mu \pm 2\sigma$	95%
$\mu \pm 3\sigma$	99.7%

여기서, μ는 평균, σ는 표준편차

경험법칙에서 자료의 분포모양이 정규분포라면 $\mu \pm 1\sigma$에서 자료의 68%가, $\mu \pm 2\sigma$에서 자료의 95%가, $\mu \pm 3\sigma$에서 자료의 99.7%가 포함되어 있음을 의미한다.

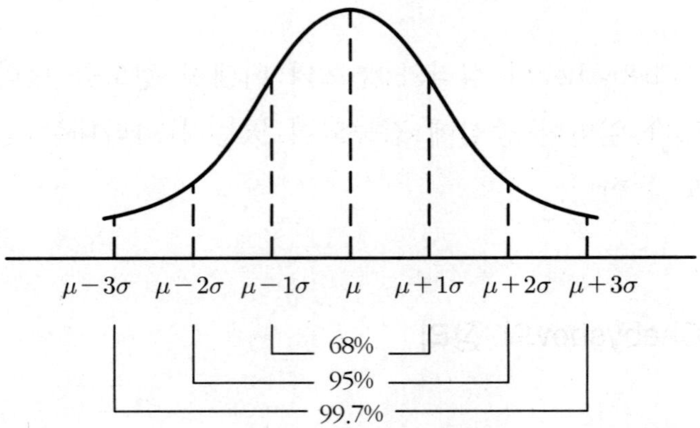

[그림 3-4] 경험법칙의 사례

만일 자료의 분포모양이 정규분포가 아니거나 불확실한 경우에는 Chebyshev의 정리를 이용하여 비율을 정할 수 있는데 다음과 같이 정의한다.

> ■ Chebyshev의 정리
>
> 주어진 자료에서 $\mu \pm h \cdot \sigma$ 이내에 위치하는 관측치의 비율은 최소한 전체 자료의 $\left(1-\frac{1}{h^2}\right) \times 100\%$이다.
>
> 여기서, $h > 1$

여기서 h는 1보다 큰 값을 가지므로 h에 여러 값을 대입하여 비율을 계산해 보도록 하자.

① $h=1.5$일 때 : $\mu \pm 1.5\sigma$ 이내에 포함되는 자료의 수는

$$\left(1-\frac{1}{1.5^2}\right)\times 100\% = 55.6\%$$ 가 된다.

② $h=2$일 때 : $\mu \pm 2\sigma$ 이내에 포함되는 자료의 수는

$$\left(1-\frac{1}{2^2}\right)\times 100\% = 75\%$$ 가 된다.

③ $h=3$일 때 : $\mu \pm 3\sigma$ 이내에 포함되는 자료의 수는

$$\left(1-\frac{1}{3^2}\right)\times 100\% = 88.9\%$$ 가 된다.

예 3-15 경영학과의 토플 평균이 700점이고 표준편차는 40점이다. 점수 600점에서 800점 사이에 포함되는 학생은 전체의 몇 %나 될까?

풀이 $800-700=100,\quad h=100\div 40=2.5$

따라서 $\left(1-\frac{1}{2.5^2}\right)\times 100\% = 84\%$ 이다.

2 왜 도

주어진 자료의 분포모양이 좌우 대칭인지, 아니면 좌나 우로 기운 비대칭인지, 기울었다면 그 정도가 어느 정도인지 측정해야 한다. 분포의 비대칭 정도를 왜도라 하는데 분포모양의 기울어진 방향과 정도를 나타내는 척도이다.

왜도를 측정하는 방법에는 Pearson의 비대칭도계수(Pearson's coefficient of skewness)가 있는데 평균과 중앙값의 차이를 구한 다음 표준편차로 나누어 측정한다. 이 경우 단위가 사라지게 되므로 여러 자료들을 서로 비교하는 데 유용하게 사용된다.

[그림 3-5]에서 우측왜도는 양의 비대칭도라 하며 '최빈값 < 중앙값 < 평균값'의 순으로 형성된다.

좌측왜도는 음의 비대칭도라 하며 '평균값 < 중앙값 < 최빈값'의 순으로 형성된다.

평균과 최빈값의 차이가 크면 클수록 비대칭 정도가 더 커진다.

■ Pearson의 비대칭도계수

$$a_3 = \frac{3(\text{평균} - \text{중앙값})}{\text{표준편차}} = \frac{3(\overline{X} - M_0)}{S}$$

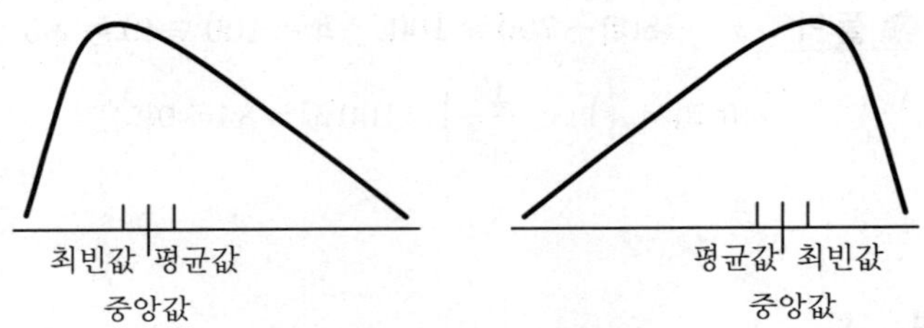

(a) 우측왜도($a_3 > 0$인 경우)　(b) 좌측왜도($a_3 < 0$인 경우)

[그림 3-5] 우측왜도와 좌측왜도

3 첨　도

첨도는 주어진 자료의 분포도가 중심에 얼마나 집중되어 있는지 또는 분포의 중심이 얼마나 뾰족한지 정도를 측정하는 것이다. 첨도를 측정하는 척도는 평균치의 4차 적률을 이용하는 적률첨도계수가 있다.

■ 점률첨도계수

$$a_4 = \frac{1}{n}\sum_{i=1}^{n}\left(X_i - \overline{X}\right)^4 \frac{1}{S^4} \qquad (3\text{-}4)$$

첨도는 정규분포를 기준으로 상대적인 뾰족한 정도를 평가하는데 정규분포에서 a_4가 3의 값을 갖는다.

첨도가 3보다 큰 값을 가지면 보다 뾰족한 봉우리를 가지며 3보다 작으면 상대적으로 낮은 봉우리를 갖는다. 첨도는 계산이 복잡하여 많이 사용되지는 않는다.

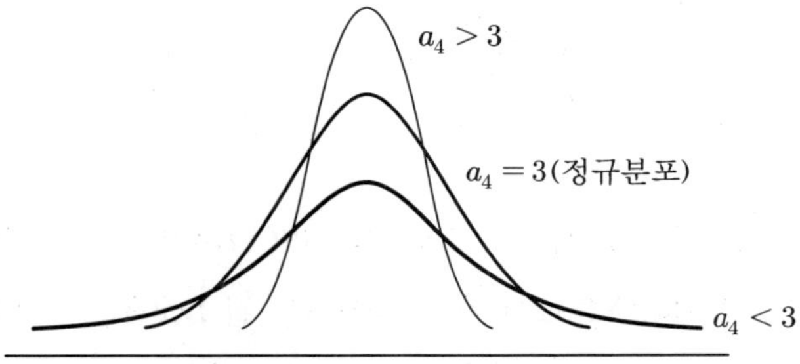

[그림 3-6] 첨도

4 Excel 활용하기(1)

최근 종합주가지수 21일 자료가 입력되어 있다. 평균, 모분산, 모표준편차, 최대값, 최소값, 범위, 1사분위수, 2사분위수, 3사분위수, 사분위수범위, 30번째 백분위수, 왜도, 첨도를 구하라.

① A열에 종합주가지수 21일 자료가 입력되어 있다. 셀 D1에서 평균을 구하고자 한다.

D1 | f_x

	A	B	C	D	E
1	1,244		평균		
2	1,238		모분산		
3	1,197		모표준편차		
4	1,206		최대값		
5	1,233		최소값		
6	1,277		범위		
7	1,284		1사분위수		
8	1,298		2사분위수		
9	1,300		3사분위수		
10	1,262		사분위수범위		
11	1,316		30번째 백분위수		
12	1,336		왜도		
13	1,338		첨도		
14	1,343				
15	1,333				
16	1,337				
17	1,329				
18	1,337				
19	1,337				
20	1,356				
21	1,363				
22					

② 셀 D1에는 '=AVERAGE(A1:A21)'을 입력하고, 셀 D2에는 '=VARP(A1:A21)'을 입력하고, 셀 D3에는 '=STDEVP(A1:A21)'을 입력하여 차례로 평균, 모분산, 모표준편차를 구한다.

D3 | f_x | =STDEVP(A1:A21)

	A	B	C	D	E
1	1,244		평균	1,298	
2	1,238		모분산	2426.654	
3	1,197		모표준편차	49	
4	1,206		최대값		
5	1,233		최소값		
6	1,277		범위		
7	1,284		1사분위수		
8	1,298		2사분위수		
9	1,300		3사분위수		
10	1,262		사분위수범위		
11	1,316		30번째 백분위수		
12	1,336		왜도		
13	1,338		첨도		
14	1,343				

③ 셀 D4에서 최대값을 구하기 위해 '수식' ⇒ '함수 삽입'을 누르고 함수 마법사가 나오면 함수 선택에서 'MAX'를 선택한다.

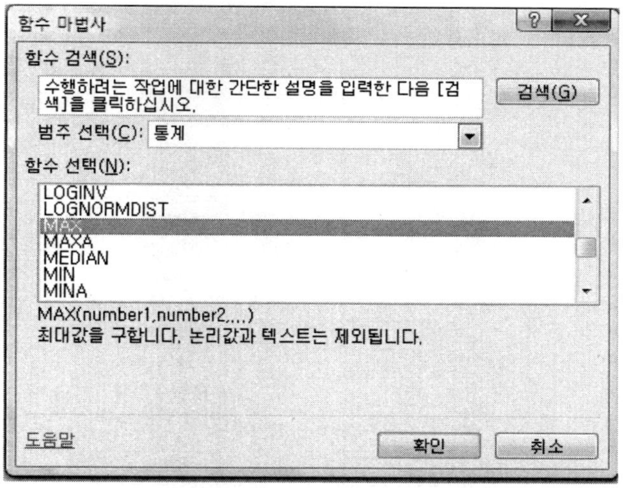

④ 함수 인수 상자가 나오면 Number1에서 'A1:A21'을 입력하고 최대값 1363이 화면에 나타나면 확인을 누른다.

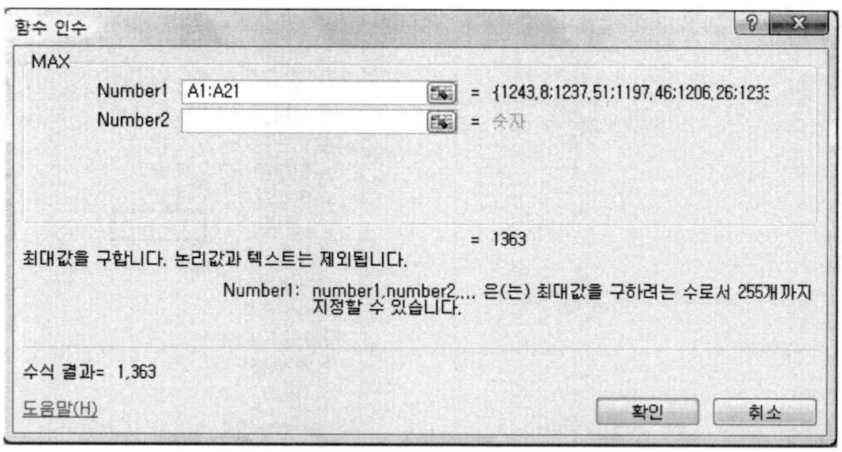

⑤ 같은 방법으로 셀 D5에서 최소값을 구한다. 함수 마법사를 이용하지 않고 직접 셀 D4에서 '=MAX(A1:A21)'을, 셀 D5에서 '=MIN(A1:A21)'을 입력해도 된다.

D5 | =MIN(A1:A21)

	A	B	C	D	E
1	1,244		평균	1,298	
2	1,238		모분산	2426.654	
3	1,197		모표준편차	49	
4	1,206		최대값	1,363	
5	1,233		최소값	1,197	
6	1,277		범위		
7	1,284		1사분위수		
8	1,298		2사분위수		
9	1,300		3사분위수		
10	1,262		사분위수범위		
11	1,316		30번째 백분위수		
12	1,336		왜도		
13	1,338		첨도		
14	1,343				

⑥ 셀 D6에서 범위를 구하기 위해 '=D4−D5'를 입력한다.

D6 | =D4-D5

	A	B	C	D	E
1	1,244		평균	1,298	
2	1,238		모분산	2426.654	
3	1,197		모표준편차	49	
4	1,206		최대값	1,363	
5	1,233		최소값	1,197	
6	1,277		범위	166	
7	1,284		1사분위수		
8	1,298		2사분위수		
9	1,300		3사분위수		
10	1,262		사분위수범위		
11	1,316		30번째 백분위수		
12	1,336		왜도		
13	1,338		첨도		
14	1,343				

⑦ 셀 D7에서 1사분위수를 구하기 위해 '=QUARTILE(A1:A21,1)'을 입력한다. 셀 D8에서 2사분위수를 구하기 위해 '=QUARTILE(A1:A21,2)'을 입력한다. 셀 D9에서 3사분위수를 구하기 위해 '=QUARTILE(A1:A21,3)'을 입력한다.

D9 | =QUARTILE(A1:A21,3)

	A	B	C	D	E
1	1,244		평균	1,298	
2	1,238		모분산	2427.8	
3	1,197		모표준편차	49	
4	1,206		최대값	1,363	
5	1,233		최소값	1,197	
6	1,277		범위	166	
7	1,284		1사분위수	1262	
8	1,298		2사분위수	1316	
9	1,300		3사분위수	1337	
10	1,262		사분위수범위		
11	1,316		30번째 백분위수		
12	1,336		왜도		
13	1,338		첨도		
14	1,342				

⑧ 셀 D10에서 사분위수범위를 구하기 위해 '=D9−D7'을 입력한다.

D10 | =D9-D7

	A	B	C	D	E
1	1,244		평균	1,298	
2	1,238		모분산	2427.8	
3	1,197		모표준편차	49	
4	1,206		최대값	1,363	
5	1,233		최소값	1,197	
6	1,277		범위	166	
7	1,284		1사분위수	1262	
8	1,298		2사분위수	1316	
9	1,300		3사분위수	1337	
10	1,262		사분위수범위	75	
11	1,316		30번째 백분위수		
12	1,336		왜도		
13	1,338		첨도		
14	1,342				

⑨ 셀 D11에서 30번째 분위수를 구하기 위해 '=PERCENTILE(A1:A21,0.3)'을 입력한다.

D11 | =PERCENTILE(A1:A21,0.3)

	A	B	C	D	E	F
1	1,244		평균	1,298		
2	1,238		모분산	2427.8		
3	1,197		모표준편차	49		
4	1,206		최대값	1,363		
5	1,233		최소값	1,197		
6	1,277		범위	166		
7	1,284		1사분위수	1262		
8	1,298		2사분위수	1316		
9	1,300		3사분위수	1337		
10	1,262		사분위수범위	75		
11	1,316		30번째 백분위수	1277		
12	1,336		왜도			
13	1,338		첨도			
14	1,342					

⑩ 셀 D12에서 왜도를 구하기 위해 '=SKEW(A1:A21)'을 입력한다. 셀 D13에서 첨도를 구하기 위해 '=KURT(A1:A21)'을 입력한다.

D12 | =SKEW(A1:A21)

	A	B	C	D	E
1	1,244		평균	1,298	
2	1,238		모분산	2427.8	
3	1,197		모표준편차	49	
4	1,206		최대값	1,363	
5	1,233		최소값	1,197	
6	1,277		범위	166	
7	1,284		1사분위수	1262	
8	1,298		2사분위수	1316	
9	1,300		3사분위수	1337	
10	1,262		사분위수범위	75	
11	1,316		30번째 백분위수	1277	
12	1,336		왜도	-0.6964	
13	1,338		첨도	-0.74935	
14	1,342				

5 Excel 활용하기(2)

앞에서와 같이 함수 마법사를 이용하지 않고 통계 데이터 분석 상자를 이용하여 한 번에 모든 자료를 구하는 방법에 대해 살펴보자.

① '도구' ⇒ '데이터 분석'을 누르면 통계 데이터 분석 상자가 나타난다. 분석 도구에서 기술 통계법을 선택한다.

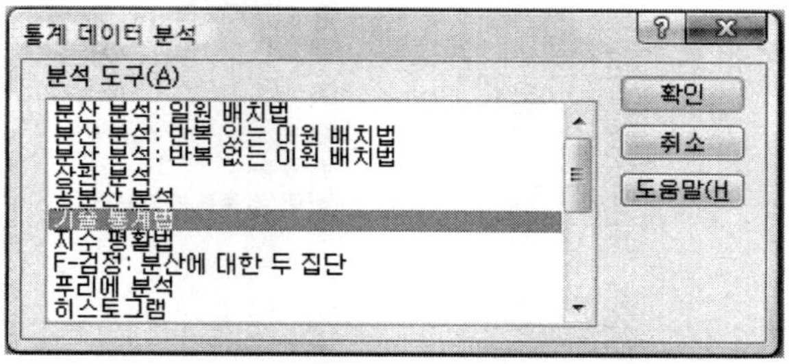

② 입력 범위에서 'A1:A21'을 입력하고 '출력 범위'와 '요약 통계량'과 '평균에 대한 신뢰 수준' 95%를 선택하고 확인을 누른다.

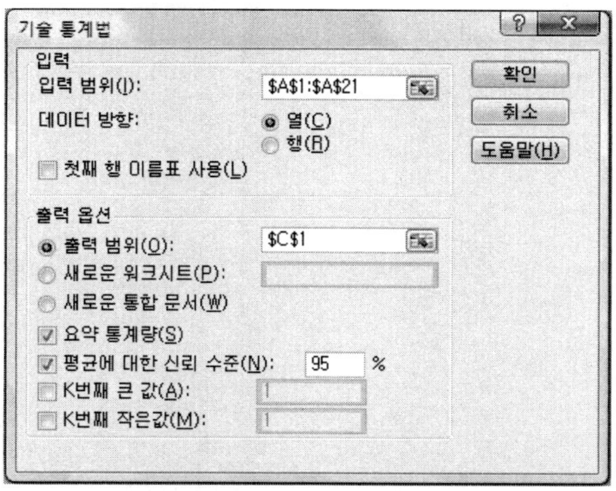

③ 제3장에서 배운 모든 자료가 한꺼번에 계산되어 나타난다.

D3 f_x 1298.25904761905

	A	B	C	D	E	F
1	1,244		Column1			
2	1,238					
3	1,197		평균	1298.259		
4	1,206		표준 오차	11.00846		
5	1,233		중앙값	1316.35		
6	1,277		최빈값	1,337		
7	1,284		표준 편차	50.44709		
8	1,298		분산	2544.909		
9	1,300		첨도	-0.76442		
10	1,262		왜도	-0.69121		
11	1,316		범위	165.54		
12	1,336		최소값	1197.46		
13	1,338		최대값	1363		
14	1,343		합	27263.44		
15	1,333		관측수	21		
16	1,337		신뢰 수준(	22.96324		
17	1,329					
18	1,337					
19	1,337					
20	1,356					
21	1,363					
22						

<< 연습문제

01 중심경향치와 산포도에 대해 설명하라.

02 평균, 중앙값, 최빈값을 비교하여 설명하라.

03 경험법칙에 대해 그래프를 그리고 설명하라.

04 왜도와 첨도에 대해 설명하라.

05 다음 자료에서 산술평균과 중앙값을 구하라.

(1) 0, 5, 9, 15, 20

(2) −6, 12, 23, 100, 210, 525

(3) 2.5, 3.6, −5.3, 16.4, 30.5

(4) 3, 25, 64, 210, 800, 910

06 경영학과 학생 10명의 토플 점수 평균이 650점이다. 9명 학생의 점수가 다음과 같을 때 나머지 한 명의 점수는?

610	500	480	720	550	860	640	920	460

07 다음은 성결양의 지난 학기 성적이다. 평균성적은 얼마일까?

과 목	성 적	학 점
경영학	3	A
영 어	2	B
경제학	3	C
컴퓨터	3	D
스포츠	1	A

(점수 : A=4, B=3, C=2, D=1)

08 최근 30개월간 소비자물가지수이다.

102.6	102.8	103.5	104.1	104.5	104.6
104.6	105.0	105.1	105.7	105.9	105.9
106.3	106.8	107.2	108.2	108.8	109.7
110.4	111.2	111.0	111.1	111.0	110.7
110.7	110.8	111.6	112.4	112.7	112.7

(1) 30개월간의 평균은 얼마인가?

(2) 중앙값은 얼마인가?

(3) 최빈값은 얼마인가?

(4) 정부는 소비자물가지수를 107 이하로 계획하고 있다. 정책이 잘 시행되고 있는가?

09 다음은 현재 인터넷을 사용하고자 신청한 연령이다. 물음에 답하라.

12	15	16	18	20	20	20	23	25	25
29	30	32	34	35	38	40	43	43	48

(1) 평균을 구하라.

(2) 중앙값을 구하라.

(3) 최빈값을 구하라.

(4) 범위를 구하라.

(5) 사분위수범위를 구하라.

(6) 평균편차를 구하라.

(7) 표본분산을 구하라.

(8) 표본표준편차를 구하라.

(9) Pearson의 비대칭계수를 구하라.

10 다음은 증권사 영업점을 방문한 고객수이다. 물음에 답하라.

35	23	18	48	26	50	27	33	21	16
45	42	37	64	50	42	28	26	46	54

(1) 평균을 구하라.

(2) 중앙값을 구하라.

(3) 최빈값을 구하라.

(4) 범위를 구하라.

(5) 1사분위수, 3사분위수를 구하라.

(6) 사분위수범위를 구하라.

(7) 표본분산을 구하라.

(8) 표본표준편차를 구하라.

CHAPTER

4

확 률 이 론

증권투자를 하다 보면 수많은 선택에 놓이게 된다. 주식에 투자할까, 아니면 채권이나 선물·옵션에 투자할까? 어디가 더 안전하면서 수익률이 높을지 선택해야 한다. 어떤 정보를 접하고 나서는 정확한 정보일까 아닐까 또 고민을 한다. 대부분 100%의 확실한 정보를 원하지만 현실은 그렇지 못하다.

- 주식시장의 상승세는 계속 이어질까?
- 종합주가지수는 얼마나 더 올라갈까?
- 대형주, 중형주, 소형주 중에서 어느 것이 더 수익률이 좋을까?

다양한 정보를 수집하고 현명한 선택을 하기 위해서는 어느 정도 현실 가능성이 높은 순으로 결정을 내려야 한다. 이와 같이 불확실성이 존재하는 상황에서 결정에 도움을 주는 확률에 대해 공부해 보자. 확률을 이해하고 계산하는 방법에 대해 살펴보자.

4.1 집 합

확률은 여러 가지 사건 중에서 하나의 사건이 일어날 수 있는 가능성의 정도 또는 그것을 나타내는 수치를 말한다. 확률을 이해하고 계산하기 위해서는 집합을 이해해야 한다.

집합(set)은 서로 구별되는 대상들을 순서와 무관하게 모은 것이다. 집합에 속하는 각각의 대상들을 원소라 하고 일반적으로 알파벳의 대문자로 표기한다.

1 집합의 이해

집합을 구성하는 대상 하나하나를 집합의 원소라 한다. 어떤 것이 집합의 원소일 때 그것은 그 집합에 속한다고 한다.

- 집합 : 어떤 조건에 의해 그 대상이 명확한 항목의 모임
- 원소 : 집합을 구성하는 대상 하나하나

예를 들어 주사위를 던질 때 나타나는 수들의 전체집합을 U, 홀수인 집합을 A, 짝수의 집합을 B라 하자. 다음과 같이 나타낼 수 있다.

$$U = \{1, 2, 3, 4, 5, 6\}$$
$$A = \{1, 3, 5\}$$
$$B = \{2, 4, 6\}$$

집합 A와 B의 원소는 전체집합 U의 원수 중 일부분이므로 집합 A와 B는 전체집합 U의 부분집합이라 하고 $A \subset U$ 또는 $B \subset U$로 나타낸다.

원소 1, 2, 3, 4, 5, 6은 전체집합 U에 속하므로 다음과 같이 표현한다.

$$1 \in U,\ 2 \in U,\ 3 \in U,\ 4 \in U,\ 5 \in U,\ 6 \in U$$

반면 2와 4, 6은 집합 A에 속하지 않으므로 다음과 같이 나타낸다.

$$2 \notin A,\ 4 \notin A,\ 6 \notin A$$

원소를 하나도 가지지 않는 집합은 공집합이라 하며 기호 $\varnothing$로 표시한다.

집합을 표현하는 일반적인 방법으로는 원소나열법과 조건제시법이 있다.

- 원소나열법 : 집합에 들어 있는 원소들을 직접 나열하는 방식

  {1, 2, 3, 4, 5}
  {소, 말, 염소, 개, 돼지}
  {1, 2, 3, ⋯, 100} : 1부터 100까지 자연수의 집합
  {2, 4, 6, ⋯, 100} : 2부터 100까지 짝수의 집합

- 조건제시법 : 원소들의 구체적인 설명 대신 논리적 관계를 기술

  $\{x | x$는 1부터 6까지 자연수$\} = \{1, 2, 3, 4, 5, 6\}$
  서로 동일한 의미
  $\{x+y | x$는 1 또는 2, y는 3 또는 4$\} = \{4, 5, 6\}$
  $\{(x, y) | x \in 1, 2, y \in 1, 2\} = \{(1, 1), (1, 2), (2, 1), (2, 2)\}$

2 집합의 종류

사건은 어떤 실험에서 일어날 수 있는 한 개 이상의 결과를 말한다. 표본공간은 실험에서 일어날 수 있는 모든 가능한 결과를 모은 전체집합을 말하며 종종 S나 U로 표시한다. 사건이나 표본공간은 이해하기 쉽도록 벤다이어그램으로 나타내거나 시각적으로 볼 수 있게 표현한다.

여러 사건 중에서 적어도 한 개가 일어나는 사건을 합집합이라 한다. 두 개 이상의 사건들이 동시에 일어나는 사건을 교집합이라 한

다. 한 사건이 일어나면 다른 사건이 일어날 수 없을 때 두 사건을 상호배반적 사건이라 하는데 여집합의 경우 항상 상호배반적이다.

(1) 합집합

두 집합 A와 B가 있을 때 A에 속하거나 B에 속하거나 또는 A와 B 모두 공통으로 속하는 모든 원소들의 집합을 A와 B의 합집합(union)이라 하고 $A \cup B$로 표시한다.

$$A \cup B = \{x \mid x \in A \text{ 또는 } x \in B\}$$
$$= \{\text{집합 } A \text{ 또는 } B\text{에 속하는 모든 원소}\}$$

합집합의 원소의 개수를 구할 때 사용하는 공식은 다음과 같다.

$$n(A \cup B) = n(A) + n(B) - n(A \cap B)$$

집합 A와 B의 합집합을 벤다이어그램으로 나타내면 [그림 4-1]과 같다.

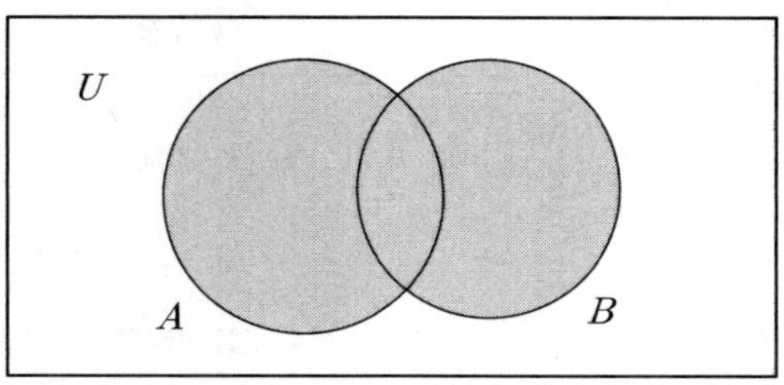

[그림 4-1] 집합 A와 B의 합집합

예 4-1 $A = \{1, 2, 3, 4\}$, $B = \{2, 4, 6, 8\}$일 때 $A \cup B$를 구하라.

풀이 $A \cup B = \{1, 2, 3, 4, 6, 8\}$

(2) 교집합

두 집합 A와 B가 있을 때 A에 속하고 동시에 B에 속하는 모든 원소들의 집합을 A와 B의 교집합(intersection)이라 하고 $A \cap B$로 표시한다.

$$A \cap B = \{x | x \in A \text{ 그리고 } x \in B\}$$
$$= \{\text{집합 } A\text{와 } B\text{에 동시에 속하는 모든 공통원소}\}$$

두 집합 A와 B에 공통적으로 속하는 원소가 하나도 없으면 교집합 $A \cap B$는 공집합 $\varnothing$이 된다. 즉, $A \cap B = \varnothing$

집합 A와 B의 교집합을 벤다이어그램으로 나타내면 [그림 4-2]와 같다.

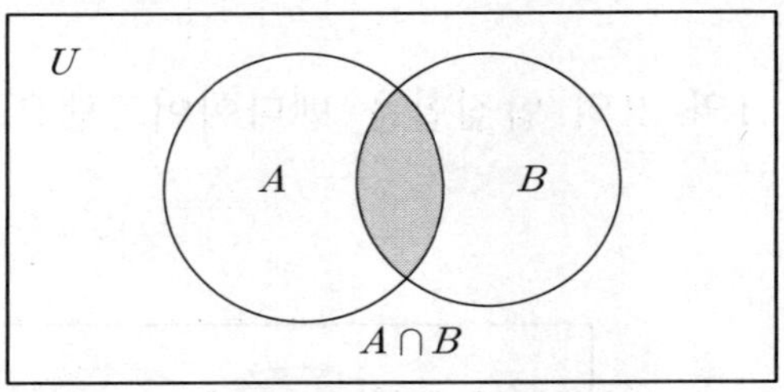

[그림 4-2] 집합 A와 B의 교집합

예 4-2 $A = \{2, 4, 6, 8\}$, $B = \{3, 6, 9\}$일 때 $A \cup B$와 $A \cap B$를 구하라.

풀이 $A \cup B = \{2, 3, 4, 6, 8, 9\}$
$A \cap B = \{6\}$

예 4-3 $A = \{2, 4, 6\}$, $B = \{1, 3, 5\}$일 때 다음을 구하라.

(1) $A \cup B$

(2) $A \cap B$

(3) A와 B는 서로 무슨 관계인가?

풀이 (1) $A \cup B = \{1, 2, 3, 4, 5, 6\}$

(2) $A \cap B = \varnothing$

(3) 서로 공통원소를 갖지 않으므로 상호배반적이다.

(3) 차집합

두 집합 A와 B가 있을 때 A에 속하지만 B에 속하지 않는 원소들의 집합을 A와 B의 차집합(difference)이라 하고 $A-B$로 표시한다.

$$A - B = \{x \in A \mid x \notin B\}$$
$$= \{\text{집합 } A\text{에 속하지만 } B\text{에 속하지는 않는 원소}\}$$

예를 들어 실수의 집합에서 유리수의 집합을 뺀 집합은 무리수의 집합이 된다.

집합 A와 B의 차집합을 벤다이어그램으로 나타내면 [그림 4-3]과 같다.

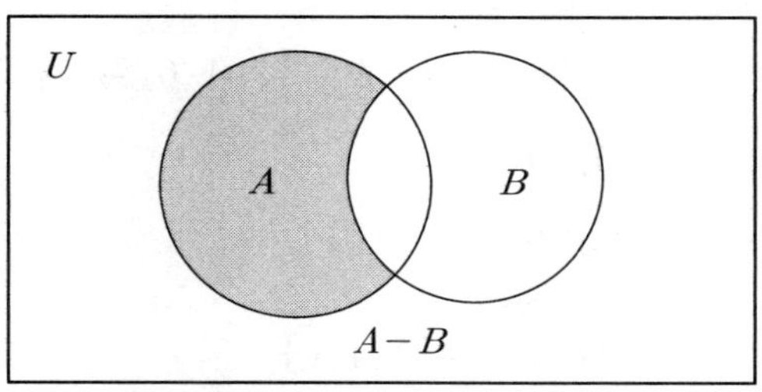

[그림 4-3] 집합 A와 B의 차집합

예 4-4 $A = \{2, 4, 6, 8, 10\}$, $B = \{3, 6, 9\}$일 때 $A-B$를 구하라.

풀이 $A - B = \{2, 4, 8, 10\}$

(4) 여집합

전체집합 U에 속하면서 집합 A에는 속하지 않는 원소의 집합을 A의 여집합(complementary)이라 하고 A^C로 표시한다. 보집합이라 부르기도 한다.

$$A^C = \{x | x \notin A\}$$
$$= \{\text{전체집합 } U\text{에 속하지만 집합 } A\text{에 속하지는 않는 원소}\}$$

집합 A의 여집합을 벤다이어그램으로 나타내면 [그림 4-4]와 같다.

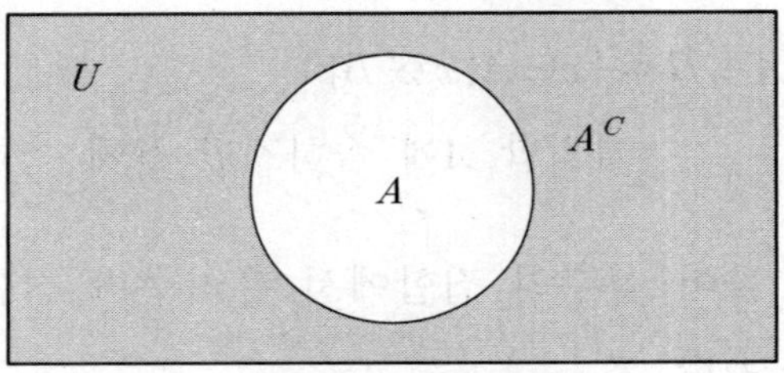

[그림 4-4] 집합 A와 B의 여집합

예 4-5 $U = \{1, 2, 3, 4, 5, 6\}$

$A = \{1, 3, 5\}$, $B = \{2, 4, 6\}$일 때 다음을 구하라.

(1) A^C

(2) B^C

풀이 (1) $A^C = \{2, 4, 6\}$

(2) $B^C = \{1, 3, 5\}$

4.2 확률의 이해

하나의 사건이 일어날 수 있는 가능성의 정도 또는 그것을 나타내는 수치를 확률(probability)이라 정의한다.

동전을 던져 앞면이 나오거나 뒷면이 나오는 경우를 거의 같은 정도로 기대하고 있다. 내일 비가 오지 않는다거나 올 것이라고 예측하기도 한다. 이렇게 우연하게 생기는 일에 대해 그것이 일어날 가능성의 크기를 나타내는 수치를 확률이라 한다.

실제로 존재하는 구체적인 현상에서는, 우연히 일어나는 사실에 다른 여러 가지 요인이 얽혀 복잡해지기 때문에 이상적인 모델을 상정하고 생각하게 된다.

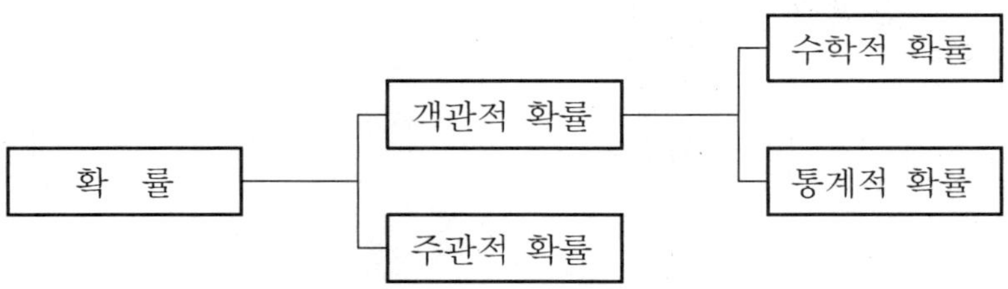

1 확률의 기본성질

하나의 사건 A가 일어날 수 있는 가능성을 수치로 나타내는 것을 확률이라 하고 사건 A가 일어날 확률을 $P(A)$로 나타낸다. 표본공간 S에서 다음 기본공식을 만족한다.

① $0 \le P(A) \le 1$

② $P(S)=1$ (4-1)

③ $P(\varnothing)=0$

표본공간 S에서 일어나는 사건은 100% 확률을 가지게 되므로 확률 $P(S)=1$이 되어 반드시 일어나는 것을 의미한다. 사건 A는 S의 부분집합이므로 $P(A) \le P(S)$가 성립되고 사건의 확률은 항상 0보다 크거나 같으므로 $0 \le P(A) \le 1$이 성립한다. 끝으로 절대로 일어나지 않을 사건($\varnothing$)에 대해서는 확률이 0이 된다.

예 4-6 주사위를 한 번 던질 때, 다음 확률을 구하라.

(1) 짝수가 나올 확률

(2) 짝수나 홀수가 나올 확률

(3) 8이 나올 확률

풀이

(1) $\frac{1}{2}$

(2) 1

(3) 0

2 객관적 확률

어떤 실험에서 일어나는 사건이 모두 같은 정도로 일어날 것으로 기대하는 수학적 확률과 같은 실험을 무한히 반복하여 특정사건이 일어날 확률을 추정하는 통계적 확률이 있다.

수학적 확률은 발생 가능한 정보를 사전에 알 수 있으며 통계적 확률은 사후에 관찰을 통해 알 수 있는 확률이론이다.

(1) 수학적 확률

수학적 확률은 각각의 사건들이 일어나는 확률을 모두 같은 정도로 기대한다는 가정에서 출발한다. 수학적 확률은 이 가정을 전제로 한다.

예를 들어 주사위, 동전, 카드 등은 모두 같은 정도의 확률을 기대하고 있다. 한 개의 주사위를 던지면 1에서 6까지의 눈이 나올 것이고 이 주사위가 이론적인 정육면체라면 각 눈이 나올 가능성은 $\frac{1}{6}$이라 할 수 있다.

어떤 실험에서 일어나는 사건이 모두 같은 정도로 일어날 것으로 기대할 때 표본공간 S에서 일어날 사건의 수를 $n(S)$, 사건 A에 속하는 사건의 수를 $n(A)$라 하면 사건 A가 일어날 확률 $P(A)$는 다음과 같이 정리된다. 이와 같은 확률을 수학적 확률이라 한다.

■ 수학적 확률

$$P(A) = \frac{n(A)}{n(S)} = \frac{\text{사건 } A\text{가 일어나는 경우의 수}}{\text{일어날 수 있는 모든 경우의 수}} \tag{4-2}$$

현실적으로 경영활동에 있어서는 수학적으로 정확하게 확률이 나오지 않을 뿐만 아니라 일어날 확률이 모두 같다는 가정을 적용할 수 없기 때문에 다른 추가적인 방법을 찾아야 한다.

예 4-7 주사위를 두 번 던질 때, 눈의 합이 8이 나올 확률을 구하라.

풀이 일어날 수 있는 모든 경우의 수는 $6 \times 6 = 36$이므로 $n(S) = 36$
눈의 합이 8이 나올 사건 A는

$$A = \{(2, 6), (3, 5), (4, 4), (5, 3), (6, 2)\}$$

이므로 $n(A) = 5$

따라서 $P(A) = \dfrac{n(A)}{n(S)} = \dfrac{5}{36}$

(2) 통계적 확률

일상생활에서 일어나는 여러 가지 현상이나 자연현상 중에는 어떤 사건의 결과가 같을 정도로 일어날 것이라고 기대할 수 없는 경우가 많이 있다.

예를 들어 주가나 금리, 환율 등의 변동 그리고 안개 또는 비, 황사 등이 발생할 확률, 불량품이 발생할 확률이나 판매된 상품의 반품될 확률 등은 수학적인 통계가 아니라 그동안 무수히 많은 반복된 과정을 통해 얻을 수 있는 통계적 확률이다.

야구선수가 안타 칠 확률이나 방어율에 대해 살펴보자. 이종범 선수의 타율이 3할(0.300)이라면 열 번 나와서 세 번은 안타를 칠 수 있는 가능성이 있는 것이고, 선동렬 선수의 방어율이 1.50이라면 한 게임 9이닝 동안 평균 1.5점을 실점한다고 예상해 보는 것이다.

같은 실험을 n번 반복해서 사건 A가 일어날 횟수를 r_n이라 하자. 이때 n을 무한히 크게 하면 상대도수 $\frac{r_n}{n}$이 일정한 값 $P(A)$에 가까와지는데 이를 사건 A의 통계적 확률이라 한다.

■ 통계적 확률

$$P(A) = \lim_{n \to \infty} \frac{r_n}{n} = \lim \frac{\text{사건 } A\text{가 일어날 횟수}}{\text{총 실험횟수}} \quad (4\text{-}3)$$

통계적 확률은 과거 경험이나 자료를 통해 미래를 예상해 보는 것이므로 경험적 확률이라 부르기도 한다. 통계적 확률은 경영활동에서 많이 이용하고 있으나 실험을 무한히 반복해야 되는 현실적인 어려움이 생길 수 있다. 무한히 반복의 의미가 현실적으로 어느 정도인지를 판단하는 어려움이 있다.

예 4-8 주머니 속에 붉은 공 3개, 흰 공 2개, 파란 공 5개가 들어 있다. 이 중에서 2개의 공을 꺼낼 때 다음의 확률을 구하라.

(1) 붉은 공이 2개 나올 확률

(2) 파란 공이 2개 나올 확률

(3) 붉은 공 1개와 흰 공 1개가 나올 확률

풀이 10개의 공에서 2개의 공을 꺼내는 경우의 수는 ${}_{10}C_2$가지

(1) 붉은 공 3개 중에서 2개가 나오는 경우의 수는 ${}_3C_2$가지

$$\frac{{}_3C_2}{{}_{10}C_2} = \frac{3}{45} = \frac{1}{15}$$

(2) 파란 공 5개 중에서 2개가 나오는 경우의 수는 ${}_5C_2$가지

$$\frac{{}_5C_2}{{}_{10}C_2} = \frac{10}{45} = \frac{2}{9}$$

(3) 붉은 공 1개와 흰 공 1개가 나오는 경우의 수는 ${}_3C_1 \times {}_2C_1$가지

$$\frac{{}_3C_1 \times {}_2C_1}{{}_{10}C_2} = \frac{6}{45} = \frac{2}{15}$$

3 주관적 확률

주관적 확률은 개인의 주관적인 판단에 의존하는 확률을 말한다. 이용 가능한 정보나 과거 자료 등을 토대로 객관적인 확률을 제시하는 것이 아니라 똑같은 결과가 일어나지 않는 상황이거나 자료를 구할 수 없는 경우에 발생확률을 주관적으로 결정해야 한다.

예를 들어 한국 축구대표팀이 월드컵 경기에서 16강에 진출할 수 있는지를 객관적인 자료를 가지고 확률을 얻기에는 많은 어려움이 있다. 과거 16강에 진출한 사례가 한 번밖에 없으므로 진출 가능한 확률을 주관적으로 판단할 수밖에 없다.

기상예보의 경우에도 항상 똑같은 기상현상이 나타나지 않으므로 안개나 강수 예보를 100% 정확하게 맞출 수는 없다. 과거 유사한 현상을 살펴보고 예보자 개인의 경험과 전문적인 지식을 바탕으로 확률이 높을 것으로 예상되는 주관적인 예보를 내리는 것이다.

기업을 운영하는 최고경영자도 의사결정과정에서 성공 가능성이 높은 사업을 선정하는 데 주관적인 확률에 의존하게 된다. 주관적인 확률을 높이고 객관적인 성과를 높이기 위해서는 최고경영자의 전문적인 지식과 다양한 경험을 필요로 한다.

4.3 확률의 계산

확률을 계산하기 위해서는 몇 가지 법칙을 알아야 한다. 확률은 어떤 법칙에 의해 결합되는데 기본적으로 덧셈법칙과 곱셈법칙이 있다. 덧셈법칙은 상호배반적인 경우와 아닌 경우로 구분하고 곱셈법칙은 종속적인 경우와 독립적인 경우로 구분한다.

1 여사건의 확률

사건 A가 일어날 확률을 $P(A)$라 하고 사건 A가 일어나지 않을 사건을 A의 여사건이라 하고 A^C로 나타내며 일어나지 않을 확률을 $P(A^C)$로 표시한다.

사건 A가 일어날 확률 $P(A)$와 여사건이 일어날 확률 $P(A^C)$ 사이의 관계는 다음과 같다.

■ 여사건의 확률

$$P(A^C)+P(A)=1, \quad P(A^C)=1-P(A) \tag{4-4}$$

예 4-9 남학생 4명과 여학생 3명이 있다. 두 명을 선발할 때 다음 확률을 구하라.

(1) 두 명 모두 여학생일 확률

(2) 적어도 한 명이 남학생일 확률

풀이 (1) 두 사람 모두 여학생일 사건을 A라 하면

$$P(A) = \frac{{}_3C_2}{{}_7C_2} = \frac{3}{21} = \frac{1}{7}$$

(2) 적어도 한 명이 남학생일 사건은 두 사람 모두 여학생일 사건의 여사건이다.

따라서 $P(A^C) = 1 - P(A) = 1 - \frac{1}{7} = 6/7$

2 확률의 덧셈법칙

동전의 앞면과 뒷면과 같이 두 사건이 동시에 발생하느냐 또는 발생하지 않으냐에 따라 상호배반적이 아니냐 상호배반적이냐로 구분한다.

(1) 상호배반적이 아닌 경우 : 일반법칙

학생들이 경영학, 통계학, 컴퓨터, 영어 등 여러 과목을 동시에 수강할 수 있듯이 사건 A와 B가 동시에 일어날 수 있으면 이 두 사건은 상호배반적이 아니라고 한다.

■ **덧셈법칙 : 상호배반적이 아닌 경우**

$$P(A \cup B) = P(A) + P(B) - P(A \cap B) \quad (4\text{-}5)$$

이 경우에는 사건 A 또는 B가 일어날 확률 $P(A \cup B)$는 각 사건이 일어날 확률 $P(A)$와 $P(B)$를 합친 다음 두 사건이 동시에 일어날 확률 $P(A \cap B)$를 빼어 계산한다. 이것이 덧셈의 일반법칙이다.

예 4-10 숫자가 1에서 30까지 적혀 있는 카드 30장이 있다. 카드 한 장을 집었을 때 2의 배수이거나 3의 배수일 확률을 구하라.

풀이 A : 2의 배수 카드가 나올 사건

$$A=\{2, 4, 6, \cdots, 30\},\ n(A)=15$$

B : 3의 배수 카드가 나올 사건

$$B=\{3, 6, 9, \cdots, 30\},\ n(B)=10$$

$A \cap B$: 2와 3의 최소공배수인 6의 배수 카드가 나올 사건

$$A \cap B=\{6, 12, 18, 24, 30\},\ n(A \cap B)=5$$

따라서
$$\begin{aligned} P(A \cup B) &= P(A)+P(B)-P(A \cap B) \\ &= \frac{15+10-5}{30} \\ &= \frac{2}{3} \end{aligned}$$

(2) 상호배반적인 경우 : 특별법칙

남학생 아니면 여학생이듯이 사건 A와 B가 동시에 일어나지 않는 것을 상호배반적인 사건이라 한다. 이 경우 사건 A와 B는 공통되는 사건을 포함하지 않으므로 $P(A \cap B)=0$이 된다. 따라서 두 사건 중 어느 하나가 일어날 확률은 각각의 개별 확률을 더하면 된다.

■ 덧셈법칙 : 상호배반적인 경우

$$P(A \cup B)=P(A)+P(B) \tag{4-6}$$

예 4-11 주머니 속에 붉은 공 3개, 흰 공 2개, 파란 공 4개, 검은 공 1개가 들어 있다. 이 중에서 1개의 공을 꺼낼 때 붉은 공과 흰 공일 확률을 구하라.

풀이 붉은 공이 나올 사건을 A라 하면

$$P(A)=\frac{3}{10}$$

흰 공이 나올 사건을 B라 하면

$$P(B)=\frac{2}{10}$$

사건 A와 B는 상호배반적이므로

$$P(A\cup B)=P(A)+P(B)=\frac{3}{10}+\frac{2}{10}=\frac{1}{2}$$

3 확률의 곱셈법칙

확률의 덧셈법칙은 여러 사건 중에서 한 개 이상 일어날 확률을 계산할 때 필요하고 곱셈법칙은 두 개의 사건이 동시에 발생하는 확률을 계산할 때 적용한다. 물론 세 개 이상의 사건이 동시에 일어나는 경우에도 이용된다.

(1) 조건부확률

두 개 이상의 사건이 동시에 일어나는 경우로 하나의 사건이 발생한 조건하에서 또 다른 사건이 일어날 가능성을 측정하는 확률을 조건부확률(conditional probability)이라 한다.

두 사건 A, B에 대하여 사건 A가 일어난 가정하에서 사건 B가 일어날 확률을 사건 A가 일어났을 때의 사건 B의 조건부확률이라 하고 $P(B|A)$로 표시한다.

공식은 다음과 같다.

■ 사건 A가 일어났을 때 사건 B의 조건부확률

$$P(B|A) = \frac{P(A \cap B)}{P(A)} \tag{4-7}$$

여기서, $P(A) \neq 0$

예 4-12 주사위를 한 번 던져서 홀수 눈이 나올 때 다음을 구하라.

(1) 3의 배수일 확률

(2) 소수일 확률

풀이 (1) 홀수 눈이 나올 사건을 A, 3의 배수일 사건을 B라 하면

$$A = \{1, 3, 5\}, \quad B = \{3, 6\}, \quad A \cap B = \{3\}$$

$$P(A) = \frac{1}{2}, \quad P(A \cap B) = \frac{1}{6}$$

따라서 홀수인 조건하에서 3의 배수일 확률은 $P(B|A)$이므로

$$P(B|A) = \frac{P(A \cap B)}{P(A)} = \frac{\frac{1}{6}}{\frac{1}{2}} = \frac{1}{3}$$

(2) 홀수 눈이 나올 사건을 A, 소수일 사건을 B라 하면

$$A = \{1, 3, 5\}, \quad B = \{2, 3, 5\}, \quad A \cap B = \{3, 5\}$$

$$P(A) = \frac{1}{2}, \quad P(A \cap B) = \frac{1}{3}$$

따라서 홀수인 조건하에서 3의 배수일 확률은 $P(B|A)$이므로

$$P(B|A) = \frac{P(A \cap B)}{P(A)} = \frac{\frac{1}{3}}{\frac{1}{2}} = \frac{2}{3}$$

예 4-13 남학생과 여학생이 고가품과 저가품을 다음과 같이 구매했을 때 확률을 구하라.

	고가품	저가품	계
남학생	4	10	14
여학생	14	12	26
계	18	22	40

(1) 고가품을 구매한 학생이 남학생일 확률

(2) 남학생이 구매한 상품이 고가품일 확률

풀이 (1) 고가품일 사건을 A, 남학생일 사건을 B라 하면, 고가품이면서 남학생일 사건은 $A \cap B$이다.

$$P(A) = \frac{18}{40}, \quad P(A \cap B) = \frac{4}{40}$$

고가품인 조건하에서 남학생일 확률은 $P(B \mid A)$이므로

$$P(B \mid A) = \frac{P(A \cap B)}{P(A)} = \frac{\frac{4}{40}}{\frac{18}{40}} = \frac{2}{9}$$

(2) 남학생일 사건을 B, 고가품일 사건을 A라 하면, 남학생이며 고가품일 사건은 $A \cap B$이다.

$$P(B) = \frac{14}{40}, \quad P(A \cap B) = \frac{4}{40}$$

남학생인 조건하에서 고가품일 확률은 $P(A \mid B)$이므로

$$P(A \mid B) = \frac{P(A \cap B)}{P(B)} = \frac{\frac{4}{40}}{\frac{14}{40}} = \frac{2}{7}$$

(2) 종속사건의 확률

두 사건 A와 B 사이에 어떤 관계가 있어서 사건 A의 발생이 사건 B의 발생에 따라 영향을 받게 되면 두 사건은 서로 통계적으로 종속 관계에 있다고 한다.

예를 들어 한 학생이 내일 시험에 통과할지 여부는 그동안 공부를 열심히 했느냐에 달려 있으며, 앞으로 반도체 기업의 주가가 상승할지 여부는 최근 반도체 부품 가격의 상승에 영향을 받을 것이다.

두 사건 A와 B에서 사건 A가 일어난 경우와 일어나지 않은 경우에 따라 사건 B가 일어날 확률이 다를 때 사건 B는 사건 A에 종속되어 있다고 한다. 이 경우 A와 B는 서로 종속사건이라 한다.

예를 들어 하늘에 먹구름이 가득 있을 때는 머지않아 비가 내리지만 먹구름이 전혀 없을 때는 비가 내리지 않았다고 하자. 이 경우 먹구름과 비는 서로 종속사건이라 부르고 다음과 같이 표시한다.

■ **종속사건의 조건부확률 공식**

$$P(B|A) \neq P(B|A^C) \tag{4-8}$$

확률의 덧셈법칙은 두 사건의 합집합이 발생할 확률인 $P(A \cup B)$를 구하는 것이지만 곱셈법칙은 두 사건의 교집합이 발생할 확률인 $P(A \cap B)$를 구하는 것이다.

교집합 확률인 $P(A \cap B)$는 두 개 이상의 사건이 동시에 발생하는 확률이므로 결합확률이라 하며 조건부확률 공식을 이용하여 계산한다.

■ 종속사건의 확률 공식

$$P(A \cap B) = P(A) \cdot P(B|A)$$
$$= P(B) \cdot P(A|B) \quad (4\text{-}9)$$

두 사건 A와 B가 동시에 일어날 확률 $P(A \cap B)$는 사건 A가 일어난 확률과 이후에 일어난 사건 B가 일어날 조건부확률을 곱한 것과 같다고 해석한다.

예 4-14 주머니에 흰 공 5개와 파란 공 3개가 들어 있다. 주머니에서 하나씩 두 번 공을 꺼낼 때 모두 흰 공일 확률을 구하라(꺼낸 공은 다시 넣지 않는다).

풀이 첫 번째 흰 공이 나올 사건을 A, 두 번째 흰 공이 나올 사건을 B라 하자.

$$P(A) = \frac{5}{8}$$

주머니에는 흰 공 4개와 파란 공 3개가 남아 있으므로

$$P(B|A) = \frac{4}{7}$$

따라서 두 사건 A와 B가 모두 일어날 확률은

$$P(A \cap B) = P(A) \cdot P(B|A) = \frac{5}{8} \times \frac{4}{7} = \frac{5}{14}$$

예 4-15 10개의 응모권 중에서 4개의 당첨권이 있다. 사랑과 희망이 순서대로 뽑을 때 모두 당첨될 확률을 구하라.

풀이 사랑과 희망이 각각 당첨권을 뽑을 사건을 A와 B라 하자.
사랑이 당첨권을 뽑을 확률은

$$P(A) = \frac{4}{10}$$

이후 9개의 응모권 중에 3개의 당첨권이 있으므로 희망이 당첨권을 뽑을 확률은

$$P(B|A) = \frac{3}{9}$$

따라서 모두 당첨될 확률은

$$P(A \cap B) = P(A) \cdot P(B|A) = \frac{4}{10} \times \frac{3}{9} = \frac{2}{15}$$

(3) 독립사건의 확률

두 사건 A와 B가 있을 때 어느 사건 A의 발생이 다른 사건 B의 발생에 영향을 주지 않는다면 두 사건은 서로 통계적으로 독립관계에 있다고 한다.

예를 들어 내일 보는 자격증 시험의 경쟁률이 4 : 1이므로 합격률은 25%이다. 만일 어느 수험생의 거주지가 안양이라면 합격률에 어떤 변화가 생기겠는가? 합격률과 거주지는 아무런 상관이 없으므로 두 사건은 서로 통계적으로 독립되어 있다고 한다.

두 사건 A와 B에서 사건 A가 일어나든지 일어나지 않든지 사건 B가 일어날 확률이 변하지 않을 때 사건 A와 B는 서로 독립사건이라 한다.

예를 들어 하늘에 먹구름이 가득 있든지 먹구름이 전혀 없이 맑은 날씨를 보이든지 내 방에 있는 알람시계가 12시에 정확하게 울렸다고 하자. 이 경우 먹구름과 알람시계는 서로 영향을 미치지 않는 독립사건이라 부르고 다음과 같이 표시한다.

■ 독립사건의 조건부확률 공식

$$P(B|A) = P(B|A^C) = P(B)$$
$$P(A|B) = P(A|B^C) = P(A) \quad (4\text{-}10)$$

통계적 독립사건의 조건부확률 공식을 이용하여 독립사건의 확률 공식을 다음과 같이 정리할 수 있다.

■ 독립사건의 확률 공식

$$P(A \cap B) = P(A) \cdot P(B|A)$$
$$= P(A) \cdot P(B) \quad (4\text{-}11)$$

두 사건 A와 B가 통계적으로 독립이라면 확률 $P(A \cap B)$는 사건 A가 일어난 확률과 사건 B가 일어날 확률을 곱한 것과 같다. 따라서 $P(A \cap B) = P(A) \cdot P(B)$가 성립하는 경우 사건 A와 B는 서로 독립사건을 의미한다.

예 4-16 주머니에 흰 공 5개와 파란 공 3개가 들어 있다. 주머니에서 하나의 공을 꺼내서 확인하고 다시 집어넣고 다시 하나를 꺼냈을 때 두 번 모두 흰 공일 확률을 구하라.

풀이 첫 번째 흰 공이 나올 사건을 A, 두 번째 흰 공이 나올 사건을 B라 하자.

$$P(A) = \frac{5}{8}$$

주머니에는 다시 흰 공 5개와 파란 공 3개가 있으므로

$$P(B|A) = \frac{5}{8}$$

따라서 두 사건 A와 B가 모두 일어날 확률은

$$\begin{aligned} P(A \cap B) &= P(A) \cdot P(B|A) \\ &= P(A) \cdot P(B) \\ &= \frac{5}{8} \times \frac{5}{8} \\ &= \frac{25}{64} \end{aligned}$$

예 4-17 자격증 시험에 꿈, 사랑, 희망이 합격할 확률은 각각 $\frac{1}{2}$, $\frac{2}{3}$, $\frac{3}{4}$이다. 다음 확률을 구하라.

(1) 모두 합격할 확률

(2) 적어도 한 사람이 합격할 확률

풀이 (1) 각각 합격하는 사건은 독립사건이므로

따라서 $P = \frac{1}{2} \times \frac{2}{3} \times \frac{3}{4} = \frac{1}{4}$

(2) 1−(모두 불합격할 확률)이므로

$$\begin{aligned} \text{모두 불합격할 확률} &= \left(1 - \frac{1}{2}\right) \times \left(1 - \frac{2}{3}\right) \times \left(1 - \frac{3}{4}\right) \\ &= \frac{1}{2} \times \frac{1}{3} \times \frac{1}{4} \\ &= \frac{1}{24} \end{aligned}$$

따라서 $P = 1 - \frac{1}{24} = \frac{23}{24}$

4.4 베이즈 정리

영국의 토마스 베이즈는 1700년대 조건부확률의 개념을 확장하여 새로운 이론을 개발하였다.

사건이 연속으로 일어나는 경우, 새로이 일어난 사건에 대한 추가 정보를 이용하여 역으로 그동안 알려진 사건의 확률을 새로이 수정하여 정리한다는 이론이다. 여기서 추가정보는 표본조사, 제품실험, 시장조사 등을 통해 얻을 수 있다.

베이즈 정리는 확률이론을 경영의 의사결정에 이용하는 대표적인 방법이다. 의사결정자는 새로운 정보를 통해 기존에 알려진 확률을 수정하고자 할 것이다. 특정사건에 대해 기존에 알려진 정보를 사전확률(prior probability)이라 한다.

주로 사전확률은 객관적인 자료보다는 과거 경험이나 주관적인 판단에 의존하는 문제점이 있다. 그럴수록 추가적인 정보를 입수하여 사전확률을 수정하고 더 확률이 높은 의사결정을 하고자 할 것이다.

새로운 추가정보를 이용하여 사전확률을 수정하고 사후확률(posterior probability)을 얻을 수 있게 된다. 베이즈 정리는 이러한 확률계산에 이용되며 수정과정은 다음과 같다.

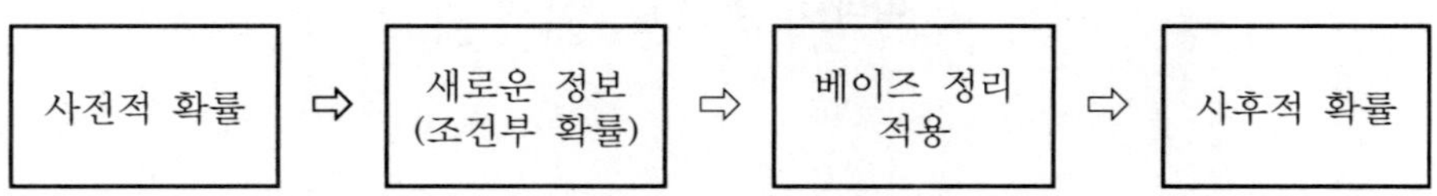

[그림 4-5] 베이즈 정리를 이용한 확률의 수정과정

베이즈 정리를 이용하여 확률을 구하는 사례를 들어 보자.

빨간 공과 파란 공이 들어 있는 주머니 A_1과 A_2가 있다. 무작위로 주머니를 선택하고 공을 꺼냈는데, 그 공이 빨간 공이고 주머니 A_1에서 나온 확률을 구해 보자. 또한 주머니 A_2에서 나오는 확률을 구해 보자.

주머니 A_1 : 빨간 공 7개, 파란 공 3개
주머니 A_2 : 빨간 공 5개, 파란 공 5개

주머니 2개의 크기가 동일하므로 어느 하나를 선택할 확률은 $\frac{1}{2}$이다.

$$P(A_1) = P(A_2) = \frac{1}{2}$$

주머니 선택 이후, 공 하나를 꺼낼 때 빨간 공과 파란 공이 될 조건부확률은 다음과 같다.

주머니	빨간 공(R)	파란 공(B)	계
주머니 A_1	$P(R\|A_1) = 0.7$	$P(B\|A_1) = 0.3$	1
주머니 A_2	$P(R\|A_2) = 0.5$	$P(B\|A_2) = 0.5$	1

조건부확률 $P(R|A_1)$, $P(B|A_1)$, $P(R|A_2)$, $P(B|A_2)$를 구하기 위해서는 다음과 같이 주변확률과 결합확률을 구해야 한다.

$$P(R \cap A_1) = P(A_1) \times P(R|A_1)$$

$$P(B \cap A_1) = P(A_1) \times P(B|A_1)$$

$$P(R \cap A_2) = P(A_2) \times P(R|A_2)$$

$$P(B \cap A_2) = P(A_2) \times P(B|A_2)$$

이번에는 $P(A_1)=P(A_2)=\frac{1}{2}$을 이용하여 다음과 같이 결합확률을 구할 수 있다.

주머니	빨간 공(R)	파란 공(B)
주머니 A_1	$P(R\cap A_1)=\left(\frac{1}{2}\right)(0.7)=0.35$	$P(B\cap A_1)=\left(\frac{1}{2}\right)(0.3)=0.15$
주머니 A_2	$P(R\cap A_2)=\left(\frac{1}{2}\right)(0.5)=0.25$	$P(B\cap A_2)=\left(\frac{1}{2}\right)(0.5)=0.25$
계	$P(R)=0.6$	$P(B)=0.4$

따라서 $P(R)=0.6$이고 조건부확률 $P(A_1|R)$와 $P(A_2|R)$는 다음과 같이 구한다.

$$P(A_1|R)=\frac{P(R\cap A_1)}{P(R)}=\frac{0.35}{0.6}=\frac{7}{12}$$

$$P(A_2|R)=\frac{P(R\cap A_2)}{P(R)}=\frac{0.25}{0.6}=\frac{5}{12}$$

이상으로

$$\begin{aligned}P(R)&=P(R\cap A_1)+P(R\cap A_2)\\&=P(A_1)\cdot P(R|A_1)+P(A_2)\cdot P(R|A_2)\end{aligned}$$

이를 조건부확률에 대입하면

$$\begin{aligned}P(A_1|R)&=\frac{P(R\cap A_1)}{P(R)}\\&=\frac{P(A_1)\cdot P(R|A_1)}{P(A_1)\cdot P(R|A_1)+P(A_2)\cdot P(R|A_2)}\end{aligned}$$

위 식을 일반식으로 정리하면 베이즈 정리의 공식이 되는데 다음과 같다.

■ 베이즈 정리

$$P(A_i|R) = \frac{P(R \cap A_i)}{P(R)} \tag{4-12}$$

$$= \frac{P(A_i) \cdot P(R|A_i)}{P(A_1) \cdot P(R|A_1) + P(A_2) \cdot P(R|A_2) + \cdots + P(A_n) \cdot P(R|A_n)}$$

베이즈 정리는 $P(A_i|R)$를 계산하기 위해 먼저 $P(R|A_i)$를 구하는 것으로 역으로 된 조건부확률을 구하기 위한 공식이다. $P(A_i)$는 관찰 이전의 확률이므로 사전확률이라고 하고 $P(A_i|R)$는 관찰이 이루어진 이후 $P(A_i)$의 확률이므로 사후확률이라 한다.

<< 연습문제

01 객관적 확률과 주관적 확률에 대해 설명하라.

02 사건의 독립성과 종속성에 대해 설명하라.

03 성결분식은 전국에 200개의 식당을 운영하고 있다. 이 중에서 120개는 프랜차이즈 가맹점이고 55개는 직영점이고 25개는 자회사 형태로 운영하고 있다. 임의로 한 개 식당을 선택했을 때 직영점이나 자회사일 확률을 구하라.

04 ABC가 다음과 같을 때 확률을 구하라.

$$A = \{1, 2, 4, 6, 7, 8, 9\}$$
$$B = \{2, 3, 5, 8\}$$
$$C = \{3, 6, 8, 9\}$$

(1) $A \cap B$ (2) $B \cup C$ (3) $A \cap C$

(4) $A \cup B \cup C$ (5) $A \cap B \cap C$

(6) A or C (7) B and C

05 한 벌의 카드는 총 52장이다. 이 중 1장을 무작위로 뽑을 때 에이스(ace)나 다이아몬드일 확률을 구하라.

06 성결대학교 학생수는 400명이다. 남학생 250명, 여학생 150명일 때 다음 확률을 구하라.

	1	2	3	4	합 계
남학생	60	65	70	55	250
여학생	40	35	30	45	150
합계	100	100	100	100	400

(1) 전체 학생 중 여학생의 비율

(2) 남학생 중 3학년의 구성 비율

(3) 여학생 중 2학년의 구성 비율

07 경영학과 학생은 100명이고 이 중 25명이 어학연수를 다녀왔다. 학생 중 70명이 자격증을 가지고 있으며 자격증이 있는 학생의 30%는 어학연수를 다녀왔다. 학생 중 1명을 선발할 때 자격증이 있고 어학연수를 다녀온 확률을 구하라.

08 주머니에 흰 공 4개와 파란 공 6개가 있다. 하나씩 두 개를 꺼낼 때 다음 확률을 구하라.

(1) 처음 흰 공, 두 번째 파란 공

(2) 모두 파란 공

09 통계학 강의를 들은 1, 2학년들의 평가결과가 다음과 같을 때 확률을 구하라.

	1학년	2학년	합 계
A학점	12	9	21
A외 학생	28	11	39
합계	40	20	60

(1) A학점을 받은 학생

(2) 2학년 중에 A를 받은 학생

(3) 임의로 한 명을 선택할 때 A를 받았으며 그 학생이 1학년

10 성결대 학생들의 3개 동아리 활동을 분류해 보았다. 다음 확률을 구하라.

	사진반(P)	탁구반(T)	축구반(S)
남학생(M)	15%	18%	25%
여학생(W)	20%	14%	8%

(1) 단일사건을 모두 나열하라.

(2) 단일사건의 모든 집합을 무엇이라 하는가?

(3) $P(T)$를 구하라.

(4) $P(M)$를 구하라.

(5) $P(W \mid S)$를 구하라.

(6) $P(T \cap M)$를 구하라.

11 두 학생 A와 B가 주사위를 차례로 2개 던져 눈의 합이 먼저 7이 나오면 이기는 게임이다. A가 먼저 던질 때 A와 B가 각각 이길 확률을 구하라.

CHAPTER

5

확률변수와 확률분포

제 4장 확률이론에서는 실제로 실험을 하지 않아도 확률을 이론적으로 산출하였다. 확률분포는 확률변수가 선택하는 값들에 대한 확률적인 분포라고 정의하고 있다.

기업을 운영하는 최고경영자는 불확실성이 항상 내포되어 있는 경영활동에서 사건발생의 자연적 과정을 이해해야 하고 어떤 사건들이 앞으로 발생할지 확률을 따져 판단해야 한다. 만일 확률분포를 활용하여 의사결정을 내린다면 불확실성이 높은 경영활동이 효율적으로 운영되고 사건들이 발생하는 과정들을 이해할 수 있다.

5.1 확률분포

확률분포는 확률변수(random variable)의 분포상태로서 어떤 시행에서 일어날 수 있는 사건마다 그 확률을 대응하게 한 것이다. 이제부터 확률분포를 공부하기 위해 먼저 확률변수부터 살펴보고자 한다.

1 확률변수

실험을 무한히 반복하는 경우 산출되는 확률변수의 평균을 기대값이라 부른다. 예를 들어 주사위의 눈이 5가 나올 확률을 알기 위해 무한히 반복 실험할 경우 평균적으로 1/6의 확률을 보일 것으로 기대하고 있다.

또한 자동차보험회사는 자동차사고가 일어난 확률에 근거하여 보험료를 산정하고 있다. 20대 남자운전자는 사고확률이 높기 때문에 다른 연령보다 보험료를 더 많이 산정하고 있다.

어떤 결과를 관찰하는 것을 확률실험이라 하고 나타나는 모든 결과에 대해 수치로 나타내는 것을 확률변수라 한다. 확률변수는 표본공간을 정의역으로 하고 실수 전체의 집합을 공역으로 하는 집합이다.

확률변수는 보통 대문자 X, Y, Z 등으로 표시하고 확률변수가 취하는 가능한 값은 소문자 x, y, z나 숫자 1, 2, 3 등으로 나타낸다. 예를 들어 확률변수 X가 어느 값 3을 가질 확률을 $P(X=3)$로 표현한다.

실험의 결과는 일정한 순서가 있는 것이 아니라 결과에 따라 수시로 변하기 때문에 수치를 변수라 한다.

예를 들어 한 개의 동전을 두 번 던지는 경우를 생각해 보자. 표본공간을 S라 하고 앞면을 H, 뒷면을 T라 하면 다음과 같이 표시한다.

$$S=\{(H, H), (H, T), (T, H), (T, T)\}$$

앞면이 나오는 횟수를 X라 하면 표본공간 S에 대한 X의 값은 2, 1, 1, 0이 된다. 이를 확률변수로 나타내면 다음과 같다.

$$P(X=0)=\frac{1}{4},\ P(X=1)=\frac{1}{2},\ P(X=2)=\frac{1}{4}$$

위 사례에서 확률변수 X가 유한개의 값 0, 1, 2를 가지므로 이를 이산확률변수라 부른다.

확률변수에는 이산확률변수와 연속확률변수가 있다. 이산확률변수는 확률변수의 수치가 유한하여 셀 수 있는 확률변수이지만 연속확률변수는 확률변수가 취할 수 있는 수치가 무한하여 연속적인 확률변수를 말한다.

예를 들어 이산확률변수에는 하루 동안 도서관에 출입하는 학생의 수, 점심시간에 커피숍에서 판매되는 커피의 수, 야구경기에서 나온 홈런수와 점수 등이 있다. 연속확률변수에는 주식의 수익률, 키와 몸무게, 온도와 거리, 사람의 수명과 컴퓨터 작동시간 등이 있다.

2 확률분포

확률분포는 어떤 사건에서 일어나는 상황들의 분포를 말한다. 실험 가능한 모든 결과를 수치로 나타내고 이에 대응하는 확률을 확률분포표나 그래프로 표시한다.

예를 들어 주사위를 던지면 1, 2, 3, 4, 5, 6의 눈이 나올 확률은 $\frac{1}{6}$이다. 이때 확률분포는 각각에 대해 모두 $\frac{1}{6}$로 나타나며, 분포의 합은 1이 된다. 이를 확률분포표나 그래프로 표시하면 다음과 같다.

<표 5-1> 주사위 던지기의 확률분포표

X	1	2	3	4	5	6
$P(X=x_i)$	$\frac{1}{6}$	$\frac{1}{6}$	$\frac{1}{6}$	$\frac{1}{6}$	$\frac{1}{6}$	$\frac{1}{6}$

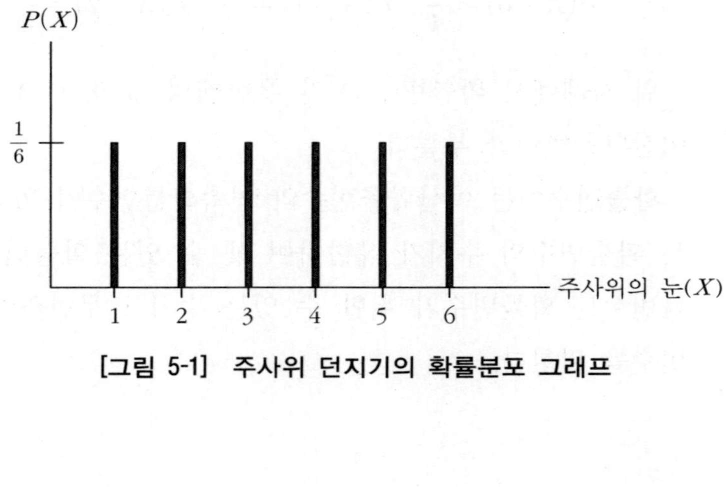

[그림 5-1] 주사위 던지기의 확률분포 그래프

확률분포는 이산확률변수인지 연속확률변수인지에 따라 이산확률분포와 연속확률분포로 구분한다. 이산확률분포와 연속확률분포의 그래프는 다음과 같다.

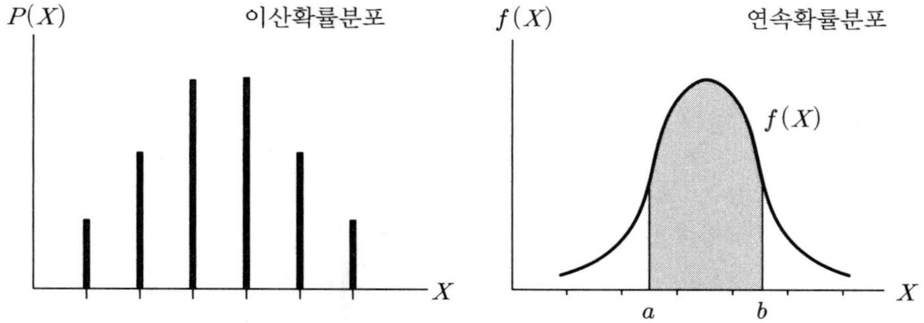

[그림 5-2] 이산확률분포와 연속확률분포의 그래프

연속확률변수는 특정범위 사이에 모든 수치(실수)를 다 포함하고 있기 때문에 모든 확률을 다 계산할 수는 없다. 연속확률분포의 모양은 범위 내에 모든 값들을 다 취하고 있기 때문에 부드러운 곡선의 모양으로 나타난다. 이 곡선을 확률밀도함수라 부른다.

연속확률분포에서 구하고자 하는 확률은 확률밀도함수 $f(X)$와 X축 사이의 넓이로 구한다.

예 5-1 한 개의 동전을 두 번 던지는 실험으로 (1) 확률분포표와 (2) 그래프를 작성하라

풀이 S : 표본공간, H : 앞면, T : 뒷면

$$S = \{(H, H), (H, T), (T, H), (T, T)\}$$

앞면이 나오는 확률변수 $X = \{2, 1, 1, 0\}$

(1) 확률분포표

X	0	1	2	계
$P(X)$	$\frac{1}{4}$	$\frac{1}{2}$	$\frac{1}{4}$	1.0

(2) 확률분포 그래프

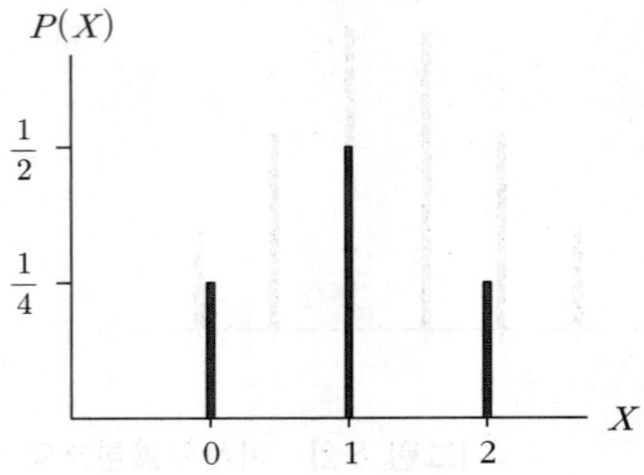

5.2 이산확률함수의 이해

확률분포에서 확률변수의 모든 값에 대해 각각 대응하는 확률을 산출하는 방법은 다소 복잡하므로 0~1까지의 확률에 대응하는 확률함수(probability function)를 산출하는 방법을 간편하게 사용한다.

확률분포에서 확률변수는 $P(X=x)$의 형태로 나타내지만 확률함수는 $P(X)$ 또는 $f(X)$의 형태로 간단히 나타낸다. 즉,

$$P(X=x)=f(X) \text{ or } P(X)$$

확률함수는 확률변수의 종류에 따라 구분하는데, 이산확률변수인 경우 확률질량함수, 연속확률함수인 경우 확률밀도함수라 한다.

1 확률질량함수

확률질량함수(probability mass function)는 이산확률변수 X에서 특정값에 대한 확률을 나타내는 함수이다. 연속확률변수의 확률밀도함수와 비교된다.

예를 들어 주사위를 한 번 던질 때 확률변수가 X라면 이에 대응되는 확률질량함수는 $f(X) = \frac{1}{6}$이 된다. 여기서 $X = 1, 2, 3, 4, 5, 6$이다. 각 확률변수에 대응하는 확률함수의 합은 1이 되며 다음과 같은 성질이 있다.

> ■ 확률질량함수의 성질
>
> ① $f(X) \geq 0$, 모든 X값에 대하여
>
> ② $\sum_X f(X) = 1$

예 5-2 카드 4장에 각각 1, 2, 3, 4가 적혀 있다. 이 중 2장의 카드를 동시에 뽑아 두 수의 차를 X라 한다. 다음을 구하라.

(1) 확률함수와 확률분포표

(2) 그래프

풀이 (1) 확률함수와 확률분포표

경우의 수 : $(1, 2), (1, 3), (1, 4), (2, 3), (2, 4), (3, 4)$

두 수의 차 $X = \{1, 2, 3\}$

(i) $X = 1$일 때 : $(1, 2), (2, 3), (3, 4)$

(ii) $X = 2$일 때 : $(1, 3), (2, 4)$

(iii) $X = 3$일 때 : $(1, 4)$

따라서 $f(1)=\dfrac{3}{6},\quad f(2)=\dfrac{2}{6},\quad f(3)=\dfrac{1}{6}$

(2) 확률분포표

X	1	2	3	계
$f(X)$	$\frac{3}{6}$	$\frac{2}{6}$	$\frac{1}{6}$	1.0

(2) 그래프

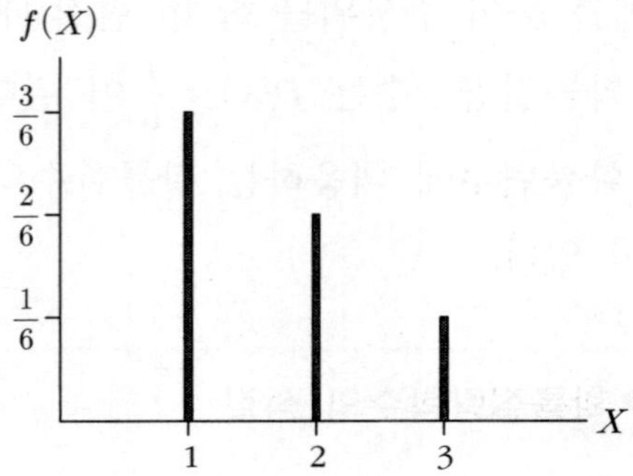

예 5-3 주머니에 흰 공 2개와 파란 공 4개가 들어 있다. 공 2개를 동시에 꺼낼 때 흰 공의 개수를 X라 한다. 다음을 구하라.

(1) 확률함수와 확률분포표

(2) 그래프

풀이 (1) 확률함수와 확률분포표

경우의 수 : (흰 공 0, 파란 공 2), (흰 공 1, 파란 공 1), (흰 공 2, 파란 공 0)

흰 공의 개수 $X=\{0, 1, 2\}$

(i) $f(0)=\dfrac{{}_4C_2}{{}_6C_2}=\dfrac{6}{15}$

(ii) $f(1)=\dfrac{{}_2C_1\,{}_4C_1}{{}_6C_2}=\dfrac{8}{15}$

(iii) $f(2)=\dfrac{{}_2C_2}{{}_6C_2}=\dfrac{1}{15}$

〈확률분포표〉

X	0	1	2	계
$f(X)$	$\frac{6}{15}$	$\frac{8}{15}$	$\frac{1}{15}$	1.0

(2) 그래프

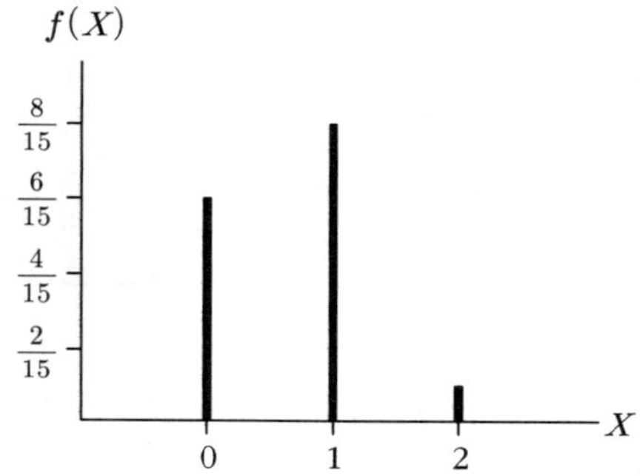

2 확률분포함수

확률분포함수(probability distribution function)는 각각의 확률변수가 일어날 확률을 누적하는 것으로 최종 확률변수는 1.0이 된다. 확률변수 X가 x 이하의 값을 갖는 함수들을 누적한 것으로 다음과 같은 성질을 갖는다.

■ 확률분포함수의 성질

① $0 \leqq F(x) \leqq 1$

② $a < b \Rightarrow F(a) < F(b)$

③ $P(a \leqq X \leqq b) = F(b) - F(a)$

④ $F(X) = P(X \leqq x) = f(0) + f(1) + \cdots + f(x)$

예 5-4 앞의 〈예 5-2〉를 보고 다음을 구하라.

(1) 확률분포함수와 그래프

(2) $P(X \geqq 2)$와 $P(X \leqq 2)$

풀이 (1) 확률분포함수와 그래프

〈확률분포함수표〉

x	1	2	3	계
$f(x)$	$\frac{3}{6}$	$\frac{2}{6}$	$\frac{1}{6}$	1.0
$F(X)$	$\frac{3}{6}$	$\frac{5}{6}$	1	

$$F(1) = f(1) = \frac{3}{6}$$

$$F(2) = f(1) + f(2) = \frac{3}{6} + \frac{2}{6} = \frac{5}{6}$$

$$F(3) = f(1) + f(2) + f(3) = \frac{3}{6} + \frac{2}{6} + \frac{1}{6} = 1$$

〈그래프〉

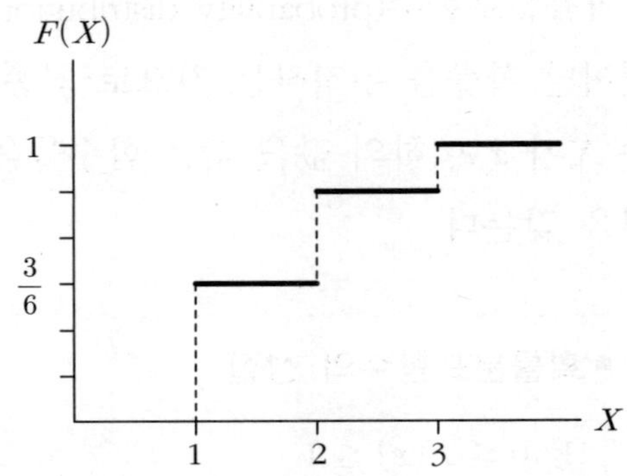

(2) $P(X \geqq 2) = f(2) + f(3) = \frac{2}{6} + \frac{1}{6} = \frac{1}{2}$

$P(X \leqq 2) = f(1) + f(2) = \frac{3}{6} + \frac{2}{6} = \frac{5}{6}$

예 5-5 앞의 〈예 5-3〉을 보고 다음을 구하라.

(1) 확률분포함수와 그래프

(2) $P(X \geqq 1)$와 $P(X < 1)$

풀이 (1) 확률분포함수와 그래프

〈확률분포함수표〉

x	0	1	2	계
$f(x)$	$\frac{6}{15}$	$\frac{8}{15}$	$\frac{1}{15}$	1.0
$F(X)$	$\frac{6}{15}$	$\frac{14}{15}$	1	

$$F(0) = f(0) = \frac{6}{15}$$

$$F(1) = f(0) + f(1) = \frac{6}{15} + \frac{8}{15} = \frac{14}{15}$$

$$F(2) = f(1) + f(2) + f(3) = \frac{6}{15} + \frac{8}{15} + \frac{1}{15} = 1$$

〈그래프〉

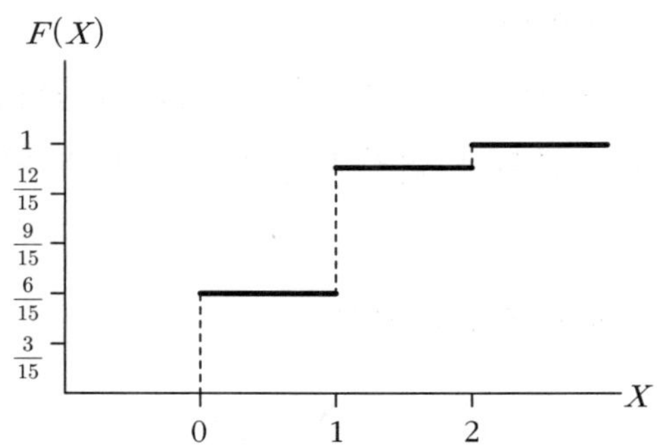

(2) $P(X \geqq 1) = f(1) + f(2) = \frac{8}{15} + \frac{1}{15} = \frac{3}{5}$

$P(X < 1) = f(0) = \frac{6}{15} = \frac{2}{5}$

5.3 기대값과 분산

주어진 자료의 관측값과 흩어진 정도를 나타내기 위해 중심경향치와 산포도를 살펴보았다. 확률분포에서는 대표치와 산포도로 분포의 특성을 나타내고 있다. 이산확률분포의 대표치에는 평균인 기대값이 있으며 산포도에는 분산과 표준편차가 있다.

1 기 대 값

어느 집합의 관측치들 사이의 중간값을 평균이라 하고 같은 의미로 확률분포에서 중심경향을 나타내는 특성치를 기대값(expected value)이라 한다. 기대값은 확률분포의 무게중심으로 $E(x)$ 또는 μ로 표시한다.

기대값은 확률변수 x값을 발생확률로 곱하고 더한 가중평균이다. 확률변수가 이산확률변수인 경우 기대값의 공식은 다음과 같다.

■ 기대값의 공식

$$E(x) = \mu = \sum_{i=1}^{n} x_i f(x_i)$$

기대값은 1회의 시행결과 기대되는 수의 크기로 어떤 확률적 사건에 대한 평균의 의미로 생각할 수 있다.

예를 들어 주사위를 한 번 던지면 각 눈의 확률은 $\frac{1}{6}$이고 기대값은 각 눈의 값에 확률을 곱한 값의 합으로 나타나고

$$\frac{1}{6}(1)+\frac{1}{6}(2)+\frac{1}{6}(3)+\frac{1}{6}(4)+\frac{1}{6}(5)+\frac{1}{6}(6)=3.5$$

로 계산된다.

주사위를 한 번 던질 때마다 평균적으로 3.5를 기대할 수 있다는 의미이다.

예 5-6 투자금액 1,000만원으로 3종목에 투자하여 올린 수익률이 다음과 같다. 향후 기대값을 구하라.

투자금액	수익률
300만원	5%
200만원	10%
500만원	25%

풀이

x	$f(x)$	$x \cdot f(x)$
300만원	0.05	15만원
200만원	0.10	20만원
500만원	0.25	125만원
		160만원

$$E(x)=300\times0.05+200\times0.1+500\times0.25=160(\text{만원})$$

예 5-7 동전 500원, 100원, 50원을 던져서 앞면이 나오는 금액을 상금으로 준다고 한다. 상금의 기대값을 구하라.

풀이 경우의 수 : (0, 0, 0), (50, 0, 0), (0, 100, 0), (50, 100, 0), (0, 0, 500), (50, 0, 500), (0, 100, 500), (50, 100, 500)

x	0	50	100	150	500	550	600	650
$f(x)$	1/8	1/8	1/8	1/8	1/8	1/8	1/8	1/8
$x \cdot f(x)$	0	50/8	100/8	150/8	500/8	550/8	600/8	650/8

$$\begin{aligned}E(x) &= \frac{1}{8}(0)+\frac{1}{8}(50)+\frac{1}{8}(100)+\frac{1}{8}(150)+\frac{1}{8}(500)\\ &\quad+\frac{1}{8}(550)+\frac{1}{8}(600)+\frac{1}{8}(650)=325(\text{원})\end{aligned}$$

이제는 확률변수 X의 기대값 $E(X)$의 특성에 대해 살펴보자. 기대값 $E(X)$에 상수 a와 b를 곱하고 더하여 새로운 확률변수 aX와 $aX+b$의 기대값을 구해 보도록 하자.

■ 기대값의 특성

① $E(a)=a$
② $E(aX)=aE(X)$
③ $E(a+bX)=a+bE(X)$
④ $E(X+Y)=E(X)+E(Y)$
⑤ $E(aX+bY)=aE(X)+bE(Y)$

예 5-8 $E(X)=3$이고 $E(Y)=5$일 때 다음을 구하라.

(1) $E(6X-2Y+7)$ (2) $E(-4X+Y-8)$

풀이

(1) $E(6X-2Y+7)=6E(X)-2E(Y)+E(7)$
$=6(3)-2(5)+7=15$

(2) $E(-4X+Y-8)=-4E(X)+E(Y)-E(8)$
$=-4(3)+5-8=-15$

2 분산과 표준편차

확률분포는 중심화경향과 산포도로 분석하는데 중심화경향은 기대값으로 추정하고 산포도는 분산과 표준편차로 측정한다. 분산과 표준편차는 모두 주어진 자료가 중앙값에서 얼마나 흩어져 있는지 정도를 나타내는 수치이다.

확률분포에서 분산은 $Var(X)$ 또는 σ^2로 나타내고 표준편차는 분산의 제곱근으로 공식은 다음과 같다.

■ 분산과 표준편차의 공식

분산 : $\sigma^2 = \sum_{i=1}^{n} [x_i - E(X)]^2 \cdot f(x_i) = E(X^2) - [E(X)]^2$

표준편차 : $\sigma = \sqrt{\sigma^2}$

예 5-9 확률분포표를 보고 평균, 분산, 표준편차를 구하라.

x	1	2	3	4	계
$f(x)$	2/10	3/10	3/10	2/10	1

풀이 평균 : $E(x) = \frac{2}{10}(1) + \frac{3}{10}(2) + \frac{3}{10}(3) + \frac{2}{10}(4) = 2.5$

x	1	2	3	4	계
$f(x)$	2/10	3/10	3/10	2/10	1
$x - E(x)$	−1.5	−0.5	0.5	1.5	
$[x - E(x)]^2$	2.25	0.25	0.25	2.25	
$[x - E(x)]^2 \cdot f(x)$	0.45	0.075	0.075	0.45	1.05

분산 : $Var(X) = \sum [x_i - E(X)]^2 \cdot f(x) = 1.05$

표준편차 : $\sigma = \sqrt{\sigma^2} = 1.025$

예 5-10 다음은 A주식과 B주식에 대한 확률분포표이다. 두 주식의 기대값과 분산, 표준편차를 구하라.

경기상황	확률	각 상황의 수익률 A주식	각 상황의 수익률 B주식
불경기	1/3	−15%	20%
보통경기	1/3	20%	0%
호경기	1/3	40%	10%

풀이 ① A주식과 B주식의 기대값(수익률)은

$$E(X_A)=\frac{1}{3}(-15\%)+\frac{1}{3}(20\%)+\frac{1}{3}(40\%)=15\%$$

$$E(X_B)=\frac{1}{3}(20\%)+\frac{1}{3}(0\%)+\frac{1}{3}(10\%)=10\%$$

② 분산과 표준편차는

ⓐ 경기상황 (i)	ⓑ 경기상황의 확률$(f(x_i))$	ⓒ 수익률 (x_i)	ⓓ $x_i-E(x)$	ⓔ $[x_i-E(x)]^2$	ⓕ ⓑ×ⓔ
주식 A					
불경기	1/3	−0.15	$-0.15-0.15=-0.30$	$(-0.30)^2=0.09$	0.03
보통경기	1/3	0.20	$0.20-0.15=0.05$	$(0.05)^2=0.0025$	0.0008
호경기	1/3	0.40	$0.40-0.15=0.25$	$(0.25)^2=0.0625$	0.0208
					$\sigma_A^2=0.0516$
주식 B					
불경기	1/3	0.20	$0.20-0.10=0.1$	$(0.10)^2=0.01$	0.0033
보통경기	1/3	0.00	$0.00-0.10=-0.10$	$(-0.10)^2=0.01$	0.0033
호경기	1/3	0.10	$0.10-0.10=0.00$	$(0.00)^2=0.00$	0.0000
					$\sigma_B^2=0.0066$

주식 A와 B의 분산

$$\sigma_A^2 = 0.0516$$

$$\sigma_B^2 = 0.0066$$

따라서 A와 B의 표준편차는

$$\sigma_A = \sqrt{0.0516} = 0.227$$

$$\sigma_B = \sqrt{0.0066} = 0.081$$

주식 A는 B에 비해 높은 수익률을 기대할 수 있으나 높은 위험 $(\sigma_A > \sigma_B)$을 가지고 있고, 주식 B는 A에 비해 수익률은 낮지만 위험이 낮게 나타났다.

[그림 5-3]을 보면 주식 A는 15%±22.7%의 수익률, 즉 −7.7%에서 37.7%까지 수익을 얻을 수 있으며 주식 B는 10%±8.1%의 수익률, 즉 1.9%에서 18.1%까지 수익을 얻을 수 있다.

주식 A와 B 중에서 어느 쪽이 더 바람직한 투자인지는 개인적인 선호도에 달려 있다.

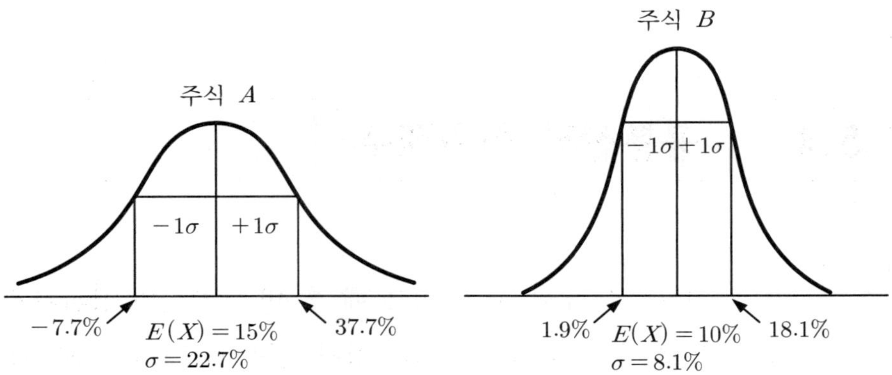

[그림 5-3] 주식 A와 B의 분산과 분포모양

기대값 $E(X)$의 특성과 같이 분산과 표준편차에 상수 a와 b를 곱하고 더하여 새로운 확률변수 aX와 $aX+b$의 분산과 표준편차를 구해보도록 하자.

■ 분산과 표준편차의 특성

① $Var(a)=0$

② $Var(X+a)=Var(X)$

③ $Var(bX)=b^2 Var(X)$

④ $Var(aX+bY)=a^2 Var(X)+b^2 Var(Y)$

⑤ $\sigma(aX+b)=|a|\sigma(X)$

예 5-11 다음 $Var(X)=9$일 때 다음을 구하라.

(1) $V(-2X+4)$ (2) $\sigma(-5X+6)$

풀이 (1) $V(-2X+4)=V(-2X)+V(4)=(-2)^2 V(X)=36$

(2) $\sigma(-5X+6)=|-5|\sigma(X)=15$

5.4 공분산과 상관계수

두 확률변수 X와 Y가 있을 때 두 변수 사이의 상관관계를 측정하는 척도로 공분산(covariance)과 상관계수(correlation coefficient)가 있다.
두 변수 사이의 상관관계를 개념적으로가 아니라 수치적으로 파악하기 위해서 상관계수와 공분산을 측정하고 있다. 공분산은 두 확률변수 사이에 함께 변동하는 정도를 수치화한 것으로 $Cov(X, Y)$로 표시하며 공식은 다음과 같다.

■ 공분산의 공식

$$\sigma_{xy} = Cov(X, Y) = \sum [X_i - E(X)][Y_i - E(Y)] \cdot P(X_i Y_i)$$
$$= E[\{X - E(X)\}\{Y - E(Y)\}]$$
$$= E(XY) - E(X)E(Y)$$

여기서, $Cov(X, Y)$: 변수 X와 Y 사이의 공분산
$P(X_i Y_i)$: X_i, Y_i가 동시에 일어날 확률

공분산은 두 확률변수 사이의 상관관계를 나타내는 값으로 확률변수 한 개의 이산 정도를 나타내는 분산과 구별된다.

두 확률변수 중 하나가 상승세를 보일 때 다른 변수도 상승세를 보이면 공분산은 양수가 된다. 반면 두 변수 중 하나가 상승세를 보이는데 다른 변수가 하락하고 있으면 공분산은 음수가 된다. 두 변수 사이에 어떠한 관계가 성립하지 않으면 공분산은 0으로 나타난다.

공분산은 두 변수의 상승이나 하락하는 정도를 파악할 수 있으나 두 변수의 측정단위의 크기에 따라 값이 달라지므로 상관관계를 파악하기에는 어려움이 있다. 따라서 두 변수의 상관관계 정도를 나타내는 단위로 상관계수(ρ)를 사용한다.

두 변수 X와 Y 사이의 상관계수는 공분산을 각각의 표준편차로 나눈 것으로 -1과 $+1$ 사이의 값을 갖는다. 상관계수의 공식은 다음과 같다.

■ 상관계수의 공식

$$\beta_{XY} = \frac{Cov(X, Y)}{\sigma_X \sigma_Y} \qquad (-1 \le \beta \le 1)$$

여기서, σ_X : 변수 X의 표준편차
σ_Y : 변수 Y의 표준편차

상관계수는 다음과 같은 특성이 있다.

① 상관계수가 $\beta = 1$이면 완벽한 '양'의 상관관계로 두 변수의 움직임이 완전 정의 상관관계를 가지므로 두 변수의 관계는 직선의 형태로 나타난다.

② 상관계수가 $\beta = -1$이면 완벽한 '부'의 상관관계로 두 변수의 움직임이 완전 음의 상관관계를 가지므로 두 변수의 관계는 꺾은선 형태로 나타난다.

③ 상관계수가 $-1 < \beta < 1$인 경우는 현실적으로 가능한 경우로 두 변수의 관계는 직선이 되지 못하고 포물선 형태로 나타난다.

④ 상관계수가 $\beta = 0$인 경우는 두 변수의 관계가 포물선 형태로 나타나며 두 변수 사이에 아무런 관계가 없다는 것을 의미한다.

예 5-12 두 확률변수 X와 Y의 결합확률분포가 다음과 같을 때 공분산과 상관계수를 구하라.

Y \ X	200	300	Y의 결합확률
50	0.4	0.1	0.5
70	0.2	0.3	0.5
X의 결합확률	0.6	0.4	1.0

풀이

x	y	$f(x, y)$	$x \cdot f(x, y)$	$y \cdot f(x, y)$	xy	$xy \cdot f(x, y)$
200	50	0.4	80	20	10,000	4,000
200	70	0.2	40	14	14,000	2,800
300	50	0.1	30	5	15,000	1,500
300	70	0.3	90	21	21,000	6,300
합	18		$E(X)=240$	$E(Y)=60$		$E(XY)=14,600$

$$\text{공분산}: Cov(X,\ Y) = E(XY) - E(X)E(Y)$$
$$= 14,600 - 240 \times 60 = 200$$

x	y	$f(x, y)$	x^2	y^2	$x^2 \cdot f(x, y)$	$y^2 \cdot f(x, y)$
200	50	0.4	40,000	2,500	16,000	1,000
200	70	0.2	40,000	4,900	8,000	980
300	50	0.1	90,000	2,500	9,000	250
300	70	0.3	90,000	4,900	27,000	1,470
합					$E(X^2)=60,000$	$E(Y^2)=3,700$

$$\text{분산}: V(X) = E(X^2) - [E(X)]^2$$
$$= 60,000 - 240^2 = 2,400$$
$$V(Y) = E(Y^2) - [E(Y)]^2$$
$$= 3,700 - 60^2 = 100$$

상관계수

$$\beta_{XY} = \frac{Cov(X, Y)}{\sigma_X \sigma_Y}$$
$$= \frac{200}{\sqrt{2400} \times \sqrt{100}}$$
$$= \frac{200}{490} = 0.4081$$

5.5 Excel 활용하기

성결대 학생 100명을 대상으로 한 학기 동안 읽은 책의 수를 조사하였다. 엑셀을 활용하여 기대값, 분산, 표준편차를 구하라.

읽은 책의 수	학생수
0	5
1	10
2	20
3	30
4	20
5	15
계	100

① 읽은 책의 수는 A행렬에, 학생수를 B행렬에 입력하고 구하고자 하는 확률함수와 확률분포함수, 기대값, 분산을 차례로 기록한다.

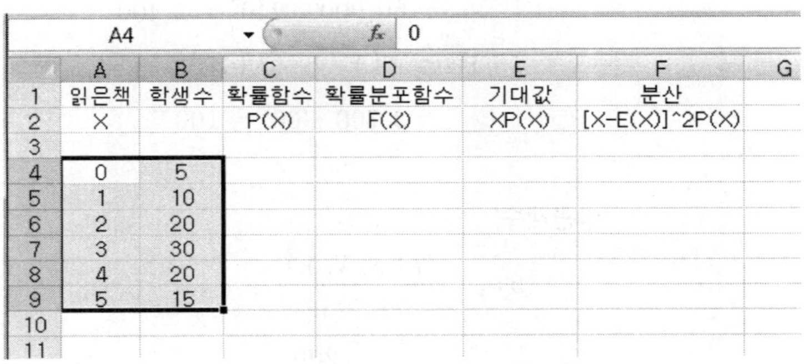

A4 | fx 0

	A	B	C	D	E	F	G
1	읽은책	학생수	확률함수	확률분포함수	기대값	분산	
2	X		P(X)	F(X)	XP(X)	[X-E(X)]^2P(X)	
3							
4	0	5					
5	1	10					
6	2	20					
7	3	30					
8	4	20					
9	5	15					
10							
11							

② 셀 B10을 선택하고 '=SUM(B4:B9)'를 입력하면 학생수의 합이 나온다.

B10 =SUM(B4:B9)

	A	B	C	D	E	F	G
1	읽은책	학생수	확률함수	확률분포함수	기대값	분산	
2	X		P(X)	F(X)	XP(X)	[X-E(X)]^2P(X)	
3							
4	0	5					
5	1	10					
6	2	20					
7	3	30					
8	4	20					
9	5	15					
10		100					
11							

③ 셀 C4를 선택하고 '=B4/100'을 입력하면 확률함수가 나오고 C10까지 복사한다.

C4 =B4/100

	A	B	C	D	E	F	G
1	읽은책	학생수	확률함수	확률분포함수	기대값	분산	
2	X		P(X)	F(X)	XP(X)	[X-E(X)]^2P(X)	
3							
4	0	5	0.05				
5	1	10	0.1				
6	2	20	0.2				
7	3	30	0.3				
8	4	20	0.2				
9	5	15	0.15				
10		100	1				
11							

④ 셀 C4를 D4로 복사하고 셀 D5를 선택하고 '=D4+C5'를 입력하면 확률분포함수가 나오고 D9까지 복사한다.

D5 =D4+C5

	A	B	C	D	E	F	G
1	읽은책	학생수	확률함수	확률분포함수	기대값	분산	
2	X		P(X)	F(X)	XP(X)	[X-E(X)]^2P(X)	
3							
4	0	5	0.05	0.05			
5	1	10	0.1	0.15			
6	2	20	0.2	0.35			
7	3	30	0.3	0.65			
8	4	20	0.2	0.85			
9	5	15	0.15	1			
10		100	1				
11							

⑤ 셀 E4를 선택하고 '=A4*C4'를 입력하면 확률변수와 확률함수의 곱이 나오고 E9까지 복사한다.

E4 | f_x =A4*C4

	A	B	C	D	E	F	G
1	읽은책	학생수	확률함수	확률분포함수	기대값	분산	
2	X		P(X)	F(X)	XP(X)	[X-E(X)]^2P(X)	
3							
4	**0**	**5**	0.05	0.05	0		
5	**1**	**10**	0.1	0.15	0.1		
6	**2**	**20**	0.2	0.35	0.4		
7	**3**	**30**	0.3	0.65	0.9		
8	**4**	**20**	0.2	0.85	0.8		
9	**5**	**15**	0.15	1	0.75		
10		100	1				
11							

⑥ 셀 E10을 선택하고 '=SUM(E4:E9)'를 입력하면 기대값이 산출된다.

E10 | f_x =SUM(E4:E9)

	A	B	C	D	E	F	G
1	읽은책	학생수	확률함수	확률분포함수	기대값	분산	
2	X		P(X)	F(X)	XP(X)	[X-E(X)]^2P(X)	
3							
4	**0**	**5**	0.05	0.05	0		
5	**1**	**10**	0.1	0.15	0.1		
6	**2**	**20**	0.2	0.35	0.4		
7	**3**	**30**	0.3	0.65	0.9		
8	**4**	**20**	0.2	0.85	0.8		
9	**5**	**15**	0.15	1	0.75		
10		100	1		2.95		
11							

⑦ 셀 F4를 선택하고 '=(A4−2.95)^2*C4'를 입력하면 $[x_i - E(X)]^2 \cdot f(x)$가 계산된다.

F4 | f_x =(A4-2.95)^2*C4

	A	B	C	D	E	F	G
1	읽은책	학생수	확률함수	확률분포함수	기대값	분산	
2	X		P(X)	F(X)	XP(X)	[X-E(X)]^2P(X)	
3							
4	**0**	**5**	0.05	0.05	0	0.435125	
5	**1**	**10**	0.1	0.15	0.1	0.38025	
6	**2**	**20**	0.2	0.35	0.4	0.1805	
7	**3**	**30**	0.3	0.65	0.9	0.00075	
8	**4**	**20**	0.2	0.85	0.8	0.2205	
9	**5**	**15**	0.15	1	0.75	0.630375	
10		100	1		2.95		
11							

⑧ 셀 F10을 선택하고 '=SUM(F4:F9)'를 입력하면 분산이 산출된다.

F10 =SUM(F4:F9)

	A	B	C	D	E	F	G
1	읽은책	학생수	확률함수	확률분포함수	기대값	분산	
2	X		P(X)	F(X)	XP(X)	[X-E(X)]^2P(X)	
3							
4	**0**	**5**	0.05	0.05	0	0.435125	
5	**1**	**10**	0.1	0.15	0.1	0.38025	
6	**2**	**20**	0.2	0.35	0.4	0.1805	
7	**3**	**30**	0.3	0.65	0.9	0.00075	
8	**4**	**20**	0.2	0.85	0.8	0.2205	
9	**5**	**15**	0.15	1	0.75	0.630375	
10		100	1		2.95	1.8475	
11							

⑨ 셀 G10을 선택하고 '=SQRT(F10)'을 입력하면표준편차가 계산된다.

G10 =SQRT(F10)

	A	B	C	D	E	F	G
1	읽은책	학생수	확률함수	확률분포함수	기대값	분산	표준편차
2	X		P(X)	F(X)	XP(X)	[X-E(X)]^2P(X)	
3							
4	**0**	**5**	0.05	0.05	0	0.435125	
5	**1**	**10**	0.1	0.15	0.1	0.38025	
6	**2**	**20**	0.2	0.35	0.4	0.1805	
7	**3**	**30**	0.3	0.65	0.9	0.00075	
8	**4**	**20**	0.2	0.85	0.8	0.2205	
9	**5**	**15**	0.15	1	0.75	0.630375	
10		100	1		2.95	1.8475	1.35923
11							

연습문제

01 확률변수, 확률분포, 확률함수에 대해 설명하라.

02 기대값, 분산, 공분산에 대해 설명하라.

03 확률분포표가 다음과 같을 때 평균, 분산, 표준편차를 구하라.

X	1	2	3	4	계
$P(X=x)$	$\frac{4}{10}$	$\frac{3}{10}$	$\frac{2}{10}$	$\frac{1}{10}$	1

04 확률분포표를 보고 다음을 구하라.

X	1	2	3	계
$P(X=x)$	$\frac{1}{2}$	$\frac{1}{4}$	$\frac{1}{4}$	1

(1) $E(X)$, $E(X^2)$, $V(X)$, $\sigma(X)$

(2) $V\left(\frac{2}{3}X\right)$

(3) $E(3X+1)$

05 주사위를 한 번 던질 때 나오는 눈을 보고 다음을 구하라.

(1) 평균

(2) 분산

(3) 표준편차

06 주머니에 흰 공이 5개, 파란 공이 3개 들어 있다. 두 개를 꺼내어 같은 색이 나오면 1,500원을 다르면 1,000원을 받기로 한다. 기대금액을 구하라.

07 주머니에 노란 공(Y) 6개와 파란 공(B) 4개가 들어 있다. 공을 하나씩 꺼내 학생들에게 나누어 줄 때 (YYBBB) 순으로 나올 확률을 구하라.

08 확률분포에서 $E(X)=2$와 $V(X)=8$일 때 다음을 구하라.

(1) $E(X^2)$

(2) $E[(X-3)^2]$

09 제과점에서 식빵 판매량을 나타낸 확률분포이다. 다음을 구하라.

판매량(X)	$P(X)$
10	0.3
20	0.5
30	0.2

(1) 평균판매량

(2) $P(X \geq 15)$

(3) 판매량의 분산과 표준편차

(4) $Y=50+4X$일 때 Y의 기대값과 분산

10 성결대 학생 100명을 대상으로 한 학기 동안 읽은 책의 수를 조사하였다.

읽은 책의 수	학생수
0	5
1	10
2	20
3	30
4	20
5	15
계	100

(1) 이산분포확률을 구하라

(2) 확률분포의 그래프를 그려라.

(3) 확률분포함수표를 작성하라.

(4) $P(X \geq 3)$와 $P(X < 2)$를 구하라.

(5) 기대값을 구하라.

(6) 분산을 구하라.

(7) 표준편차를 구하라.

11 두 확률변수 X와 Y의 결합확률분포가 다음과 같을 때 공분산과 상관계수를 구하라.

Y \ X	10	20	Y의 결합확률
3	0.4	0.1	0.5
5	0.2	0.3	0.5
X의 결합확률	0.6	0.4	1.0

CHAPTER

6

이산확률분포

개관 5장의 확률변수와 확률분포에 이어 이산확률분포의 특수한 형태인 베르누이분포와 이항분포, 포아송분포 등에 대해 살펴보자. 이 확률분포들은 어떤 모형에 의해 확률분포가 일정한 형태를 갖추고 있음을 볼 수 있다.

6.1 베르누이분포

어떤 시행결과가 성공 또는 실패, 두 가지 사건 중 하나로 발생되는 시행을 베르누이시행(Bernoulli trial)이라 한다. 두 사건은 상호배타적이며 시행의 결과가 두 요소 중 하나만 나타난다.

1 특성과 사례

베르누이시행은 두 사건의 상호배타적인 확률시행에서 성공할 사건을 확률변수 X로 놓고 그렇지 못한 사건을 실패로 구분하고 있다. 베르누이시행의 특성은 다음과 같다.

① 각 시행은 성공과 실패의 상호배타적인 두 사건으로 결과가 나타난다. 확률변수 X는 성공하면 1의 값을 갖고 실패하면 0의 값을 갖는다.

② 각 시행에서 성공의 확률(p)과 실패의 확률($1-p$)은 처음부터 끝까지 변하지 않는다.

③ 각 시행은 반복적으로 이루어지며 통계적으로 서로 독립이다. 어느 시행의 결과도 다른 시행에 영향을 주지 않는다.

베르누이시행의 사례는 다음과 같다.

- 동전 던지기에서 앞면 또는 뒷면이 나타날 확률
- 주사위 던지기에서 짝수 또는 홀수의 눈이 나올 확률
- 남자아이 또는 여자아이의 출생 확률
- 컴퓨터 품질검사 시 우량품 또는 불량품이 나올 확률
- 선거에서 당선 또는 낙선될 확률
- 바둑돌을 선택할 때 흰 돌 또는 검은 돌이 나올 확률
- 입사면접에서 합격 또는 불합격의 확률

2 기대값과 분산

베르누이분포에서 성공할 확률변수를 X라 하고 기대값과 분산을 구해 보자.

x	$f(x)$	$x \cdot f(x)$	$x-E(X)$	$[x-E(X)]^2$	$[x-E(X)]^2 \cdot f(x)$
0 1	$1-p$ p	0 p	$-p$ $1-p$	p^2 $(1-p)^2$	$(1-p)p^2$ $(1-p)^2 \cdot p$
계		$E(X)=p$			$V(x)=p(1-p)$

베르누이분포의 기대값과 분산을 정리하면 다음과 같다.

■ 베르누이분포의 기대값과 분산

기대값 : $E(X) = p$

분 산 : $V(X) = p(1-p)$

예 6-1 이창호 선수의 승률이 80%라 한다. 이번 대국에서 이창호 선수가 이길 가능성과 분산을 구하라.

풀이 이창호 선수가 이길 확률변수를 X라 하고 $p = 0.8$이라 할 때

x	$f(x)$	$x \cdot f(x)$	$x - E(X)$	$[x - E(X)]^2$	$[x - E(X)]^2 \cdot f(x)$
0(패)	0.2	0	−0.8	0.64	$0.64 \times 0.2 = 0.128$
1(승)	0.8	0.8	0.2	0.04	$0.04 \times 0.8 = 0.032$
계	1	$E(X) = 0.8$			$V(x) = 0.16$

공식에 의하면

기대값 : $E(X) = p = 0.8$

분 산 : $V(X) = p(1-p) = 0.8 \times 0.2 = 0.16$

베르누이시행은 단 한 번의 시도로 성공이나 실패의 확률을 얻고자 한다. 반면 연속적으로 베르누이시행을 할 때 일정 횟수의 성공이 나타날 확률을 측정하고 싶을 경우에는 이항확률실험을 한다.

이항확률실험에서 이항확률변수 X는 연속적인 n번의 시도 가운데 성공한 결과의 횟수를 의미한다. 이항변수 X는 성공횟수에 따라 0, 1, 2, ⋯, n 등으로 나타나고 이러한 확률분포를 이항확률분포라 한다.

6.2 이항분포

이항분포(binominal distribution)를 구성하는 시행은 베르누이시행을 반복한다고 가정한다. 이항분포는 통계학에서 많이 사용하고 있는 확률분포 중 하나로 가장 널리 쓰이고 있다.

1 특성과 사례

이항분포는 성공이나 실패가 나타나든지 예 또는 아니오를 선택하는 실험을 연속적으로 시도한다. 이항확률시행은 다음과 같은 기본적인 특성이 있다.

① 연속하여 n회의 동일한 시행을 반복적으로 시도한다.
② 보통 성공 또는 실패 두 종류의 실험결과가 나타난다.
③ 반복적인 각 시행은 통계적으로 서로 독립이다.
④ 각 시행에서 성공확률과 실패확률은 처음부터 끝까지 변하지 않는다.

이항확률시행의 사례는 다음과 같다.

- 동전을 10번 던지는 경우 앞면이 7번 나올 확률
- 주사위를 10번 던지는 경우 짝수의 눈이 10번 모두 나올 확률
- 신생아 10명 중에서 남자아이가 3명일 확률

- 컴퓨터 10개의 품질검사에서 불량품이 1개 나올 확률
- 바둑돌을 10번 선택하는 경우 흰 돌이 8번 이상 나올 확률

이항분포를 이용하여 확률을 계산하는 방법과 기대값과 분산을 산출하는 방법에 대해 공부해 보자.

2 이항분포의 확률계산

이항분포를 통해 이항확률변수 X의 확률을 구하기 위해서는 이항확률함수를 이용하여 직접 계산하는 방법과 이항확률표를 이용하는 방법 등이 있다.

(1) 이항확률함수의 이용

이항확률분포는 수식을 나타낼 수 있다. 베르누이시행을 연속적으로 n번 시도하여 x회 성공할 확률은 다음과 같이 이항확률함수 $f(x)$로 정리할 수 있다.

■ 이항확률함수

$$f(x) = P(X = x) = {}_nC_x\, p^x (1-p)^{n-x}$$

$$= \frac{n!}{x!(n-x)!}\, p^x (1-p)^{n-x}$$

여기서, n : 시행횟수

x : 성공횟수($x = 1, 2, 3, \cdots, n$)

p : 성공할 확률

$1-p$: 실패할 확률

예 6-2 동전 3개를 던져서 앞면이 나오는 경우를 확률변수 X라 할 때 확률변수 X에 해당하는 $x=0,\ 1,\ 2,\ 3$에 대한 확률을 각각 구하라.

풀이 확률변수 X에 대한 확률분포는 다음과 같다.

x	$P(X=x)$
0	$f(0)={}_3C_0\left(\frac{1}{2}\right)^0\left(1-\frac{1}{2}\right)^3=\frac{1}{8}$
1	$f(1)={}_3C_1\left(\frac{1}{2}\right)^1\left(1-\frac{1}{2}\right)^2=\frac{3}{8}$
2	$f(2)={}_3C_2\left(\frac{1}{2}\right)^2\left(1-\frac{1}{2}\right)^1=\frac{3}{8}$
3	$f(3)={}_3C_3\left(\frac{1}{2}\right)^3\left(1-\frac{1}{2}\right)^0=\frac{1}{8}$
계	1

앞면이 한 번도 안 나올 확률 : $f(0)={}_3C_0\left(\frac{1}{2}\right)^0\left(1-\frac{1}{2}\right)^3=\frac{1}{8}$

앞면이 한 번 나올 확률 : $f(1)={}_3C_1\left(\frac{1}{2}\right)^1\left(1-\frac{1}{2}\right)^2=\frac{3}{8}$

앞면이 두 번 나올 확률 : $f(2)={}_3C_2\left(\frac{1}{2}\right)^2\left(1-\frac{1}{2}\right)^1=\frac{3}{8}$

앞면이 세 번 모두 나올 확률 : $f(3)={}_3C_3\left(\frac{1}{2}\right)^3\left(1-\frac{1}{2}\right)^0=\frac{1}{8}$

예 6-3 이종범 선수의 타율은 2할5푼이다. 한 게임에 5번 타석에 들어설 때 안타수를 X라 하자. 다음을 구하라.

(1) 확률분포 X를 식으로 나타내라.

(2) 3번 안타 칠 확률을 구하라.

풀이 (1) $f(x) = P(X = x) = {}_5C_x\left(\frac{1}{4}\right)^x\left(\frac{3}{4}\right)^{5-x}$

$(x = 0, 1, 2, 3, 4, 5)$

(2) $f(3) = P(X = 3) = {}_5C_3\left(\frac{1}{4}\right)^3\left(\frac{3}{4}\right)^2 = \frac{45}{512} = 0.0879,$

약 8.8%

(2) 이항확률표의 이용

이항확률함수를 이용하여 확률을 계산할 수 있지만 n이 커지고 확률값이 복잡하여 계산하기 어려워지면 실수할 수도 있다. 이런 상황에서는 이항확률표를 이용하여 쉽게 확률을 구할 수 있다. 이항확률표는 이미 확률이 계산되어 있는 표를 말한다.

이항확률표를 이용할 때는 반드시 성공확률 p와 시행횟수 n, 성공횟수 x가 필요하다. 이용방법은 먼저 윗부분에 있는 p를 확인하고 왼편에 있는 n을 찾는다. 그리고 원하는 x값을 찾으면 된다.

예 6-4 이종범 선수는 시합 전 프리배팅에서 홈런 칠 확률이 3할이다. 10번의 프리배팅을 하는 경우 홈런을 3개에서 5개를 칠 확률을 구하라.

풀이 확률이 3할이므로 $p = 0.30$이고 10번의 배팅을 하므로 $n = 10$, 홈런수가 3개에서 5개 사이이므로 $3 \leq x \leq 5$이 된다. 이에 해당하는 확률을 이항확률표에서 찾아보면 다음과 같다.

$$P(3 \leq X \leq 5) = f(3) + f(4) + f(5)$$
$$= 0.2668 + 0.2001 + 0.1029 = 0.5698$$

<표 6-1> 이항확률표

n	x	P 0.23	0.24	0.25	0.26	0.27	0.28	0.29	0.30	0.31	0.32	0.33
8	0	0.1236	0.1113	0.1001	0.0899	0.0806	0.0722	0.0646	0.0576	0.0514	0.0457	0.0406
	1	0.2953	0.2812	0.2670	0.2527	0.2386	0.2247	0.2110	0.1977	0.1847	0.1721	0.1600
	2	0.3087	0.3108	0.3115	0.3108	0.3089	0.3058	0.3017	0.2965	0.2904	0.2835	0.2758
	3	0.1844	0.1963	0.2076	0.2184	0.2285	0.2379	0.2464	0.2541	0.2609	0.2668	0.2717
	4	0.0689	0.0775	0.0865	0.0959	0.1056	0.1156	0.1258	0.1361	0.1465	0.1569	0.1673
	5	0.0165	0.0196	0.0231	0.0270	0.0313	0.0360	0.0411	0.0467	0.0527	0.0591	0.0659
	6	0.0025	0.0031	0.0038	0.0047	0.0058	0.0070	0.0084	0.0100	0.0118	0.0139	0.0162
	7	0.0002	0.0003	0.0004	0.0005	0.0006	0.0008	0.0010	0.0012	0.0015	0.0019	0.0023
	8	0.0000	0.0000	0.0000	0.0000	0.0000	0.0000	0.0001	0.0001	0.0001	0.0001	0.0001
9	0	0.0952	0.0846	0.0751	0.0665	0.0589	0.0520	0.0458	0.0404	0.0355	0.0311	0.0272
	1	0.2558	0.2404	0.2253	0.2104	0.1960	0.1820	0.1685	0.1556	0.1433	0.1317	0.1206
	2	0.3056	0.3037	0.3003	0.2957	0.2899	0.2831	0.2754	0.2668	0.2576	0.2478	0.2376
	3	0.2130	0.2238	0.2336	0.2424	0.2502	0.2569	0.2624	0.2668	0.2701	0.2721	0.2731
	4	0.0954	0.1060	0.1168	0.1278	0.1388	0.1499	0.1608	0.1715	0.1820	0.1921	0.2017
	5	0.0285	0.0335	0.0389	0.0449	0.0513	0.0583	0.0657	0.0735	0.0818	0.0904	0.0994
	6	0.0057	0.0070	0.0087	0.0105	0.0127	0.0151	0.0179	0.0210	0.0245	0.0284	0.0326
	7	0.0007	0.0010	0.0012	0.0016	0.0020	0.0025	0.0031	0.0039	0.0047	0.0057	0.0069
	8	0.0001	0.0001	0.0001	0.0001	0.0002	0.0002	0.0003	0.0004	0.0005	0.0007	0.0008
	9	0.0000	0.0000	0.0000	0.0000	0.0000	0.0000	0.0000	0.0000	0.0000	0.0000	0.0000
10	0	0.0733	0.0643	0.0563	0.0492	0.0430	0.0374	0.0326	0.0282	0.0245	0.0211	0.0182
	1	0.2188	0.2030	0.1877	0.1730	0.1590	0.1456	0.1330	0.1211	0.1099	0.0995	0.0898
	2	0.2942	0.2885	0.2816	0.2735	0.2646	0.2548	0.2444	0.2335	0.2222	0.2107	0.1990
	3	0.2343	0.2429	0.2503	0.2563	0.2609	0.2642	0.2662	0.2668	0.2662	0.2644	0.2614
	4	0.1225	0.1343	0.1460	0.1576	0.1689	0.1798	0.1903	0.2001	0.2093	0.2177	0.2253
	5	0.0439	0.0509	0.0584	0.0664	0.0750	0.0839	0.0933	0.1029	0.1128	0.1229	0.1332
	6	0.0109	0.0134	0.0162	0.0195	0.0231	0.0272	0.0317	0.0368	0.0422	0.0482	0.0547
	7	0.0019	0.0024	0.0031	0.0039	0.0049	0.0060	0.0074	0.0090	0.0108	0.0130	0.0154
	8	0.0002	0.0003	0.0004	0.0005	0.0007	0.0009	0.0011	0.0014	0.0018	0.0023	0.0028
	9	0.0000	0.0000	0.0000	0.0000	0.0001	0.0001	0.0001	0.0001	0.0002	0.0002	0.0003
	10	—	—	—	—	0.0000	0.0000	0.0000	0.0000	0.0000	0.0000	0.0000

(3) 이항분포의 형태

이항분포의 형태는 시행횟수 n과 성공확률 p에 따라 모양이 변한다. 시행횟수 n의 크기에 따라 분포의 범위가 변하고 성공확률 p의 크기에 따라 분포의 좌우대칭 정도가 달라진다.

- [그림 6-1]의 (a)에서 $p = 0.5$인 경우에는 n의 크기에 관계없이 이항분포의 모양은 항상 대칭을 보인다.
- 그림 (b)에서 $p = 0.1$인 경우에는 이항분포의 모양이 오른쪽 꼬리 분포를 보이며 단순 감소함수의 형태를 보인다. 실패확률이 성공확률보다 더 높은 경우이다.

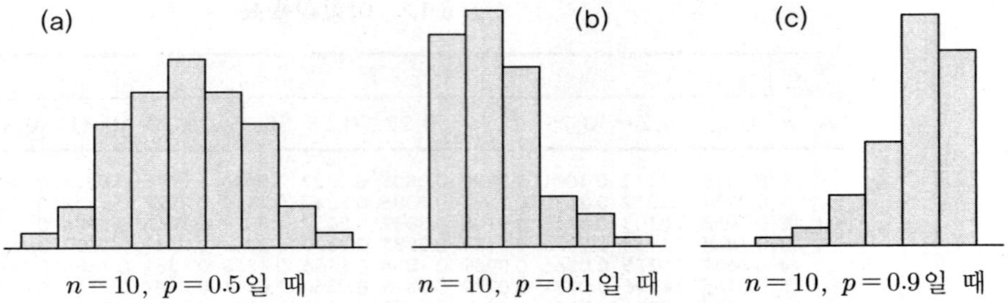

[그림 6-1] 이항분포의 형태

- 그림 (c)에서 $p = 0.9$인 경우에는 이항분포의 모양이 왼쪽 꼬리분포를 보이며 단순 증가함수의 형태를 보인다. 성공확률이 실패확률보다 더 높은 경우이다.
- n이 일정할 때 $p = 0.1$과 $p = 0.9$의 분포는 정반대의 형태를 보여준다.
- p와 관계없이 n이 커지게 되면 종의 모양이 더욱 부드럽게 변하게 된다.

(4) 이항분포의 기대값과 분산

이항분포의 기대값과 분산은 확률분포에서 공부한 기대값과 분산을 응용하여 계산할 수 있다.

다음 예를 통해 이항분포의 기대값과 분산에 대한 이해를 높여 보도록 하자.

예 6-5 세 학생이 수학문제를 풀고 있다. 세 학생이 문제를 해결할 확률은 각각 30%라고 한다. 문제를 해결할 학생수를 확률변수 X라 할 때 기대값과 분산을 구하라.

풀이 확률함수를 이용하여 기대값과 분산을 구하면 다음과 같다.

x	$P(X)$	$XP(X)$	$X-E(X)$	$[X-E(X)]^2$	$[X-E(X)]^2P(X)$
0	0.343	0	−0.9	0.81	0.27783
1	0.441	0.441	0.1	0.01	0.00441
2	0.189	0.378	1.1	1.21	0.22869
3	0.027	0.081	2.1	4.41	0.11907
계	1	$E(X)=0.9$			$V(x)=0.63$

세 학생 모두 해결 못하는 확률 : $f(0) = {}_3C_0(0.3)^0(0.7)^3 = 0.343$

한 학생만 해결하는 확률 : $f(1) = {}_3C_1(0.3)^1(0.7)^2 = 0.441$

두 학생만 해결하는 확률 : $f(2) = {}_3C_2(0.3)^2(0.7)^1 = 0.189$

세 학생 모두 해결하는 확률 : $f(3) = {}_3C_3(0.3)^3(0.7)^0 = 0.027$

기댓값 $= E(X) = f(0)+f(1)+f(2)+f(3) = 0.9$

분　산 $= (0-0.9)^2(0.343)+(1-0.9)^2(0.441)$
$\quad +(2-0.9)^2(0.189)+(3-0.9)^2(0.027)$
$\quad = 0.63$

표준편차 $= 0.7937$

이항분포는 베르누이시행을 n회 반복하여 얻는 결과와 동일하다. 세 학생이므로 $n=3$이 되고 문제해결능력이 30%이므로 $p=0.3$이 되어 기대값 $E(X)=3\times0.3=0.9$가 된다. 위와 동일한 결과가 나온다.

이항확률변수 X는 베르누이 확률변수의 n번의 합이므로 다음과 같다.

$$X = X_1 + X_2 + X_3 + \cdots + X_n$$

베르누이분포의 기대값은 $E(X)=p$이고 분산은 $V(X)=p(1-p)$이므로 이항분포의 기대값과 분산은 다음과 같다.

$$\begin{aligned}E(X) &= E(X_1+X_2+X_3+\cdots+X_n)\\ &= E(X_1)+E(X_2)+E(X_3)+\cdots+E(X_n)\\ &= p+p+p+\cdots+p=np\end{aligned}$$

$$\begin{aligned}V(X) &= V(X_1+X_2+X_3+\cdots+X_n)\\ &= V(X_1)+V(X_2)+V(X_3)+\cdots+V(X_n)\\ &= p(1-p)+p(1-p)+p(1-p)+\cdots+p(1-p)=np(1-p)\end{aligned}$$

이항분포의 기대값과 분산은 베르누이 기대값과 분산에 n을 곱한 값으로 공식은 다음과 같다.

■ 이항분포의 기대값과 분산

$E(X)=np$

$V(x)=np(1-p)$

여기서, n : 시행횟수

p : 성공할 확률

$1-p$: 실패할 확률

예 6-6 위 사례를 이항분포의 기대값과 분산 공식을 이용하여 구하라.

풀이 주어진 문제에서 $n=3$, $p=0.3$이므로

기대값 $=E(X)=np=3\times0.3=0.9$

분 산 $=V(x)=np(1-p)=3\times0.3\times0.7=0.63$

예 6-7 주사위를 30회 던져서 6의 눈이 나올 횟수를 X라 하고 기대값과 분산을 구하라.

풀이 주사위를 던지는 횟수 $n=30$, 6의 눈이 나올 확률 $p=\frac{1}{6}$

기대값 : $E(X)=np=30\left(\frac{1}{6}\right)=5$

분　산 : $\sigma(X)=np(1-p)=30\left(\frac{1}{6}\right)\left(\frac{5}{6}\right)=\frac{25}{6}$

예 6-8 성결대 학생은 토익시험에서 800점을 넘어야 합격한다고 한다. 합격할 확률이 25%라 할 때 5명의 학생이 토익시험을 응시할 경우 몇 명이 합격할 수 있는지에 대해 기대값과 분산을 구하고자 한다.

(1) 이항분포의 공식을 이용하여 구하라.
(2) 확률분포의 공식을 이용하여 구하라.
(3) 엑셀을 활용하여 구하라.

풀이 (1) 이항분포의 공식을 이용하는 경우

응시할 학생수 $n=5$
800점을 넘을 확률 $p=0.25$

$$E(X)=np=5\times 0.25=1.25$$
$$V(X)=np(1-p)=5\times 0.25\times 0.75=0.9375$$

(2) 확률분포의 공식을 이용하는 경우

x	$P(X)$	$XP(X)$	$X-E(X)$	$[X-E(X)]^2$	$[X-E(X)]^2P(X)$
0	0.2373	0	−1.25	1.5625	0.3708
1	0.3955	0.3955	−0.25	0.0625	0.0247
2	0.2637	0.5273	0.75	0.5625	0.1483
3	0.0879	0.2637	1.75	3.0625	0.2692
4	0.0146	0.0586	2.75	7.5625	0.1108
5	0.0010	0.0049	3.75	14.0625	0.0137
계	1	$E(X)=1.25$			$V(x)=0.9375$

아무도 합격하지 못하는 확률 : $f(0) = {}_5C_0(0.25)^0(0.75)^5 = 0.2373$

한 학생만 합격할 확률 : $f(1) = {}_5C_1(0.25)^1(0.75)^4 = 0.3955$

두 학생만 합격할 확률 : $f(2) = {}_5C_2(0.25)^2(0.75)^3 = 0.2637$

세 학생만 합격할 확률 : $f(3) = {}_5C_3(0.25)^3(0.75)^2 = 0.0879$

네 학생만 합격할 확률 : $f(4) = {}_5C_4(0.25)^4(0.75)^1 = 0.0146$

다섯 학생 모두 합격할 확률 : $f(5) = {}_5C_5(0.25)^5(0.75)^0 = 0.0010$

$$\begin{aligned}\text{기대값} &= E(X) \\ &= 0 + 0.3955 + 0.5273 + 0.2637 + 0.0586 + 0.0049 \\ &= 1.25\end{aligned}$$

$$\begin{aligned}\text{분 산} &= (0-1.25)^2(0.2373) + (1-1.25)^2(0.3955) \\ &\quad + (2-1.25)^2(0.2637) + (3-1.25)^2(0.0879) \\ &\quad + (4-1.25)^2(0.0146) + (5-1.25)^2(0.0010) \\ &= 0.9375\end{aligned}$$

(3) 엑셀을 활용하는 경우

① 이항분포의 확률과 기대값, 분산을 구하기 위해 필요한 자료를 미리 입력한다.

A5 ▾ fx 0

	A	B	C	D	E	F
1		n = 5	p = 0.25			
2						
3	합격학생	확률				
4	X	P(X)	XP(X)	X-E(X)	[X-E(X)]^2	[X-E(X)]^2P(X)
5	0					
6	1					
7	2					
8	3					
9	4					
10	5					
11	합계					
12						

② 셀 B5에서 성공횟수의 확률을 구하기 위한 명령어는 'BINOMDIST(x, n, p, false)'이므로 'BINOMDIST(A5, 5, 0.25, 0)'을 입력한다. 이후 B10까지 복사한다.

B5 | =BINOMDIST(A5,5,0.25,0)

	A	B	C	D	E	F
1		n = 5	p = 0.25			
2						
3	합격학생	확률				
4	X	P(X)	XP(X)	X-E(X)	[X-E(X)]^2	[X-E(X)]^2P(X)
5	0	0.237305				
6	1	0.395508				
7	2	0.263672				
8	3	0.087891				
9	4	0.014648				
10	5	0.000977				
11	합계					
12						

③ 셀을 C5에 놓고 '=A5*B5'를 입력한다. 이후 C10까지 복사한다.

C5 | =A5*B5

	A	B	C	D	E	F
1		n = 5	p = 0.25			
2						
3	합격학생	확률				
4	X	P(X)	XP(X)	X-E(X)	[X-E(X)]^2	[X-E(X)]^2P(X)
5	0	0.237305	0			
6	1	0.395508	0.395508			
7	2	0.263672	0.527344			
8	3	0.087891	0.263672			
9	4	0.014648	0.058594			
10	5	0.000977	0.004883			
11	합계					
12						

④ 셀 C11에서 '=SUM(C5:C10)'을 입력하면 기대값 $E(X) = 1.25$가 산출된다.

C11 | =SUM(C5:C10)

	A	B	C	D	E	F
1		n = 5	p = 0.25			
2						
3	합격학생	확률				
4	X	P(X)	XP(X)	X-E(X)	[X-E(X)]^2	[X-E(X)]^2P(X)
5	0	0.237305	0			
6	1	0.395508	0.395508			
7	2	0.263672	0.527344			
8	3	0.087891	0.263672			
9	4	0.014648	0.058594			
10	5	0.000977	0.004883			
11	합계		1.25			
12						

⑤ 셀 D5에서 '=A5−1.25'를 입력하고 이후 D10까지 복사한다.

D5 | =A5-1.25

	A	B	C	D	E	F
1		n = 5	p = 0.25			
2						
3	합격학생	확률				
4	X	P(X)	XP(X)	X-E(X)	[X-E(X)]^2	[X-E(X)]^2P(X)
5	0	0.237305	0	-1.25		
6	1	0.395508	0.395508	-0.25		
7	2	0.263672	0.527344	0.75		
8	3	0.087891	0.263672	1.75		
9	4	0.014648	0.058594	2.75		
10	5	0.000977	0.004883	3.75		
11	합계		1.25			
12						

⑥ 셀 E5에서 중심편차제곱을 구하기 위해 '=D5^2'를 입력하고 이후 E10까지 복사한다.

E5 | =D5^2

	A	B	C	D	E	F
1		n = 5	p = 0.25			
2						
3	합격학생	확률				
4	X	P(X)	XP(X)	X-E(X)	[X-E(X)]^2	[X-E(X)]^2P(X)
5	0	0.237305	0	-1.25	1.5625	
6	1	0.395508	0.395508	-0.25	0.0625	
7	2	0.263672	0.527344	0.75	0.5625	
8	3	0.087891	0.263672	1.75	3.0625	
9	4	0.014648	0.058594	2.75	7.5625	
10	5	0.000977	0.004883	3.75	14.0625	
11	합계		1.25			
12						

⑦ 셀 F5에서 '=B5*E5'를 입력하고 이후 F10까지 복사한다.

F5 | f_x =B5*E5

	A	B	C	D	E	F
1		n = 5	p = 0.25			
2						
3	합격학생	확률				
4	X	P(X)	XP(X)	X-E(X)	[X-E(X)]^2	[X-E(X)]^2P(X)
5	0	0.237305	0	-1.25	1.5625	0.370788574
6	1	0.395508	0.395508	-0.25	0.0625	0.024719238
7	2	0.263672	0.527344	0.75	0.5625	0.14831543
8	3	0.087891	0.263672	1.75	3.0625	0.269165039
9	4	0.014648	0.058594	2.75	7.5625	0.110778809
10	5	0.000977	0.004883	3.75	14.0625	0.01373291
11	합계		1.25			
12						

⑧ 셀 F11에서 '=SUM(F5:F10)'을 입력하면 분산 $V(X)=0.9375$가 산출된다.

F11 | f_x =SUM(F5:F10)

	A	B	C	D	E	F
1		n = 5	p = 0.25			
2						
3	합격학생	확률				
4	X	P(X)	XP(X)	X-E(X)	[X-E(X)]^2	[X-E(X)]^2P(X)
5	0	0.237305	0	-1.25	1.5625	0.370788574
6	1	0.395508	0.395508	-0.25	0.0625	0.024719238
7	2	0.263672	0.527344	0.75	0.5625	0.14831543
8	3	0.087891	0.263672	1.75	3.0625	0.269165039
9	4	0.014648	0.058594	2.75	7.5625	0.110778809
10	5	0.000977	0.004883	3.75	14.0625	0.01373291
11	합계		1.25			0.9375
12						

6.3 포아송분포

프랑스 수학자 포아송에 의해 정리된 포아송분포(Poisson distribution)는 일정한 시간이나 공간에서 무작위로 발생하는 사건에 대한 횟수와 확률을 계산하는 데 사용된다. 성공이나 실패에 대한 두 상호 배반적인 사건으로 구성되어 있어 이항분포와 유사하지만 사건에 대한 시행의 결과가 아닌 시간이나 공간에서 연속적으로 발생하는 사건에 대한 확률을 계산하는 데 적용되고 있어 이항분포와 구별되고 있다.

(1) 특성과 사례

포아송분포는 발생확률이 매우 낮은 사건들의 발생에 관한 것으로 주어진 시간이나 공간, 거리, 면적 등은 연속이지만 확률변수인 발생이 이산적으로 나타나므로 이산적인 확률분포라 한다. 사건의 횟수 N이 매우 크고 확률 P가 매우 적은 이항분포의 특수한 경우로 볼 수 있다.

성공은 측정이 가능하지만 실패는 측정할 수 없다. 예를 들어 발생하지 않은 사고건수, 찾아오지 않는 고객의 수, 걸려오지 않는 전화의 수 등은 셀 수가 없다. 포아송분포의 특성은 다음과 같다.

① 어느 사건도 동시에 발생하지 않는다.
② 시간의 길이가 같으면 사건의 발생확률도 같다.
③ 작은 단위시간에 둘 이상의 사건이 발생할 확률은 무시해도 된다.

④ 어느 단위시간에 사건의 발생건수는 다른 단위시간의 발생건수에 영향을 주지 않는다.

⑤ 어느 단위시간에 사건의 평균수는 단위시간에 비례하여 나타난다.

포아송분포의 사례는 주위에서 수시로 볼 수 있는데 내용은 다음과 같다.

- 하루에 A/S 받으러 오는 핸드폰 개수
- 맥도날드에 한 시간 동안 찾아오는 고객의 수
- 시간당 승강장에 도착하는 택시 대수
- 생명보험 가입자 중 단위시간당 사망자의 수
- 서울에서 하루에 교통사고로 인한 사망자의 수
- 대기업의 교환대로 한 시간 동안 걸려오는 전화의 수
- 인공위성이 한 번의 궤도를 운행 중에 부딪치는 운석의 수
- 제조품 중 불량품의 수
- 산부인과에서 일주일 동안 태어난 신생아의 수
- 새 자동차에서 발견되는 흠집의 수
- 이번 주말에 예식장에서 결혼식의 수
- 에어컨 당 발견되는 병든 나무의 수

(2) 포아송분포의 확률함수

포아송분포를 파악하기 위해서는 확률변수 X에 대한 확률을 구해야 한다. 확률을 구하기 위해서는 확률함수를 이용하여 계산하는 방법과 확률분포표를 이용하는 방법 등이 있다.

① 확률함수 이용

■ 포아송분포의 확률함수

확률변수 X는 일정한 시간 내에 발생할 사건의 수

$$f(x) = \frac{e^{-\lambda}\lambda^{x}}{x!}$$

여기서, $e = 2.71828$, λ : 발생할 평균횟수

예 6-9 희망대 경영학과는 2년에 한 명씩 CPA에 합격한다고 한다. CPA 합격자 수가 포아송분포를 보인다고 할 때 1년에 두 명의 합격자가 나올 확률을 구하라.

풀이 1년마다 CPA 평균 합격률 $\lambda = \frac{1}{2}$이고, 합격자 수를 확률변수 X라 하면

$$f(2) = \frac{e^{-0.5} \times 0.5^{2}}{2!} = \frac{0.6065 \times 0.25}{2} = 0.0758$$

따라서 해마다 2명씩 합격자가 나올 확률은 약 7.6%

예 6-10 하루에 컴퓨터가 2대씩 팔린다고 한다. 판매 대수가 포아송분포를 보인다면 하루에 컴퓨터가 3대씩 팔릴 확률을 구하라.

풀이 하루에 컴퓨터 평균 판매율 $\lambda = 2$이고, 판매 대수를 확률변수 X라 하면

$$f(3) = \frac{e^{-2} \times 2^{3}}{3!} = \frac{0.1353 \times 8}{6} = 0.1804$$

따라서 하루에 컴퓨터 3대씩 팔릴 확률은 약 18%

② 포아송분포표 이용

확률함수를 이용하여 $e=2.71828$과 발생횟수 n 등이 커지는 문제를 직접 계산하게 되면 계산과정이 복잡해지면서 실수할 가능성이 높아진다. 그래서 미리 계산되어 있는 포아송분포표를 이용하면 쉽고 간단히 확률을 찾을 수 있다.

포아송분포표에서 확률을 찾는 방법은 먼저 상단에 있는 λ를 찾고 이어서 좌측에 있는 x값을 찾으면 된다. 예를 들어 〈예 6-9〉의 경우는 상단에서 $\lambda=0.5$를 찾고 좌측에서 $x=2$를 찾아 교차하는 수치를 확인하면 0.0758이 있다. 같은 방법으로 〈예 6-10〉의 경우는 상단에서 $\lambda=2$를 찾고 좌측에서 $x=3$을 찾아 교차하는 수치를 확인하면 0.1804가 있다.

〈표 6-2〉 포아송분포표

	λ									
x	0.1	0.2	0.3	0.4	0.5	0.6	0.7	0.8	0.9	1.0
0	0.9048	0.8187	0.7408	0.6703	0.6065	0.5488	0.4966	0.4493	0.4066	0.3679
1	0.0905	0.1637	0.2222	0.2681	0.3033	0.3293	0.3476	0.3595	0.3659	0.3679
2	0.0045	0.0164	0.0333	0.0536	0.0758	0.0988	0.1217	0.1438	0.1647	0.1839
3	0.0002	0.0011	0.0033	0.0072	0.0126	0.0198	0.0284	0.0383	0.0494	0.0613
4	0.0000	0.0001	0.0003	0.0007	0.0016	0.0030	0.0050	0.0077	0.0111	0.0153
5	0.0000	0.0000	0.0000	0.0001	0.0002	0.0004	0.0007	0.0012	0.0020	0.0031
6	0.0000	0.0000	0.0000	0.0000	0.0000	0.0000	0.0001	0.0002	0.0003	0.0005
7	0.0000	0.0000	0.0000	0.0000	0.0000	0.0000	0.0000	0.0000	0.0000	0.0001

	λ									
x	1.1	1.2	1.3	1.4	1.5	1.6	1.7	1.8	1.9	2.0
0	0.3329	0.3012	0.2725	0.2466	0.2231	0.2019	0.1827	0.1653	0.1496	0.1353
1	0.3662	0.3614	0.3543	0.3452	0.3347	0.3230	0.3106	0.2975	0.2842	0.2707
2	0.2014	0.2169	0.2303	0.2417	0.2510	0.2584	0.2640	0.2678	0.2700	0.2707
3	0.0738	0.0867	0.0998	0.1128	0.1255	0.1378	0.1496	0.1607	0.1710	0.1804
4	0.0203	0.0260	0.0324	0.0395	0.0471	0.0551	0.0636	0.0723	0.0812	0.0902
5	0.0045	0.0062	0.0084	0.0111	0.0141	0.0176	0.0216	0.0260	0.0309	0.0361
6	0.0008	0.0012	0.0018	0.0026	0.0035	0.0047	0.0061	0.0078	0.0098	0.0120
7	0.0001	0.0002	0.0003	0.0005	0.0008	0.0011	0.0015	0.0020	0.0027	0.0034
8	0.0000	0.0000	0.0001	0.0001	0.0001	0.0002	0.0003	0.0005	0.0006	0.0009
9	0.0000	0.0000	0.0000	0.0000	0.0000	0.0000	0.0001	0.0001	0.0001	0.0002

예 6-11 도서관 열람실에 1분당 평균 3명의 학생이 출입한다고 한다. 출입 학생수가 포아송분포를 형성한다고 할 때 다음을 구하라.

(1) 포아송분포

(2) 그래프

풀이 (1) 포아송분포

x	$f(x)$
0	0.0498
1	0.1494
2	0.2240
3	0.2240
4	0.1680
5	0.1008
6	0.0504
7	0.0216
8	0.0081
9	0.0027
10	0.0008
11	0.0002
12	0.0001

(2) 그래프

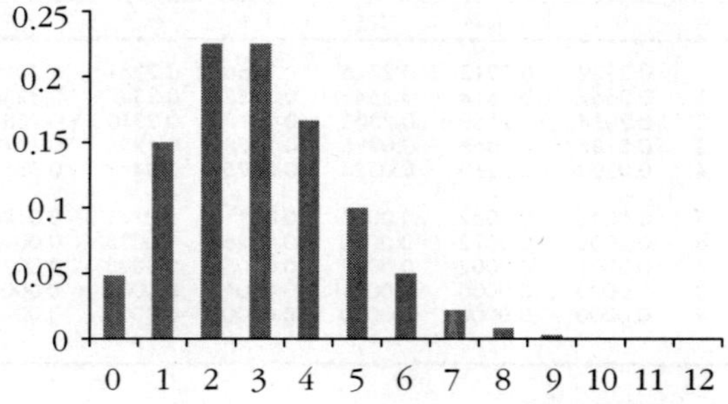

(3) 기대값과 분산

■ 포아송분포의 기대값과 분산

확률변수 X에 대해

$$E(X) = \lambda, \quad V(x) = \lambda$$

여기서, λ : 발생할 평균확률

예 6-12 성결대 스쿨버스가 안양역까지 시간당 평균 5번 운행된다고 한다. 시간당 운행대수가 포아송분포를 형성한다고 할 때 다음을 구하라.

(1) 3번 운행될 확률
(2) 4번에서 7번까지 운행될 확률
(3) 시간당 운행수를 확률변수 X라 할 때 확률분포
(4) 그래프
(5) 기대값
(6) 분산

풀이

$$f(0) = \frac{e^{-5} \times 5^0}{0!} = 0.0067 \qquad f(1) = \frac{e^{-5} \times 5^1}{1!} = 0.0337$$

$$f(2) = \frac{e^{-5} \times 5^2}{2!} = 0.0842 \qquad f(3) = \frac{e^{-5} \times 5^3}{3!} = 0.1404$$

$$f(4) = \frac{e^{-5} \times 5^4}{4!} = 0.1755 \qquad f(5) = \frac{e^{-5} \times 5^5}{5!} = 0.1755$$

$$f(6) = \frac{e^{-5} \times 5^6}{6!} = 0.1462 \qquad f(7) = \frac{e^{-5} \times 5^7}{7!} = 0.1044$$

$$f(8) = \frac{e^{-5} \times 5^8}{8!} = 0.0653 \qquad f(9) = \frac{e^{-5} \times 5^9}{9!} = 0.0363$$

$$f(10) = \frac{e^{-5} \times 5^{10}}{10!} = 0.0181 \qquad f(11) = \frac{e^{-5} \times 5^{11}}{11!} = 0.0082$$

$$f(12) = \frac{e^{-5} \times 5^{12}}{12!} = 0.0034 \qquad f(13) = \frac{e^{-5} \times 5^{13}}{13!} = 0.0013$$

(1) 3번 운행될 확률

$f(3) = 0.1404$ $\quad\therefore$ 약 14%

(2) 4번에서 7번까지 운행될 확률

$f(4) + f(5) + f(6) + f(7)$

$= 0.1755 + 0.1755 + 0.1462 + 0.1044 = 0.6016$ $\quad\therefore$ 약 60%

(3) 시간당 운행수를 확률변수 X라 할 때 확률분포

X	$f(X)$
0	0.006738
1	0.03369
2	0.084224
3	0.140374
4	0.175467
5	0.175467
6	0.146223
7	0.104445
8	0.065278
9	0.036266
10	0.018133
11	0.008242
12	0.003434
13	0.001321
14	0.000472
15	0.000157

(4) 그래프

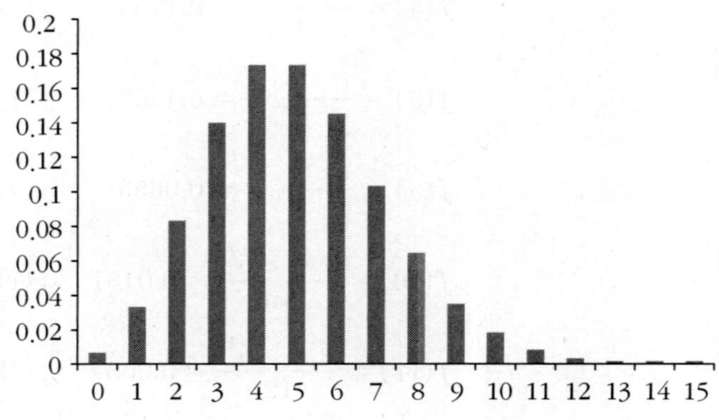

(5) 기대값 : $E(X)=5$

(6) 분 산 : $V(X)=5$

(4) Excel 활용하기

〈예 6-12〉를 엑셀을 활용하여 차례대로 구하라.

① 주어진 자료를 화면에 정리한다. 상단에 $\lambda=5$를 입력하고 확률변수인 운행대수 X를 0～15대까지 표시한다. 확률과 기대값, 분산을 순서대로 구한다. 먼저 셀 B4에서 포아송분포의 확률을 구한다.

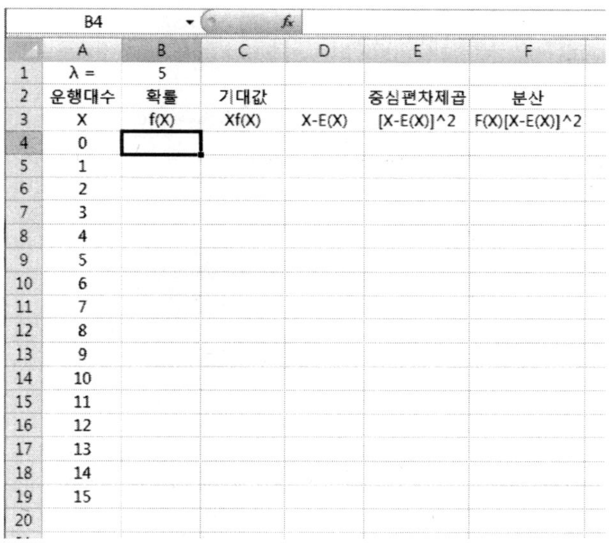

B4

	A	B	C	D	E	F
1	λ =	5				
2	운행대수	확률	기대값		중심편차제곱	분산
3	X	f(X)	Xf(X)	X-E(X)	[X-E(X)]^2	F(X)[X-E(X)]^2
4	0					
5	1					
6	2					
7	3					
8	4					
9	5					
10	6					
11	7					
12	8					
13	9					
14	10					
15	11					
16	12					
17	13					
18	14					
19	15					
20						

② 셀 B4에 놓고 '수식'과 '함수 삽입'을 차례로 선택한다. 함수 마법사가 떠오르면 범주 선택에서 '통계'를 함수 선택에서 'POISSON'을 선택하고 확인을 누른다.

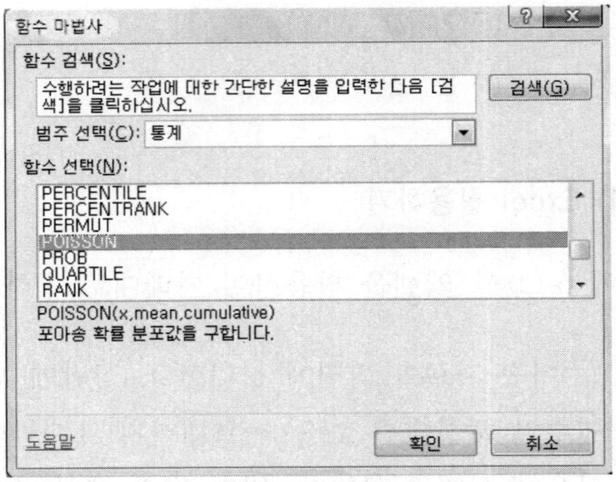

③ 함수 인수 상자가 나타나면 확률변수 *X*에 'A4'를 Mean에 '5'를 Cumulative에 '0'을 입력하면 포아송 확률분포값 0.00673이 나타난다. 확인을 누른다.

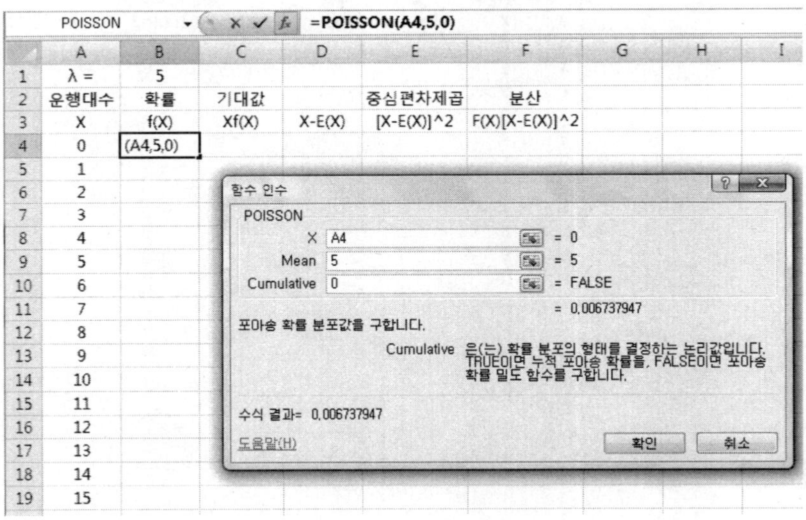

④ 셀 B4에 포아송 확률값이 나타나면 B19까지 복사를 한다. 운행대수 0~15대까지의 확률이 나타난다.

B4 f_x =POISSON(A4,5,0)

	A	B	C	D	E	F
1	λ =	5				
2	운행대수	확률	기대값		중심편차제곱	분산
3	X	f(X)	Xf(X)	X-E(X)	[X-E(X)]^2	F(X)[X-E(X)]^2
4	0	0.006738				
5	1	0.03369				
6	2	0.084224				
7	3	0.140374				
8	4	0.175467				
9	5	0.175467				
10	6	0.146223				
11	7	0.104445				
12	8	0.065278				
13	9	0.036266				
14	10	0.018133				
15	11	0.008242				
16	12	0.003434				
17	13	0.001321				
18	14	0.000472				
19	15	0.000157				
20						

⑤ 이번에는 기대값을 구하고자 한다. 셀 C4에서 '=A4*B4'를 입력하면 $X \cdot f(X)$가 계산되어 나오고 셀 C19까지 복사한다.

C4 f_x =A4*B4

	A	B	C	D	E	F
1	λ =	5				
2	운행대수	확률	기대값		중심편차제곱	분산
3	X	f(X)	Xf(X)	X-E(X)	[X-E(X)]^2	F(X)[X-E(X)]^2
4	0	0.006738	0			
5	1	0.03369	0.03369			
6	2	0.084224	0.168449			
7	3	0.140374	0.421122			
8	4	0.175467	0.701869			
9	5	0.175467	0.877337			
10	6	0.146223	0.877337			
11	7	0.104445	0.731114			
12	8	0.065278	0.522224			
13	9	0.036266	0.32639			
14	10	0.018133	0.181328			
15	11	0.008242	0.090664			
16	12	0.003434	0.041211			
17	13	0.001321	0.017171			
18	14	0.000472	0.006604			
19	15	0.000157	0.002359			
20						

⑥ 셀 C20에서 '=SUM(C4:C19)'를 입력하면 기대값이 나타난다. 실제 기대값은 5지만 운행대수를 15대까지 제한하였기에 4.998869로 나왔다.

C20	=SUM(C4:C19)					
	A	B	C	D	E	F
1	λ =	5				
2	운행대수	확률	기대값		중심편차제곱	분산
3	X	f(X)	Xf(X)	X-E(X)	[X-E(X)]^2	F(X)[X-E(X)]^2
4	0	0.006738	0			
5	1	0.03369	0.03369			
6	2	0.084224	0.168449			
7	3	0.140374	0.421122			
8	4	0.175467	0.701869			
9	5	0.175467	0.877337			
10	6	0.146223	0.877337			
11	7	0.104445	0.731114			
12	8	0.065278	0.522224			
13	9	0.036266	0.32639			
14	10	0.018133	0.181328			
15	11	0.008242	0.090664			
16	12	0.003434	0.041211			
17	13	0.001321	0.017171			
18	14	0.000472	0.006604			
19	15	0.000157	0.002359			
20			4.998869			

⑦ 이후 중심편차제곱을 구하고 다음과 같이 분산을 산출하였다. 실제 분산은 5이지만 4.991로 나왔다. 이 또한 운행대수를 15대로 제한하였기에 미세한 차이가 발생한 것으로 보인다.

F20	=SUM(F4:F19)					
	A	B	C	D	E	F
1	λ =	5				
2	운행대수	확률	기대값		중심편차제곱	분산
3	X	f(X)	Xf(X)	X-E(X)	[X-E(X)]^2	F(X)[X-E(X)]^2
4	0	0.006738	0	-5	25	0.168448675
5	1	0.03369	0.03369	-4	16	0.53903576
6	2	0.084224	0.168449	-3	9	0.758019037
7	3	0.140374	0.421122	-2	4	0.561495583
8	4	0.175467	0.701869	-1	1	0.17546737
9	5	0.175467	0.877337	0	0	0
10	6	0.146223	0.877337	1	1	0.146222808
11	7	0.104445	0.731114	2	4	0.417779452
12	8	0.065278	0.522224	3	9	0.587502354
13	9	0.036266	0.32639	4	16	0.580249239
14	10	0.018133	0.181328	5	25	0.453319718
15	11	0.008242	0.090664	6	36	0.296718361
16	12	0.003434	0.041211	7	49	0.168277774
17	13	0.001321	0.017171	8	64	0.084535145
18	14	0.000472	0.006604	9	81	0.038210641
19	15	0.000157	0.002359	10	100	0.015724543
20			4.998869			4.99100646

<< 연습문제 <<<<<<<<<<<<<<<<<<<<<<<<<<<<<<<<<<<<<<<<<<<<<<<<

01 베르누이분포의 특성과 사례를 설명하라.

02 이항분포의 특성과 사례를 설명하라.

03 포아송분포의 특성과 사례를 설명하라.

04 동전 200개를 한꺼번에 던져 앞면이 나오는 개수를 확률변수 X라 할 때 다음을 구하라.

(1) 평균

(2) 분산과 표준편차

05 흰 공 3개와 파란 공 7개가 동일하게 들어 있는 주머니가 10개 있다. 각 주머니에서 한 개의 공을 꺼낼 때 흰 공이 나올 개수를 확률변수 X라 하고 다음을 구하라.

(1) 평균

(2) 분산과 표준편차

06 50세의 경우 향후 30년 동안 생존할 가능성이 남자는 1/4, 여자는 1/3이라 한다. 현재 50세 부부 360쌍의 경우 30년 후에 부부가 모두 생존해 있을 쌍의 수를 구하라.

07 자동차를 생산하는 기업이 있다. 생산품의 5%가 불량품이라 할 때 다음을 구하라.

(1) 자동차 3대 중에 1개가 불량품일 확률

(2) 자동차 3대가 모두 불량품일 확률

(3) 무작위로 300개를 선정할 때 예상되는 불량품의 수

(4) 300대 중에 불량품 대수의 분산과 표준편차

08 다섯 명의 학생이 백두산 등정을 시도하였다. 학생들이 등정에 성공할 확률은 각각 40%라고 한다. 등정에 성공할 학생수를 확률변수 X라 할 때 다음을 구하라.

(1) 이항분포표

(2) 기대값과 분산

(3) 엑셀을 이용

09 다음은 이종범 선수의 상반기 게임당 안타수를 확률로 정리한 표이다.

안타수(x)	0	1	2	3	4
P	0.15	0.40	0.25	0.15	0.05

(1) 하반기 안타수의 평균을 구하라.

(2) 하반기 안타수의 분산과 표준편차를 구하라.

(3) 확률분포표를 작성하라.

(4) 안타 1개당 보너스를 5만원씩 받을 경우 보너스의 평균과 분산을 구하라.

10 성결대 스쿨버스는 안양역까지 20분 간격으로 운행되며 포아송 분포를 보인다고 한다. 시간당 스쿨버스의 운행에 대해 다음 확률을 구하라.

(1) 5번 운행될 확률

(2) 시간당 운행수를 확률변수 X라 할 때 확률분포

(3) 그래프

(4) 기대값

(5) 분 산

(6) 엑셀로 작성하라.

CHAPTER

7

연속확률분포

앞에서 살펴본 확률질량함수가 이산확률변수에 관한 내용인 반면 확률밀도함수는 연속확률변수이다. 연속확률변수는 확률변수 X가 어떤 구간 안에 있는 모든 실수값을 취하는 경우로 길이, 무게, 시간 등과 같이 연속적인 값을 취하는 확률변수이다.

7.1 확률밀도함수

연속확률분포는 부드러운 곡선의 모양을 하고 있으며 어떤 구간 안에 무수히 많은 값을 취하고 있어 일정 구간 $[a, b]$에 대한 확률을 구한다.

따라서 연속확률분포는 확률밀도함수를 사용하는데 다음과 같은 특성을 가지고 있다.

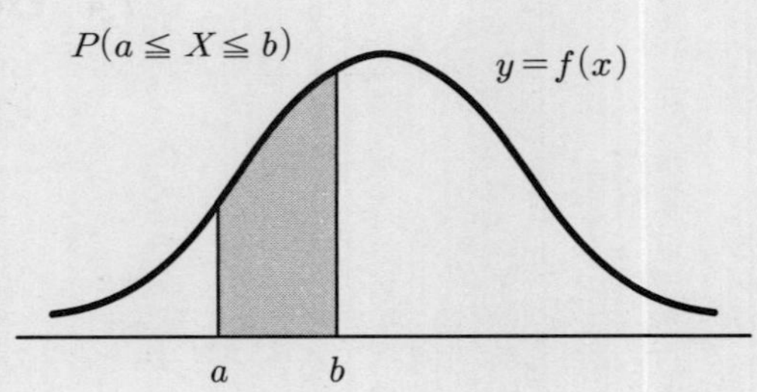

[그림 7-1] 확률밀도함수

■ 확률밀도함수의 특성

① $f(x) \geq 0$: 확률밀도함수는 항상 양의 값을 갖는다.

② $\int_{-\infty}^{+\infty} f(x)dx = 1$: 어떤 구간 내에 확률밀도함수와 x축으로 둘러싸인 부분의 넓이는 1이다.

③ $P(a \leq X \leq b) = \int_a^b f(x)dx$: 확률밀도함수의 확률은 정해진 구간 사이의 넓이와 같다.

④ $f(a) = P(X = a) = 0$: 특정한 값 x가 발생할 확률은 0이다.

예 7-1 연속확률함수 X의 확률밀도함수가 $f(x) = kx\,(0 \leq x \leq 4)$일 때 다음을 구하라.

(1) 상수 k의 값

(2) $P(1 \leq X \leq 3)$

(3) $P(X \geq 3)$

풀이 (1)

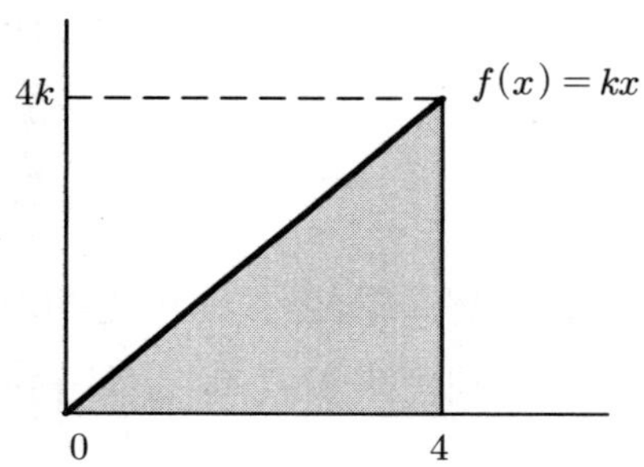

확률밀도함수의 성질 ②에 의해 구간 (0, 4) 내에 $f(x) = kx$와 x축으로 둘러싸인 넓이가 1이 되므로

$$\frac{1}{2} \times 4 \times 4k = 1, \quad \text{따라서} \quad k = \frac{1}{8}$$

(2) $f(x) = \left(\frac{1}{8}\right)x$

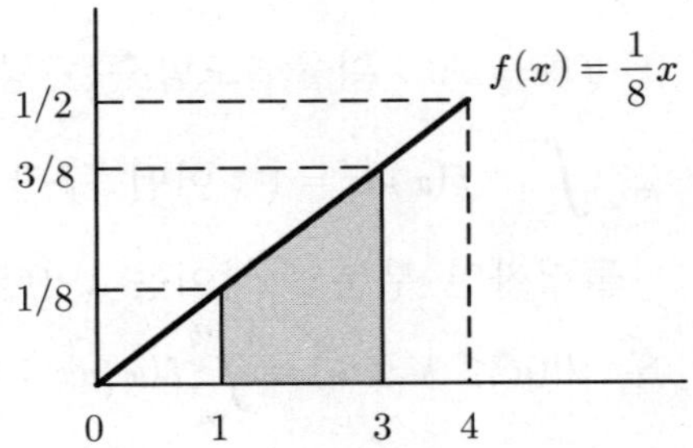

$$P(1 \leq X \leq 3) = P(0 \leq X \leq 3) - P(0 \leq X \leq 1)$$
$$= \frac{1}{2} \times 3 \times \left(\frac{3}{8}\right) - \frac{1}{2} \times 1 \times \left(\frac{1}{8}\right) = \frac{1}{2}$$

(3)

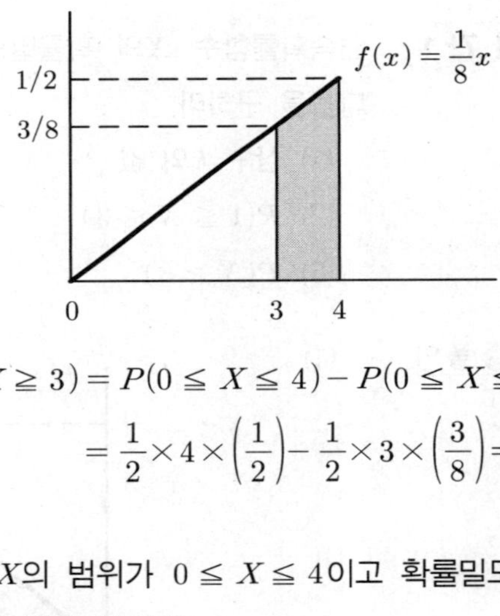

$$P(X \geq 3) = P(0 \leq X \leq 4) - P(0 \leq X \leq 3)$$
$$= \frac{1}{2} \times 4 \times \left(\frac{1}{2}\right) - \frac{1}{2} \times 3 \times \left(\frac{3}{8}\right) = \frac{7}{16}$$

예 7-2 연속확률함수 X의 범위가 $0 \leq X \leq 4$이고 확률밀도함수 $f(x)$가 다음과 같을 때 값을 구하라.

$$f(x) = \begin{cases} \frac{1}{4}X & (0 \leq x \leq 2) \\ 1 - \frac{1}{4}X & (2 \leq x \leq 4) \end{cases}$$

(1) $P(0 \leq X \leq 3)$

(2) $P(X \geq 3)$

풀이 (1)

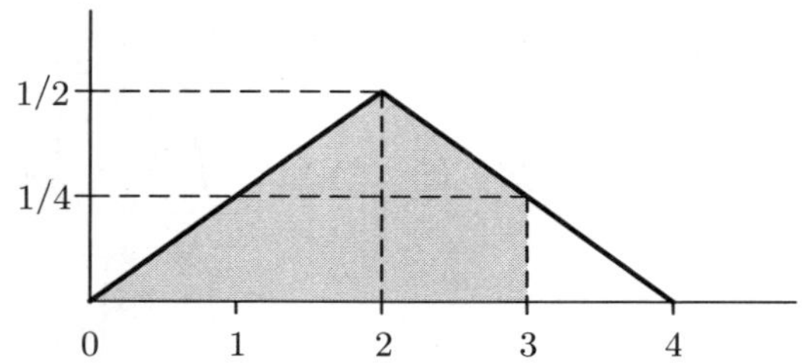

$$P(0 \leqq X \leqq 3) = P(0 \leqq X \leqq 2) + P(2 \leqq X \leqq 3)$$
$$= \frac{1}{2} + \frac{3}{8} = \frac{7}{8}$$

(2) $P(X \geqq 3) = 1 - P(0 \leqq X \leqq 3)$
$$= 1 - \frac{7}{8} = \frac{1}{8}$$

이번에는 연속확률변수를 X라 하고 확률밀도함수를 $f(x)$라 할 때 X의 기대값과 분산의 공식에 대해 살펴보자.

■ 연속확률함수의 기대값과 분산

기대값 : $E(X) = \int x \cdot f(x)\,dx$

분 산 : $V(X) = \int [x - E(X)]^2 \cdot f(x)\,dx$
$$= E(X^2) - [E(x)]^2$$
$$= \int x^2 \cdot f(x)\,dx - [E(x)]^2$$

예 7-3 연속확률변수 X에 대해 확률밀도함수가 $f(x) = \frac{1}{2}x\,(0 \leqq x \leqq 2)$이다. 확률변수 X의 기대값과 분산을 구하라.

풀이 기대값 : $E(X)=\int_0^2 x\cdot\frac{1}{2}x\,dx=\left[\frac{1}{6}x^3\right]_0^2=\frac{4}{3}$

분 산 : $V(X)=\int_0^2 x^2\cdot\frac{1}{2}x\,dx-\left(\frac{4}{3}\right)^2$

$$=\left[\frac{1}{8}x^4\right]_0^2-\frac{16}{9}=\frac{2}{9}$$

7.2 균등분포

확률변수 X가 주어진 구간 (a, b)에서 어떤 값을 취할 확률이 모두 일정할 때 이 변수를 균등분포(uniform distribution)라 한다. 균등확률변수는 주어진 구간 내에서 평균이나 중앙값 주위에 집중되어 있지 않고 항상 동일한 확률로 분포되어 있다.

■ **균등분포의 확률밀도함수**

$$f(x)=\begin{cases}\dfrac{1}{b-a} & (a\leq x\leq b)\\ 0 & \text{otherwise}\end{cases}$$

균등분포의 확률밀도함수는 [그림 7-2]와 같다. 주어진 구간 (a, b) 내에서 직사각형의 형태이며 높이는 $\frac{1}{b-a}$로 일정한데 각 구간에서의 확률을 나타낸다. 직사각형의 넓이는 $(b-a)\times\frac{1}{b-a}=1$이고 이는 확률 100%를 의미한다.

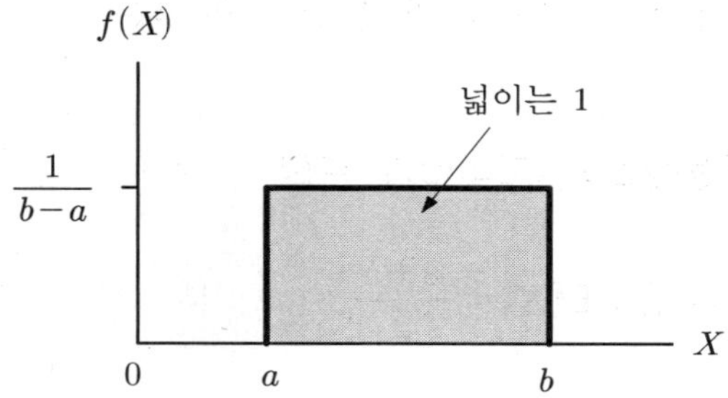

[그림 7-2] 균등분포의 모형

예 7-4 연속확률변수 X에 대해 $f(x)=\frac{1}{5}$ $(0 \leqq x \leqq 5)$이다.
이때 $P(1 \leqq X \leqq 3)$를 구하라.

풀이

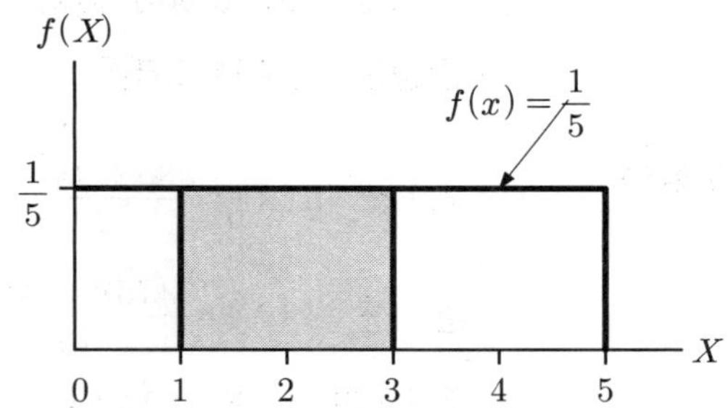

$$P(1 \leqq X \leqq 3)=(3-1)\times\frac{1}{5}=\frac{2}{5}$$

예 7-5 성결대 탁구 동아리 남학생의 키는 170cm에서 180cm 사이에서 균등분포를 이룬다고 한다. 다음 확률을 구하라.

(1) 키 176cm 이상

(2) 키 172cm 이하

풀이

(1) $P=\frac{180-176}{180-170}=\frac{2}{5}$

(2) $P=\frac{172-170}{180-170}=\frac{1}{5}$

균등분포의 기대값과 분산의 공식은 다음과 같다.

■ 균등분포의 기대값과 분산

기대값 : $E(X)=\dfrac{a+b}{2}$, 분 산 : $V(X)=\dfrac{(b-a)^2}{12}$

예 7-6 성결대 학생들이 모의투자를 실시하고 있다. 확률변수 X를 수익률이라 하고 30%와 150% 사이에서 균등분포를 이룬다고 한다. 다음을 구하라.

(1) 기대값과 분산, 표준편차
(2) 수익률 50% 이하의 확률
(3) 균등분포함수와 그래프

풀 이

(1) 기대값 : $E(X)=\dfrac{30+150}{2}=90(\%)$

분 산 : $V(X)=\dfrac{(150-30)^2}{12}=1,200$

표준편차 : $\sigma(X)=34.64$

(2) $P=\dfrac{50-30}{150-30}=\dfrac{1}{6}$

(3) $f(x)=\dfrac{1}{b-a}=\dfrac{1}{120}$

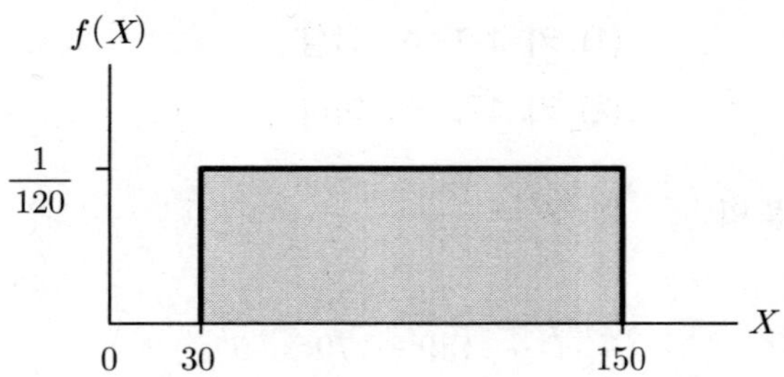

예 7-7 지하철이 정각부터 매시간 0분, 15분, 30분, 45분 등 15분 간격으로 승강장에 도착한다고 한다. 학생이 10분에서 40분 사이에 승강장에 도착하는데 시간이 균등하게 분포되어 있다고 할 때 다음을 구하라.

(1) 5분 이내로 지하철을 기다리는 확률

(2) 10분 이상 지하철을 기다리는 확률

풀이 (1)

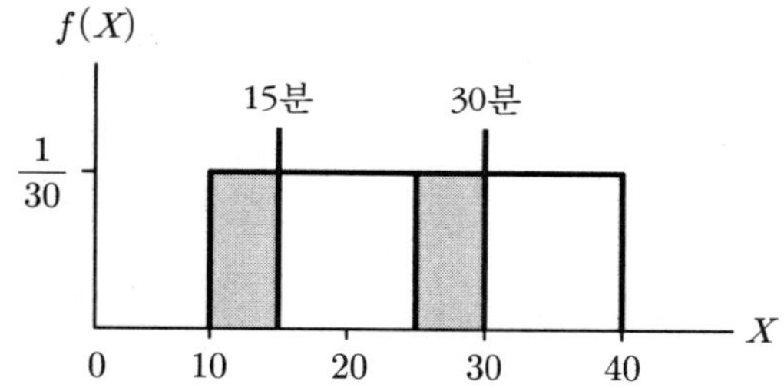

$$P = \frac{P(10 < X < 15) + P(25 < X < 30)}{P(10 < X < 40)} = \frac{10}{30} = \frac{1}{3}$$

(2)

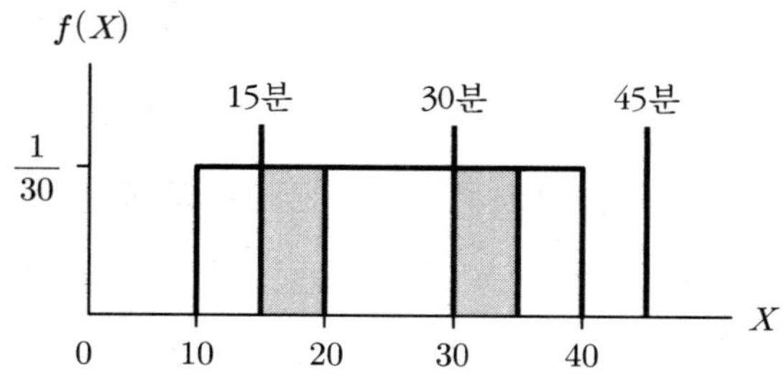

$$P = \frac{P(15 < X < 20) + P(30 < X < 35)}{P(10 < X < 40)} = \frac{10}{30} = \frac{1}{3}$$

7.3 정규분포

연속확률변수는 주어진 구간 내에 무수히 많은 값을 취할 수 있다. 연속확률분포는 연속확률변수가 주어진 구간 내에서 값을 가지는 확률을 연결한 모형이다. 정규분포(normal distribution)는 연속확률분포를 대표하고 있으며 오늘날 통계학에서 가장 널리 사용되고 있는 확률분포이다. 종모양의 곡선을 이루는 정규곡선으로써 좌우 대칭을 이루는 특징이 있다.

1 특 성

정규분포는 널리 이용되는 중요한 연속확률분포로서 가우스분포(Gaussian distribution)라고도 부른다. 정규분포는 평균 μ와 표준편차 σ에 대해 모양이 결정되고 이를 $N(m, \sigma^2)$로 표시한다.

정규분포는 드무아브르가 1733년에 특정 이항분포의 n이 클 때 그 분포의 근사치를 계산하는 과정에서 처음 소개되었다. 가우스는 1809년에 실험오차가 정규분포를 따른다는 가정하에 최소제곱법을 이론적으로 정리하였다.

이제부터 정규분포의 개념을 이해하고 연속확률분포의 종모양의 부드러운 정규곡선을 이해하기 위해 다음과 같은 정규분포의 확률밀도함수를 살펴보도록 한다.

■ 정규분포의 확률밀도함수

$$f(x) = \frac{1}{\sqrt{2\pi\sigma^2}} e^{-\frac{1}{2}\left(\frac{x-\mu}{\sigma}\right)^2}$$

여기서, $\pi = 3.1416$

$e = 2.7183$

μ : 분포의 평균

σ : 분포의 표준편차

정규분포는 [그림 7-3]과 같이 평균을 중심으로 좌우 대칭이며 종모양의 부드러운 곡선 형태를 이루고 있다. 정규분포의 특성은 다음과 같다.

① 평균(μ)을 중심으로 좌우 대칭이다. 평균과 중앙값, 최빈값이 모두 일치한다.

② 종모양의 부드러운 곡선으로 평균에서 최대값이 되는 단봉의 형태이다.

③ 구간 $\mu \pm 3\sigma$ 사이에 확률 99.74%가 포함되어 있으므로 그 외 구간의 확률은 무시해도 된다.

④ 확률밀도함수 $f(x)$는 항상 0보다 크고 꼬리가 X축과 닿지 않으므로 확률변수 X의 구간은 $-\infty < X < +\infty$이다.

⑤ 정규곡선과 X축 사이의 총면적은 1이다.

⑥ 정규분포의 모양과 위치는 μ과 σ에 의해 달라진다.

⑦ μ이 변하면 곡선이 좌우로 이동하고 σ가 변하면 곡선의 모양이 변한다.

⑧ 일부 구간에서의 확률은 정규곡선의 아래 면적과 동일하다.

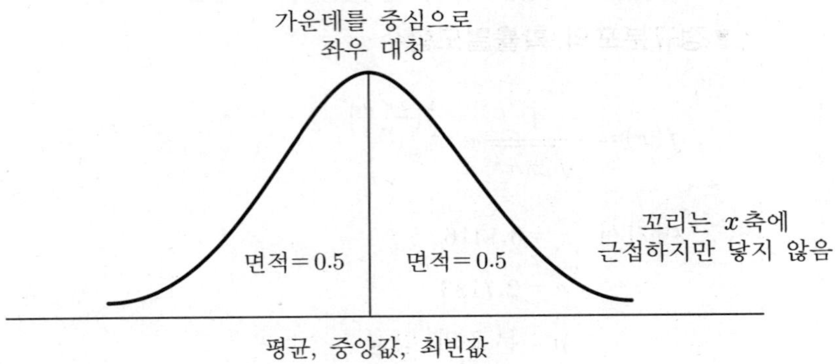

[그림 7-3] 정규곡선

확률변수 X의 구간은 $(-\infty, +\infty)$이지만 [그림 7-4]를 보면 구간 $\mu \pm 1\sigma$ 사이에 68.26%, $\mu \pm 2\sigma$ 사이에 95.44%, $\mu \pm 3\sigma$ 사이에 99.74%의 확률을 나타내고 있다.

정규곡선의 기울기가 급격히 하락하고 있으므로 $\mu \pm 3\sigma$ 밖의 구간의 확률은 무시해도 좋다.

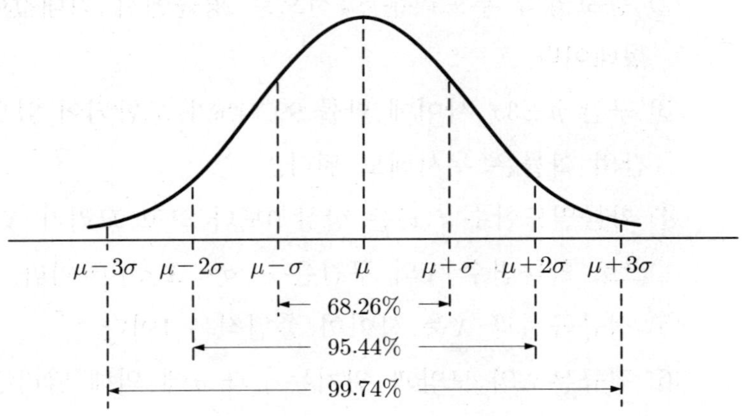

[그림 7-4] 정규곡선의 확률분포

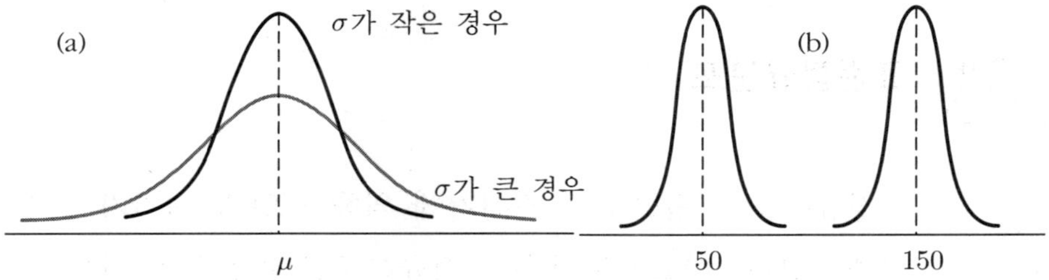

[그림 7-5] 평균과 표준편차에 따른 정규분포의 형태

[그림 7-5]에서 평균과 표준편차의 변화에 따라 정규분포의 형태가 달라지는 것을 볼 수 있다. 평균은 정규분포의 중심을 나타내므로 평균이 변하면 곡선이 좌우로 이동하게 된다. 표준편차는 정규분포의 모양을 나타내므로 표준편차가 변하면 곡선의 기울기가 다르게 된다.

그림에서 (a)는 평균은 같으나 표준편차가 다른 경우이다. 표준편차가 클수록 높이는 낮아지고 폭은 넓어진다. 반대로 표준편차가 작을수록 높이는 높아지고 폭은 좁아진다. 그림에서 (b)는 표준편차는 같으나 평균이 다른 경우이다. 중심이 좌우로 이동하지만 곡선의 모양은 동일하다.

확률변수 X가 일부 구간 (a, b)에 있을 확률은 [그림 7-6]에서 보듯이 점 a와 b 사이에 있는 정규곡선의 아래 면적과 동일하다. 즉,

$$P(a < X < b) = \int_a^b f(x)\,dx$$

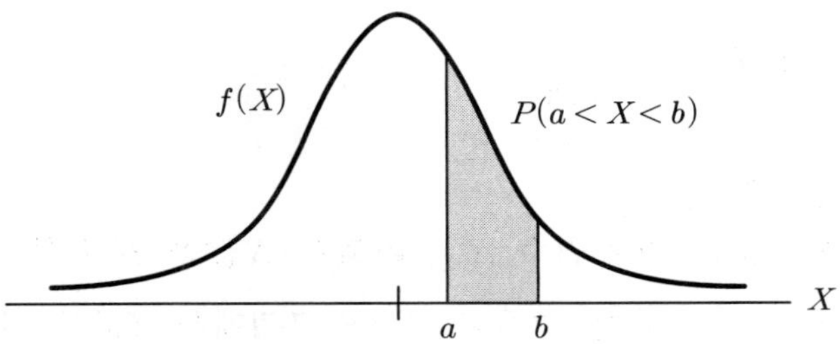

[그림 7-6] 일부 구간 (a, b)에서의 확률

2 표준정규분포

정규분포는 평균과 표준편차에 의해 모양과 위치가 달라지는 것을 살펴보았다. 확률밀도함수인 정규분포를 이용하여 확률을 구해야 하는데 그때마다 모양과 위치가 매번 변하게 되면 확률을 구하는 데 어려움이 따른다.

그래서 분포의 모양을 통일시키고 모든 정규분포에 적용할 수 있도록 표준정규분포(standard normal distribution)를 만들었다. 정규분포의 평균과 표준편차를 표준화하여 확률을 구하기 편리하게 표준정규분포를 작성하였다.

정규분포의 확률변수 X가 취하는 값과 평균과의 편차를 표준편차의 단위로 전환시킨 것으로 이를 표준정규분포의 확률변수라 하고 Z로 나타낸다.

■ **표준정규분포의 확률변수와 확률밀도함수**

① $Z = \dfrac{X-\mu}{\sigma}$

② $P(a \leqq X \leqq b) = P\left(\dfrac{a-\mu}{\sigma} \leqq Z \leqq \dfrac{b-\mu}{\sigma}\right)$

③ $f(x) = \dfrac{1}{\sqrt{2\pi}} e^{-\frac{Z^2}{2}}$

정규분포 확률변수 X의 확률은 X값을 표준정규분포 확률변수 Z로 전환시켜야 구할 수 있다. [그림 7-7]에서 Z값은 확률변수 X값이 평균으로부터 표준편차의 몇 배만큼 떨어져 있는지를 나타내는 수치이다.

표준정규분포는 평균이 0이고 표준편차가 1이며 정규분포의 모든 성질을 그대로 가지고 있다. 정규분포를 표준정규분포로 전환하면 각 확률변수 사이에 비교가 쉬어지며 일정 구간의 확률을 계산할 때도 간편하다.

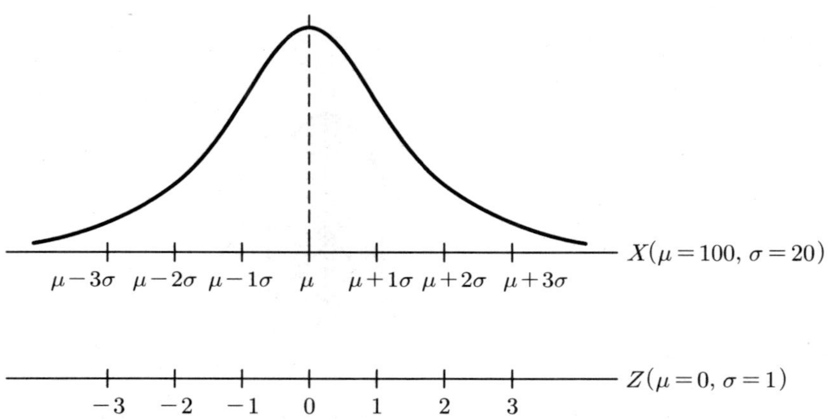

[그림 7-7] 정규확률변수 X를 표준확률변수 Z로 전환

[그림 7-8]과 같이 평균과 표준편차가 서로 다른 정규분포라 하더라도 표준정규분포로 전환하였을 때 Z값에 해당하는 넓이가 같으면 확률이 같아진다.

정규분포에서 X의 구간 90～110 사이의 넓이와 구간 180～220 사이의 넓이는 같으며 표준정규분포에서 Z의 -1～$+1$ 사이일 때의 넓이와 일치한다.

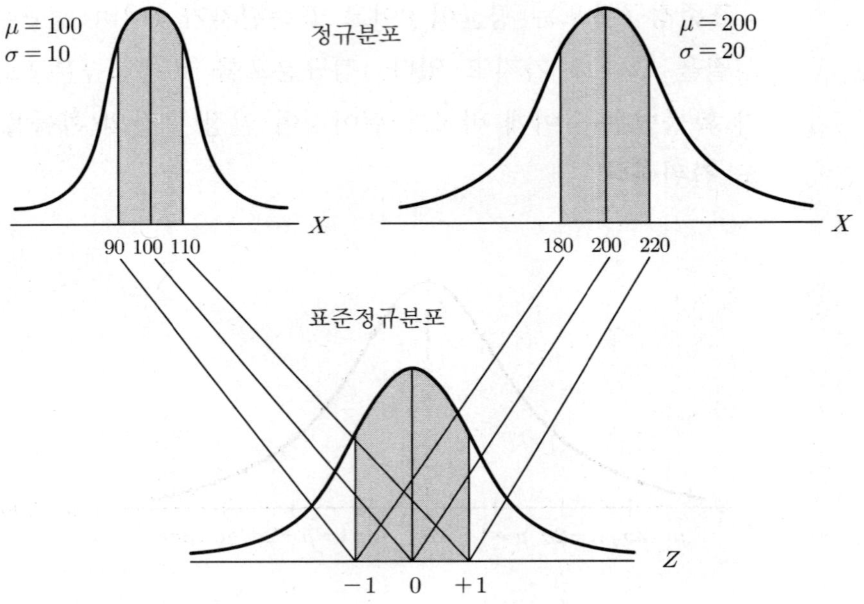

[그림 7-8] 정규분포와 표준정규분포의 비교

정규분포에서 확률을 구하기 위해서는 표준정규분포로 전환하여 Z값의 넓이를 계산하면 된다. 표준정규분포표는 Z값의 넓이를 표로 만든 것으로 Z table라 한다.

표준정규분포표는 양의 값을 가지는 우측만을 도표화한 것으로 다음과 같은 특성이 있다.

① $Z(a)$는 Z값의 구간 $(0, a)$ 사이의 넓이다.

② $Z(-a) = Z(a)$

③ $Z(\infty) = 0.5$

④ $P(Z \geq 3)$는 거의 0에 가까우며 무시해도 좋다.

예 7-8 머지않아 사람의 평균수명이 100살이고 표준편차가 10살이라 하자. 평균수명을 나타내는 확률변수 X가 90살에서 120살 사이에 있을 확률을 구하기 위해 X값을 Z값으로 전환시켜라.

풀이 평균 $\mu = 100$, 표준편차 $\sigma = 10$

$$P(90 \leqq X \leqq 120) = P\left(\frac{90-100}{10} \leqq Z \leqq \frac{120-100}{10}\right)$$
$$= P(-1 \leqq Z \leqq 2)$$

확률은 Z값의 평균 $Z=0$으로부터 표준편차의 -1배에서 2배 사이에 있다는 것을 의미한다. 또한 확률변수 X가 90과 120일 때 표준확률변수 Z는 -1과 2를 의미하는데 [그림 7-9]에 표시하였다.

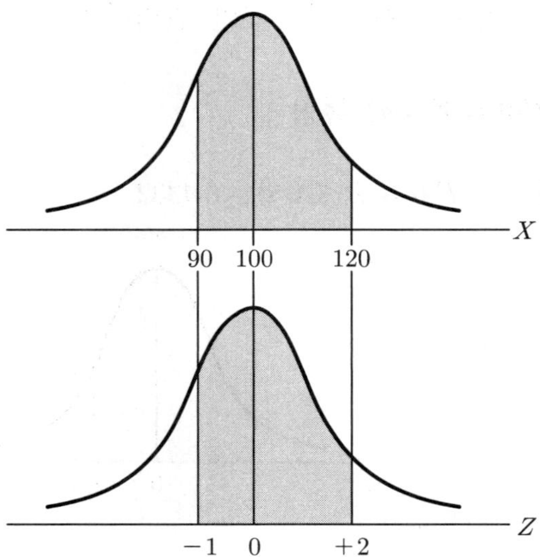

[그림 7-9] 정규분포의 90과 120은 표준정규분포의 −1과 +2

3 표준정규분포표의 이용

정규분포의 확률을 계산하는 과정은 다음과 같다.

① 확률변수 X값을 표준확률변수 Z로 전환한다.
② 표준분포곡선을 그리고 해당되는 부분의 면적을 표시한다.
③ 표준정규분포표를 이용하여 확률을 계산한다.

정규분포의 확률을 구하기 위해서 표준정규분포표를 이용한다. 표준정규분포는 평균에서 어느 Z값 사이의 구간 내에 정규곡선 아래의 면적을 나타낸다. 표준분포표를 이용하여 확률을 구하는 경우 다음과 같은 기본유형을 알아두면 편리하다.

(1) $P(0 \leq Z \leq a)$ 유형

[사례] $P(0 \leq Z \leq 1.5) = 0.4332$

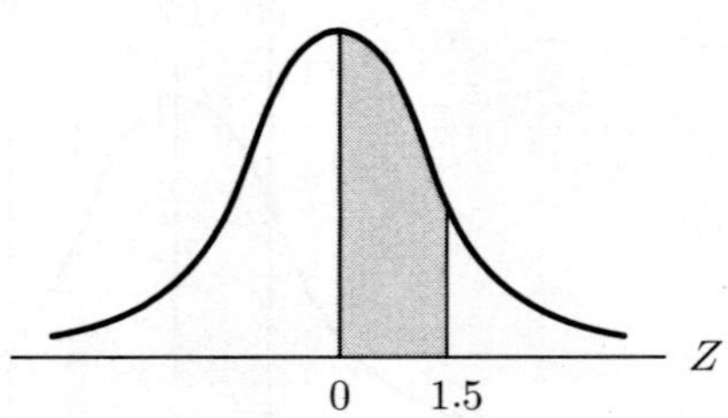

(2) $P(a \leq Z \leq b)$ 유형

[사례] $P(1 \leq Z \leq 2) = P(Z \leq 2) - P(Z \leq 1)$

$= 0.4772 - 0.3413 = 0.1359$

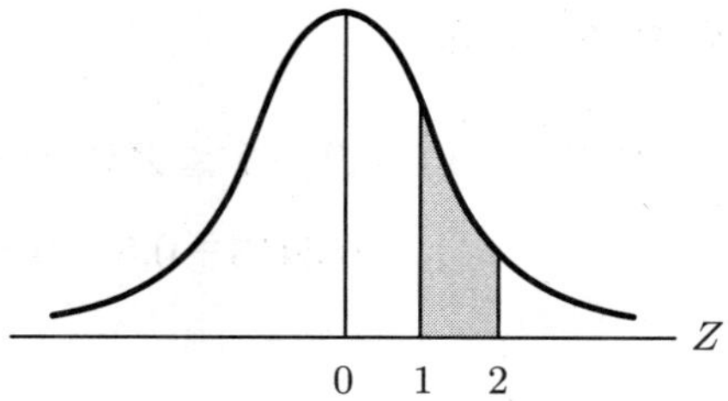

(3) $P(Z \geqq a)$ 유형

[사례] $P(Z \geqq 2) = P(0 \leqq Z \leqq \infty) - P(0 \leqq Z \leqq 2)$

$= 0.5 - 0.4772 = 0.0228$

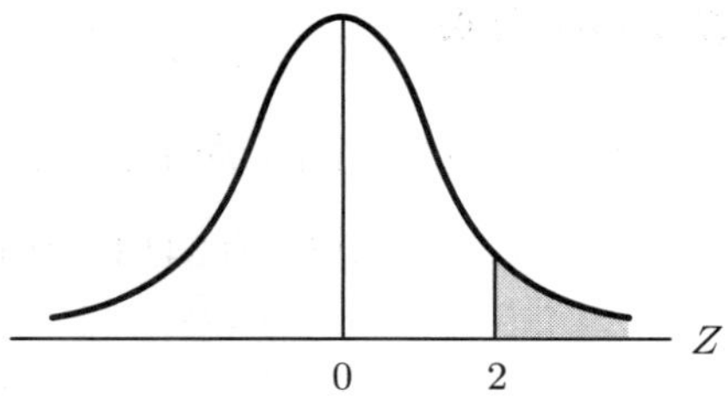

(4) $P(Z \leqq a)$ 유형

[사례] $P(Z \leqq 1.5) = P(-\infty \leqq Z \leqq 0) + P(0 \leqq Z \leqq 1.5)$

$= 0.5 + 0.4332 = 0.9332$

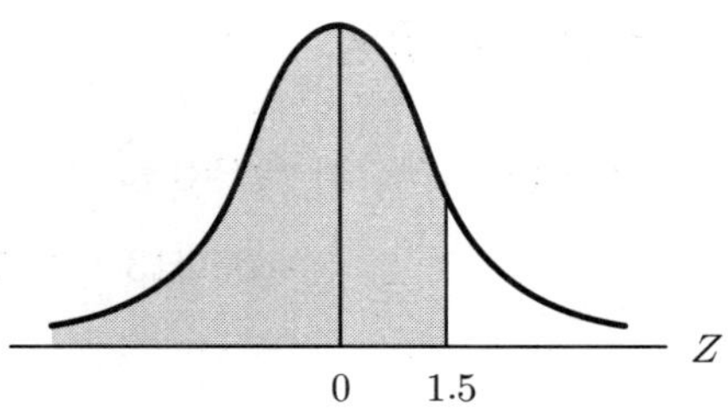

(5) $P(Z \geqq -a)$ 유형

[사례] $P(Z \geqq -1) = P(-1 \leqq Z \leqq 0) + P(0 \leqq Z \leqq \infty)$

$= 0.3413 + 0.5 = 0.8413$

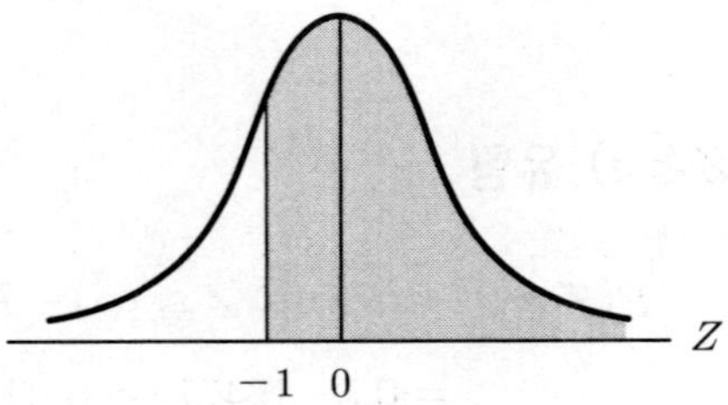

(6) $P(Z \leqq -a)$ 유형

[사례] $P(Z \leqq -1) = 0.5 - P(0 \leqq Z \leqq 1)$

$= 0.5 - 0.3413 = 0.1587$

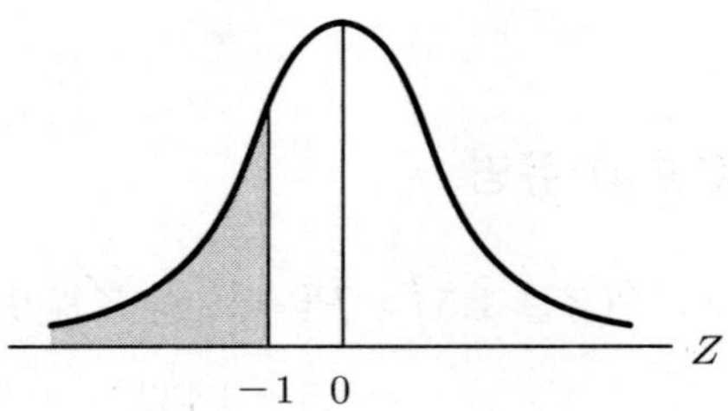

(7) $P(-a \leqq Z \leqq b)$ 유형

[사례] $P(-1 \leqq Z \leqq 2) = P(0 \leqq Z \leqq 1) + P(0 \leqq Z \leqq 2)$

$= 0.3413 + 0.4772 = 0.8185$

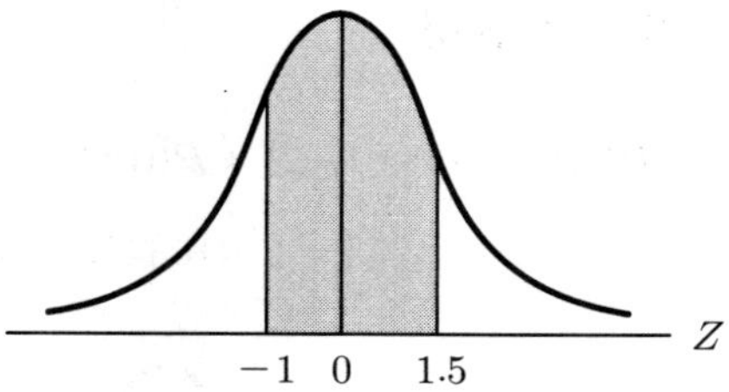

(8) $P(-b \leq Z \leq -a)$ 유형

[사례] $P(-2 \leq Z \leq -1) = P(0 \leq Z \leq 2) - P(0 \leq Z \leq 1)$

$= 0.4332 - 0.3413 = 0.0919$

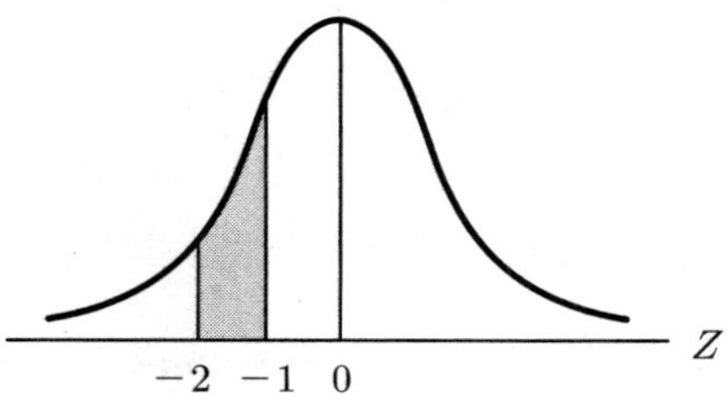

(9) $P(|Z| \leq a)$ 유형

[사례] $P(|Z| \leq 1) = 2 \times P(0 \leq Z \leq 1)$

$= 2 \times 0.3413 = 0.6826$

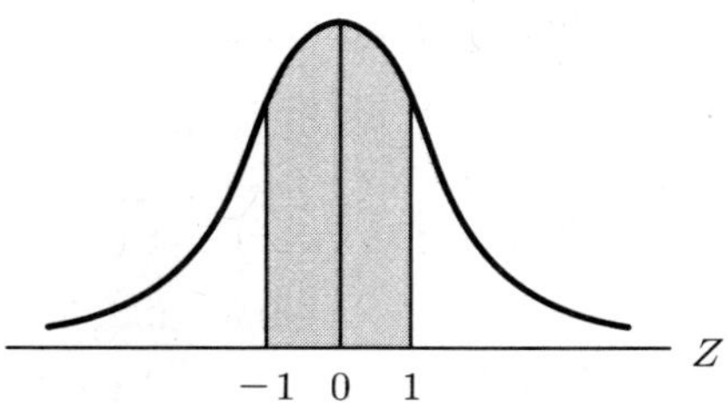

(10) $P(|Z| \geq a)$ 유형

[사례] $P(|Z| \geq 1) = 1 - 2 \times P(0 \leq Z \leq 1)$

$= 1 - 2 \times 0.3413 = 0.3174$

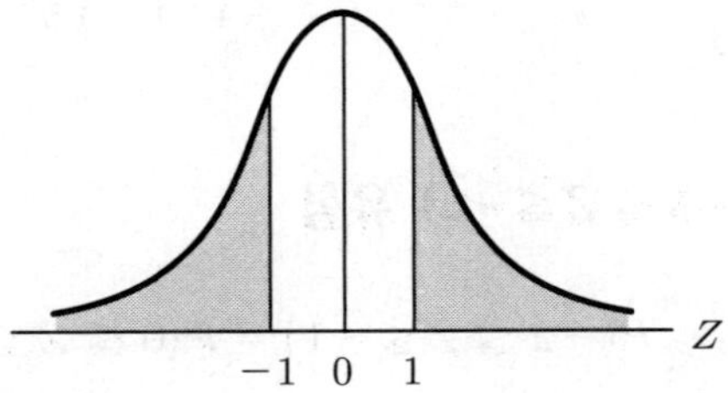

예 7-9 성결대 축구동아리 50명의 평균키는 175cm이고 표준편차가 5cm인 정규분포를 보일 때 다음을 구하라.

(1) 키 170cm 이상 180cm 이하인 학생의 비율

(2) 키 178cm 이상인 학생수

풀이 동아리 학생의 키를 확률변수 X라 하자.

$$Z = \frac{X - 175}{5},\ Z = \frac{170 - 175}{5} = -1,\ Z = \frac{180 - 175}{5} = 1$$

(1) $P(170 \leq X \leq 180) = P(-1 \leq Z \leq 1) = 2 \times P(0 \leq Z \leq 1)$

$= 2 \times 0.3413 = 0.6826$

따라서, 동아리 학생의 약 68%

(2) $P(X \geq 178)$이므로

$$Z = \frac{178 - 175}{5} = 0.6$$

$P(X \geq 178) = P(Z \geq 0.6) = 0.5 - P(0 \leq Z \leq 0.6)$

$= 0.5 - 0.2257 = 0.2743$

따라서 $50 \times 0.2743 = 13.715$, 약 14명

예 7-10 이번 학기 통계학 수강생이 80명이고 A학점을 받은 학생은 24명이다. 성적의 평균은 70점이고 표준편차가 10점인 정규분포를 보인다. A학점을 받은 학생의 최저점수를 구하라.

풀이 성적을 확률변수 X라 하고 최저점수를 a라 하자.

$$Z = \frac{X-70}{10}, \qquad P(X \geq a) = \frac{24}{80} = 0.3$$

$$\therefore P(X \geq a) = P\left(Z \geq \frac{a-70}{10}\right) = 0.3$$

$$0.5 - P\left(0 \leqq Z \leqq \frac{a-70}{10}\right) = 0.3$$

$$P\left(0 \leqq Z \leqq \frac{a-70}{10}\right) = 0.2$$

확률분포표에서 $P(0 \leqq Z \leqq 0.53) = 0.2$이므로

$$\frac{a-70}{10} = 0.53 \qquad \therefore a = 75.3$$

따라서 A학점을 받은 최저점수는 75.3점이다.

7.4 Excel 활용하기

성결이는 항공회사에 취업하려 한다. 평소 토익시험의 평균점수는 700점이고 표준편차는 100점으로 정규분포를 보이고 있다. 이번 토익시험에서 합격 최저점수가 780점이다. 합격할 확률을 구하라.

(1) 표준정규분포표를 이용하라.

(2) 엑셀을 이용하라.

(1) 표준정규분포표를 이용하는 경우

토익점수를 확률변수 X라 할 때 $Z=\dfrac{X-700}{100}$이 되어

$$Z=\frac{780-700}{100}=0.8$$

$$P(Z\geq 0.8)=0.5-P(0\leq Z\leq 0.8)=0.5-0.2881=0.2119$$

따라서 약 21.2%

(2) 엑셀을 이용하는 경우

① 문제에서 제시된 자료들을 차례대로 입력한다. 셀 B5에서 Z값을 구하고자 한다.

B5

	A	B
1		
2	합격최저점수	780
3	토익평균점수	700
4	표준편차	100
5	Z값	
6	확률(P<=z)	
7	확률(P>=z)	
8		

② 셀 B5에서 Z값을 구하기 위해 '수식'과 '함수 삽입'을 차례로 클릭하면 함수 마법사가 나온다. 범주 선택에서 '통계'를 선택하고 함수 선택에서 'STANDARDIZE'를 선택한다.

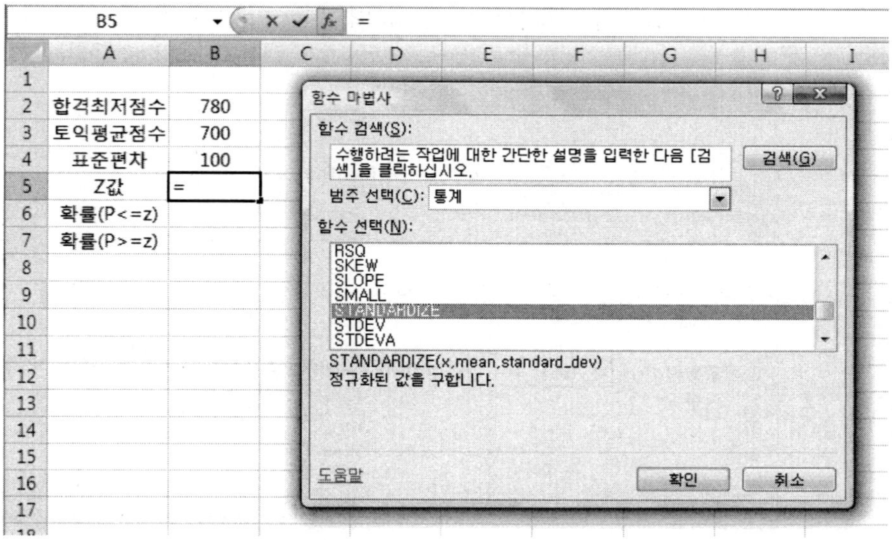

③ 함수 인수 상자에서 X에는 'B2'를, Mean에는 'B3'을, Standard-dev에는 'B4'를 입력하면 Z값이 0.8로 화면에 나온다. 확인을 누르면 셀 B5에 0.8이 나타난다.

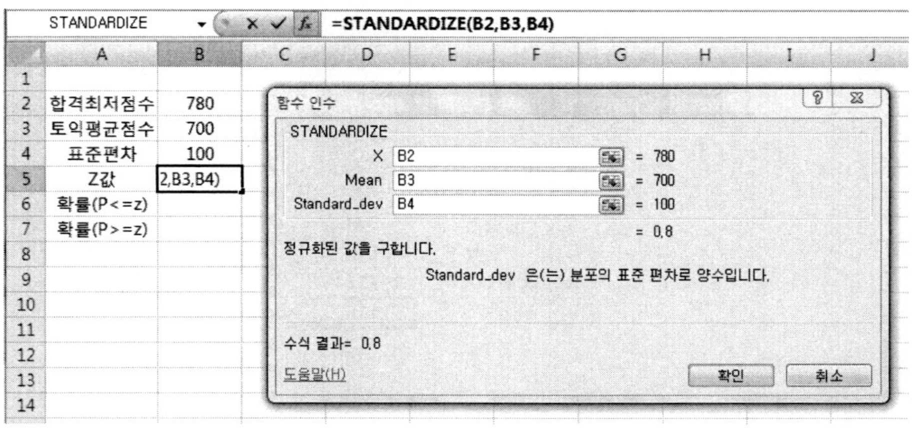

④ 확률을 구하기 위해 셀 B6에서 '수식'과 '함수 삽입'을 클릭하여 함수 마법사가 나오면 'NORMDIST'를 선택한다. 함수 인수 상자

가 나오고 Z에서 'B5'를 입력하면 화면에 확률 0.788144601이 나타난다.

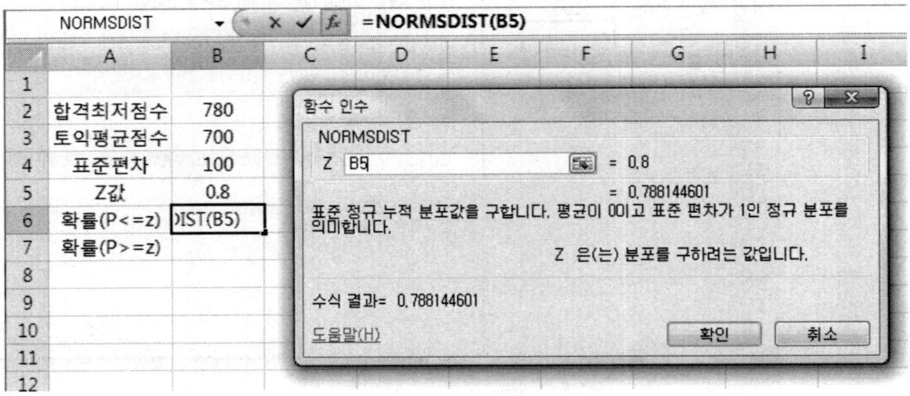

⑤ 셀 B6에 나타난 확률은 P(Z≦0.8)이므로 구하고자 하는 확률 P(Z≧0.8)를 구하기 위해 셀을 B7에 놓고 '=1−B6'를 입력하면 확률 0.211855가 나타난다.

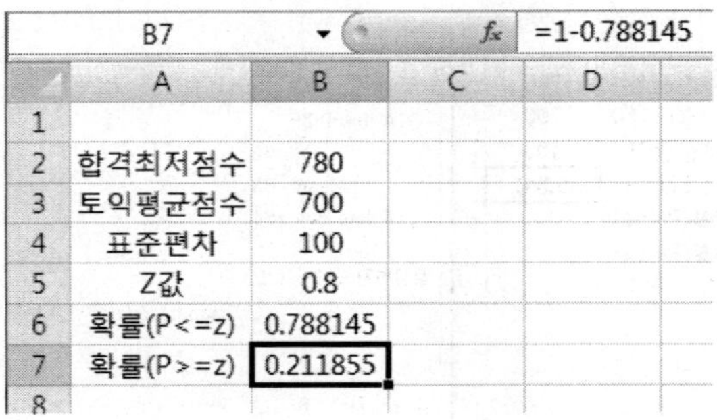

<< 연습문제 <<<<<<<<<<<<<<<<<<<<<<<<<<<<<<<<<<<<<<<<<<<<<<

01 확률밀도함수의 특성에 대해 설명하라.

02 정규분포의 특성에 대해 설명하라.

03 표준정규분포를 정규분포와 비교하여 설명하라.

04 구간 $[2, 6]$에서 정의된 연속확률변수 X의 확률밀도함수가 $f(x) = kx$일 때 다음을 구하라.

(1) k의 값

(2) $P(3 \leqq X \leqq 5)$

05 확률변수 X가 정규분포를 이루고 $\mu = 40$, $\sigma = 10$일 때 다음을 구하라.

(1) $P(20 \leqq X \leqq 40)$

(2) $P(X \geqq 50)$

(3) $P(X \leqq 60)$

06 학교 스쿨버스가 정각부터 매시간 0분, 20분, 40분 등 20분 간격으로 안양역에 도착한다고 한다. 학생이 0분에서 30분 사이에 안양역에 도착하는데 시간이 균등하게 분포되어 있다고 할 때 다음을 구하라.

(1) 5분 이내로 기다리는 확률

(2) 10분 이상 기다리는 확률

07 노트북은 평균 10년 정도 사용하고 표준편차를 4년이라 하자. 사용기간을 확률변수 X라 하고 8년에서 13년까지 사용한다고 할 때 다음을 구하라.

(1) X값을 Z값으로 전환

(2) 확률

08 성결대 영어동아리 100명의 토익점수 평균이 700점이고 표준편차가 100점인 정규분포를 보일 때 다음을 구하라.

(1) 650점 이상 750점 이하인 학생의 비율

(2) 900점 이상인 학생수

09 제약회사에서 개발한 치료약이 완치율 70%를 보이고 있다. 200명의 환자에게 치료약을 주었을 때 150명 이상 완치될 확률을 구하라.

10 자동차의 평균 주행거리는 50만km이고 표준편차는 8만km로 정규분포를 보인다고 한다. 이번에 구입한 자동차가 최소 60만km 이상 주행할 확률을 구하라.

(1) 표준정규분포표를 이용하라.

(2) 엑셀을 이용하라.

CHAPTER

8

표 본 분 포

이산확률분포와 연속확률분포를 설명하는 과정에서 분포함수의 평균과 분산을 먼저 제시하고 확률을 계산하였다. 하지만 현실에서 확률을 산출하는 과정에서는 평균과 분산의 수치를 미리 알 수 없는 경우가 대부분이다.

원하는 확률을 얻기 위해서는 모집단으로부터 자료를 추출하고 분포를 작성하여 가장 근접하는 추정치를 산출해야 한다. 이제부터 표본을 추출하는 방법과 표본분포를 분석하는 방법에 대해 살펴보자.

8.1 표본추출

모집단은 연구대상이 되는 전체집단을 의미하고 표본은 자료수집을 위해 실제 조사대상이 되는 일부집단을 의미한다. 표본을 사용하여 모집단의 특성을 추정하는 과정에서 발생하는 오차와 자료수집과 처리과정에서 발생하는 오차에 대해 살펴보자. 또한 모집단에서 표본을 추출하는 두 가지 방법에 대해 살펴보자.

1 모집단과 표본

조사하고자 하는 관심의 대상이 되는 전체집단을 모집단(population)이라 하고 모집단 중에서 선정된 일부를 표본(sample)이라 한다.

모집단의 특성을 수치로 나타낸 것을 모수라 하고 표본의 특성을 수치로 나타낸 것을 통계량이라 한다. 조사분석의 방법에는 모집단에 대해 전체를 조사하는 방법과 일부인 표본집단의 조사를 통해 자료를 수집하는 표본조사방법이 있다.

모집단이 선정되면 모집단을 대표할 수 있는 표본을 추출해야 한다. 표본은 단순히 모집단의 일부를 가리키는 것이고 표집은 조사대상을 체계적인 방법으로 선정하여 하나의 표본을 추출하는 절차를 의미한다.

표본을 무작위로 선택했을 때 이 표본을 무작위표본 또는 확률표본이라 한다. 만약 표본을 무작위로 선택하고 분석하여 나온 통계값은 모집단의 성격을 그대로 갖게 된다. 무작위표본에 의한 각 통계값의 확률분포는 모집단의 확률분포와 동일하다고 본다. 표본은 모집단의 특성을 잘 나타내고 있는 모집단의 부분집합이다.

모집단은 구성하는 크기에 따라 유한모집단과 무한모집단으로 구분한다. 모집단이 유한개의 통계값의 집합이면 유한모집단(finite population)이라 하고 제한이 없이 무한개의 집합이면 무한모집단(infinite population)이라 한다. 그러나 유한개의 통계값의 집합이라 하더라도 상당히 큰 모집단이면 대체로 무한모집단의 성격을 갖는 것으로 간주한다.

예를 들어 분석의 대상이 대통령 선거결과를 예측하기 위한 한국인 유권자나 대학의 유도부 학생의 평균적인 몸무게, 도서관에 있는 책 등은 유한모집단이 된다. 반면 백두산에 오르는 등산객, 주사위 던지기에서 짝수나 홀수 눈이 나오는 수, 경복궁의 관람객 등은 무한모집단이 된다.

2 표본오차와 비표본오차

모집단의 모수는 일정한 상수로 나타나지만 표본 통계량은 표본을 달리하면 수치가 달라지는 변수이다. 표본을 이용하여 모집단의 특성을 추정하는 것이므로 어느 정도의 오차 가능성을 인정해야 한다. 다만 오차의 원인과 오차의 정도를 정확히 파악하고 최소화하려는 노력이 있어야 한다.

오차에는 표본오차(sampling error)와 비표본오차(nonsampling error)가 있다.

표본오차는 모집단의 일부인 표본을 사용하여 모집단의 특성치를 추정하기 때문에 발생하는 필연적인 오차이다.

비표본오차는 표본의 성격을 측정하는 방법이 잘못되었거나 조사 준비과정, 실제조사, 자료집계 및 자료처리과정에서 발생하는 오차이다.

표본오차는 표본크기가 너무 작거나 모집단을 대표할 수 있는 구성요소를 추출하지 못한 경우이므로 표본의 크기를 크게 하거나 전수조사일 경우에는 발생하지 않는다. 다만 시간과 비용, 물리적 제약 등으로 인해 제한을 받는다.

비표본오차는 전수조사에서 많이 발생하지만 규모가 작은 표본추출의 경우에는 크게 줄일 수 있다. 참여자에 대한 교육과 훈련, 지도와 감독을 통해 줄일 수 있다.

3 표본추출방법

모집단에서 표본을 추출하는 방법은 모집단의 성격과 참여자의 기술 그리고 조사방법에 따라 여러 가지 방법이 있다. 주로 표본을 추출하는 방법에는 확률추출방법(probability sampling)과 비확률추출방법(nonprobability sampling)이 있다.

모집단의 각 요소가 표본에 포함될 수 있는 확률이 사전에 알려진 표본추출방법이 확률추출방법이며, 표본의 선정이 확률적이기보다는 표본을 선정하는 사람의 판단에 의하는 경우의 표본추출방법이 비확률추출방법이다.

확률추출방법은 추정치의 적합성을 검정할 수 있으나 비확률추출방법은 표본으로부터 얻은 추정치의 신빙성을 측정하는 객관적인 방법이 없다.

(1) 확률추출방법

확률추출은 모집단의 각각의 구성원이 표본으로 선택될 가능성이 일정하게 되도록 하는 표본추출방법이다. 예를 들어 복권 추첨에서 당첨번호를 추출할 때 모든 숫자가 동일한 선정기회를 가지고 있다.

통계학에서 표본을 뽑을 때는 주로 확률추출인 무작위추출을 가정하고 있다. 이유는 확률표본에서 생길 수 있는 우연성에 의한 오차는 정규분포의 형태를 이루므로 오차의 정도를 미리 예측할 수 있기 때문이다.

표본의 통계값에는 오차가 발생하고 있지만 의미를 두는 이유는 오차의 정도를 추정하여 표본의 신빙성을 예측할 수 있기 때문이다.

확률추출방법은 객관적으로 조사가 이루어지므로 표본오차의 측정이 가능하다.

가장 많이 사용되는 확률추출방법에는 단순무작위 추출방법, 층별추출방법, 군별추출방법, 체계적 추출방법, 단계적 추출방법 등이 있다.

단순무작위 추출방법(simple random sampling)은 가장 기본적인 형태로서 모든 표본단위가 뽑힐 수 있는 확률이 모두 동일하다는 조건과, 하나의 표본이 뽑힐 때 이것이 다른 표본에 영향을 미치지 않는 상호독립적인 조건하에서 표본을 추출하는 방법이다.

층별추출방법(stratified sampling)은 모집단을 성별, 연령, 지역, 교육, 재산 등으로 구분하고 각 층으로부터 무작위로 표본을 추출한 다음 전체표본을 구성하는 방법이다. 각 층에서 표본을 추출할 때는 모집단의 구성비율을 고려하는데 이를 비례적 층별추출이라 한다.

군별추출방법(cluster sampling)은 모집단을 자연적으로 또는 인의적으로 여러 군으로 나누고 그중에서 단순무작위방법으로 군을 추출하는 방법이다. 예를 들어 중고등학교 학생들의 체형을 조사하는 경우 몇몇 학교를 선정하는 경우이다.

체계적 추출(systematic sampling)은 표본에서 첫 번째나 n번째를 무작위로 추출하는 경우이다.

(2) 비확률추출방법

비확률추출방법은 표본의 추출이 확률에 의해 무작위로 이루어지지 않고 조사자의 주관적인 판단에 의해 이루어지는 방법으로 표본오차의 측정이 불가능한 단점이 있다. 할당추출, 판의추출, 판단추출, 눈덩이추출 등이 있다.

할당추출(quota sampling)은 모집단의 특성을 기술하는 행렬표를 작성하고 각 항의 상대적 비율을 결정한 후 각 항의 특성을 모두 갖고 있는 사람들로부터 자료를 수집한다. 모집단의 비율에 맞게 각 항마다 가중치를 배정하는 방법이다.

편의추출(convenience sampling)은 표본을 추출할 때 모집단의 특성을 잘 알고 있는 조사자의 전문성에 의해 임의로 표본을 추출하는 방법이다.

판단추출(judgement sampling)은 조사자의 판단에 의해 또는 조사목적에 의해 표본을 선정하는 방법이다

눈덩이추출(snowball sampling)은 서로 상호작용을 하는 연결망을 가진 사람들이나 조직들을 대상으로 연구할 때 사용하는 방법으로 연결망을 통하여 원하는 만큼 많은 수의 표본을 추출하는 방법이다.

8.2 표본분포

통계학에서 모집단의 평균이나 표준편차와 같은 모수를 추정하는 방법은 매우 중요한 일이다. 표본분포는 표본에서 추정한 통계량의 확률분포를 말하며 이를 통해 모집단 모수에 대한 정보를 구할 수 있다. 따라서 표본분포의 개념을 이해하고 표본형태의 유형 등에 대해 살펴보자.

1 표본분포의 개념

표본분포는 모집단에서 추출한 모든 표본의 통계량의 확률분포를 말한다. 하지만 모집단에서 임의로 뽑은 표본들의 분포가 모집단 분포와 항상 유사하게 나오지 않을 것이다. 특히 표본의 개수가 적은 경우에는 표본의 분포로 모집단의 분포를 추정하기는 한계가 있다.

모집단에서 실제로 관심을 갖는 것은 분포의 유형보다는 모수의 값이다. 모수를 추정하기 위해 표본들의 함수인 통계량(평균, 분산, 비율)을 구하게 된다. 통계량은 추출한 표본에 따라 매번 다른 값이 나올 것이다. 따라서 하나의 표본 통계량으로 모집단의 모수를 추정하는 것은 한계가 있다. 그래서 표본분포의 이론이 있으며 [그림 8-1]과 같이 반복적인 조사를 통해 얻은 통계량의 분포를 표본분포라 한다.

표본의 통계량은 확률변수이며 어떤 확률분포를 따르게 된다. 표본이 다르면 통계량도 변하게 되며 서로 다른 확률분포를 가지게 된다. 표본의 통계량을 통해 모집단의 모수를 추정하는 것으로 모집단과 표본의 표기방법은 〈표 8-1〉과 같다.

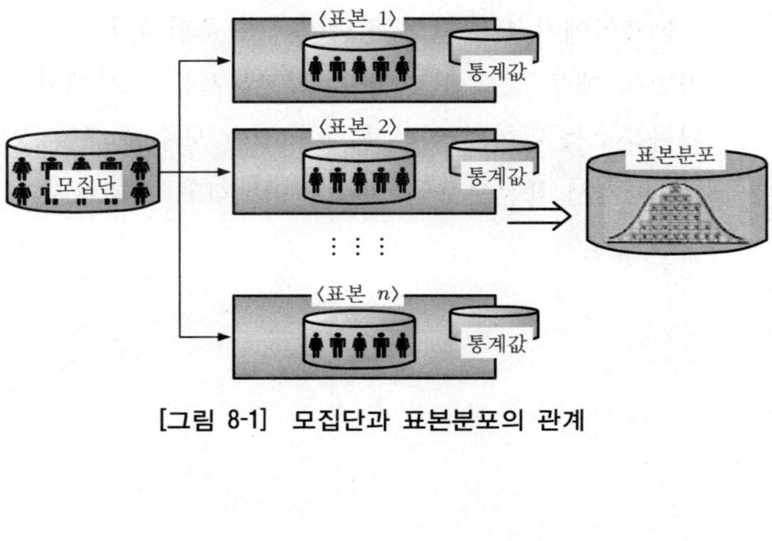

[그림 8-1] 모집단과 표본분포의 관계

<표 8-1> 모집단과 표본의 차이

	모 집 단	표 본
관 찰 수	N	n
평 균	μ	$\overline{X}$
분 산	σ^2	S^2
표준편차	σ	S
비 율 계	p	$\check{p}$

2 평균의 표본분포

평균의 표본분포는 모집단에서 동일한 크기로 표본을 모두 추출하여 평균을 계산했을 때 이 평균들의 확률분포를 말한다. 모집단의 평균은 μ로 표시하고 표본분포의 평균은 $\overline{X}_n$로 표시한다.

(1) 평균 표본분포의 개념

모집단에서 크기 n인 표본을 임의로 추출하는 경우 추출된 n개의 통계량을 각각 X_1, X_2, $\cdots$, X_n이라 할 때 이들의 평균

$$\overline{X}_n = \left(\frac{1}{n}\right)(X_1 + X_2 + \cdots + X_n)$$

을 표본평균이라 한다.

예 8-1 주머니에 2, 4, 6이 쓰여 있는 공이 3개 있다. 공을 한 번 뽑고 다시 넣는 방법으로 하나씩 2번 공을 꺼낼 때 표본평균의 확률분포를 구하라.

풀이 모집단의 확률분포는 다음과 같다.

X	$f(X)$
2	1/3
4	1/3
6	1/3

모집단의 확률분포를 그래프로 나타내면 다음과 같다.

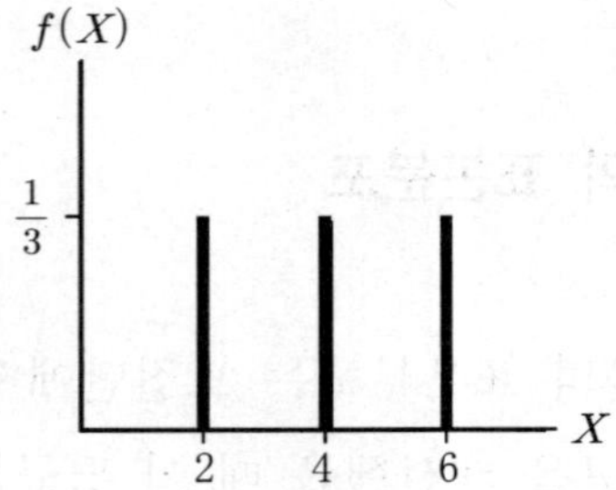

공을 하나씩 2번 공을 꺼낼 때 표본과 표본평균은 다음과 같다. 모집단에서 2개를 무작위로 꺼내고 다시 넣는 방식이므로 표본의 수는 $3^2=9$개가 된다.

표본번호	표본	표본평균($\overline{X}$)
1	(2, 2)	2
2	(2, 4)	3
3	(2, 6)	4
4	(4, 2)	3
5	(4, 4)	4
6	(4, 6)	5
7	(6, 2)	4
8	(6, 4)	5
9	(6, 6)	6

표본평균의 확률분포를 보면 평균 2가 1개, 평균 3이 2개, 평균 4가 3개, 평균 5가 2개, 평균 6이 1개로 정리하면 다음과 같다.

$\overline{X}$	$f(\overline{X})$
2	1/9
3	2/9
4	3/9
5	2/9
6	1/9

표본평균의 확률분포를 그래프로 나타내면 다음과 같다.

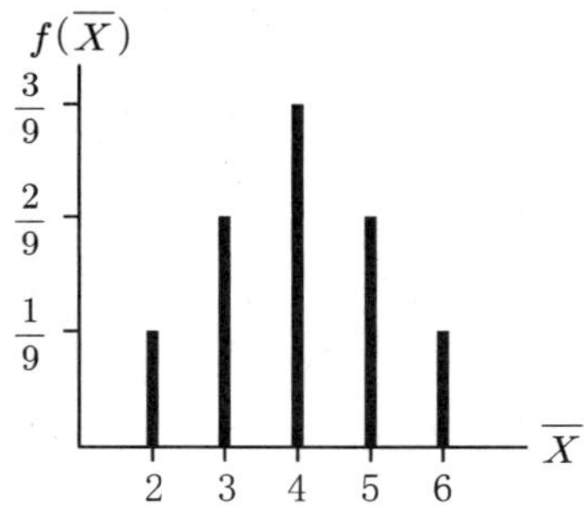

예 8-2 주머니에 100원, 200원, 300원짜리 빵이 3개 있다. 복원하는 방법으로 하나씩 2개의 빵을 꺼낼 때 표본평균의 확률분포를 구하라.

풀이 모집단의 확률분포는 다음과 같다.

X	$f(X)$
100	1/3
200	1/3
300	1/3

모집단의 확률분포를 그래프로 나타내면 다음과 같다.

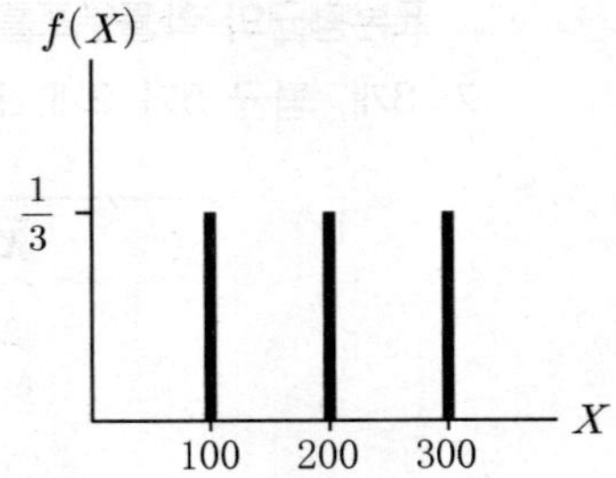

복원하는 방법으로 하나씩 2번 빵을 꺼낼 때 표본과 표본평균은 다음과 같다. 모집단에서 복원하는 방법으로 2개를 무작위로 꺼내므로 표본의 수는 $3^2=9$개가 된다.

표본번호	표 본	표본평균($\overline{X}$)
1	(100, 100)	100
2	(100, 200)	150
3	(100, 300)	200
4	(200, 100)	150
5	(200, 200)	200
6	(200, 300)	250
7	(300, 100)	200
8	(300, 200)	250
9	(300, 300)	300

표본평균의 확률분포를 보면 평균 100이 1개, 평균 150이 2개, 평균 200이 3개, 평균 250이 2개, 평균 300이 1개로 정리하면 다음과 같다.

$\overline{X}$	$f(\overline{X})$
100	1/9
150	2/9
200	3/9
250	2/9
300	1/9

표본평균의 확률분포를 그래프로 나타내면 다음과 같다.

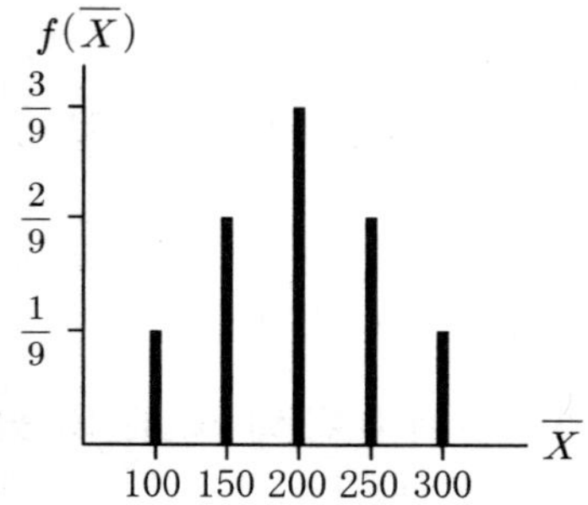

(2) 평균 표본분포의 기대값과 분산

평균($\overline{X}$) 표본분포의 기대값 $E(\overline{X})$와 분산 σ_x^2를 계산하는 공식은 다음과 같다.

> ■ **평균 표본분포의 기대값과 분산**
>
> 기대값 : $E(\overline{X}) = \mu_x = \sum \overline{X} \cdot f(\overline{X})$
>
> 분　산 : $V(\overline{X}) = \sigma_x^2 = \sum (\overline{X} - \mu_x)^2 \cdot f(\overline{X})$

예 8-3 〈예 8-1〉의 모집단의 평균과 분산 그리고 평균 표본분포의 평균과 분산을 구하라.

풀이 ① 모집단

평균 : $E(X) = 2\left(\frac{1}{3}\right) + 4\left(\frac{1}{3}\right) + 6\left(\frac{1}{3}\right) = 4$

분산 : $V(X) = (2-4)^2\left(\frac{1}{3}\right) + (4-4)^2\left(\frac{1}{3}\right) + (6-4)^2\left(\frac{1}{3}\right)$

$= \frac{8}{3}$

② 평균의 표본분포

평균 : $E(\overline{X}) = 2\left(\frac{1}{9}\right) + 3\left(\frac{2}{9}\right) + 4\left(\frac{3}{9}\right) + 5\left(\frac{2}{9}\right) + 6\left(\frac{1}{9}\right) = 4$

분산 : $V(\overline{X}) = (2-4)^2\left(\frac{1}{9}\right) + (3-4)^2\left(\frac{2}{9}\right) + (4-4)^2\left(\frac{3}{9}\right) + (5-4)^2\left(\frac{2}{9}\right) + (6-4)^2\left(\frac{1}{9}\right) = \frac{4}{3}$

예 8-4 〈예 8-2〉의 모집단의 평균과 분산 그리고 평균 표본분포의 평균과 분산을 구하라.

풀이 ① 모집단

평균 : $E(X) = 100\left(\frac{1}{3}\right) + 200\left(\frac{1}{3}\right) + 300\left(\frac{1}{3}\right) = 200$

분산 : $V(X) = (100-200)^2\left(\frac{1}{3}\right) + (200-200)^2\left(\frac{1}{3}\right) + (300-200)^2\left(\frac{1}{3}\right) = \frac{20,000}{3}$

② 평균의 표본분포

평균 : $E(\overline{X}) = 100\left(\frac{1}{9}\right) + 150\left(\frac{2}{9}\right) + 200\left(\frac{3}{9}\right) + 250\left(\frac{2}{9}\right) + 300\left(\frac{1}{9}\right) = \frac{1,800}{9} = 200$

분산 : $V(\overline{X}) = (100-200)^2\left(\frac{1}{9}\right) + (150-200)^2\left(\frac{2}{9}\right) + (200-200)^2\left(\frac{3}{9}\right) + (250-200)^2\left(\frac{2}{9}\right) + (300-200)^2\left(\frac{1}{9}\right) = \frac{10,000}{3}$

〈예 8-3〉과 〈예 8-4〉를 보면 모집단의 평균과 분산 그리고 평균의 표본분포의 평균과 분산 사이에 유사한 관계가 나타나 있다. 모집단과 평균의 표본분포의 경우 기대값은 같지만 분산은 2배 차이 즉, 표본의 크기인 $n=2$로 나눈 것과 같게 나타난다.

평균 표본분포의 기대값과 분산의 공식은 다음과 같다.

> ■ **평균 표본분포의 기대값과 분산**
>
> 기대값 : $E(\overline{X}) = \mu_x = \mu$
>
> 분　산 : $V(\overline{X}) = \sigma_x^2 = \dfrac{\sigma^2}{n}$

예 8-5 대학생 마라톤 동아리 500명이 마라톤에 참가했는데 평균시간이 240분이고 분산이 100분으로 나왔다. 이 중 20명의 학생을 임의로 선정했을 때 표본분포의 평균과 분산을 구하라.

풀이 표본분포의 평균 = 모집단의 평균 = 240분

표본분포의 분산 = 모집단의 분산/20 = $\dfrac{100}{20} = 5$

(3) 평균의 표준오차

평균의 표준오차(standard error)는 각 표본들의 평균이 모집단의 평균으로부터 얼마나 차이가 나는지 알려준다. 각 표본들의 평균이 모집단의 평균과 얼마나 차이가 나는지 측정하는 것으로 평균의 정확도를 추정할 때 사용한다.

그런데 평균은 일정하므로 평균 표본분포의 분산은 오차들의 분산 $V(e)$와 일치하며 공식은 다음과 같다.

> ■ **평균의 표준오차**
>
> $V(e) = \dfrac{\sigma}{\sqrt{n}}$

평균의 표준오차는 모집단의 표준편차 σ와 표본크기 n에 의해 달려 있다. 표본크기 n이 커질수록 표준오차가 작아지고 분산이 작아지므로 변동성이 작아지는 것을 의미한다. 표본크기가 커질수록 모집단의 크기에 가까워지는 것이므로 $\overline{X}$가 μ에 점점 근접하게 된다. 만일 표본크기 n이 모집단 N과 일치하면 평균의 표준오차는 0이 된다. 물론 이때 $\overline{X}$와 μ는 같아진다.

예 8-6 성결대 신입생 1,000명을 대상으로 토익시험을 보았더니 평균 700점, 표준편차 100점으로 나타났다. 이 중에서 25명을 임의로 선발하였을 때 표본의 평균점수가 750점 이상일 확률을 구하라.

풀이 모집단에서 $\mu = 700,\ \ \sigma = 100,\ n = 25$이므로

$$E(\overline{X}) = \mu = 700$$

$$V(e) = \frac{\sigma}{\sqrt{n}} = \frac{100}{\sqrt{25}} = 20$$

$$\begin{aligned} P(\overline{X} \geqq 750) &= P\left(Z \geqq \frac{750-700}{20}\right) \\ &= P(Z \geqq 2.5) \\ &= 0.5 - P(0 \leqq Z \leqq 2.5) \\ &= 0.5 - 0.4938 = 0.0062 \end{aligned}$$

$\therefore$ 약 0.62%

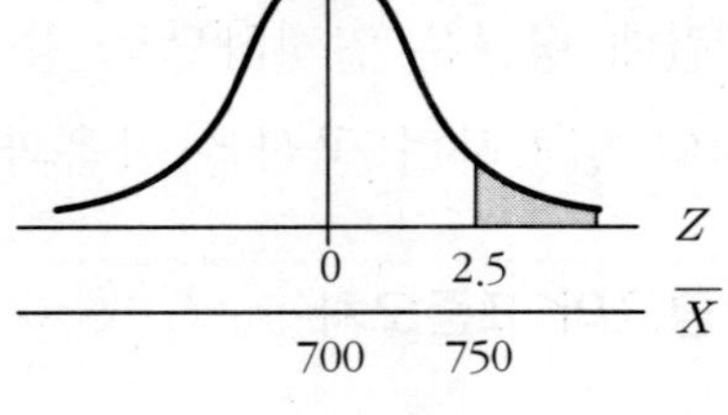

3 모집단 분포와 표본분포와의 관계

표본분포의 모양에 영향을 미치는 요인에는 주로 모집단의 분포모양과 크기, 표본의 추출방법, 표본의 크기 등이 있다. 먼저 표본의 크기는 앞에서 살펴보았듯이 표본의 크기가 커지면 표본평균이 모집단 평균의 주위로 점점 근접하게 된다.

[그림 8-2]를 보면 표본의 크기가 커질수록 표본분포는 평균 주위로 밀집하면서 정규분포의 형태를 보이게 된다. 이제는 모집단의 분포모양이 정규분포를 따를 때와 정규분포를 따르지 않을 때 두 가지로 나누어 살펴보도록 하자.

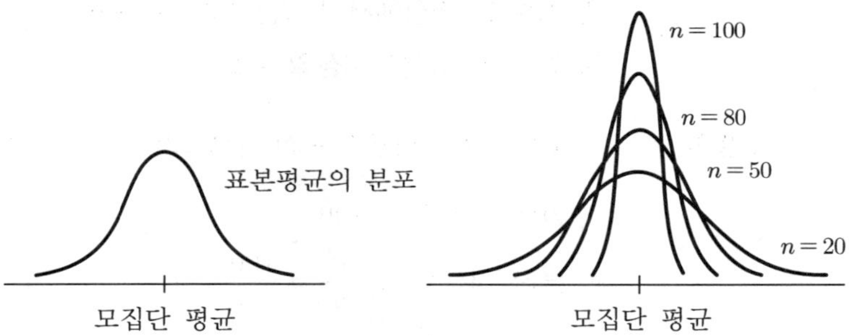

[그림 8-2] 표본크기와 표본분포의 관계

(1) 모집단이 정규분포를 따를 때

정규분포를 이루는 모집단에서 표본을 추출하면 표본의 추출방법이나 표본의 크기와 관계없이 표본평균의 분포는 정규분포를 따른다. 모집단의 확률변수가 평균 μ와 분산 σ^2를 갖는 정규분포를 이루는 경우 n개의 표본을 추출했을 경우 표본평균 $\overline{X}$는 μ를 갖고 분산

$V(\overline{X})$는 $\frac{\sigma^2}{n}$인 정규분포를 이루게 된다. 정규분포를 이루는 표본평균 $\overline{X}$를 표준화하면 다음과 같다.

■ **표본평균 $\overline{X}$의 표준화**

$$Z = \frac{\overline{X} - \mu_X}{\sigma_x} = \frac{\overline{X} - \mu}{\frac{\sigma}{\sqrt{n}}}$$

예 8-7 통계학 점수가 평균 100점이고 분산 100점인 정규분포를 이루는 모집단에서 25개의 표본을 임의로 추출할 때 다음을 구하라.

(1) 표본평균의 평균과 분산, 분포모양

(2) 점수가 96점에서 102점 이하일 확률

(3) 점수가 104점 이상일 확률

풀이 (1) 표본평균의 평균과 분산, 분포모양

평균 : $E(\overline{X}) = 100$

분산 : $V(\overline{X}) = \frac{\sigma^2}{n} = \frac{100}{25} = 4$

평균 100이고 분산 4인 정규분포를 이룬다.

(2) $P(96 \leqq \overline{X} \leqq 102)$

$$\begin{aligned} P(96 \leqq \overline{X} \leqq 102) &= P\left(\frac{96-100}{2} \leqq Z \leqq \frac{102-100}{2}\right) \\ &= P(-2 \leqq Z \leqq 1) \\ &= P(0 \leqq Z \leqq 1) + P(0 \leqq Z \leqq 2) \\ &= 0.3413 + 0.4772 \\ &= 0.8185 \end{aligned}$$

∴ 확률은 81.85%

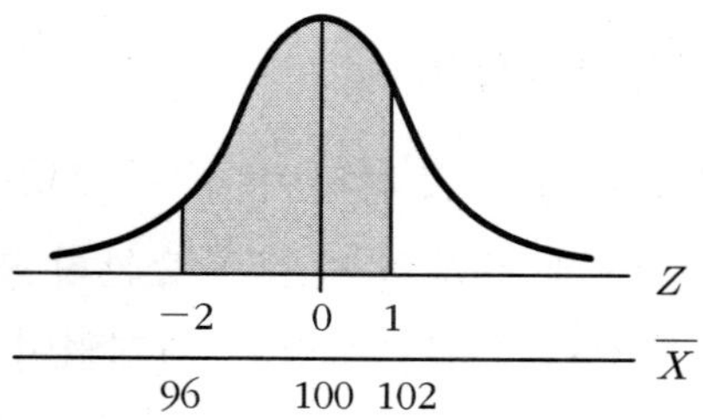

(3) $P(\overline{X} \geq 104) = P\left(Z \geq \dfrac{104-100}{2}\right)$

$= P(Z \geq 2) = 0.5 - P(0 \leq Z \leq 2)$

$= 0.0228$

∴ 확률은 2.28%

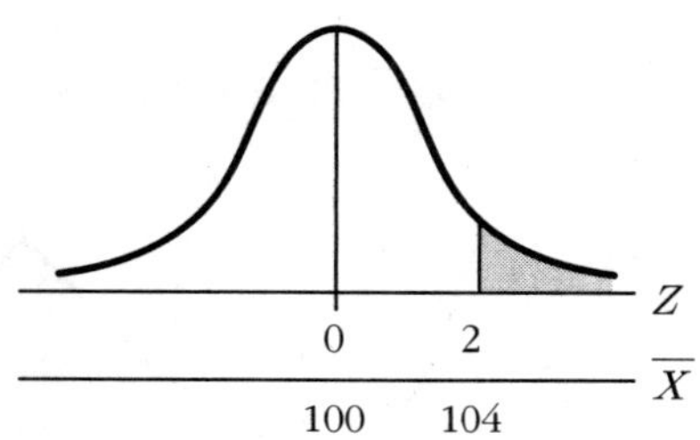

(2) 모집단이 정규분포를 따르지 않을 때

모집단이 정규분포를 보이면 표본을 추출한 확률변수 $\overline{X}$는 언제나 정규분포를 따른다. 반면 모집단이 정규분포가 아닌 경우에는 표본크기에 따라 모양이 달라지는데 표본크기가 커질수록 정규분포에 근접하게 된다.

일반적으로 표본의 크기가 $n \geq 30$이라면 모집단의 모양에 관계없이 표본분포는 종모양의 정규분포를 보이게 된다. 이를 중심극한정리(central limit theorem)라 하는데 내용은 다음과 같다.

■ 중심극한정리

평균이 μ이고 분산이 σ^2인 모집단에서 n개의 표본을 임의로 추출했을 때 표본의 크기가 충분히 커지는 경우 표본평균 $\overline{X}$의 분포는 모집단의 분포모양과 관계없이 정규분포에 접근해 간다.

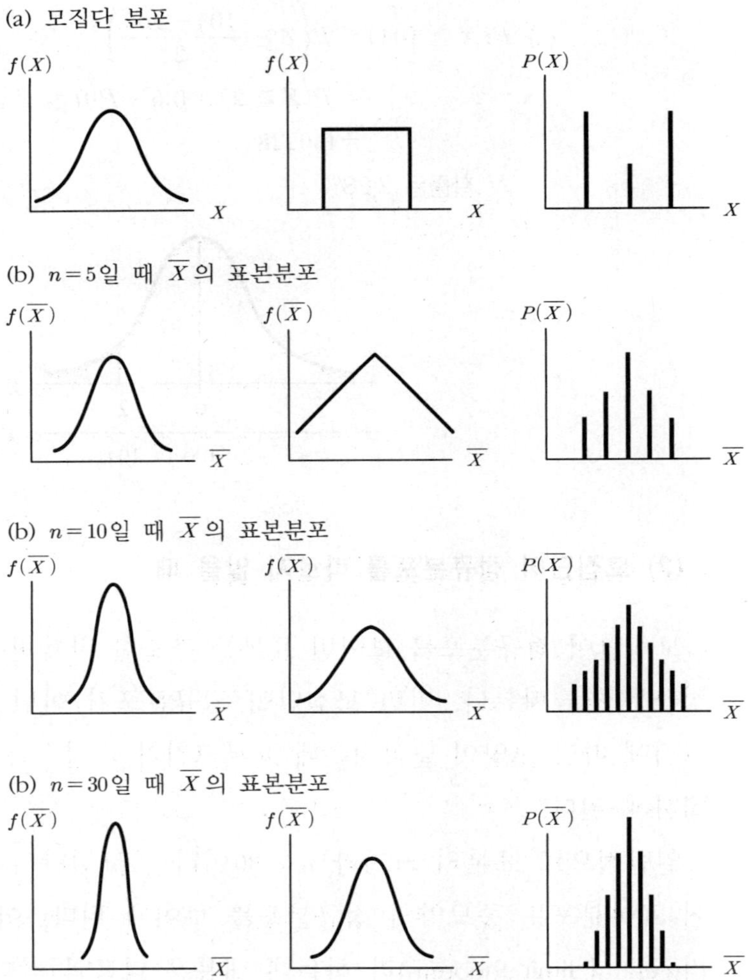

[그림 8-3] 표본크기에 따른 중심극한정리

[그림 8-3]은 중심극한정리를 보여주는데 모집단의 분포에 관계없이 표본의 크기가 커지면 커질수록 표본의 평균 $\overline{X}$이 모집단의 평균을 중심으로 근접해 가는 것이 나타나 있다.

표본평균의 확률변수 $\overline{X}$는 종모양의 정규분포나 종모양의 유사형태를 보이고 있어 확률변수가 가지고 있는 확률을 추정할 수가 있다. 표본평균을 이용하여 모집단에 대한 정보를 추정하고 가설검정 등과 같은 통계분석을 할 수 있다.

8.3 비율의 표본분포

일상생활 속에서 무수히 많은 통계자료를 접하고 있지만 무심코 흘려버리는 경우가 종종 있다. 대학진학률, 취업률, 합격률, 응시율, 장학생 비율 등은 비율과 관련된 사례들이다.

이제부터 표본비율에 대해 살펴보고자 한다.

1 비율의 표본분포의 개념

모집단의 성공비율을 모비율(population proportion)이라 하고 기호 p로 나타낸다.

반면 모집단에서 추출 가능한 n개의 표본에서 성공횟수의 비율을 표본비율(sample proportion)이라 하고 $\check{p}$로 나타낸다.

$$\text{모 비 율} : p = \frac{X}{N} = \frac{\text{모집단에서 추출한 성공횟수}}{\text{모집단의 총수}}$$

$$\text{표본비율} : \check{p} = \frac{x}{n} = \frac{\text{표본에서 성공횟수}}{\text{표본의 크기}}$$

■ **비율의 표본분포**

비율이 p인 모집단에서 추출 가능한 n개의 표본을 뽑아 계산한 비율들의 확률분포를 말한다.

비율의 확률분포(sampling distribution of proportion)는 모집단의 성공비율 p가 주어지고 표본크기 n을 알고 있을 때 표본에서 나타날 성공비율 $\check{p}$의 분포를 의미한다.

예 8-8 주사위를 5번 던져서 짝수 눈이 나오는 비율의 확률분포를 구하라.

풀이 짝수 눈이 나오는 성공횟수는 0, 1, 2, 3, 4, 5번이고 표본비율은 각각 $\frac{0}{5}$, $\frac{1}{5}$, $\frac{2}{5}$, $\frac{3}{5}$, $\frac{4}{5}$, $\frac{5}{5}$가 된다.

성공횟수 X	표본비율 $\check{p}$	확률 $f(X)$
0	0.00	0.03125
1	0.20	0.15625
2	0.40	0.3125
3	0.60	0.3125
4	0.80	0.15625
5	1.00	0.03125
계		1

모두 홀수일 확률 : $f(0) = {}_5C_0(0.5)^0(0.5)^5 = 0.03125$

짝수가 한 번 나올 확률 : $f(1) = {}_5C_1(0.5)^1(0.5)^4 = 0.15625$

짝수가 두 번 나올 확률 : $f(2) = {}_5C_2(0.5)^2(0.5)^3 = 0.3125$

짝수가 세 번 나올 확률 : $f(3) = {}_5C_3(0.5)^3(0.5)^2 = 0.3125$

짝수가 네 번 나올 확률　: $f(4) = {}_5C_4(0.5)^4(0.5)^1 = 0.15625$

짝수가 다섯 번 나올 확률 : $f(5) = {}_5C_5(0.5)^5(0.5)^0 = 0.03125$

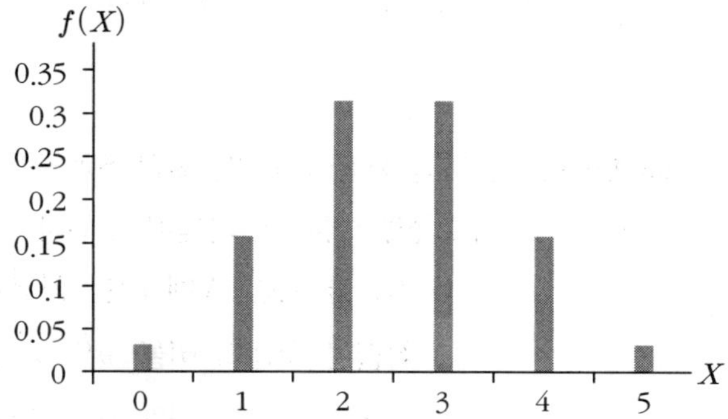

2 비율의 표본분포의 평균과 분산

모비율이 p인 모집단에서 임의로 n개의 표본을 추출했을 때 표본에서의 성공횟수 X를 확률변수로 하는 X의 평균과 분산은 다음과 같다.

평균 : $E(X) = np$

분산 : $V(X) = np(1-p)$

성공횟수 X의 분포에서 $\check{p} = \dfrac{X}{n}$로 치환하면 $\check{p}$는 표본비율이 되며 $\check{p}$의 평균과 분산의 공식은 다음과 같다.

■ 비율의 표본분포의 평균과 분산

기대값 : $E(\check{p}) = E\left(\dfrac{X}{n}\right) = \dfrac{E(X)}{n} = \dfrac{np}{n} = p$

분　산 : $V(\check{p}) = V\left(\dfrac{X}{n}\right) = \dfrac{V(X)}{n^2} = \dfrac{np(1-p)}{n^2} = \dfrac{p(1-p)}{n}$

모비율 p인 모집단에서 임의로 n개의 표본을 추출했을 때 n이 충분히 크다면 표본비율 $\check{p}$의 표본분포는 평균이 p이고 분산이 $\frac{p(1-p)}{n}$인 정규분포를 따르게 된다.

예 8-9 성결대 학생들의 취업률은 80%로 알려져 있다. 학생 100명을 임의로 선발했을 때 다음을 구하라.

(1) 취업한 학생 X에 대한 평균과 분산, 표준편차

(2) 취업한 학생의 비율 $\check{p}$의 평균과 분산, 표준편차

(3) 표본비율 $\check{p}$이 84% 이상 확률

풀이 (1) 취업한 학생 X에 대한 평균과 분산

학생 $n = 100$이고 취업률 $p = 0.8$이므로

평 균 : $E(X) = np = 100 \times 0.8 = 80$

분 산 : $V(X) = np(1-p) = 100 \times 0.8 \times 0.2 = 16$

표준편차 : $\sigma(X) = 4$

(2) 취업한 학생의 비율 $\check{p}$의 평균과 분산

평 균 : $E(\check{p}) = p = 0.8$

분 산 : $V(\check{p}) = \frac{p(1-p)}{n} = \frac{0.8 \times 0.2}{100} = 0.0016$

표준편차 : $\sigma(\check{p}) = 0.04$

(3) 표본비율 $\check{p}$이 84% 이상 확률

$$\begin{aligned} P(X \geq 84) &= P\left(Z \geq \left(\frac{0.84-0.8}{0.04}\right)\right. \\ &= P(Z \geq 1) \\ &= 0.5 - P(0 \leq Z \leq 1) \\ &= 0.5 - 0.3413 = 0.1587 \end{aligned}$$

8.4 Excel 활용하기

주머니에 2, 4, 6, 8, 10의 숫자가 적혀 있는 공이 5개 있다. 환원하는 방식으로 하나씩 공을 꺼내고 적혀 있는 숫자를 확률변수 X라 할 때 다음을 구하라.

(1) X의 확률분포

(2) 모집단 분포의 그래프

(3) 모집단의 평균, 분산, 표준편차

(4) 공을 2번 꺼낼 때 가능한 모든 표본과 표본평균

(5) 표본평균 $\overline{X}$를 확률변수라 하고 평균의 표본분포

(6) 평균의 표본분포의 그래프

(7) 평균의 표본분포의 평균, 분산, 표준편차

(8) 위 사항을 엑셀을 이용하여 구하라.

① 모집단 분포

② 평균의 표본분포

풀이 (1) X의 확률분포

X	$f(X)$
2	1/5
4	1/5
6	1/5
8	1/5
10	1/5

(2) 모집단 분포의 그래프

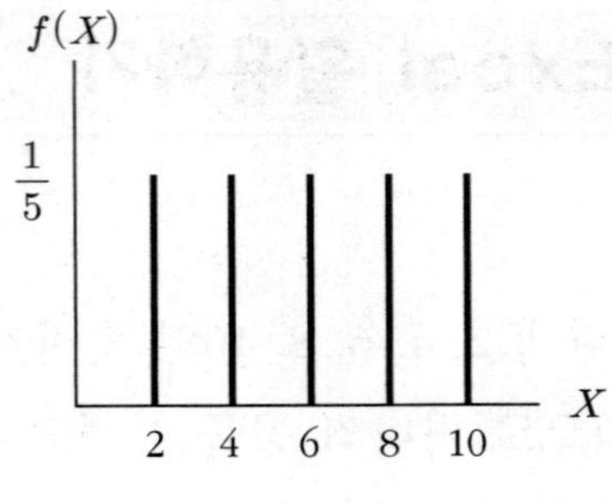

(3) 모집단의 평균, 분산, 표준편차

x	$f(x)$	$x \cdot f(x)$	$x-E(X)$	$[x-E(X)]^2$	$[x-E(X)]^2 \cdot f(X)$
2	1/5	2/5	−4	16	16/5
4	1/5	4/5	−2	4	4/5
6	1/5	6/5	0	0	0
8	1/5	8/5	2	4	4/5
10	1/5	10/5	4	16	16/5
계	1	$E(X)=6$			$V(X)=8$

평 균 : $E(X)=6$
분 산 : $V(X)=8$
표준편차 : $\sigma(X)=2.8284$

(4) 공을 2번 꺼낼 때 가능한 모든 표본과 표본평균

단위	표본	표본평균($\overline{X}$)	단위	표본	표본평균($\overline{X}$)
1	(2, 2)	2	8	(4, 6)	5
2	(2, 4)	3	9	(4, 8)	6
3	(2, 6)	4	10	(4, 10)	7
4	(2, 8)	5	11	(6, 2)	4
5	(2, 10)	6	12	(6, 4)	5
6	(4, 2)	3	13	(6, 6)	6
7	(4, 4)	4	14	(6, 8)	7

단위	표본	표본평균($\overline{X}$)	단위	표본	표본평균($\overline{X}$)
15	(6, 10)	8	21	(10, 2)	6
16	(8, 2)	5	22	(10, 4)	7
17	(8, 4)	6	23	(10, 6)	8
18	(8, 6)	7	24	(10, 8)	9
19	(8, 8)	8	25	(10, 10)	10
20	(8, 10)	9			

(5) 표본평균 $\overline{X}$를 확률변수라 하고 평균의 표본분포

$\overline{X}$	$f(\overline{X})$
2	1/25
3	2/25
4	3/25
5	4/25
6	5/25
7	4/25
8	3/25
9	2/25
10	1/25

(6) 평균의 표본분포의 그래프

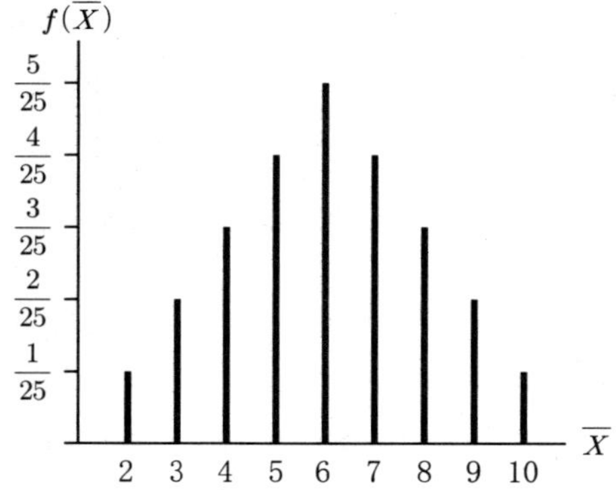

(7) 평균의 표본분포의 평균, 분산, 표준편차

$\overline{X}$	$f(\overline{X})$	$\overline{X}f(\overline{X})$	$\overline{X}-E(\overline{X})$	$[\overline{X}-E(\overline{X})]^2$	$f(\overline{X})[\overline{X}-E(\overline{X})]^2$
2	0.04	0.08	−4	16	0.64
3	0.08	0.24	−3	9	0.72
4	0.12	0.48	−2	4	0.48
5	0.16	0.8	−1	1	0.16
6	0.2	1.2	0	0	0
7	0.16	1.12	1	1	0.16
8	0.12	0.96	2	4	0.48
9	0.08	0.72	3	9	0.72
10	0.04	0.4	4	16	0.64
계	1	$E(\overline{X})=6$			$V(\overline{X})=4$

(8) 위 사항을 엑셀을 이용하여 구하라.

〈모집단 분포〉

① 주어진 자료를 화면에 정리한다. 셀 A3에서 A7까지는 확률변수 2, 4, 6, 8, 10을 입력하고 셀 B3에서 B7까지는 확률 0.2를 입력한다. 이제 셀 C3에서 평균을 구하고자 한다.

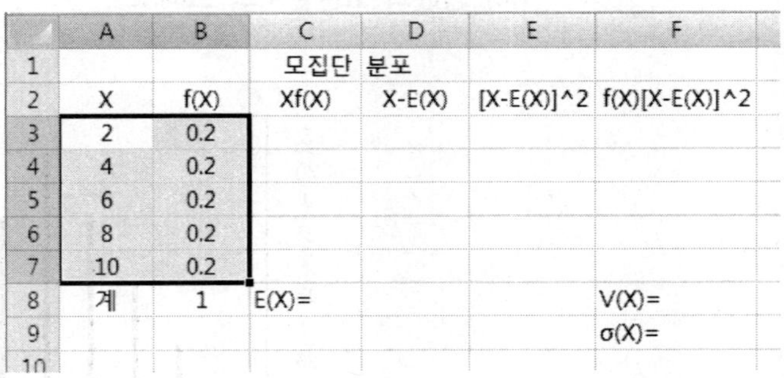

	A	B	C	D	E	F
1			모집단 분포			
2	X	f(X)	Xf(X)	X-E(X)	[X-E(X)]^2	f(X)[X-E(X)]^2
3	2	0.2				
4	4	0.2				
5	6	0.2				
6	8	0.2				
7	10	0.2				
8	계	1	E(X)=			V(X)=
9						σ(X)=
10						

② 셀 C3에서 '=A3*B3'을 입력하고 셀 C7까지 복사한다. 그리고 셀 C9에서 '=SUM(C3:C7)'을 입력한 다음 평균을 구한다.

	A	B	C	D	E	F
1			모집단 분포			
2	X	f(X)	Xf(X)	X-E(X)	[X-E(X)]^2	f(X)[X-E(X)]^2
3	2	0.2	0.4			
4	4	0.2	0.8			
5	6	0.2	1.2			
6	8	0.2	1.6			
7	10	0.2	2			
8	계	1	E(X)=			V(X)=
9			6			σ(X)=

③ 셀 D3에서 '=A3−6'을 입력한 다음 셀 D7까지 복사한다. 이후 셀 E3에서 '=D3^2'를 입력한 다음 셀 E7까지 복사한다.

	A	B	C	D	E	F
1			모집단 분포			
2	X	f(X)	Xf(X)	X-E(X)	[X-E(X)]^2	f(X)[X-E(X)]^2
3	2	0.2	0.4	-4	16	
4	4	0.2	0.8	-2	4	
5	6	0.2	1.2	0	0	
6	8	0.2	1.6	2	4	
7	10	0.2	2	4	16	
8	계	1	E(X)=			V(X)=
9			6			σ(X)=

④ 셀 F3에서 '=B3*E3'을 입력한 다음 셀 F7까지 복사한다. 이후 셀 G8에서 '=SUM(F3:F7)'을 입력하면 분산이 산출된다. 다음 셀 G9에서 '=SQRT(G8)'을 입력하면 표준편차가 계산되어 나온다.

	A	B	C	D	E	F	G
1			모집단 분포				
2	X	f(X)	Xf(X)	X-E(X)	[X-E(X)]^2	f(X)[X-E(X)]^2	
3	2	0.2	0.4	-4	16	3.2	
4	4	0.2	0.8	-2	4	0.8	
5	6	0.2	1.2	0	0	0	
6	8	0.2	1.6	2	4	0.8	
7	10	0.2	2	4	16	3.2	
8	계	1	E(X)=			V(X)=	8
9			6			σ(X)=	2.828427

〈평균의 표본분포〉

① 주어진 자료를 화면에 정리한다. 셀 A3에서 A11까지는 확률변수 2, 3, 4, 5, 6, 7, 8, 9, 10을 입력하고 셀 B3에서 B11까지는 확률을 차례대로 입력한다. 이제 셀 C3에서 평균을 구하고자 한다.

	A	B	C	D	E	F
1			평균의	표본분포		
2	x̄	f(x̄)	x̄f(x̄)	x̄-E(x̄)	[x̄-E(x̄)]^2	f(x̄)[x̄-E(x̄)]^2
3	2	0.04				
4	3	0.08				
5	4	0.12				
6	5	0.16				
7	6	0.2				
8	7	0.16				
9	8	0.12				
10	9	0.08				
11	10	0.04				
12	계	1	E(x̄)=			V(x̄)=
13						σ(x̄)=

② 셀 C3에서 '=A3*B3'을 입력하고 셀 C11까지 복사한다. 그리고 셀 C13에서 '=SUM(C3:C11)'을 입력한 다음 평균을 구한다.

	A	B	C	D	E	F
1			평균의	표본분포		
2	x̄	f(x̄)	x̄f(x̄)	x̄-E(x̄)	[x̄-E(x̄)]^2	f(x̄)[x̄-E(x̄)]^2
3	2	0.04	0.08			
4	3	0.08	0.24			
5	4	0.12	0.48			
6	5	0.16	0.8			
7	6	0.2	1.2			
8	7	0.16	1.12			
9	8	0.12	0.96			
10	9	0.08	0.72			
11	10	0.04	0.4			
12	계	1	E(x̄)=			V(x̄)=
13			6			σ(x̄)=

③ 셀 D3에서 '=A3−6'을 입력한 다음 셀 D11까지 복사한다. 이후 셀 E3에서 '=D3^2'를 입력한 다음 셀 E11까지 복사한다.

	A	B	C	D	E	F
1			평균의	표본분포		
2	ẍ	f(ẍ)	ẍf(ẍ)	ẍ-E(ẍ)	[ẍ-E(ẍ)]^2	f(ẍ)[ẍ-E(ẍ)]^2
3	2	0.04	0.08	-4	16	
4	3	0.08	0.24	-3	9	
5	4	0.12	0.48	-2	4	
6	5	0.16	0.8	-1	1	
7	6	0.2	1.2	0	0	
8	7	0.16	1.12	1	1	
9	8	0.12	0.96	2	4	
10	9	0.08	0.72	3	9	
11	10	0.04	0.4	4	16	
12	계	1	E(ẍ)=			V(ẍ)=
13			6			σ(ẍ)=

④ 셀 F3에서 '=B3*E3'을 입력한 다음 셀 F11까지 복사한다. 이후 셀 G12에서 '=SUM(F3:F11)'을 입력하면 분산이 산출된다. 다음 셀 G13에서 '=SQRT(G12)'을 입력하면 표준편차가 계산되어 나온다.

	A	B	C	D	E	F	G
1			평균의	표본분포			
2	ẍ	f(ẍ)	ẍf(ẍ)	ẍ-E(ẍ)	[ẍ-E(ẍ)]^2	f(ẍ)[ẍ-E(ẍ)]^2	
3	2	0.04	0.08	-4	16	0.64	
4	3	0.08	0.24	-3	9	0.72	
5	4	0.12	0.48	-2	4	0.48	
6	5	0.16	0.8	-1	1	0.16	
7	6	0.2	1.2	0	0	0	
8	7	0.16	1.12	1	1	0.16	
9	8	0.12	0.96	2	4	0.48	
10	9	0.08	0.72	3	9	0.72	
11	10	0.04	0.4	4	16	0.64	
12	계	1	E(ẍ)=			V(ẍ)=	4
13			6			σ(ẍ)=	2

연습문제

01 표본추출방법을 설명하라.

02 표본분포를 설명하라.

03 중심극한정리를 설명하라.

04 모집단 {1, 2, 3, 4}에서 $n=2$인 표본을 추출할 때 표본의 크기와 표본평균을 구하라.

(1) 복원 추출할 때
(2) 비복원 1개씩 두 번 추출할 때
(3) 비복원으로 동시에 두 개 추출할 때

05 숫자 1, 2, 3, 4, 5 중에서 $n=3$인 표본을 복원 추출할 때 다음을 구하라.

(1) 표준평균의 평균
(2) 표준평균의 분산과 표준편차

06 주머니에 1, 3, 5, 7, 9가 적혀 있는 공이 5개 있다. 동시에 공을 꺼낼 때 다음을 구하라.

(1) 모집단의 평균과 표준편차
(2) 2개를 동시에 꺼낼 때 가능한 모든 표본과 표본평균, 그래프
(3) 4개를 동시에 꺼낼 때 가능한 모든 표본과 표본평균, 그래프
(4) 동시에 2개와 4개를 꺼낼 때 표준오차가 더 작은 경우는?

07 제과점에서 파는 케이크의 무게가 평균 500g이고 분산이 100g이라 한다. 판매되는 식빵 25개를 임의로 추출한 표본평균을 $\overline{X}$라 할 때 다음을 구하라.

(1) $P(496 \leq \overline{X} \leq 502)$

(2) $P(\overline{X} \geq 504)$

08 주머니에 노란 공 60개와 파란 공 40개가 있다. 주머니에서 4개의 공을 꺼낼 때 노란 공이 나타나는 비율의 표본분포를 구하라.

09 모집단이 10, 20, 30, 40으로 구성되어 있을 때 다음을 구하라.

(1) 크기 $n=2$의 모든 가능한 표본과 표본평균

(2) 모집단의 평균과 분산

(3) 평균의 표본분포의 평균과 분산

(4) 모분산과 평균의 표본분산의 분산을 비교

10 분식집에서 파는 햄버거의 평균 무게가 150g이고 분산이 16g이라 한다. 판매되는 햄버거 64개를 임의로 추출한 표본평균을 $\overline{X}$라 할 때 $P(\overline{X} \geq 151)$을 구하라.

CHAPTER

9

추 정 이 론

추정은 모집단에서 추출한 표본의 통계량으로 모집단의 모수와 같은 정보를 예측하기 위한 일련의 과정이다. 이 과정은 모집단의 평균이나 분산을 미리 알고 있는 상황에서 표본의 평균이나 분산을 구하는 표본분산과는 반대 경우이다.

추정 이외에도 표본의 통계량으로 모수를 추정하는 방법에는 가설검정이 있다. 가설검정은 모집단 모수에 대한 연구가설의 채택 여부를 표본의 통계량을 이용하여 검정하는 일련의 과정이다.

9.1 추정의 이해

추정(estimation)은 모집단에서 추출한 표본의 정보를 이용하여 모집단의 모수를 예측하는 과정을 말한다. 모수는 모집단의 이론적 모형으로 평균이나 분산, 비율 등과 같이 모집단의 특성을 나타내는 수치이다.

예를 들어 선거권자나 전교생, 20대 여자, 신문구독자 등 모집단은 너무 크기 때문에 모든 대상자를 조사하기에는 많은 시간과 비용이 요구되므로 사실상 불가능하다고 본다. 따라서 모집단에 추출된 표본의 통계량으로 모집단의 모수를 추정하고자 한다.

모수를 추정하기 위해서는 추정량(estimator)과 추정치(estimate)의 개념이 필요하다. 표본을 통해 통계량을 구하는 이유는 모수를 알기 위해서이다. 통계량을 이용하여 모수의 값을 추정하게 되는데 그 값을 추정치라 한다. 표본평균도 모평균을 알기 위한 하나의 추정치이다. 이 추정치를 얻기 위해 사용하는 통계량을 추정량이라 한다.

즉, 추정량은 표본이 추출되기 이전 값이 알려지지 않은 통계량이고, 추정치는 표본이 추출된 이후 추정량으로부터 산출되는 특정한 값을 말한다.

추정의 유형에는 점추정과 구간추정이 있다. 점추정(point estimate)은 모집단의 모수를 하나의 수치로 추정하는 것이며, 구간추정(interval estimate)은 모집단의 모수를 어느 구간을 이용하여 추정하는 것을 말한다.

예를 들어 국내 프로축구선수들의 100m 달리기 기록을 예측하고자 한다. 이 경우 모든 축구선수들의 기록을 측정할 수 없기 때문에 35명의 선수를 추출하여 기록을 측정하고 모든 선수들의 기록을 예측하는 것이다. 만일 측정한 기록이 평균 12.5초가 나왔다면 12.5초는 점추정이 되고 대부분 12초에서 13초 사이에 포함되는 것으로 신뢰하는 것을 구간추정이라 한다.

9.2 점 추 정

점추정은 표본에서 얻어지는 정보를 이용하여 모수의 실제값으로 추정되는 하나의 값을 일정한 방법에 따라 선택하는 일련의 과정이다.

모수를 추정하기 위한 추정량에는 여러 가지가 있다. 추정방법이 좋은지는 특정한 하나의 추정치만으로는 알 수 없다. 동일한 추정방법을 반복하여 추정치들이 모수의 실제값 가까이 얼마나 분포되어 있는가에 따라 추정방법이 좋은지 결정되는 것이다.

예를 들어 모수의 평균을 추정하기 위해 표본평균이나 표본중앙값, 표본최빈값 중에서 어느 것이 가장 좋은지 결정해야 한다. 모수 추정을 위한 바람직한 추정량의 조건에는 다음 4가지가 있다.

- 불편성(unbiasedness)
- 효율성(efficiency)
- 일치성(consistency)
- 충분성(sufficiency)

위 4가지 조건을 모두 만족하는 추정량이 모수를 가장 잘 추정하겠지만 실제 추정량은 이 중 하나를 사용하게 된다.

1 불 편 성

바람직한 추정량이 되기 위해서는 불편성의 조건을 갖추고 있어야 한다. 불편성은 추정량($\hat{\theta}$)의 기댓값이 추정하는 모수의 실제값(θ)과 일치하는지 판단하는 것을 말한다. 이때 추정량의 기댓값과 모수의 실제값이 일치하면 즉,

$$E(\hat{\theta}) = \theta$$

이 성립하면 불편성이 있는 것이고 그 추정량을 모수의 불편추정량(unbiased estimator)이라 한다.

[그림 9-1]에서 보듯이 추정량의 기댓값과 모수의 실제값이 차이가 나면 이를 편의(bias)라 한다.

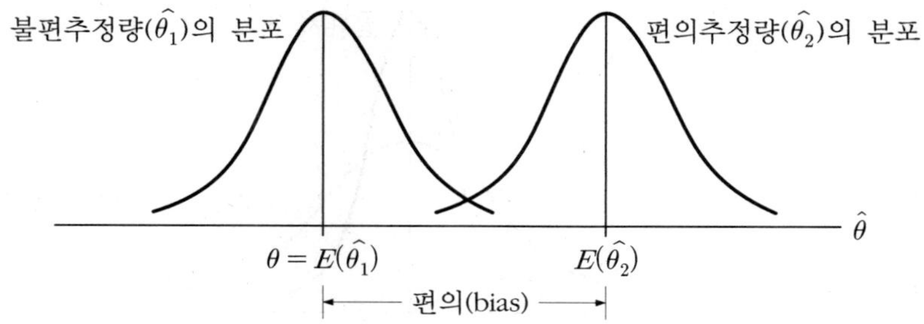

[그림 9-1] 불편성

표본통계량 $\overline{X}$, S^2, $\check{p}$은 각각의 모수 μ, σ^2, p의 불편추정량이다. 즉

$$E(\overline{X}) = \mu$$

$$E(S^2) = \sigma^2$$

$$E(\check{p}) = p$$

이 성립한다.

2 효 율 성

불평성은 모수에 따라 두 개 이상을 갖는 경우도 있으므로 좋은 추정량은 분산이 작은 추정량이다. 예를 들어 영어시험에서 A는 100점과 100점을, B는 90점과 110점을, C는 50점과 150점을 받았다면 모두 평균은 100이 되지만 분산에 차이가 생긴다. 이 경우 분산이 작은 A가 가장 안정되어 있다고 본다.

불편추정량 중에서 가장 작은 분산을 갖는 추정량을 효율추정량(efficient estimator)이라 하고 최소분산불편추정량(minimum variance unbiased estimator)이라 한다.

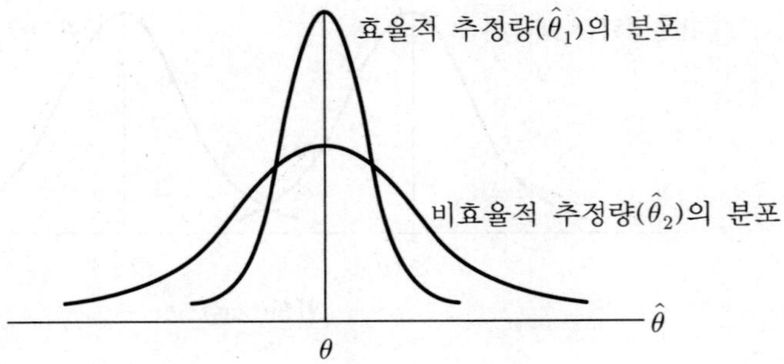

[그림 9-2] 효율성

[그림 9-2]는 평균은 같으나 분산이 다른 효율적 추정량을 보여주고 있다. 즉 $Var(\hat{\theta}_1) < Var(\hat{\theta}_2)$이므로 추정량 $\hat{\theta}_1$이 추정량 $\hat{\theta}_2$보다 상대적으로 효율적이다. 표본에서 추출한 추정량 $\hat{\theta}$ 중에서 분산이 작을수록 더 집중되어 있으므로 모수 θ를 정확하게 추정할 수 있다.

3 일 치 성

표본크기 n이 무한히 커질수록 추정량 $\hat{\theta}$가 모수 θ에 가까워지는 추정량을 일치추정량(consistent estimator)이라 한다.

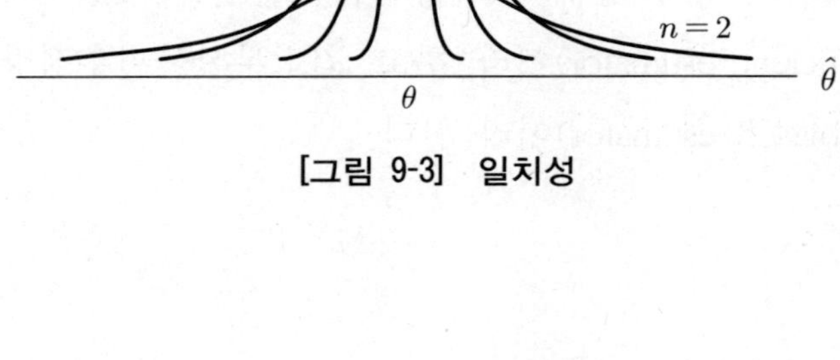

[그림 9-3] 일치성

[그림 9-3]에서 표본크기 n이 커질수록 분산이 점점 작아지고 있으며 표본평균이 미지의 모평균에 가까워지고 있다. 즉 표본크기가 커질수록 추정량이 모수와 일치성을 나타내고 있다.

4 충 분 성

모집단에서 추출한 표본의 통계량이 모수에 관한 정보를 충분히 가지고 있으면 충분성이 높은 추정량이라 한다. 이 경우 추정량은 충분성이 있다고 하며 이 추정량을 충분추정량(sufficient estimator)이라 한다.

충분추정량은 모수 θ에 대한 정보를 가장 많이 가지고 있는 추정량 $\hat{\theta}$을 말한다. 추정량 중에는 표본평균, 표본중앙값, 표본최빈값 등이 있지만 표본평균 $\overline{X}$이 모든 자료를 다 이용하고 있으므로 모수 θ에 대해 가장 많은 정보를 가지고 있다.

〈표 9-1〉에 있는 추정량들은 불편성, 효율성, 일치성, 충족성 등을 모두 만족시키고 있다.

<표 9-1> 모수와 추정량

모 수	추정량
평 균(μ)	표본평균($\overline{X}$)
분 산(σ^2)	표본분산(S^2)
비 율(p)	표본비율($\check{p}$)

9.3 구간추정

표본의 크기가 커질수록 표본평균은 모평균 가까이 근접할 것이다. 하지만 점추정에 의한 표본평균이 모평균과 일치할 가능성은 낮다고 본다. 그래서 모수를 점추정으로 추정하는 것보다는 모수가 포함되어 있을 것으로 보이는 구간을 정하고 추정하는 것이 가능성을 높일 수 있다. 이와 같이 모수를 어떤 구간으로 추정하는 것을 구간추정이라 한다.

1 개 념

점추정은 표본에서 구한 추정값이 모수의 실제값과 얼마나 가까운지에 대한 개념이 나타나 있지 않으므로 점추정에 오차의 개념을 포함하여 신뢰구간을 추정하고자 한다. 신뢰구간은 모수가 일정한 확률로 포함되리라 기대하는 구간을 의미한다.

[그림 9-4]는 모집단에서 n개의 표본을 반복으로 추출하여 만든 표본분포를 나타내고 있다. 이 표본분포는 모집단과 표본의 평균이 일치하는 정규분포를 보이고 있어 표본분포를 이용하여 모평균 μ에 대한 신뢰구간을 구할 수 있다. 신뢰구간을 확률구간으로 표시하여 모수를 추정하고자 하는데 식으로 나타내면 다음과 같다.

$$P\left(\overline{X} - 2\sigma_{\overline{X}} \leqq \mu \leqq \overline{X} + 2\sigma_{\overline{X}}\right) = 0.95 = 1 - \alpha$$

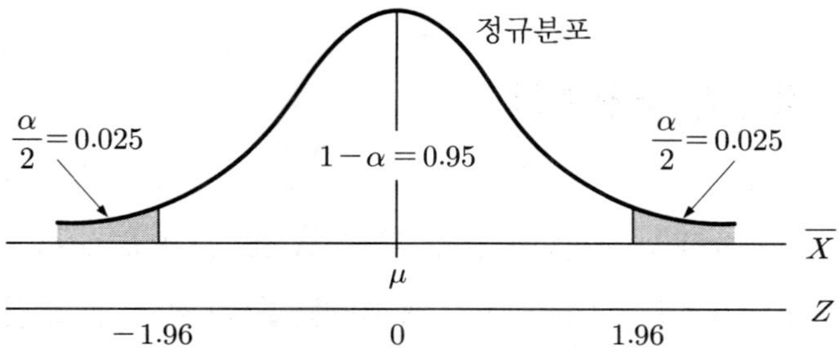

[그림 9-4] 평균의 표본분포

모집단에서 n개의 표본을 반복 추출하여 여러 개의 신뢰구간을 구하면 그중에 95%는 모평균 μ를 포함한다고 보면 된다. 여기서 $(1-\alpha)$는 신뢰도(degree of confidence) 또는 신뢰수준(confidence level)이라 부른다. 또한 α는 오차율이라 부르며 신뢰구간이 모수를 포함하지 않을 확률을 의미한다. 일반적으로 신뢰구간은 $100(1-\alpha)\%$로 표시한다.

오차율이 $\alpha=1$이면 신뢰도 99로 신뢰구간은 99%가 되며 $\alpha=5$이면 신뢰도 95에 신뢰구간은 95%가 된다. 따라서 신뢰도가 높아지면 신뢰구간이 넓어지고 신뢰도가 낮아지면 신뢰구간도 좁아진다.

모집단 모수 θ에는 μ, σ^2, p가 있으므로 구간추정의 종류에는 다음 세 가지가 있다.

- 모평균의 구간추정
- 모분산의 구간추정
- 모비율의 구간추정

2 모평균의 구간추정

모집단에서 추출한 표본평균 $\overline{X}$로 모평균 μ를 추정하는 방법에는 조사자가 알고 있는 정보에 따라 몇 가지로 분류된다. 모집단이 정규분포를 따르는 경우, 모집단의 표준편차를 아는 경우, 표본크기 $n \geq 30$인 경우에 따라 추정방법이 다르다.

모집단의 표준편차를 알고 있는 경우에는 Z통계량을 이용한다. 모집단의 표준편차를 모르고 표본크기 $n \leq 30$인 경우에는 t통계량을 이용한다. 모집단이 정규분포를 보이고 표준편차를 모르지만 표본크기 $n \geq 30$인 경우에는 Z통계량을 이용해도 된다.

(1) 모집단의 표준편차를 아는 경우

모집단 평균 μ는 표본평균 $\overline{X}$을 이용하여 구간추정을 한다. 표본평균은 모집단의 분포와 관계없이 표본크기 n이 커질수록 정규분포의 모양을 갖추어 간다. 모평균이 추정되는 신뢰구간은 표본평균을 중심으로 존재한다. 따라서 신뢰구간의 크기는 신뢰도 $(1-\alpha)$와 표본평균의 표준편차(표준오차)에 의해 나타난다.

표본평균의 표준오차는 표준평균 분산의 제곱근으로 $\dfrac{\sigma}{\sqrt{n}}$로 표시한다. 표준오차는 표본크기 n이 커질수록 작아진다. 표준오차가 작아질수록 신뢰구간도 좁아진다. 신뢰도 $(1-\alpha)$는 조사자가 허용할 수 있는 허용오차 α의 수준에 따라 결정된다.

신뢰도 $(1-\alpha)$가 결정되면 표본평균이 [그림 9-5]와 같이 표준정규분포를 이루므로 좌우 한계치까지의 면적이 신뢰도 $(1-\alpha)$가 되도록 다음과 같이 식으로 표현한다.

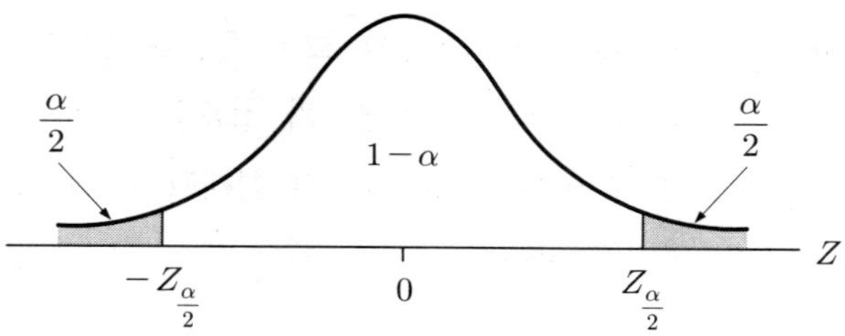

[그림 9-5] 표준정규분포에서 $Z_{\frac{\alpha}{2}}$

$$P\left(-Z_{\frac{\alpha}{2}} \leqq Z \leqq Z_{\frac{\alpha}{2}}\right) = 1-\alpha$$

여기서 $Z = \dfrac{\overline{X}-\mu}{\sigma/\sqrt{n}}$ 이므로 대입하여 정리하면 모평균 μ가 취할 수 있는 신뢰구간을 다음과 같이 정리한다.

■ 모평균 μ에 대한 신뢰구간

$$P\left(\overline{X} - Z_{\frac{\alpha}{2}}\frac{\sigma}{\sqrt{n}} \leqq \mu \leqq \overline{X} + Z_{\frac{\alpha}{2}}\frac{\sigma}{\sqrt{n}}\right) = 1-\alpha$$

신뢰구간을 구하기 위해 표준정규분포표에서 $Z_{\frac{\alpha}{2}}$의 값을 구해야 하는데 대표적인 값은 다음 〈표 9-2〉와 같다.

〈표 9-2〉 신뢰도와 $Z_{\alpha/2}$의 변화

오차율(α)	신뢰도($1-\alpha$)	$Z_{\frac{\alpha}{2}}$
0.005	0.995	2.810
0.01	0.99	2.575
0.02	0.08	2.330
0.05	0.95	1.960
0.1	0.9	1.645
0.2	0.8	1.280

예 9-1 학생들이 토익시험을 보고 왔는데 임의로 선발한 16명의 점수는 다음과 같다. 토익점수가 표준편차 20점의 정규분포를 이룬다고 할 때 토익시험에 응시한 전체학생의 모평균 μ에 대한 90% 신뢰구간을 구하라.

700	740	800	690	760	810	770	720
820	790	750	730	710	750	760	780

풀이

$$n = 16,\ \alpha = 0.1,\ \sigma = 20,\ \sigma_{\overline{X}} = \frac{\sigma}{\sqrt{n}} = \frac{20}{4} = 5$$

$$\overline{X} = \frac{700 + 740 + 800 + \cdots + 780}{16} = 755$$

공식

$$\overline{X} - Z_{\frac{\alpha}{2}} \frac{\sigma}{\sqrt{n}} \leqq \mu \leqq \overline{X} + Z_{\frac{\alpha}{2}} \frac{\sigma}{\sqrt{n}}$$

에서 90% 신뢰구간은

$$755 - 1.645 \times 5 \leqq \mu \leqq 755 + 1.645 \times 5$$

$$\therefore 746.7757 \leqq \mu \leqq 763.2243$$

위 식을 그래프로 나타내면 다음과 같다.

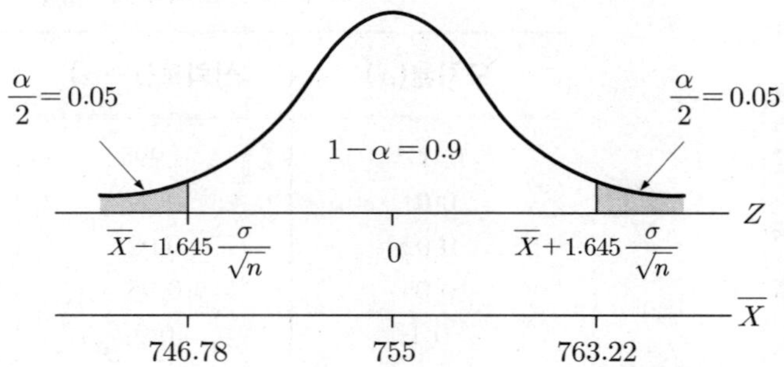

■ Excel 활용하기 1 ■

〈예 9-1〉을 엑셀을 활용하여 모평균 μ에 대한 90% 신뢰구간을 구하라.

① 학생들의 점수와 구하고자 하는 항목을 차례로 입력한다. 그리고 셀 D1에 '=AVERAGE(A1:A16)'을 입력하고 표본평균을 구한다.

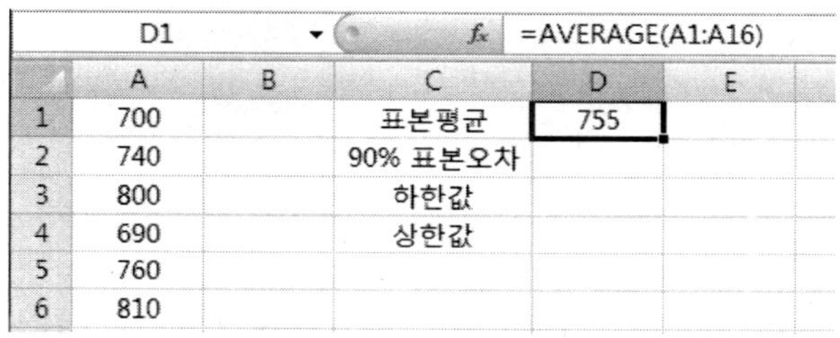

② 셀 D2에서 90% 표본오차를 구하기 위해 메뉴에서 '수식' ⇒ '함수 삽입'을 차례로 누르면 함수 마법사가 나타난다. 함수 선택에서 'CONFIDENCE'를 선택한다.

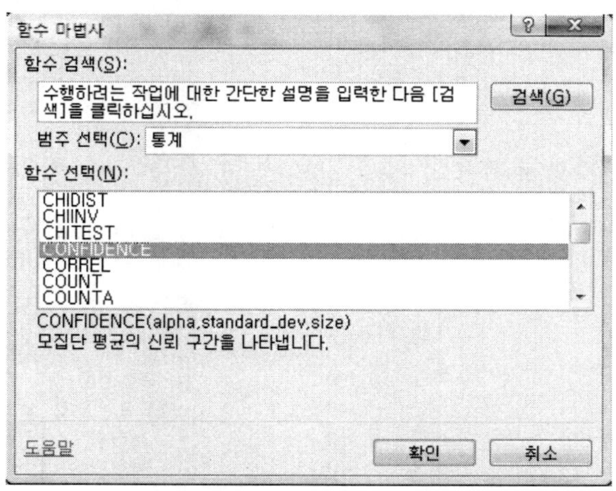

③ 함수 인수가 나타나면 Alpha(α)에서 '0.1'을, Standard_dev(σ)에서 '20'을, Size(n)에서 '16'을 입력한다. 표본오차 8.2242가 나타나면 확인을 누른다.

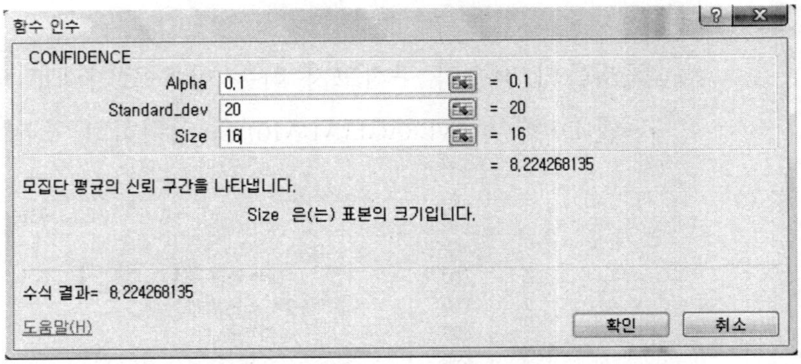

④ 화면에서 90%의 표본오차 8.2242가 나타난다. CONFIDENCE(α, σ, n)을 확인할 수 있다.

D2 | f_x =CONFIDENCE(0.1,20,16)

	A	B	C	D	E	F
1	700		표본평균	755		
2	740		90% 표본오차	8.224268		
3	800		하한값			
4	690		상한값			
5	760					
6	810					

⑤ 신뢰구간의 하한값과 상한값을 구하기 위해 셀 D3에서 '=D1−D2'를 입력하고 셀 D4에서 '=D1+D2'를 입력한다.

D3 | f_x =D1-D2

	A	B	C	D	E
1	700		표본평균	755	
2	740		90% 표본오차	8.224268	
3	800		하한값	746.7757	
4	690		상한값	763.2243	
5	760				
6	810				

(2) 모집단의 표준편차를 모르는 경우

모집단의 평균과 표준편차를 모르고 표본크기가 $n \le 30$인 경우에는 σ 대신 표본에서 추출한 불편추정량인 표본표준편차 S를 사용한다. 따라서 $\frac{\sigma}{\sqrt{n}}$ 대신 $\frac{S}{\sqrt{n}}$을 사용해야 하는데 이 경우 표본통계량이 표준정규분포를 따르지 않고 자유도 $(n-1)$의 t분포를 따른다.

표준정규분포에서 모표준편차(σ) 대신 표본표준편차(S)를 사용하는 정규분포를 t분포라 한다. t분포의 평균은 0이고 표본크기 n에 따라 분포가 달라진다. 표본의 자료를 사용하기 때문에 실용적으로 많이 사용되며 가설검정에서 자주 이용한다.

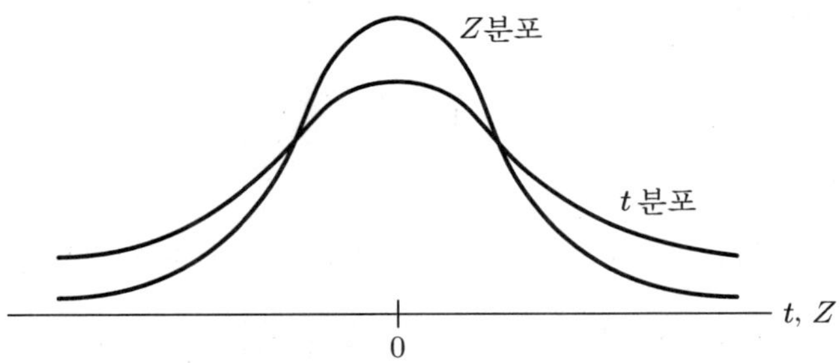

[그림 9-6] t분포와 표준정규분포

t분포의 그래프는 [그림 9-6]과 같이 종모양의 정규분포와 유사하지만 양쪽꼬리가 두터우며 더 납작한 구릉모양을 보여준다. 더 넓게 퍼져 있어 분산이 크게 나타나지만 모분산을 모르고도 값을 구할 수 있으며 표본크기가 $n \ge 30$이면 표준정규분포에 거의 근접한 그래프도 그릴 수 있다는 장점이 있다.

■ t 분포

평균 μ인 표준정규분포에서 n개의 표본을 추출하여 표본평균 $\overline{X}$이고 표본표준편차 S인 확률변수 t는

$$t = \frac{\overline{X} - \mu}{\frac{S}{\sqrt{n}}}$$

으로 표시되며 자유도 $(n-1)$인 t분포를 따른다.

t분포에서 t값은 허용오차수준 α와 자유도 $(n-1)$에 의해 결정된다. 좌우 한계치까지의 면적이 신뢰도 $(1-\alpha)$가 되도록 식으로 표시하면 다음과 같다.

$$P\left(-t_{\frac{\alpha}{2}} \leqq t \leqq t_{\frac{\alpha}{2}}\right) = 1 - \alpha$$

이 식을 그래프로 표현하면 [그림 9-7]과 같다.

여기서 $t = \dfrac{\overline{X} - \mu}{S/\sqrt{n}}$ 이므로 대입하여 정리하면 모평균 μ가 취할 수 있는 신뢰구간을 다음과 같이 정리한다.

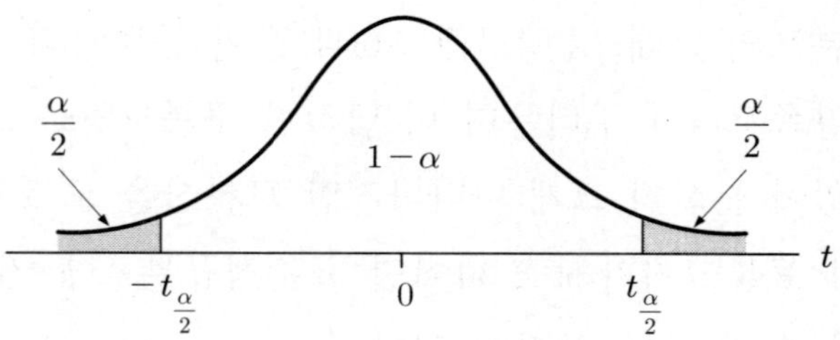

[그림 9-7] $P\left(-t_{\frac{\alpha}{2}} \leqq t \leqq t_{\frac{\alpha}{2}}\right) = 1 - \alpha$

■ 모평균 μ에 대한 신뢰구간

$$P\left(\overline{X}-t_{\frac{\alpha}{2},n-1}\frac{S}{\sqrt{n}} \leqq \mu \leqq \overline{X}+t_{\frac{\alpha}{2},n-1}\frac{S}{\sqrt{n}}\right)=1-\alpha$$

모평균 μ에 대한 신뢰구간은 [그림 9-8]과 같이 그래프로 표현할 수 있다.

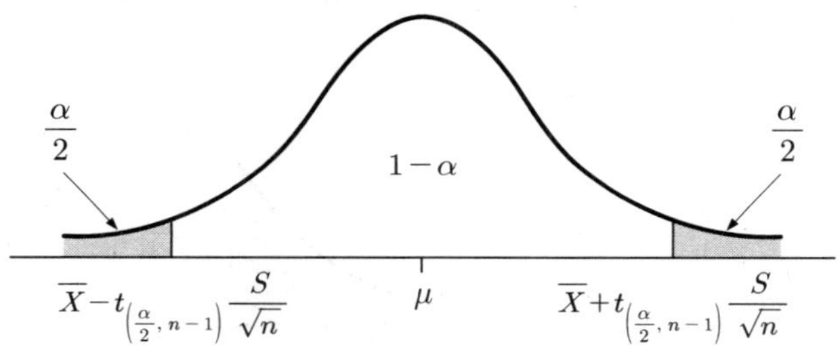

[그림 9-8] 모평균 μ에 대한 신뢰구간

예 9-2 수박밭에 있는 수박의 크기를 알기 위해 임의로 20개의 수박을 골라 무게를 측정하였다. 수박의 표본평균 $\overline{X}$가 3.5이고 표본분산 S^2가 1.44로 산출되었다. 수박밭의 수박이 정규분포를 따른다고 할 때 미지의 모평균 μ에 대한 95% 신뢰구간을 구하라.

풀이

$\overline{X}=3.5$

$n=20$

$S^2=1.44 \Rightarrow S=1.2$

$\alpha/2=0.025$

$t_{(\alpha/2,\, n-1)}=t_{(0.025,\, 19)}=2.093$

공식

$$\overline{X} - t_{(\alpha/2,\, n-1)}\frac{S}{\sqrt{n}} \leqq \mu \leqq \overline{X} + t_{(\alpha/2,\, n-1)}\frac{S}{\sqrt{n}}$$

에 대입하면

$$3.5 - 2.093\left(\frac{1.2}{\sqrt{20}}\right) \leqq \mu \leqq 3.5 + 2.093\left(\frac{1.2}{\sqrt{20}}\right)$$

$$2.9384 \leqq \mu \leqq 4.0616$$

$\therefore$ 모평균 μ에 대한 95% 신뢰구간은 $(2.9384, 4.0616)$로 나왔다.

위 식을 그래프로 나타내면 다음과 같다.

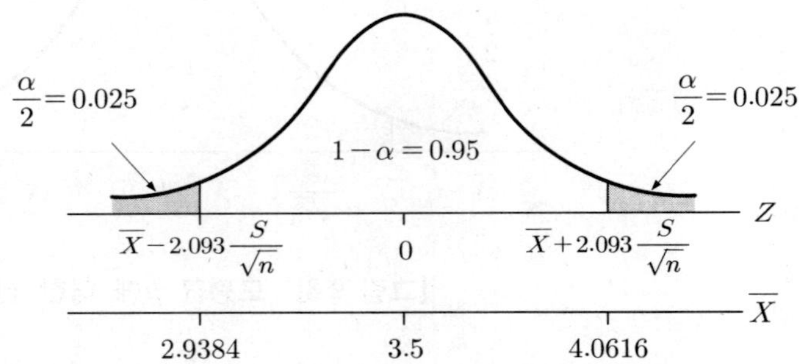

■ Excel 활용하기 2 ■

〈예 9-2〉를 엑셀을 활용하여 미지의 모평균 μ에 대한 95% 신뢰구간을 구하라.

① 문제에서 제시한 표본수, 자유도, α, 표본평균, 표본표준편차를 차례로 입력한다. 그리고 신뢰구간을 구하기 위해 t값, 95% 표본오차, 하한값, 상한값의 공간을 확보한다. 셀 B6에서 t값을 구하고자 한다.

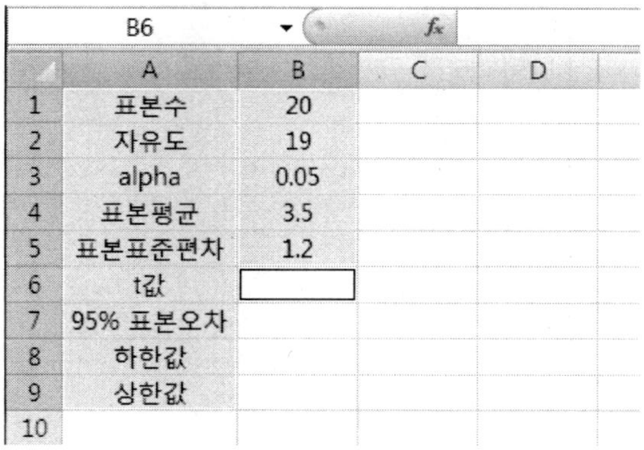

② 셀 B6에서 t값을 구하기 위해 메뉴에서 '수식' ⇒ '함수 삽입'을 차례로 누르면 함수 마법사 상자가 나온다. 함수 선택에서 'TINV'를 선택한다.

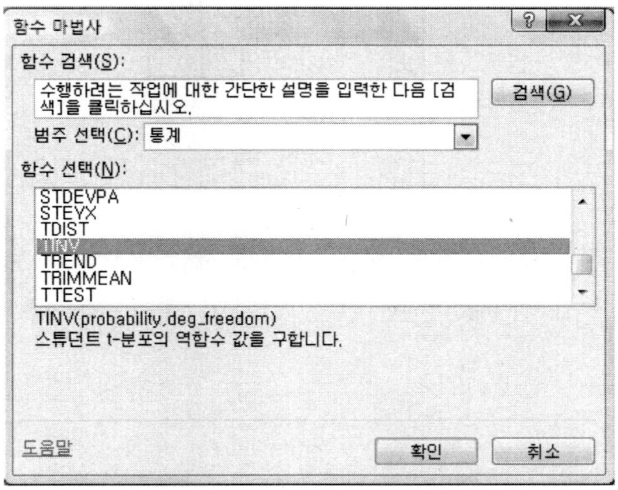

③ 함수 인수 상자가 나오면 Probability에서 α값인 '0.05'를 입력하고 Deg_freedom에서 '19'를 입력한다. 그리고 화면에서 t값 2.09302405가 나타나면 확인을 누른다.

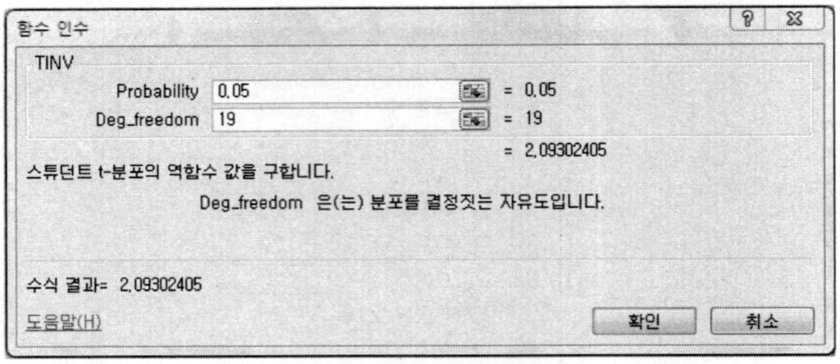

④ 함수 마법사를 사용하지 않고 직접 '=TINV(0.05,19)'를 입력해도 t 값이 산출되어 나온다.

B6 =TINV(0.05,19)

	A	B	C	D	E
1	표본수	20			
2	자유도	19			
3	alpha	0.05			
4	표본평균	3.5			
5	표본표준편차	1.2			
6	t값	2.093024			
7	95% 표본오차				
8	하한값				
9	상한값				
10					

⑤ 셀 B7에서 95% 표본오차를 구하기 위해 공식에 맞게 '=B6*B5/SQRT(B1)'을 입력하면 계산되어 나온다.

B7 =B6*B5/SQRT(B1)

	A	B	C	D	E
1	표본수	20			
2	자유도	19			
3	alpha	0.05			
4	표본평균	3.5			
5	표본표준편차	1.2			
6	t값	2.093024			
7	95% 표본오차	0.561617			
8	하한값				
9	상한값				
10					

⑥ 셀 B8에서 하한값을 구하기 위해 '=B4−B7'을 입력하면 표본평균에서 95% 표본오차를 차감한 값이 나타난다.

B8 | f_x =B4-B7

	A	B	C	D
1	표본수	20		
2	자유도	19		
3	alpha	0.05		
4	표본평균	3.5		
5	표본표준편차	1.2		
6	t값	2.093024		
7	95% 표본오차	0.561617		
8	하한값	2.938383		
9	상한값			
10				

⑦ 셀 B9에서 상한값을 구하기 위해 '=B4+B7'을 입력하면 표본평균에서 95% 표본오차를 더한 값이 나타난다.

B9 | f_x =B4+B7

	A	B	C	D
1	표본수	20		
2	자유도	19		
3	alpha	0.05		
4	표본평균	3.5		
5	표본표준편차	1.2		
6	t값	2.093024		
7	95% 표본오차	0.561617		
8	하한값	2.938383		
9	상한값	4.061617		
10				

(3) 표본크기가 $n \geq 30$인 대표본의 경우

모집단의 표준편차를 모를 때 표본크기 $n \leq 30$인 경우에는 t분포를 따르지만 표본크기 $n \geq 30$인 경우에는 정규분포 형태를 따르게 된다. 따라서 표본크기가 커지면 표본의 표준편차 S가 모집단의 표준편차 σ에 가까이 근접하게 된다. 이 경우 신뢰구간의 공식은 다음과 같다.

> ■ **모평균 μ에 대한 신뢰구간**
>
> $$P\left(\overline{X}-Z_{\frac{\alpha}{2}}\frac{S}{\sqrt{n}} \leqq \mu \leqq \overline{X}+Z_{\frac{\alpha}{2}}\frac{S}{\sqrt{n}}\right)=1-\alpha$$

예 9-3 점심시간에 학생들의 평균 식사시간을 추정하고자 임의로 61명의 식사시간을 측정하였다. 측정결과 평균 25분이고 표준편차는 5분으로 나왔다. 학생들의 식사시간의 모평균 μ에 대한 95% 신뢰구간을 Z분포와 t분포를 이용하여 구하라.

풀이 (1) Z분포

공식

$$\overline{X}-Z_{\frac{\alpha}{2}}\frac{S}{\sqrt{n}} \leqq \mu \leqq \overline{X}+Z_{\frac{\alpha}{2}}\frac{S}{\sqrt{n}}$$

에 대입하면

$$25-1.960\times 0.640 \leqq \mu \leqq 25+1.960\times 0.640$$
$$\therefore\ 23.7456 \leqq \mu \leqq 26.2544$$

(2) t분포

$$n=61,\ \overline{X}=25,\ S=5,\ \alpha=0.05$$

공식

$$\overline{X}-t_{\left(\frac{\alpha}{2},\,n-1\right)}\frac{S}{\sqrt{n}} \leqq \mu \leqq \overline{X}+t_{\left(\frac{\alpha}{2},\,n-1\right)}\frac{S}{\sqrt{n}}$$

에 대입하면

$$25 - t_{(0.025,\ 60)}\frac{5}{7.81} \leqq \mu \leqq 25 + t_{(0.025,\ 60)}\frac{5}{7.81}$$

$$25 - 2.00 \times 0.640 \leqq \mu \leqq 25 + 2.00 \times 0.640$$

$$\therefore\ 23.72 \leqq \mu \leqq 26.28$$

t분포가 Z분포에 비해 더 넓게 분포되어 있다.

■ Excel 활용하기 3 ■

〈예 9-3〉을 엑셀을 활용하여 미지의 모평균 μ에 대한 95% 신뢰구간을 t분포와 Z분포를 이용하여 구하라.

① 문제에서 제시한 표본수, 자유도, α, 표본평균, 표본표준편차를 차례로 입력한다. 신뢰구간을 구하기 위해 Z값 표본오차, t값, t값 표본오차를 입력하고 Z분포와 t분포의 하한값과 상한값의 공간을 확보한다. 셀 B6에서 Z값 표본오차를 구하고자 한다.

B6 fx

	A	B	C	D	E	F
1	표본수	61				
2	자유도	60			하한값	상한값
3	Alpha	0.05		Z분포		
4	표본평균	25		t분포		
5	표본표준편차	5				
6	Z값 표본오차					
7	t값					
8	t값 표본오차					
9						

② 셀 B6에서 Z값 표본오차를 구하기 위해 '수식' ⇒ '함수 삽입' ⇒ '함수 마법사'를 누르고 함수 선택에서 'CONFIDENCE'를 선택하면 함수 인수 상자가 나온다. Alpha에서 '0.05'를, Standard_dev에서 '5'를, Size에서 '61'을 입력한다. 표본오차 1.254738가 나타나면 확인을 누른다.

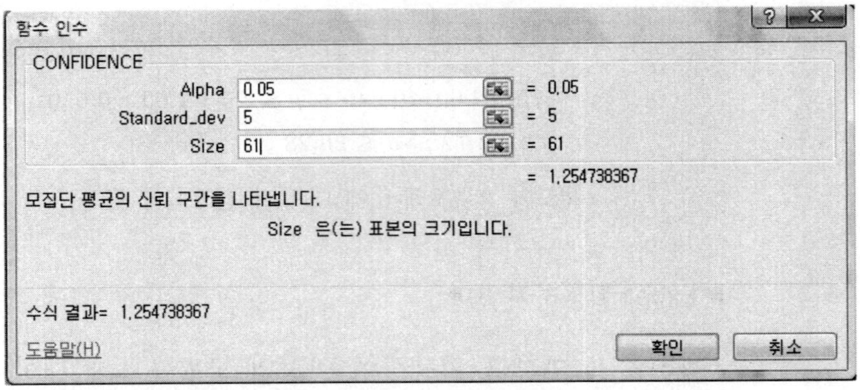

③ 셀 B7에서 t값을 구하기 위해 '수식' ⇒ '함수 삽입' ⇒ '함수 마법사'를 차례로 누르고 함수 선택에서 'TINV'를 선택하면 함수 인수 상자가 나온다. Probability에서 '0.05'를 입력하고 Deg_freedom에서 '60'을 입력한다. 그리고 화면에서 t값 2.0002978이 나타나면 확인을 누른다.

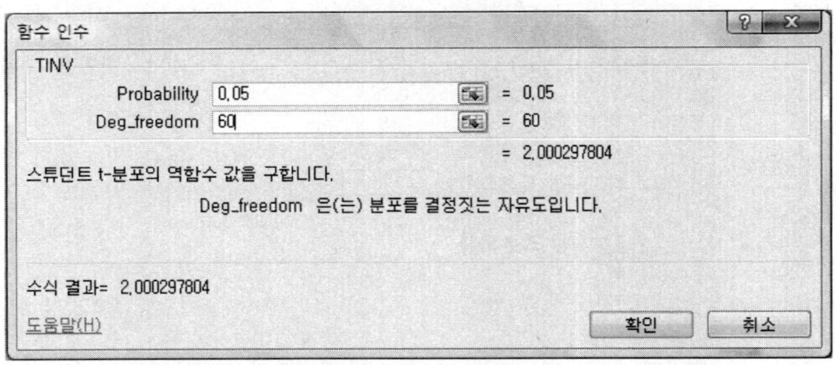

④ 셀 B6과 B7에 Z값 표본오차와 t값이 입력되어 있다. 셀 B8에서 t값 표본오차를 구하기 위해 공식에 맞게 '=B7*B5/SQRT(B1)'을 입력하면 계산되어 나온다.

B8 =B7*B5/SQRT(B1)

	A	B	C	D	E	F
1	표본수	61				
2	자유도	60			하한값	상한값
3	Alpha	0.05		Z분포		
4	표본평균	25		t분포		
5	표본표준편차	5				
6	Z값 표본오차	1.254738				
7	t값	2.000298				
8	t값 표본오차	1.280559				
9						

⑤ 셀 E3에서 Z분포의 하한값을 구하기 위해 '=B4−B6'을 입력하고 셀 F3에서 Z분포의 상한값을 구하기 위해 '=B4+B6'을 입력한다.

E3 =B4-B6

	A	B	C	D	E	F
1	표본수	61				
2	자유도	60			하한값	상한값
3	Alpha	0.05		Z분포	23.74526	26.25474
4	표본평균	25		t분포		
5	표본표준편차	5				
6	Z값 표본오차	1.254738				
7	t값	2.000298				
8	t값 표본오차	1.280559				
9						

⑥ 셀 E4에서 t분포의 하한값을 구하기 위해 '=B4−B8'을 입력하고 셀 F4에서 t분포의 상한값을 구하기 위해 '=B4+B8'을 입력한다.

E4 f_x =B4-B8

	A	B	C	D	E	F
1	표본수	61				
2	자유도	60			하한값	상한값
3	Alpha	0.05		Z분포	23.74526	26.25474
4	표본평균	25		t분포	23.71944	26.28056
5	표본표준편차	5				
6	Z값 표본오차	1.254738				
7	t값	2.000298				
8	t값 표본오차	1.280559				
9						

3 모비율의 구간추정

일상생활에서 자주 접하는 추정으로 대통령 선거에서 특정후보의 지지율이나 특정정당의 선호도, 생필품이나 가전제품의 시장점유율 등이 대표적인 사례이다.

모비율의 추정은 모집단에서 추출한 표본으로 표본비율($\check{p}$)을 측정하고 이 정보를 토대로 모집단의 비율(p)을 추정하는 것이고 특정구간을 정하고 추정하는 것을 구간추정이라 한다.

모비율 p는 모집단 평균 μ와 동일하며 표본비율의 평균과 분산, 표준편차가 〈표 9-3〉에 나타나 있다. 표본비율 $\check{p}$로 모집단 비율 p를 추정하는 과정은 표본평균 $\overline{X}$로 모평균 μ를 추정하는 과정과 동일하다.

〈표 9-3〉 모집단과 표본의 평균과 분산, 표준편차

	모집단	표 본	표본비율
평균(비율)	p	$\check{p}$	p
분 산	$p(1-p)$	$\check{p}(1-\check{p})$	$\check{p}(1-\check{p})$
표준편차	$\sqrt{p(1-p)}$	$\sqrt{\check{p}(1-\check{p})}$	$\sqrt{\check{p}(1-\check{p})}$

모집단 비율을 추정하기 위해 신뢰구간을 설정하는 과정은 모평균을 추정하기 위해 신뢰구간을 설정하는 과정과 동일하다. 그 과정은 〈표 9-4〉와 같다.

〈표 9-4〉 모비율 추정 과정

모평균 추정 시 신뢰구간		모비율 추정 시 신뢰구간
$\mu \in \overline{X} \pm Z_{\frac{\alpha}{2}} \frac{\sigma}{\sqrt{n}}$	$\Longrightarrow$	$p \in \check{p} \pm Z_{\frac{\alpha}{2}} \sqrt{\frac{\check{p}(1-\check{p})}{n}}$

비율의 표본분포는 이항분포로 나타나고 표본크기 n이 큰 경우 정규분포의 형태를 보이므로 Z분포를 이용한다. 모비율의 신뢰구간을 구하는 공식은 다음과 같다.

■ 모비율 p에 대한 신뢰구간

$$P\left(\check{p} - Z_{\frac{\alpha}{2}} \sqrt{\frac{\check{p}(1-\check{p})}{n}} \leq p \leq \check{p} + Z_{\frac{\alpha}{2}} \sqrt{\frac{\check{p}(1-\check{p})}{n}}\right) = 1 - \alpha$$

예 9-4 L전자는 고객들의 A/S에 대한 만족도를 조사하기 위해 200명을 대상으로 설문조사한 결과 160명의 고객이 매우 만족을 표시하였다. 전체고객을 대상으로 매우 만족에 대한 90% 신뢰구간을 구하라.

풀이 $n = 200,\ \check{p} = 0.8$

공식

$$\check{p} - Z_{\frac{\alpha}{2}} \sqrt{\frac{\check{p}(1-\check{p})}{n}} \leq p \leq \check{p} + Z_{\frac{\alpha}{2}} \sqrt{\frac{\check{p}(1-\check{p})}{n}}$$

$$0.8 - Z_{0.05} \times \sqrt{\frac{0.8 \times 0.2}{200}} \leqq p \leqq 0.8 + Z_{0.05} \times \sqrt{\frac{0.8 \times 0.2}{200}}$$

$$0.8 - 1.645 \times 0.0283 \leqq p \leqq 0.8 + 1.645 \times 0.0283$$

$$\therefore\ 0.7535 \leqq p \leqq 0.8465$$

■ Excel 활용하기 4 ■

〈예 9-4〉를 엑셀을 활용하여 고객을 대상으로 매우 만족에 대한 90% 신뢰구간을 구하라.

① 문제에서 제시한 Alpha, 표본크기, 표본비율을 입력한다. Z값, 90% 표본오차, 하한값, 상한값을 구하기 위해 공간을 확보한다. 셀 B4에서 Z값을 구한다.

B4 ▾ f_x

	A	B	C	D	E
1	Alpha	0.1			
2	표본크기	200		하한값	
3	표본비율	0.8		상한값	
4	Z값				
5	90% 표본오차				
6					

② 셀 B4에서 Z값을 구하기 위해 '=ABS(NORMSINV(0.05))'를 입력하면 1.6448이 산출된다. 직접 입력하는 방법과 함수 마법사에서 NORMSINV을 선택하거나 절대값을 붙이는 방법이 있다.

B4 ▾ f_x =ABS(NORMSINV(0.05))

	A	B	C	D	E
1	Alpha	0.1			
2	표본크기	200		하한값	
3	표본비율	0.8		상한값	
4	Z값	1.644853627			
5	90% 표본오차				
6					

③ 90% 표본오차를 구하기 위해 '=B4*SQRT(B3*(1−B3)/B2)'를 입력한다.

B5 | f_x =B4*SQRT(B3*(1-B3)/B2)

	A	B	C	D	E
1	Alpha	0.1			
2	표본크기	200		하한값	
3	표본비율	0.8		상한값	
4	Z값	1.644853627			
5	90% 표본오차	0.046523486			
6					

④ 셀 E2에서 하한값을 구하기 위해 '=B3−B5'를 입력하고, 셀 E3에서 상한값을 구하기 위해 '=B3+B5'를 입력한다.

E2 | f_x =B3-B5

	A	B	C	D	E
1	Alpha	0.1			
2	표본크기	200		하한값	0.753477
3	표본비율	0.8		상한값	0.846523
4	Z값	1.644853627			
5	90% 표본오차	0.046523486			
6					

9.4 표본크기의 결정

모집단에서 표본을 추출하여 모집단을 추정하는 과정에서 표본크기 n을 얼마로 해야 되는지에 대한 문제가 제기된다. 설문조사를 하기 위해서는 설문지를 얼마나 작성해야 하는지를 고려해야 한다.

표본크기가 크면 클수록 표본오차가 줄어들고 신뢰도가 높은 분석이 가능하겠지만 그에 비례하여 많은 조사비용과 시간이 소요된다. 따라서 추정의 목적과 표본오차를 고려하여 표본크기를 결정하는 것이 바람직하다.

1 모평균에 대한 표본크기 결정

표본크기 n을 결정하는 데 영향을 미치는 요인으로는 조사자가 인정하는 최대허용오차 e와 기대하는 신뢰도 $(1-\alpha)$, 모표준편차 σ가 있다. 모평균에 대한 표본크기의 결정에 관한 공식을 정리하면 다음과 같다.

■ 표본크기의 결정

① 모표준편차를 아는 경우

$$n = \frac{\left(Z_{\frac{\alpha}{2}}\right)^2 \sigma^2}{e^2}$$

② 모표준편차를 모르는 경우

$$n = \frac{\left(t_{\frac{\alpha}{2}}\right)^2 S^2}{e^2}$$

예 9-5 방학 동안 아르바이트에 참여한 학생들의 급여를 추정하고자 한다. 과거 아르바이트 급여는 정규분포를 따르고 표준편차가 1,000원으로 나타났다. 다음 상황에서 참여한 학생들의 급여를 추정하기 위한 표본의 크기를 구하라.

(1) 신뢰도 95%와 ±500원

(2) 신뢰도 90%와 ±600원

풀이 (1) 신뢰도 95%와 ±500원

$$n = \frac{\left(Z_{\frac{\alpha}{2}}\right)^2 \sigma^2}{e^2} = \frac{1.96^2 \times 1,000^2}{500^2} = 15.36584$$

$$\therefore \ n = 16$$

(2) 신뢰도 90%와 ±600원

$$n = \frac{\left(Z_{\frac{\alpha}{2}}\right)^2 \sigma^2}{e^2} = \frac{1.645^2 \times 1,000^2}{600^2} = 7.5167$$

$$\therefore \ n = 8$$

■ Excel 활용하기 5 ■

〈예 9-5〉를 엑셀을 활용하여 학생들의 급여를 추정하기 위한 표본의 크기를 구하라.

① 문제에서 제시한 모표준편차와 α(1), 허용오차(1), α(2), 허용오차(2)를 입력한다. 그리고 Z값(1), Z값(2), 표본크기(1), 표본크기(2)를 구하기 위해 공간을 확보한다. 셀 B5에서 Z값(1)을 구한다.

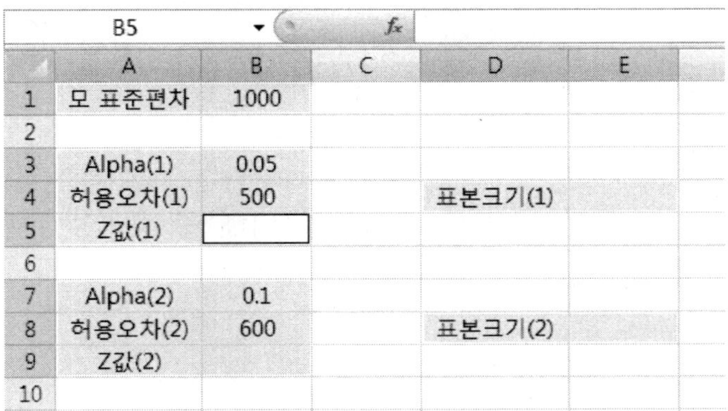

B5

	A	B	C	D	E
1	모 표준편차	1000			
2					
3	Alpha(1)	0.05			
4	허용오차(1)	500		표본크기(1)	
5	Z값(1)				
6					
7	Alpha(2)	0.1			
8	허용오차(2)	600		표본크기(2)	
9	Z값(2)				
10					

② 셀 B5에서 Z값(1)을 구하기 위해 '=ABS(NORMSINV(0.025))'를 입력하면 1.9599가 산출된다.

B5 | =ABS(NORMSINV(0.025))

	A	B	C	D	E
1	모 표준편차	1000			
2					
3	Alpha(1)	0.05			
4	허용오차(1)	500		표본크기(1)	
5	Z값(1)	1.959964			
6					
7	Alpha(2)	0.1			
8	허용오차(2)	600		표본크기(2)	
9	Z값(2)				
10					

③ 셀 B9에서 Z값(2)을 구하기 위해 '=ABS(NORMSINV(0.05))'를 입력하면 1.6448이 산출된다.

B9 | =ABS(NORMSINV(0.05))

	A	B	C	D	E
1	모 표준편차	1000			
2					
3	Alpha(1)	0.05			
4	허용오차(1)	500		표본크기(1)	
5	Z값(1)	1.959964			
6					
7	Alpha(2)	0.1			
8	허용오차(2)	600		표본크기(2)	
9	Z값(2)	1.644854			
10					

④ 표본크기(1)를 산출하기 위해 공식에 맞추어 '=(B5*B1/B4)^2'를 입력한다.

E4	f_x =(B5*B1/B4)^2			
A	B	C	D	E
모 표준편차	1000			
Alpha(1)	0.05			
허용오차(1)	500		표본크기(1)	15.36584
Z값(1)	1.959964			
Alpha(2)	0.1			
허용오차(2)	600		표본크기(2)	
Z값(2)	1.644854			

⑤ 표본크기(2)를 산출하기 위해 공식에 맞추어 '=(B9*B1/B8)^2'를 입력한다.

E8	f_x =(B9*B1/B8)^2			
A	B	C	D	E
모 표준편차	1000			
Alpha(1)	0.05			
허용오차(1)	500		표본크기(1)	15.36584
Z값(1)	1.959964			
Alpha(2)	0.1			
허용오차(2)	600		표본크기(2)	7.515398
Z값(2)	1.644854			

예 9-6 신입생들의 수학성적을 알기 위해 임의로 18명의 학생을 선발하여 시험을 본 결과 다음과 같은 자료가 산출되었다. 신뢰도 95%와 표본오차 5점 이하로 학생 전체의 성적을 산출하기 위해서는 몇 명의 학생성적이 더 필요한지 구하라.

79	65	62	58	55	53	51	50	49
44	40	38	35	32	28	25	24	20

풀이 $\overline{X} = \dfrac{79+65+62+58+\cdots+20}{18} = 44.89$

$S = 16.00$

$$n = \frac{\left(t_{\frac{\alpha}{2}}\right)^2 S^2}{e^2} = \frac{2.11^2 \times 16^2}{5^2} = 45.59$$

∴ 더 필요한 학생성적은 $46 - 18 = 28$이다.

■ Excel 활용하기 6 ■

〈예 9-6〉을 엑셀을 활용하여 몇 명의 학생성적이 더 필요한지 구하라.

① 문제에서 제시한 수학성적과 Alpha, 표본오차, 표본크기를 차례로 입력한다. 표본크기를 구하기 위해 표본표준편차, t값, 표본크기의 공간을 확보한다. 셀 E5에서 표본표준편차를 구한다.

	A	B	C	D	E	F
1	79	44				
2	65	40		Alpha	0.05	
3	62	38		표본오차	5	
4	58	35		표본크기	18	
5	55	32		표본표준편차		
6	53	28		t값		
7	51	25		산출된 표본크기		
8	50	24		수정된 표본크기		
9	49	20		필요한 표본크기		
10						

② 셀 E5에서 표본표준편차를 구하기 위해 '=STDEV(A1:B9)'를 입력하면 16.00이 계산되어 나온다.

E5 | =STDEV(A1:B9)

	A	B	C	D	E	F
1	79	44				
2	65	40		Alpha	0.05	
3	62	38		표본오차	5	
4	58	35		표본크기	18	
5	55	32		표본표준편차	16.00327	
6	53	28		t값		
7	51	25		산출된 표본크기		
8	50	24		수정된 표본크기		
9	49	20		필요한 표본크기		
10						

③ 셀 E6에서 t값을 구하기 위해 '=TINV(0.05,17)'을 입력하면 2.1098이 계산되어 나온다.

E6 | =TINV(0.05,17)

	A	B	C	D	E
1	79	44			
2	65	40		Alpha	0.05
3	62	38		표본오차	5
4	58	35		표본크기	18
5	55	32		표본표준편차	16.00327
6	53	28		t값	2.109816
7	51	25		산출된 표본크기	
8	50	24		수정된 표본크기	
9	49	20		필요한 표본크기	
10					

④ 셀 E7에서 표본크기를 구하기 위해 '=(E6*E5/E3)^2'를 입력하면 45.60이 계산되어 나온다.

E7		fx =(E6*E5/E3)^2			
	A	B	C	D	E
1	79	44			
2	65	40		Alpha	0.05
3	62	38		표본오차	5
4	58	35		표본크기	18
5	55	32		표본표준편차	16.00327
6	53	28		t값	2.109816
7	51	25		산출된 표본크기	45.60015
8	50	24		수정된 표본크기	
9	49	20		필요한 표본크기	
10					

⑤ 셀 E8에 산출된 표본크기를 수정하여 46을 입력하고 셀 E9에서 더 필요한 표본크기를 계산하면 46－18＝28이 나온다.

E9		fx =E8-E4			
	A	B	C	D	E
1	79	44			
2	65	40		Alpha	0.05
3	62	38		표본오차	5
4	58	35		표본크기	18
5	55	32		표본표준편차	16.00327
6	53	28		t값	2.109816
7	51	25		산출된 표본크기	45.60015
8	50	24		수정된 표본크기	46
9	49	20		필요한 표본크기	28
10					

2 모비율에 대한 표본크기 결정

모비율 p를 추정하기 위해 필요한 표본크기를 결정하는 과정은 바로 모평균에서의 과정과 동일하다. 모비율에 대한 표본크기의 결정에 관한 공식을 정리하면 다음과 같다.

■ **표본크기의 결정**

① 표본비율을 아는 경우

$$n = \frac{\left(Z_{\frac{\alpha}{2}}\right)^2 p(1-p)}{e^2}$$

② 표본비율을 모르는 경우

$$n = \frac{\left(Z_{\frac{\alpha}{2}}\right)^2}{4e^2}$$

예 9-7 자동차를 판매하면 과거 사례에서 20%가 라이트에 문제가 발생하였다. 신뢰구간 95%에 오차의 허용한계 3%를 만족하기 위한 표본크기 n을 구하라.

풀이 $p = 0.2, \quad e = 0.03, \quad Z_{0.025} = 1.96$

$$n = \frac{\left(Z_{\frac{\alpha}{2}}\right)^2 p(1-p)}{e^2} = \frac{1.96^2 0.2(1-0.2)}{0.03^2} = 682.9511$$

■ Excel 활용하기 7 ■

〈예 9-7〉을 엑셀을 활용하여 신뢰구간 95%에 오차의 허용한계 3%를 만족하기 위한 표본크기 n을 구하라.

① 문제에서 제시한 Alpha, 표본비율, 허용오차를 차례로 입력한다. 셀 B4에서 '=ABS(NORMSINV(0.025))'를 입력하면 Z값이 산출된다.

B4 | fx =ABS(NORMSINV(0.025))

	A	B	C	D	E	F
1	Alpha	0.05				
2	p	0.2				
3	e	0.03				
4	Z값	1.959964				
5	n					
6						

② 셀 B5에서 표본크기를 구하기 위해 '=B4^2*B2*(1−B2)/B3^2'를 입력하면 682.926이 계산되어 나온다.

B5 | f_x =B4^2*B2*(1-B2)/B3^2

	A	B	C	D	E	F
1	Alpha	0.05				
2	p	0.2				
3	e	0.03				
4	Z값	1.959964				
5	n	682.926				
6						

예 9-8　〈예 9-7〉에서 자동차를 판매 이후 라이트 문제에 대한 과거 사례가 없다고 한다. 신뢰구간 95%에 오차의 허용한계 3%를 만족하기 위한 표본크기 n을 구하라.

풀이　$e = 0.03,\quad Z_{0.025} = 1.96$

$$n = \frac{\left(Z_{\frac{\alpha}{2}}\right)^2}{4e^2} = \frac{1.96^2}{4 \times 0.03^2} = 1{,}067.1111$$

■ Excel 활용하기 8 ■

〈예 9-8〉을 엑셀을 활용하여 신뢰구간 95%에 오차의 허용한계 3%를 만족하기 위한 표본크기 n을 구하라.

① 문제에서 제시한 Alpha와 허용오차를 입력한다. 셀 B3에서 '=ABS(NORMSINV(0.025))'를 입력하고 Z값을 산출한다. 셀 B4에서 표본크기를 구하기 위해 '=(B3/B2)^2/4'를 입력하면 1,067.072가 계산되어 나온다.

B4 | f_x =(B3/B2)^2/4

	A	B	C	D	E
1	Alpha	0.05			
2	e	0.03			
3	Z값	1.959964			
4	n	1067.072			
5					

<< 연습문제 <<<<<<<<<<<<<<<<<<<<<<<<<<<<<<<<<<<<<<<<<<<<

01 점추정에 대해 설명하라.

02 구간추정에 대해 설명하라.

03 모평균 μ의 신뢰구간이 다음과 같을 때 신뢰수준을 구하라.

(1) $\overline{X} \pm 1.28\left(\frac{\sigma}{\sqrt{n}}\right)$ (2) $\overline{X} \pm 1.645\left(\frac{\sigma}{\sqrt{n}}\right)$

(3) $\overline{X} \pm 1.96\left(\frac{\sigma}{\sqrt{n}}\right)$ (4) $\overline{X} \pm 2.575\left(\frac{\sigma}{\sqrt{n}}\right)$

04 $Z_{\frac{\alpha}{2}}$의 값을 구하라.

(1) $\alpha = 0.01$ (2) $\alpha = 0.02$ (3) $\alpha = 0.04$

(4) $\alpha = 0.05$ (5) $\alpha = 0.10$ (6) $\alpha = 0.20$

05 t_α의 값을 구하라.

(1) $P(-t_\alpha \le t \le t_\alpha) = 0.96, \quad n = 20$

(2) $P(t < t_\alpha) = 0.02, \quad n = 30$

(3) $P(t > t_\alpha) = 0.06, \quad n = 15$

(4) $P(t < -t_\alpha \text{ or } t > t_\alpha) = 0.1, \quad n = 10$

06 대통령 선거를 앞두고 여론조사에서 A후보의 지지율은 25%, B후보의 지지율은 50%이고 95% 신뢰구간에서 ±3%라고 하는데 이것은 무엇을 의미하는가?

07 학생들의 영어성적을 알기 위해 무작위로 선발한 30명의 점수가 다음과 같다. 과거 성적이 표준편차 25점의 정규분포를 이룬다고

할 때 전체학생의 모평균 μ에 대한 95% 신뢰구간을 구하라.

80	115	77	105	83	90	120	95	86	91
53	112	78	79	130	49	118	69	38	93
100	94	88	115	67	55	98	125	74	87

(1) 계산식으로 구하라.

(2) 엑셀을 이용하여 구하라.

(3) 그래프를 그려라.

08 정규분포를 보이는 모집단에서 임의로 10명을 선정하여 나이를 조사하였다. 모집단의 평균나이의 95% 신뢰구간을 구하라.

18	25	33	28	20	37	42	36	23	30

(1) 계산식으로 구하라.

(2) 엑셀을 이용하여 구하라.

(3) 그래프를 작성하라.

09 사과나무에 열리는 사과의 개수를 알기 위해 임의로 20그루를 선정하여 조사해 본 결과 다음과 같이 산출되었다. 신뢰도 90%와 표본오차 4 이하로 나무에 열리는 사과 개수를 산출하기 위해서는 몇 그루의 나무가 더 필요한지 구하라.

25	46	30	63	47	50	32	45	16	40
41	35	36	19	55	28	38	70	33	66

(1) 계산식으로 구하라.

(2) 엑셀을 이용하여 구하라.

10 신뢰구간 95%에 오차의 허용한계 5%를 만족하기 위한 표본크기 n을 구하라.

CHAPTER

10

가설검정

추정은 모집단에서 추출한 표본의 통계량으로 모집단의 모수를 추정하는 과정이고 가설검정은 모수에 대한 어떤 주장이 사실이라고 결론을 내려도 되는지에 대한 증거를 검정하는 과정이다. 가설검정은 모수에 대한 주장이 타당성이 있는지 표본의 정보를 가지고 검정하는 것이다.

10.1 가설검정의 개념

가설검정(hypothesis test)은 모집단의 특성에 대해 가설을 주장하고 표본에서 얻은 통계량 정보를 바탕으로 가설의 진위 여부를 판별하는 분석과정이다.

가설검정에서 자주 사용하는 용어는 다음과 같다.

- 유의수준 : 귀무가설을 기각하고 연구가설을 채택할 확률을 의미하며 α로 표시
- 임계치 : 검정의 종류와 유의수준을 고려하여 계산된 값으로 가설의 채택 여부를 결정짓는 경계값
- 검정통계량 : 가설을 검정하기 위해 표본에서 추출한 통계량으로 임계치와 동일하게 귀무가설의 채택 여부를 결정하는 기준치로 사용
- 유의확률 : 귀무가설을 기각할 수 있는 최소의 유의수준

1 가설의 종류

가설은 알지 못하는 모집단의 특성에 대해 주장이나 가정을 하는 것이다. 가설은 옳을 수도 있고 틀릴 수도 있으므로 표본 통계량을 이용하여 주장하는 가설이 옳은지 틀린지 검정하고 결정하는 것이다.

어떤 가설에 대해 표본 통계량을 이용하여 통계적 분석으로 가설의 진위 여부를 평가하고자 할 때 그 가설을 통계적 가설이라 한다. 가설검정에는 항상 귀무가설(null hypothesis)과 대립가설(alternative hypothesis)이 존재한다.

귀무가설은 보통 H_0으로 표시하며 지금까지 일반적인 사실로 받아들이고 있는 내용을 나타낸다. 대립가설은 보통 H_1로 표시하며 조사자가 새로이 주장하여 검정하고자 하는 내용으로 연구가설이라 부르기도 한다. 두 가설에서 모수 θ가 어느 특정한 값 θ_0을 갖는다는 가설은 다음 세 가지 형태로 분류할 수 있다.

<표 10-1> 가설의 종류

	제1형태	제2형태	제3형태
H_0 H_1	$\theta = \theta_0$ $\theta \neq \theta_0$	$\theta \geq \theta_0$ $\theta < \theta_0$	$\theta \leq \theta_0$ $\theta > \theta_0$
가설의 분류 검정의 분류	단순가설 양측검정	복합가설 좌측검정	복합가설 우측검정

단순가설은 제1형태와 같이 모수의 값이 하나로 나타나는 경우이고 복합가설은 제2, 3의 형태와 같이 모수의 값이 범위로 나타나는 경우이다.

[그림 10-1]은 양측검정으로 제1형태를 나타내며, [그림 10-2]는 좌측검정으로 제2형태를 나타내고 [그림 10-3]은 우측검정으로 제3형태를 나타낸다.

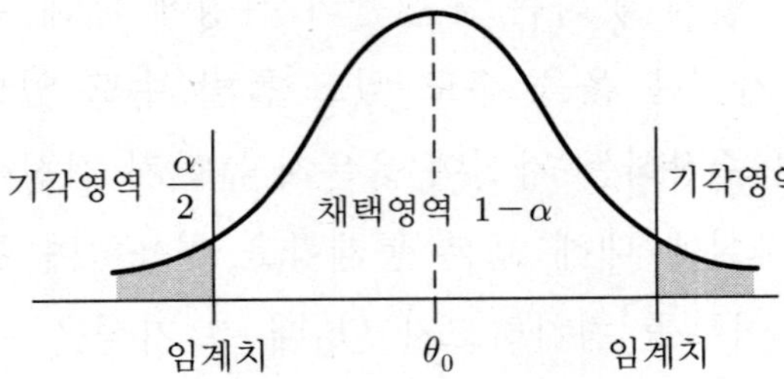

[그림 10-1] 양측검정

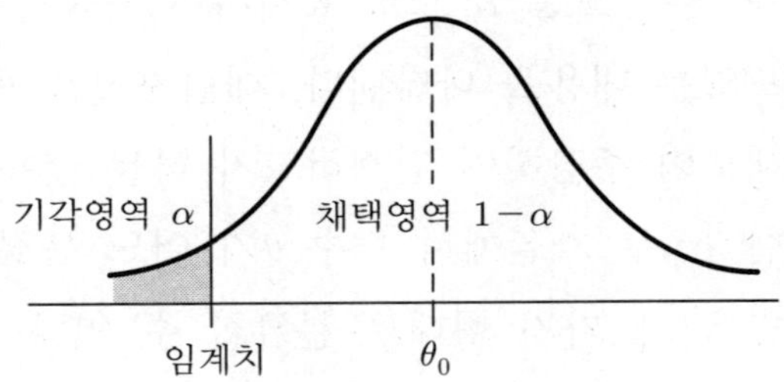

[그림 10-2] 좌측검정

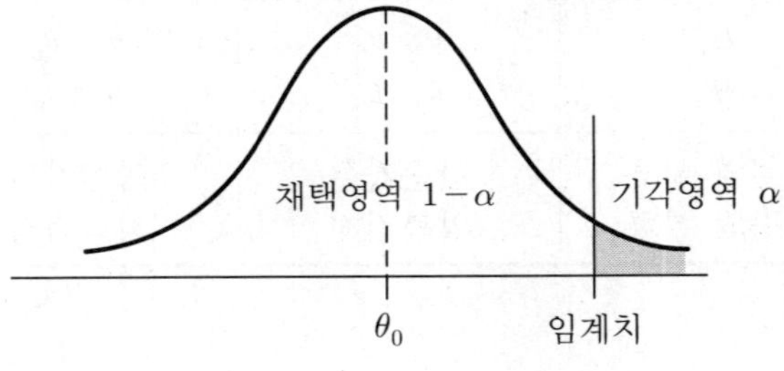

[그림 10-3] 우측검정

2 유의수준 결정

유의수준(significance level)은 가설검정에서 귀무가설을 기각시키고 연구가설을 채택할 확률을 말하며 α로 표시한다. 예를 들어 95% 신뢰도를 가정하는 경우 (1−0.95)인 0.05가 유의수준이 된다. 유의수준 0.05는 확률 5% 미만의 극단적인 경우에만 귀무가설이 틀린 것으로 결정하겠다는 것을 의미한다.

유의수준은 제1종 오류(α-오류)를 범할 확률이며 〈표 10-2〉와 같이 귀무가설이 옳은데 귀무가설을 기각하는 오류를 하는 확률을 의미한다. 반대로 $(1-\alpha)$는 귀무가설이 옳은데 옳다고 결정하는 확률로 신뢰수준이 된다.

가설을 세우고 검정을 할 때 100% 맞는다는 확신이 없으므로 제1종 오류를 범할 확률의 허용한계를 미리 정해 유의수준을 설정하는 것이다. 예를 들어 유의수준 5% 검정은 검정결과 귀무가설이 기각이라면 이 결정이 맞을 확률이 95%라는 의미이다.

가설검정의 절차에서 유의수준과 유의확률을 비교하여 통계적 유의성을 검정하게 된다. 통계적 검정에서 유의수준은 귀무가설이 옳은데도 불구하고 틀린 것으로 판단하고 귀무가설을 기각하고 연구가설을 채택하는 확률을 의미한다. 보통 백분율로 나타내고 1%, 2%, 5%, 10% 등이 있으며 조사자가 결정한다.

유의수준이 작을수록 기준이 엄격하여 연구가설이 채택될 확률이 낮아진다는 것을 의미한다. 유의수준 0.05와 0.01에서 채택된 연구가설을 비교하면 0.01에서 채택된 가설이 보다 엄격하게 입증된 것으로 볼 수 있다.

<표 10-2> 귀무가설의 상황과 채택 여부

	H_0 옳은 경우	H_0 틀린 경우
H_0 채택	옳은 결정($1-\alpha$)	제2종 오류(β)
H_0 기각	제1종 오류(α)	옳은 결정($1-\beta$)

참고로 제2종 오류는 귀무가설이 틀리지만 귀무가설을 채택하는 오류로서 β-오류라고 부른다. α-오류와 β-오류는 서로 상반된 성격을 가지고 있어 어느 하나가 감소하면 다른 하나가 증가하게 된다.

3 임계치 계산

가설검정을 실시하는 과정에서 검정의 종류와 유의수준을 파악하여 귀무가설을 채택하거나 기각하는 기준점을 임계치(critical value)라 한다. 연구가설의 채택 여부는 임계치와 표본에서 추출한 통계량 값을 비교하여 결정한다.

임계치 계산은 제1종 오류를 범할 최대허용확률을 먼저 결정해야 하는데 여기서 최대허용확률은 유의수준을 말한다.

예를 들어 유의수준 5%($\alpha=0.05$)에서 모집단이 정규분포를 따르고 $\mu=10$, $\sigma_{\overline{X}}=0.03$일 때 단측검정의 임계치 C를 구해 보자.

$$-Z_\alpha = \frac{C-\mu}{\sigma_{\overline{X}}}$$

$$C-\mu = -Z_\alpha \sigma_{\overline{X}}$$

$$C = \mu - Z_\alpha \sigma_{\overline{X}} = 10 - 1.645 \times 0.03 = 9.95$$

가설검정에서

$\overline{X} \geq 9.95$: H_0 채택

$\overline{X} < 9.95$: H_0 기각

그래프로 나타내면 [그림 10-4]와 같다.

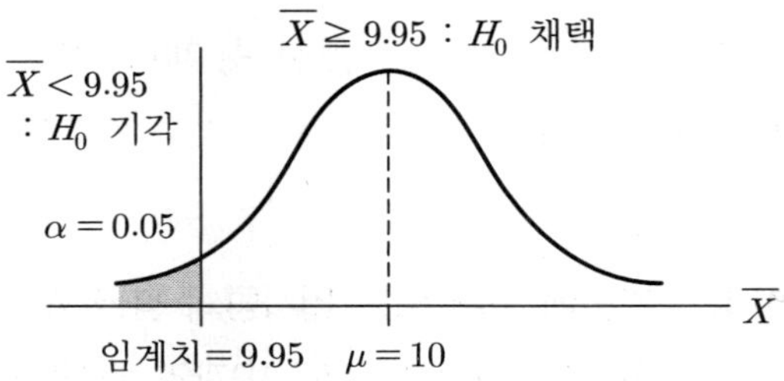

[그림 10-4] 임계치와 채택 여부

4 가설검정의 과정

검정의 종류와 유의수준에 의해 임계치가 계산되고 이를 바탕으로 연구가설의 채택 여부가 결정된다. 가설검정의 과정을 정리하면 다음과 같다.

① 가설설정

- 연구가설 설정
- 귀무가설 설정
- 검정의 종류 결정

② 유의수준 결정

- 유의수준이 작을수록 기준이 엄격하여 연구가설이 채택될 확률이 낮아짐
- 백분율로 나타내고 1%, 2%, 5%, 10% 이내로 설정

③ 임계치 계산

- 검정의 종류와 유의수준을 파악하여 임계치 계산

④ 가설 채택 여부 결정

- 임계치와 표본에서 추출한 통계량 값을 비교하여 연구가설의 채택 여부를 결정

예 10-1 건빵에 들어 있는 별사탕의 평균 개수는 40개로 만들지만 몇 개씩 차이가 있다. 임의로 10개의 별사탕을 골라 세워 보니 다음과 같았다. 별사탕 개수 40개에 표준편차 2개라고 말할 수 있는지 유의수준 5%로 검정하라.

37	38	39	40	40	40	41	41	42	43

풀이 $\mu = 40,\quad \sigma = 2,\quad n = 10,\quad \alpha = 0.05$

① 가설설정

$H_0 : \mu = 40$

$H_1 : \mu \neq 40$

② 임계치와 기각영역

$$Z_{\frac{\alpha}{2}} = Z_{0.025} = 1.96$$

$$-Z_{\frac{\alpha}{2}} = -Z_{0.025} = -1.96$$

채택영역 : $-1.96 \le Z \le 1.96$

기각영역 : $Z < -1.96$ or $1.96 < Z$

③ 표본평균, 표본표준편차, Z통계량

$$\overline{X} = \frac{(37+38+39+40+40+40+41+41+42+43)}{10} = 40.1$$

$$\sigma_{\overline{X}} = \sqrt{\frac{\Sigma(X-\overline{X})^2}{n-1}} = 0.6325$$

$$Z = \frac{\overline{X}-\mu}{\frac{\sigma_{\overline{X}}}{\sqrt{n}}} = \frac{40.1-40}{\frac{2}{\sqrt{10}}} = 0.1581$$

④ 가설 채택 여부 결정

$-1.96 \le Z = 0.1581 \le 1.96$이므로 채택

∴ 별사탕은 40개라고 말해도 된다.

■ Excel 활용하기 1 ■

〈예 10-1〉을 엑셀을 이용하여 별사탕 개수 40개에 표준편차 2개라고 말할 수 있는지 유의수준 5%로 검정하라.

① 문제에서 주어진 자료와 제시된 자료인 유의수준, 표본크기, 평균, 표준편차를 입력시킨다. 구하고자 하는 표본평균, 평균표준오차, Z통계량, 임계치의 공간을 확보한다.

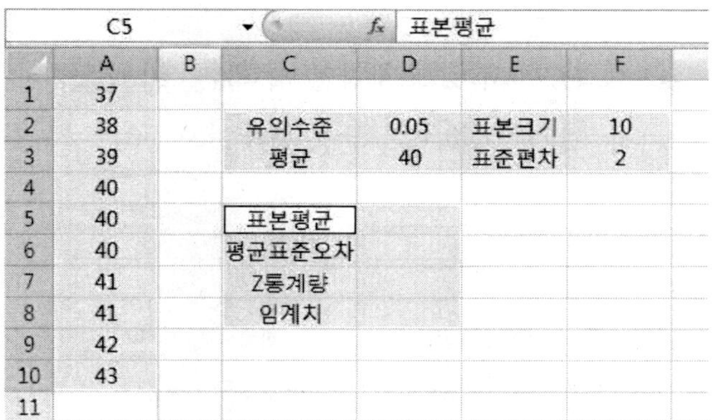

② 셀 D5에서 표본평균을 구하기 위해 '=AVERAGE(A1:A10)'을 입력한다.

D5 | f_x =AVERAGE(A1:A10)

	A	B	C	D	E	F
1	37					
2	38		유의수준	0.05	표본크기	10
3	39		평균	40	표준편차	2
4	40					
5	40		표본평균	40.1		
6	40		평균표준오차			
7	41		Z통계량			
8	41		임계치			
9	42					
10	43					

③ 셀 D6에서 평균표준오차를 구하기 위해 '=2/SQRT(10)'을 입력한다. 여기서 2는 표준편차이고 10은 표본크기이다.

D6 | f_x =2/SQRT(10)

	A	B	C	D	E	F
1	37					
2	38		유의수준	0.05	표본크기	10
3	39		평균	40	표준편차	2
4	40					
5	40		표본평균	40.1		
6	40		평균표준오차	0.632456		
7	41		Z통계량			
8	41		임계치			
9	42					
10	43					
11						

④ 셀 D7에서 Z통계량을 구하기 위해 '=(40.1−40)/D6'을 입력한다. 여기서 40.1은 표본평균이고 40은 모평균이다.

D7 | f_x =(40.1-40)/D6

	A	B	C	D	E	F
1	37					
2	38		유의수준	0.05	표본크기	10
3	39		평균	40	표준편차	2
4	40					
5	40		표본평균	40.1		
6	40		평균표준오차	0.632456		
7	41		Z통계량	0.158114		
8	41		임계치			
9	42					
10	43					
11						

⑤ 셀 D8에서 임계치를 구하기 위해 '=ABS(NORMSINV(D2/2))'를 입력하면 1.96이 나타난다. 여기서 좌측 임계치는 −1.96이고 우측 임계치는 1.96을 나타낸다.

D8 | f_x =ABS(NORMSINV(D2/2))

	A	B	C	D	E	F
1	37					
2	38		유의수준	0.05	표본크기	10
3	39		평균	40	표준편차	2
4	40					
5	40		표본평균	40.1		
6	40		평균표준오차	0.632456		
7	41		Z통계량	0.158114		
8	41		임계치	1.959964		
9	42					
10	43					
11						

10.2 모집단 평균의 가설검정

모집단 평균의 검정은 모집단에 대한 정보를 얼마나 알고 있느냐에 따라 다음 두 가지 방법이 있다.

① 모집단 분산을 아는 경우 : Z통계량 사용

② 모집단 분산을 모르는 경우

- 소표본($n < 30$)인 경우 : t통계량 사용
- 대표본($n \geq 30$)인 경우 : Z통계량 사용

1 모분산을 아는 경우

모분산을 아는 경우에는 모집단이 정규분포를 보이거나 모집단이 비정규분포라도 대표본 $n \geq 30$인 경우에는 Z분포로 인식한다. 모집단 평균의 가설감정은 다음과 같이 정리한다.

(1) 가설설정

$H_0 : \mu = \mu_0$

$H_1 : \mu \neq \mu_0$ (양측검정)

$\mu > \mu_0$ (우측검정)

$\mu < \mu_0$ (좌측검정)

(2) 검정통계량

$$Z = \frac{\overline{X} - \mu_0}{\frac{\sigma}{\sqrt{n}}}$$

(3) H_0 기각영역

$|Z| > Z_{\frac{\alpha}{2}}$ (양측검정)

$Z > Z_\alpha$ (우측검정)

$Z < -Z_\alpha$ (좌측검정)

2 모분산을 모르면서 대표본 $n \geq 30$인 경우

모평균을 모르는 경우는 모분산도 모르는 경우가 일반적이다. 모집단이 정규분포이거나 비정규분포에 관계없이 대표본 $n \geq 30$인 경우에는 Z분포로 인식한다.

(1) 가설설정

$H_0 : \mu = \mu_0$

$H_1 : \mu \neq \mu_0$ (양측검정)

$\mu > \mu_0$ (우측검정)

$\mu < \mu_0$ (좌측검정)

(2) 검정통계량

$$Z = \frac{\overline{X} - \mu_0}{\frac{S}{\sqrt{n}}}$$

(3) H_0 기각영역

$|Z| > Z_{\frac{\alpha}{2}}$ (양측검정)

$Z > Z_{\alpha}$ (우측검정)

$Z < -Z_{\alpha}$ (좌측검정)

3 모분산을 모르면서 소표본 $n < 30$인 경우

모분산을 모르면서 소표본 $n < 30$인 경우에는 t분포로 인식한다.

(1) 가설설정

$H_0 : \mu = \mu_0$

$H_1 : \mu \neq \mu_0$ (양측검정)

$\mu > \mu_0$ (우측검정)

$\mu < \mu_0$ (좌측검정)

(2) 검정통계량

$$t = \frac{\overline{X} - \mu_0}{\frac{S}{\sqrt{n}}}$$

(3) H_0 기각영역

$|t| > t_{(n-1), \frac{\alpha}{2}}$ (양측검정)

$t > t_{(n-1), \alpha}$ (우측검정)

$t < -t_{(n-1), \alpha}$ (좌측검정)

예 10-2 학생들의 몸무게가 정규분포를 보이고 평균이 55kg이고 표준편차 10kg이라고 보고하였다. 임의로 25명의 학생을 선발하여 조사해 보니 표본평균 60kg으로 나타났다. 학생들의 보고에 대해 유의수준 5%로 검정하라.

풀이 모집단이 정규분포를 보이고 모표준편차를 알고 있으므로 검정통계량은 Z분포를 보인다.

$$\mu = 55, \quad \sigma = 10, \quad n = 25, \quad \overline{X} = 60, \quad \alpha = 0.05$$

① 가설설정

$H_0 : \mu = 55$

$H_1 : \mu > 55$

② 검정통계량

$$Z = \frac{\overline{X} - \mu_0}{\frac{\sigma}{\sqrt{n}}} = \frac{60 - 55}{\frac{10}{\sqrt{25}}} = \frac{5}{2} = 2.5$$

③ H_0 기각영역

유의수준 $\alpha = 0.05$에 우측검정이므로 임계치는 $Z_{0.05} = 1.96$

④ 가설 채택 여부 결정

$Z_{0.05} = 1.96 < Z = 2.5$이므로 귀무가설이 기각되어 학생들의 몸무게는 55kg을 넘는 것으로 판단된다.

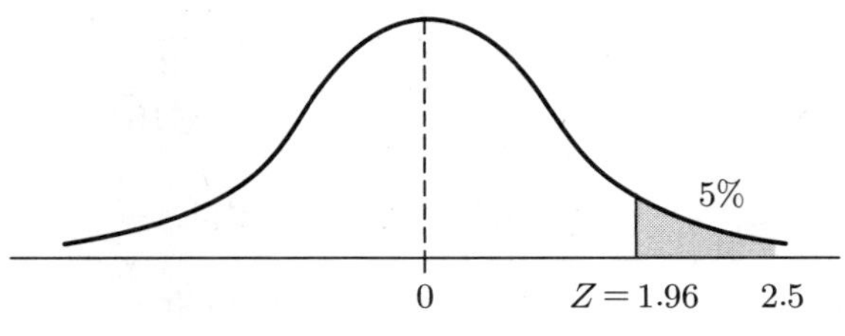

예 10-3 야구공의 무게는 평균 145g이라 한다. 이를 검사하기 위해 임의로 10개의 야구공을 골라 세워 보니 다음과 같았다. 야구공의 무게가 정규분포를 보인다고 할 때 유의수준 5%로 야구공 무게가 145g이라는 귀무가설을 검정하라.

141	142	143	144	144	145	146	146	147	148

풀이 모집단이 정규분포를 보이지만 모표준편차를 모르고 소표본 $n < 30$ 이므로 검정통계량은 t 분포를 보인다.

$$\mu = 145, \quad n = 10, \quad \alpha = 0.05$$

① 가설설정

$$H_0 : \mu = 145$$
$$H_1 : \mu \neq 145$$

② 유의수준 $\alpha = 0.05$의 임계치와 기각영역 결정

$$t_{(n-1),\ \frac{\alpha}{2}} = t_{9,\ 0.025} = 2.262$$

채택영역 : $-2.262 \leq t \leq 2.262$

기각영역 : $t < -2.262$ or $2.262 < t$

③ 표본평균, 표본표준편차, t 통계량

$$\overline{X} = \frac{(141 + 142 + 143 + 144 + \cdots + 148)}{10} = 144.6$$

$$S = \sqrt{\frac{\sum (X - \overline{X})^2}{n-1}} = 2.221$$

$$t = \frac{\overline{X} - \mu}{\frac{S}{\sqrt{n}}} = \frac{144.6 - 145}{\frac{2.221}{\sqrt{10}}} = -0.5695$$

④ 가설 채택 여부 결정

$-2.262 \leq t = -0.5695 \leq 2.262$이므로 귀무가설 채택

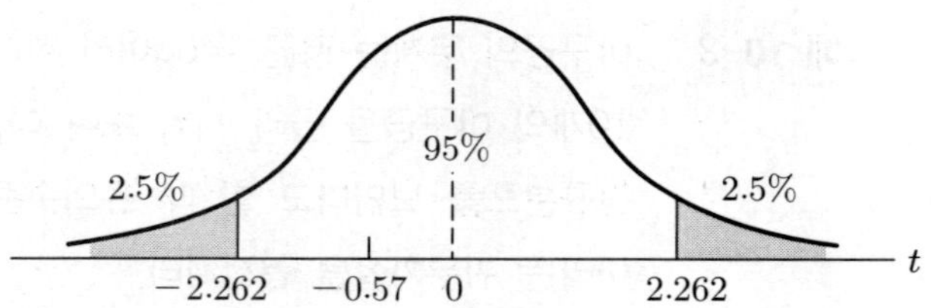

■ Excel 활용하기 2 ■

〈예 10-3〉을 엑셀을 이용하여 야구공 무게가 145g이라고 주장할 수 있는지 유의수준 5%로 검정하라.

① 문제에서 주어진 자료와 제시된 자료인 유의수준, 표본크기, 평균, 자유도를 입력시킨다. 구하고자 하는 표본평균, 평균표준오차, 평균의 표준오차, t 통계량, 양측t 임계치의 공간을 확보한다.

D5 | f_x

	A	B	C	D	E	F
1	141					
2	142		유의수준	0.05	표본크기	10
3	143		평균	145	자유도	9
4	144					
5	144		표본평균			
6	145		표본표준편차			
7	146		평균의 표준오차			
8	146		t통계량			
9	147		양측t임계치			
10						

② 셀 D5에서 표본평균을 구하기 위해 '=AVERAGE(A1:A10)'을 입력한다. 셀 D6에서 평균표준편차를 구하기 위해 '=STDEV(A1:A10)'을 입력한다.

D5 | f_x =AVERAGE(A1:A10)

	A	B	C	D	E	F
1	141					
2	142		유의수준	0.05	표본크기	10
3	143		평균	145	자유도	9
4	144					
5	144		표본평균	144.6		
6	145		표본표준편차	2.221111		
7	146		평균의 표준오차			
8	146		t통계량			
9	147		양측t임계치			
10	148					
11						

③ 셀 D7에서 평균의 표준오차를 구하기 위해 '=D6/SQRT(F2)'를 입력한다.

D7 | f_x =D6/SQRT(F2)

	A	B	C	D	E	F
1	141					
2	142		유의수준	0.05	표본크기	10
3	143		평균	145	자유도	9
4	144					
5	144		표본평균	144.6		
6	145		표본표준편차	2.221111		
7	146		평균의 표준오차	0.702377		
8	146		t통계량			
9	147		양측t임계치			
10	148					
11						

④ 셀 D8에서 Z통계량을 구하기 위해 '=(D5−D3)/D7'을 입력한다.

D8 | f_x =(D5-D3)/D7

	A	B	C	D	E	F
1	141					
2	142		유의수준	0.05	표본크기	10
3	143		평균	145	자유도	9
4	144					
5	144		표본평균	144.6		
6	145		표본표준편차	2.221111		
7	146		평균의 표준오차	0.702377		
8	146		t통계량	-0.56949		
9	147		양측t임계치			
10	148					
11						

⑤ 셀 D9에서 양측t 임계치를 구하기 위해 '=TINV(0.05,9)'를 입력한다.

D9 | f_x =TINV(0.05,9)

	A	B	C	D	E	F
1	141					
2	142		유의수준	0.05	표본크기	10
3	143		평균	145	자유도	9
4	144					
5	144		표본평균	144.6		
6	145		표본표준편차	2.221111		
7	146		평균의 표준오차	0.702377		
8	146		t통계량	-0.56949		
9	147		양측t임계치	2.262157		
10	148					
11						

<< 연습문제 <<<<<<<<<<<<<<<<<<<<<<<<<<<<<<<<<<<<<<<<<<<<

01 가설검정의 종류에 대해 설명하라.

02 제1종 오류와 제2종 오류에 대해 설명하라.

03 임계치와 유의수준에 대해 설명하라.

04 양측검정과 단측검정에 대해 설명하라.

05 성결이는 키가 170cm라 한다. 이에 대한 가설을 설정하라.

(1) 170cm가 아닌 것 같다.

(2) 170cm보다 큰 것 같다.

(3) 170cm보다 작은 것 같다.

06 고구마 피자의 평균 무게는 100g으로 만들고 있지만 조금씩 차이가 있다. 임의로 10개의 피자를 골라 무게를 달아 보니 다음과 같다. 피자의 무게 100g에 표준편차 3g이라고 말할 수 있는지 다음을 구하라.

94	95	98	100	100	102	105	106	108	110

(1) 유의수준 5%로 검정하라.

(2) 유의수준 10%로 검정하라.

(3) (1)과 (2)를 엑셀을 이용하여 검정하라.

07 자판기 커피의 양이 정규분포를 보이고 평균 200g이고 표준편차 30g으로 주장하고 있다. 임의로 16잔 커피의 양을 선정하여 조사해 보니 표본평균 180g으로 나타났다. 커피 판매원의 주장에 대해 유의수준 5%로 검정하라.

08 축구공의 크기는 평균 70cm라 한다. 이를 검사하기 위해 임의로 9개의 축구공을 골라 세워 보니 다음과 같았다. 축구공의 크기가 정규분포를 보인다고 할 때 축구공 크기가 70cm라는 귀무가설을 검정하라.

66	67	68	69	69	70	70	70	72

(1) 유의수준 5%로 검정하라.
(2) 엑셀을 이용하여 검정하라.

CHAPTER

11 상관분석과 회귀분석

일상생활 속에 여러 변수들의 관계를 규명하는 문제들이 상존하고 있다. 종합주가지수와 환율과의 관계, 중고등학생의 키와 체중과의 관계, 부모의 재산과 자녀의 학업성취도의 관계, 부부의 수입과 몸무게의 관계, 아파트 매매가격과 전세가격의 관계 등 두 변수에 관한 문제들이 많이 있다.

이러한 관련성은 변수 사이의 상관 정도를 분석하는 상관분석과 변수 사이의 함수관계를 수리적인 모형으로 도출하는 회귀분석으로 가능하다. 상관분석과 회귀분석은 유사한 점이 많이 있지만 다음과 같은 차이점을 가지고 있다.

- 상관분석은 선형관계의 밀접한 정도만 측정하지만 회귀분석은 비선형관계 분석은 물론 독립변수가 종속변수에 미치는 영향에 대한 확인이나 검정이 가능하다.
- 상관분석은 두 변수의 임의성을 전제로 하고 회귀분석은 독립변수의 임의성과 고정성을 전제로 하고 있다.
- 회귀분석은 독립변수에 대한 정보를 이용하여 종속변수가 갖게 될 값을 예측할 수 있지만 상관분석에서는 이것이 불가능하다.

11.1 상관분석

상관분석(correlation analysis)은 확률론과 통계학에서 두 변수 사이에 어떤 선형적 관계를 가지고 있지를 분석하는 방법이다. 두 변수는 서로 독립적인 관계로부터 서로 상관된 관계일 수 있으며 이때 두 변수 사이의 밀접한 정도를 상관관계라 한다. 상관분석에서는 상관관계의 정도를 나타내는 단위로 상관계수 ρ를 사용한다.

상관관계의 정도를 파악하는 상관계수(correlation coefficient)는 두 변수 X와 Y 사이의 연관된 정도를 나타낼 뿐 인과관계를 설명하는 것은 아니다. 두 변수 사이에 원인과 결과의 인과관계가 있는지에 대해서는 회귀분석을 통해 인과관계의 방향과 정도, 수학적 모델을 확인해 볼 수 있다.

두 변수 X, Y 사이의 관계를 측정하는 척도로 상관계수와 공분산(covariance)이 있다. 변수들 사이의 상관관계를 수치적으로 파악하기 위해 상관계수와 공분산을 측정하고 있다. 공분산은 두 변수 X, Y 사이에 함께 변동하는 정도를 수치화한 것으로 두 변수의 관련성을 분석하기 위해서는 먼저 공분산이 계산되어야 한다. 공분산의 공식은 다음과 같다.

■ 공분산 공식

$$
\begin{aligned}
Cov(X, Y) &= E[(X - E(X)) \cdot (Y - E(Y))] \\
&= E(XY) - E(X) \cdot E(Y)
\end{aligned}
$$

여기서, $Cov(X, Y)$: 변수 X, Y 사이의 공분산

$E(X)$, $E(Y)$: 변수 X, Y의 기대수익률

공분산은 각 변수들 사이에 서로 겹쳐지는 정도를 나타낸다. 상관계수는 환경변화에 따라 두 변수가 변동하는 상호관계를 나타낸다. 두 변수 X, Y가 같은 방향으로 움직이면 정(+)의 값을 갖게 되어 두 변수의 움직임이 유사하게 나타나고, 반대방향으로 움직이면 부

(−)의 값을 갖게 되어 두 변수의 움직임이 다른 방향으로 움직이는 것을 보여준다.

공분산이나 상관계수 모두 두 변수의 움직이는 방향을 측정하는 척도로 사용한다. 그러나 상관계수는 표준화된 값을 가지고 있어 두 변수 사이의 상관관계의 정도를 정확하게 표시하지만 공분산은 그렇지 못한다.

공분산은 측정단위에 따라 결과가 다양한 크기로 나타날 수 있다. 이처럼 측정단위가 공분산에 미치는 영향을 제거하기 위해 각 변수의 표준편차의 곱으로 공분산을 나누어 주게 되는데 이 값을 상관계수라 한다.

두 변수 X, Y 사이의 상관관계를 정확하게 나타내 주는 수치를 상관계수(correlation coefficient)라 하며 β로 표시한다. 두 변수 사이의 상관계수는 두 변수의 공분산을 각각의 표준편차로 나눈 것으로 상관계수의 공식은 다음과 같다.

■ 상관계수 공식

$$\beta = \frac{Cov(X, Y)}{\sigma_x \cdot \sigma_y} = \frac{\sigma_{xy}}{\sigma_x \cdot \sigma_y}$$

여기서, σ_x : 변수 X의 표준편차

σ_y : 변수 Y의 표준편차

상관계수 β는 두 변수 X, Y 사이의 관계를 측정할 때 사용하며 $-1 \leq \beta \leq 1$의 값을 갖는다. $\beta = +1$이면 X와 Y가 완전한 양의 선형관계이며 $\beta = -1$이면 완전한 음의 선형관계를 나타낸다. $\beta = 0$이면 두 변수 X, Y는 아무런 상관관계가 없다는 것을 의미한다.

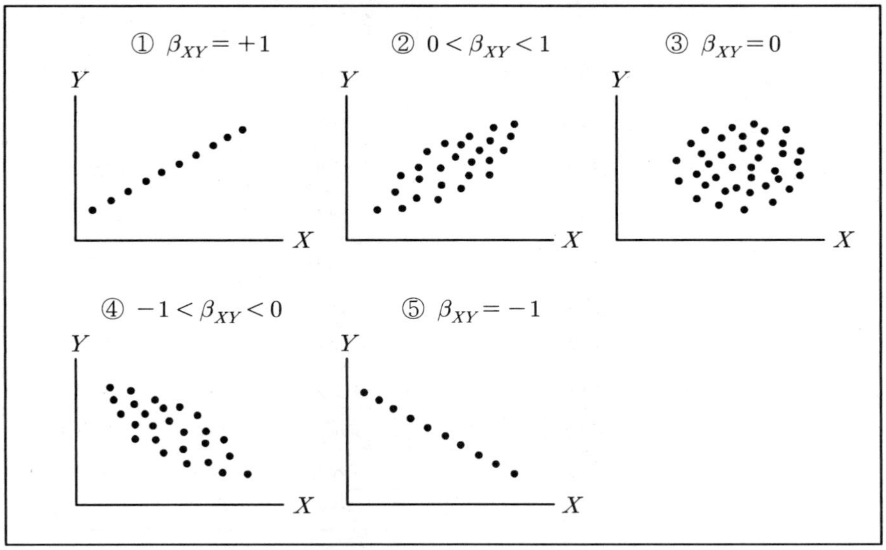

[그림 11-1] 두 변수 사이의 상관관계

예 11-1 다음은 대박기업의 지난 10년간 순이익과 주가의 흐름을 가지고 공분산과 상관계수를 구해 보자.

	순이익(X_i)	주가(Y_i)
2000	5	3000
2001	7	3400
2002	9	3700
2003	10	4000
2004	8	3500
2005	12	3800
2006	15	4200
2007	13	4100
2008	16	4400
2009	20	4800

풀이 $E(X) = 11.5 \qquad E(Y) = 3890$

	순이익(X_i)	주가(Y_i)	X_i^2	Y_i^2	$X_i Y_i$
2000	5	3000	25	9000000	15000
2001	7	3400	49	11560000	23800
2002	9	3700	81	13690000	33300
2003	10	4000	100	16000000	40000
2004	8	3500	64	12250000	28000
2005	12	3800	144	14440000	45600
2006	15	4200	225	17640000	63000
2007	13	4100	169	16810000	53300
2008	16	4400	256	19360000	70400
2009	20	4800	400	23040000	96000
평균	11.5	3890	151.3	15379000	46840

$$
\begin{aligned}
Cov(X, Y) &= E[(X - E(X)) \cdot (Y - E(Y))] \\
&= E(XY) - E(X) \cdot E(Y) \\
&= 46840 - 11.5 \times 3890 \\
&= 2105
\end{aligned}
$$

$$V(X) = E(X^2) - [E(X)]^2 = 151.3 - (11.5)^2 = 19.5$$

$$\sigma(X) = 4.3646$$

$$V(Y) = E(Y^2) - [E(Y)]^2 = 15379000 - (3890)^2 = 246900$$

$$\sigma(Y) = 496.8903$$

$$\therefore \beta = \frac{Cov(X, Y)}{\sigma(X) \cdot \sigma(Y)} = \frac{2105}{4.3646 \times 496.8903} = 0.9706$$

■ Excel 활용하기 1 ■

〈예 11-1〉을 엑셀을 이용하여 순이익과 주가의 흐름을 가지고 공분산과 상관계수를 구해 보자.

① 문제에서 주어진 자료를 입력하고 공분산과 상관계수를 구하기

위해 필요한 과정들 X^2, Y^2, XY, $Var(X)$, $Var(Y)$, $\sigma(X)$, $\sigma(Y)$의 공간을 확보한다.

B12

	A	B	C	D	E	F
1		순이익(Xi)	주가(Yi)	Xi^2	Yi^2	XiYi
2	2000	5	3000			
3	2001	7	3400			
4	2002	9	3700			
5	2003	10	4000			
6	2004	8	3500			
7	2005	12	3800			
8	2006	15	4200			
9	2007	13	4100			
10	2008	16	4400			
11	2009	20	4800			
12	합계					
13	평균					
14						
15	V(X) =		σx =			
16	V(Y) =		σy =			
17	σxy =				β =	
18						

② 셀 B12와 B13에서 순이익(X)의 합계와 평균을, 셀 C12와 C13에서 주가(Y)의 합계와 평균을 구한다.

D2

	A	B	C	D	E	F
1		순이익(Xi)	주가(Yi)	Xi^2	Yi^2	XiYi
2	2000	5	3000			
3	2001	7	3400			
4	2002	9	3700			
5	2003	10	4000			
6	2004	8	3500			
7	2005	12	3800			
8	2006	15	4200			
9	2007	13	4100			
10	2008	16	4400			
11	2009	20	4800			
12	합계	115	38900			
13	평균	11.5	3890			
14						
15	V(X) =		σx =			
16	V(Y) =		σy =			
17	σxy =				β =	
18						

③ 셀 D2~D11에서 X^2를 계산하고 셀 E2~E11에서 Y^2를 계산하고 셀 F2~F11에서 XY를 계산한다.

D12

	A	B	C	D	E	F
1		순이익(Xi)	주가(Yi)	Xi^2	Yi^2	XiYi
2	2000	5	3000	25	9000000	15000
3	2001	7	3400	49	11560000	23800
4	2002	9	3700	81	13690000	33300
5	2003	10	4000	100	16000000	40000
6	2004	8	3500	64	12250000	28000
7	2005	12	3800	144	14440000	45600
8	2006	15	4200	225	17640000	63000
9	2007	13	4100	169	16810000	53300
10	2008	16	4400	256	19360000	70400
11	2009	20	4800	400	23040000	96000
12	합계	115	38900			
13	평균	11.5	3890			
14						
15	V(X) =		σx =			
16	V(Y) =		σy =			
17	σxy =				β =	
18						

④ 셀 D12와 D13에서 X^2의 합계와 평균을, 셀 E12와 E13에서 Y^2의 합계와 평균을, 셀 F12와 F13에서 XY의 합계와 평균을 구한다.

D15

	A	B	C	D	E	F
1		순이익(Xi)	주가(Yi)	Xi^2	Yi^2	XiYi
2	2000	5	3000	25	9000000	15000
3	2001	7	3400	49	11560000	23800
4	2002	9	3700	81	13690000	33300
5	2003	10	4000	100	16000000	40000
6	2004	8	3500	64	12250000	28000
7	2005	12	3800	144	14440000	45600
8	2006	15	4200	225	17640000	63000
9	2007	13	4100	169	16810000	53300
10	2008	16	4400	256	19360000	70400
11	2009	20	4800	400	23040000	96000
12	합계	115	38900	1513	153790000	468400
13	평균	11.5	3890	151.3	15379000	46840
14						
15	V(X) =		σx =			
16	V(Y) =		σy =			
17	σxy =				β =	
18						

⑤ 셀 B15에서 $Var(X)$를 구하기 위해 '=D13−B13^2'를 입력하고 셀 D15에서 $\sigma(X)$를 구하기 위해 '=SQRT(B15)'를 입력한다. 같은 방법으로 $Var(Y)$를 구하기 위해 셀 B16에서 '=E13−C13^2'를 입력하고 셀 D16에서 $\sigma(Y)$를 구하기 위해 '=SQRT(B16)'을 입력한다.

B17 | fx

	A	B	C	D	E	F
1		순이익(Xi)	주가(Yi)	Xi^2	Yi^2	XiYi
2	2000	5	3000	25	9000000	15000
3	2001	7	3400	49	11560000	23800
4	2002	9	3700	81	13690000	33300
5	2003	10	4000	100	16000000	40000
6	2004	8	3500	64	12250000	28000
7	2005	12	3800	144	14440000	45600
8	2006	15	4200	225	17640000	63000
9	2007	13	4100	169	16810000	53300
10	2008	16	4400	256	19360000	70400
11	2009	20	4800	400	23040000	96000
12	합계	115	38900	1513	153790000	468400
13	평균	11.5	3890	151.3	15379000	46840
14						
15	V(X) =	19.05	σx =	4.364631		
16	V(Y) =	246900	σy =	496.8903		
17	σxy =				β =	
18						

⑥ 셀 B17에서 공분산 σ_{xy}를 구하기 위해 '=F13−B13*C13'을 입력하면 공분산 2,105가 계산되어 나온다.

B17 | fx =F13-B13*C13

	A	B	C	D	E	F
1		순이익(Xi)	주가(Yi)	Xi^2	Yi^2	XiYi
2	2000	5	3000	25	9000000	15000
3	2001	7	3400	49	11560000	23800
4	2002	9	3700	81	13690000	33300
5	2003	10	4000	100	16000000	40000
6	2004	8	3500	64	12250000	28000
7	2005	12	3800	144	14440000	45600
8	2006	15	4200	225	17640000	63000
9	2007	13	4100	169	16810000	53300
10	2008	16	4400	256	19360000	70400
11	2009	20	4800	400	23040000	96000
12	합계	115	38900	1513	153790000	468400
13	평균	11.5	3890	151.3	15379000	46840
14						
15	V(X) =	19.05	σx =	4.364631		
16	V(Y) =	246900	σy =	496.8903		
17	σxy =	2105			β =	
18						

⑦ 마지막으로 셀 F17에서 상관계수 β를 구하기 위해 '= B17/(D15*D16)'을 입력하면 0.9706이 계산되어 나온다.

F17 =B17/(D15*D16)

	A	B	C	D	E	F
1		순이익(Xi)	주가(Yi)	Xi^2	Yi^2	XiYi
2	2000	5	3000	25	9000000	15000
3	2001	7	3400	49	11560000	23800
4	2002	9	3700	81	13690000	33300
5	2003	10	4000	100	16000000	40000
6	2004	8	3500	64	12250000	28000
7	2005	12	3800	144	14440000	45600
8	2006	15	4200	225	17640000	63000
9	2007	13	4100	169	16810000	53300
10	2008	16	4400	256	19360000	70400
11	2009	20	4800	400	23040000	96000
12	합계	115	38900	1513	153790000	468400
13	평균	11.5	3890	151.3	15379000	46840
14						
15	V(X) =	19.05	σx =	4.364631		
16	V(Y) =	246900	σy =	496.8903		
17	σxy =	2105			β =	0.970608
18						

⑧ 순이익과 주가와의 관계를 산포도로 작성한다. 메뉴에서 '삽입' ⇒ '차트' ⇒ '분산형'을 선택하고 자료의 크기에 맞게 축서식을 조절한다.

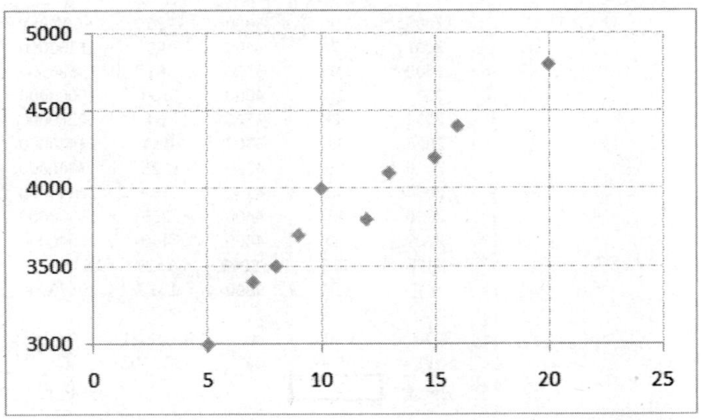

11.2 회귀분석

1 개 념

회귀는 옛날 상태로 돌아가는 것을 의미한다. 영국의 유전학자 프란시스 갈톤은 부모의 키와 아이의 키 사이에 연관관계를 조사하면서 부모와 자녀의 키 사이에는 선형적인 관계가 있으며 키가 커지거나 작아지는 것보다는 전체 키 평균으로 돌아가려는 경향이 있다는 가설을 세웠다. 이 분석방법을 회귀분석(regression analysis)이라 하였다.

회귀분석은 두 연속형(서열, 등간, 비율척도 등) 변수의 상관관계를 살펴보는 것이 아니라 관찰된 연속형 변수에 대해 독립변수(independent variable)와 종속변수(dependent variable) 사이의 선형식을 구하고 그 식을 이용하여 독립변수가 주어졌을 때 종속변수를 예측하는 분석방법이다.

종속변수 1개와 독립변수 1개 사이의 관계를 분석하는 경우를 단순회귀분석(simple regression analysis), 종속변수 1개와 독립변수 여러 개 사이의 관계를 규명하는 경우를 다중회귀분석(multiple regression analysis)이라 한다.

회귀분석은 변수들 중 하나를 종속변수로 나머지를 독립변수로 하여 이 변수들이 서로 인과관계를 가질 때 독립변수가 변화함에 따라 종속변수가 어떻게 변화하는가를 규명하는 통계기법이다.

이와 같이 회귀분석이 상관분석과 다른 점은 독립변수들의 종속변수에 대한 상대적인 중요도를 통한 예측이 가능하다는 점이다. 회귀분석의 방향이 일방향(독립변수 → 종속변수)인 반면 상관분석은 쌍방향(변수 ↔ 변수)이라는 것이 가장 큰 차이점이라 할 수 있다.

회귀분석은 연속형 변수 X와 Y 사이의 인과관계에 따른 선형적 관계식을 구하여 독립변수 X가 이에 대응하는 종속변수 Y를 예측한다. 이 수학적 모델이 얼마나 잘 설명하고 있는지 판별하기 위한 적합도를 측정하는 분석기법이다. 시간에 따라 변화하는 변수나 환경, 가설적 실험, 인과관계의 모델링 등의 통계적 예측에 이용되고 있다.

2 단순회귀모형

두 변수 X와 Y의 함수관계를 단순회귀모형(simple regression model)이라 하고 다음과 같은 식으로 나타낸다.

$$Y = \alpha + \beta X + \epsilon$$

이 식은 두 식의 합으로 나타나는데 하나는 X, Y의 관계가 $Y = \alpha + \beta X$로서 1차 함수의 관계를 나타내며 다른 하나는 확률변수 $Y = \epsilon$를 나타낸다. 두 변수 X, Y가 1차 함수인 $Y = \alpha + \beta X$인 경우에는 이를 함수적 관계라 하고 이런 모형을 확정적 모형(deterministic model)이라 한다. 독립변수 X와 종속변수 Y가 100% 확률을 가지고 대응하는 값을 갖는다는 것을 의미한다. 하지만 100% 확률은 현실적으로 불가능한 경우이므로 어느 정도 오차 ϵ를 인정하고 통계적 관계를 사용하는 것이 일반적이다. 이를 확률모형(stochastic model)이라 하며 그림으로 나타내면 [그림 11-2]와 같다.

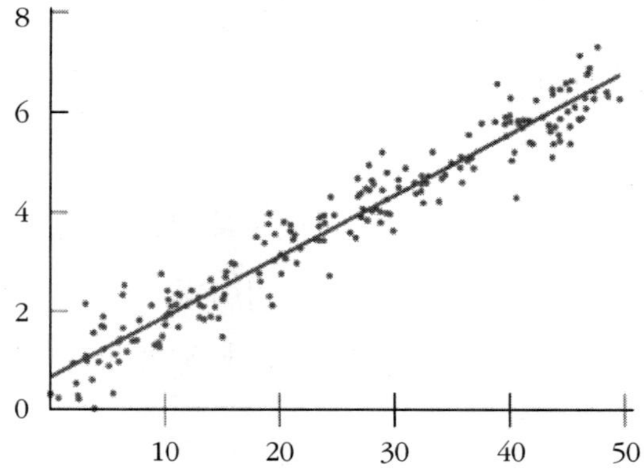

[그림 11-2] $Y=\alpha+\beta X+\epsilon$의 사례

■ **단순회귀모형**

$$Y=\alpha+\beta X+\epsilon$$

여기서, α, β : 모수

ϵ : 확률변수 오차항

X : 오차항을 갖지 않는 독립변수

Y : 오차항을 갖는 종속변수

회귀모형은 확률변수 오차항 ϵ에 대해 다음의 가정을 필요로 한다.

① 오차 ϵ는 모든 독립변수 X에 대해 동일한 분산을 갖는다.

② 오차 ϵ의 평균은 0이다. $E(\epsilon)=0$

③ 오차 ϵ의 분산은 정규분포를 이루고 있다.

④ 독립변수 X는 서로 상관관계가 없어야 한다.

⑤ 오차 ϵ는 서로 상관관계가 없어야 한다.

3 표본회귀모형

회귀분석의 주요목적은 모집단 회귀선을 추정하는 것이지만 모수 α, β를 구하는 것은 어려운 일이다. 그래서 표본을 추출하고 표본회귀선을 구하여 모회귀선에 대한 통계적 추측을 시도한다.

■ **표본회귀선**

$$\widehat{Y}_i = a + bX_i$$

여기서, a, b : 표본회귀계수

독립변수 X는 표본회귀선 $\widehat{Y}$와 모회귀선 Y 사이의 표본오차로 인해 잔차(residual)가 발생한다. 잔차는 e로 표시한다.

$$\begin{aligned} e_i &= Y_i - \widehat{Y}_i \\ &= Y_i - (a + bX_i) \end{aligned}$$

위 식을 정리하면 표본회귀모형이 나타난다.

■ **표본회귀모형**

$$Y_i = a + bX_i + e_i$$

표본회귀선을 구하기 위해서는 잔차를 가장 작게 해야 하는데 최소자승법(least square method)이 사용되고 있다.

$$e_i = Y_i - \widehat{Y}_i$$

$$e_i^2 = (Y_i - \widehat{Y}_i)^2$$

$$\min \sum e_i^2 = \min \sum (Y_i - \widehat{Y}_i)^2$$

$$\min \sum e_i^2 = \min \sum [Y_i - (a + bX_i)]^2$$

■ 최소자승법

$$\sum [Y_i - (a + bX_i)]^2$$

위 식을 최소로 하는 a와 b를 구하는 방법이다.

최소자승법은 위 식이 최소로 되는 a와 b를 구하는 것으로 편미분하여 0으로 놓고 정리하면 다음과 같은 정규방정식을 얻게 된다.

■ 표본회귀계수 공식

$$a = \overline{Y} - b\overline{X}$$

$$b = \frac{\sum X_i Y_i - n\overline{X}\,\overline{Y}}{\sum X_i^2 - n\overline{X}^2} = \frac{Cov(X, Y)}{Var(X)} = \frac{S_{XY}}{S_X^2}$$

예 11-2 〈예 11-1〉에 있는 지난 10년간 순이익과 주가를 가지고 다음을 구하라.

(1) 표본회귀선을 구하라.

(2) 표본회귀선의 그래프를 작성하라.

(3) a와 b에 대해 설명하라.

풀이 (1)

	순이익(X_i)	주가(Y_i)	X_i^2	$X_i Y_i$
2000	5	3000	25	15000
2001	7	3400	49	23800
2002	9	3700	81	33300
2003	10	4000	100	40000
2004	8	3500	64	28000
2005	12	3800	144	45600
2006	15	4200	225	63000
2007	13	4100	169	53300
2008	16	4400	256	70400
2009	20	4800	400	96000
합계	115	38900	1513	468400
평균	11.5	3890	151.3	46840

$$\overline{X} = 11.5 \qquad \overline{Y} = 3890$$

$$b = \frac{\sum X_i Y_i - n\overline{X}\,\overline{Y}}{\sum X_i^2 - n\overline{X}^2} = \frac{468400 - 10(11.5)(3890)}{1513 - 10(11.5)^2} = 110.4984$$

$$a = \overline{Y} - b\overline{X} = 3890 - 110.4984 \times 11.5 = 2619.265$$

$$\therefore\ \widehat{Y} = a + bX = 2619.265 + 110.4984X$$

(2)

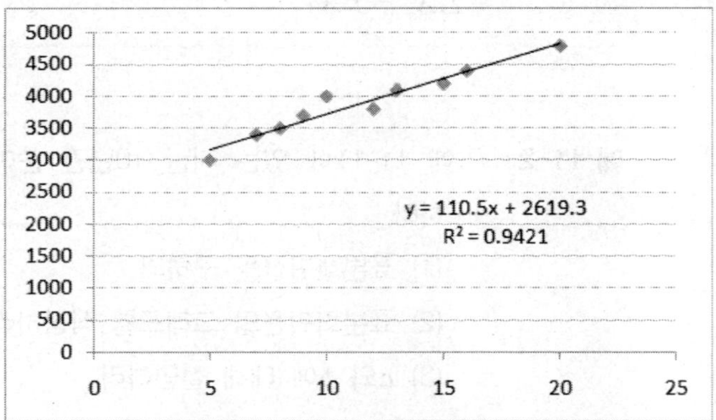

(3) $a=2619$는 순이익이 없어도 주가는 2619를 유지한다는 것을 의미하고 $b=110.4987$은 기울기의 계수로 순이익이 1단위 증가할 때마다 주가가 110.5만큼 증가한다는 것을 의미한다.

■ Excel 활용하기 2 ■

〈예 11-2〉를 엑셀을 이용하여 순이익과 주가의 흐름을 가지고 표본회귀선을 구하라.

① 문제에서 주어진 자료를 입력하고 표본회귀선을 구하기 위해 필요한 과정인 X_i^2와 X_iY_i의 공간을 확보하고 합계와 평균을 구하였다. 셀 C15에서 표본계수 a를 구하고자 한다.

B15 fx a =

	A	B	C	D	E
1		순이익(Xi)	주가(Yi)	Xi^2	XiYi
2	2000	5	3000	25	15000
3	2001	7	3400	49	23800
4	2002	9	3700	81	33300
5	2003	10	4000	100	40000
6	2004	8	3500	64	28000
7	2005	12	3800	144	45600
8	2006	15	4200	225	63000
9	2007	13	4100	169	53300
10	2008	16	4400	256	70400
11	2009	20	4800	400	96000
12	합계	115	38900	1513	468400
13	평균	11.5	3890	151.3	46840
14					
15		a =		b =	
16					

② 표본계수 a를 구하기 위해 메뉴에서 '수식' ⇒ '함수 삽입'으로 들어와 함수 마법사 함수 선택에서 'INTERCEPT'를 찾아 확인을 누른다.

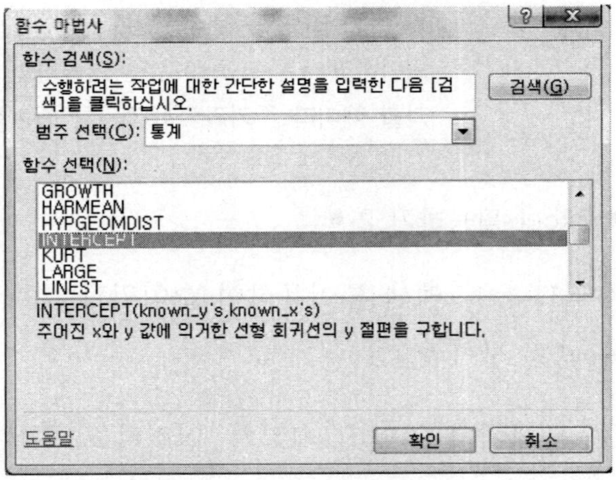

③ 함수 인수 상자에서 Known_y's에는 종속변수 'C2:C11'을 입력하고 Known_x's에는 독립변수 'B2:B11'을 입력한다. 수식결과 2619.265가 나타나면 확인을 누른다.

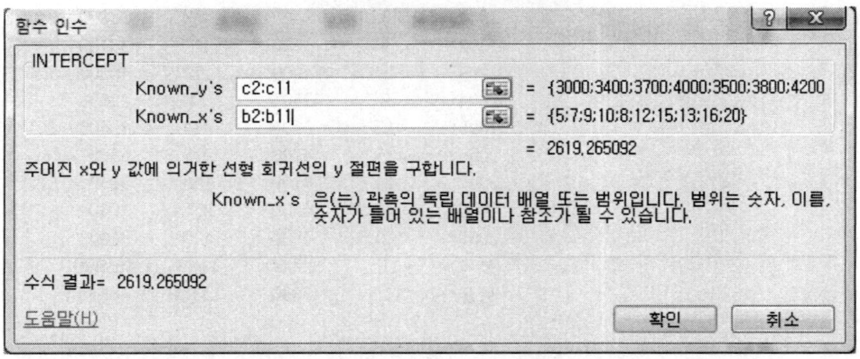

④ 셀 C15에서 직접 '=INTERCEPT(C2:C11,B2:B11)'을 입력해도 a의 값이 나타난다. 이번에는 셀 E15에서 b의 값을 구하고자 한다.

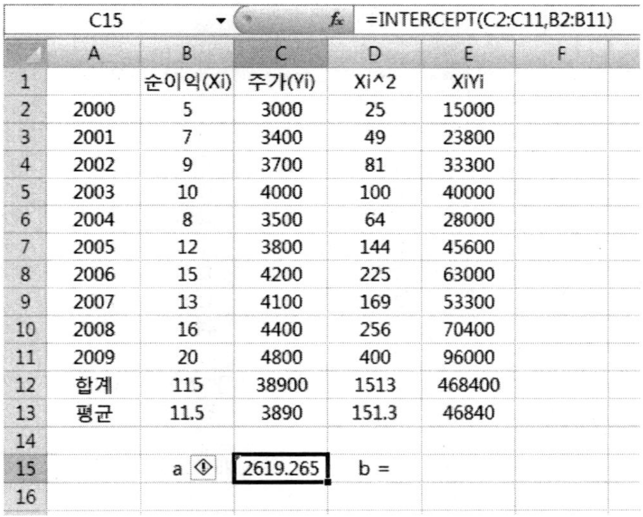

C15 =INTERCEPT(C2:C11,B2:B11)

	A	B	C	D	E	F
1		순이익(Xi)	주가(Yi)	Xi^2	XiYi	
2	2000	5	3000	25	15000	
3	2001	7	3400	49	23800	
4	2002	9	3700	81	33300	
5	2003	10	4000	100	40000	
6	2004	8	3500	64	28000	
7	2005	12	3800	144	45600	
8	2006	15	4200	225	63000	
9	2007	13	4100	169	53300	
10	2008	16	4400	256	70400	
11	2009	20	4800	400	96000	
12	합계	115	38900	1513	468400	
13	평균	11.5	3890	151.3	46840	
14						
15		a	2619.265	b =		
16						

⑤ 메뉴에서 '수식' ⇒ '함수 삽입'으로 들어와 함수 마법사 함수 선택에서 'SLOPE'를 찾아 확인을 누른다.

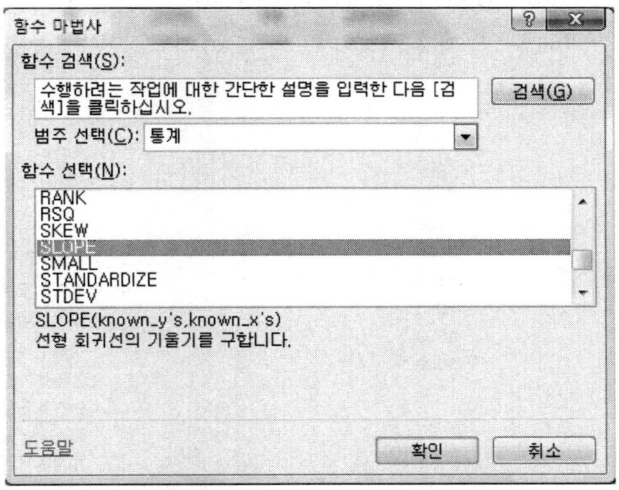

⑥ 함수 인수 상자에서 Known_y's에는 종속변수 'C2:C11'을 Known_x's에는 독립변수 'B2:B11'을 입력하면 b의 값이 나타난다. 셀 E15에서 직접 '=SLOPE(C2:C11,B2:B11)'을 입력해도 b의 값이 나타난다.

E15 f_x =SLOPE(C2:C11,B2:B11)

	A	B	C	D	E	F
1		순이익(Xi)	주가(Yi)	Xi^2	XiYi	
2	2000	5	3000	25	15000	
3	2001	7	3400	49	23800	
4	2002	9	3700	81	33300	
5	2003	10	4000	100	40000	
6	2004	8	3500	64	28000	
7	2005	12	3800	144	45600	
8	2006	15	4200	225	63000	
9	2007	13	4100	169	53300	
10	2008	16	4400	256	70400	
11	2009	20	4800	400	96000	
12	합계	115	38900	1513	468400	
13	평균	11.5	3890	151.3	46840	
14						
15		a =	2619.265	b	110.4987	
16						

⑦ 표본회귀선을 작성하기 위해 메뉴에서 '삽입' ⇒ '차트' ⇒ '분산형'을 차례로 선택한다. 그래프가 나타나면 마우스 포인터를 산포도 임의의 점 위에 놓고 오른쪽 클릭을 하면 다음 상자가 나타난다. 추세선 추가를 선택한다.

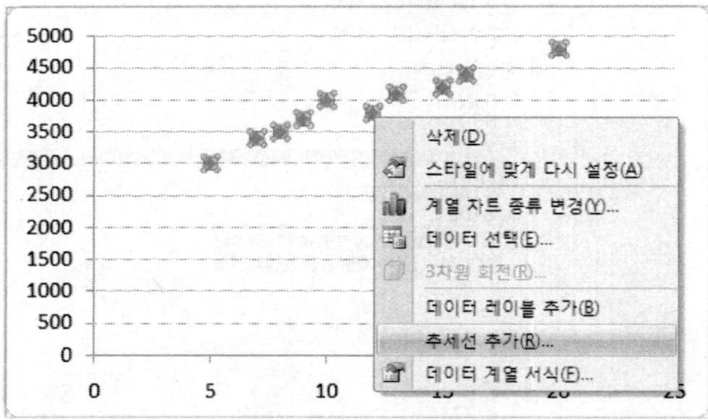

⑧ 추세선 서식 상자가 나타나면 '선형'을 선택하고 아래 부분에 있는 '수식을 차트에 표시'와 'R-제곱값을 차트에 표시'를 차례로 선택한다.

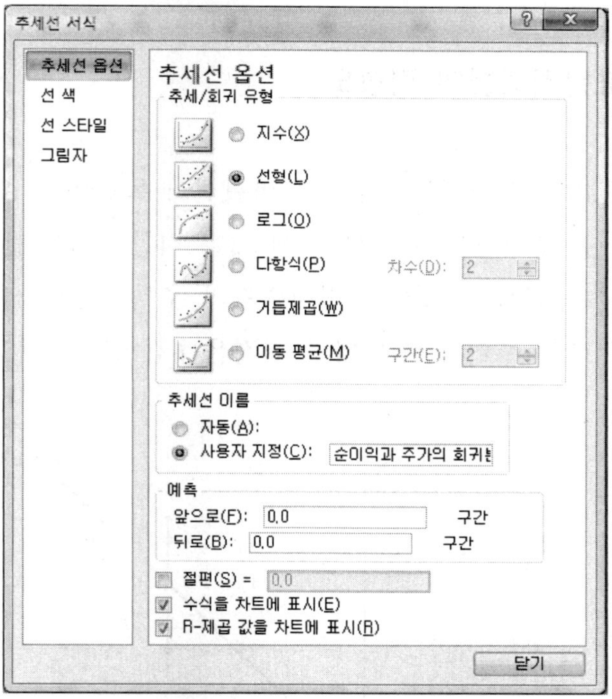

⑨ 표본회귀선이 작성되어 나타나면 축서식을 원하는 간격과 크기로 조정한다.

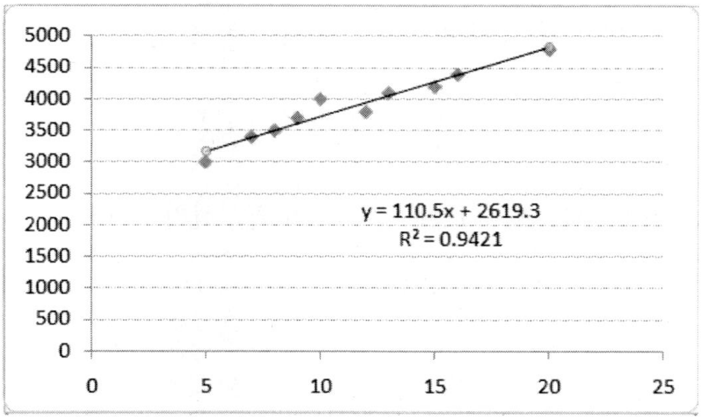

4 표본회귀선의 적합도

표본회귀선이 구해지면 회귀선이 독립변수 X와 종속변수 Y의 관계를 잘 나타내고 있는지에 대한 적합도 평가를 실시해야 한다. 회귀선의 적합도 평가는 절대평가의 추정표준오차와 상대평가의 결정계수로 이루어지며 유의성 검정은 t검정과 F검정으로 이루어진다.

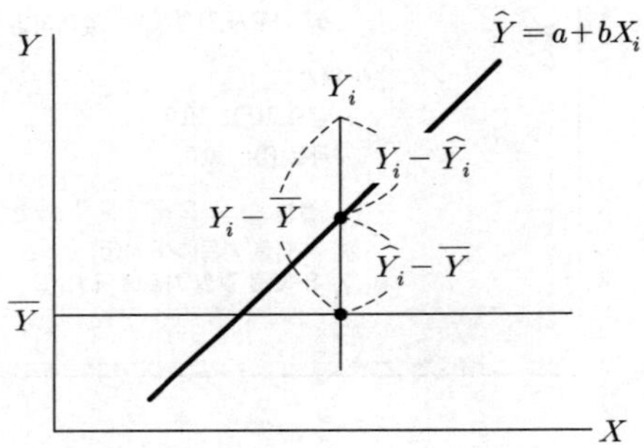

[그림 11-3] 총편차의 구성

(X_1, Y_1), (X_2, Y_2), $\cdots$, (X_n, Y_n)에서 Y_i의 총편차 $(Y_i - \overline{Y})$는 다음과 같이 구성되며 [그림 11-3]으로 설명된다.

$$Y_i - \overline{Y} = (Y_i - \widehat{Y}_i) + (\widehat{Y}_i - \overline{Y})$$

여기서 $(Y_i - \widehat{Y}_i)$는 설명 안 된 편차라 하고 $(\widehat{Y}_i - \overline{Y})$는 설명된 편차라 부른다.

위 식의 양변을 제곱하고 Σ를 붙이면 다음과 같이 정리된다.

■ 총변동의 구성

$$\sum_i (Y_i - \overline{Y})^2 = \sum_i (Y_i - \widehat{Y}_i)^2 + \sum_i (\widehat{Y}_i - \overline{Y})^2$$

총변동 = 설명 안 된 변동 + 설명된 변동

여기서,

$\sum_i (Y_i - \overline{Y})^2$: 총변동(SST : Sum of Squares of Total variation)

$\sum_i (Y_i - \widehat{Y}_i)^2$: 오차제곱합(SSE : Sum of Squares for Error)

$\sum_i (\widehat{Y}_i - \overline{Y})^2$: 회귀제곱합(SSR : Sum of Squares due to Regression)

(1) 결정계수

표본의 결정계수는 총변동 중에서 설명 가능 변동의 비율이 얼마나 되는지 살펴보는 지표이며 R^2로 표시한다.

$$R^2 = \frac{\text{설명된 변동}}{\text{총변동}} = 1 - \frac{\text{설명 안 된 변동}}{\text{총변동}}$$

결정계수 R^2는 0에서 1 사이의 값을 가지며 1에 가까울수록 회귀선의 설명력이 커지고 적합도가 높다는 것을 의미한다.

- $R^2 = 0$: 회귀선의 기울기 b가 0이 되어 설명된 변동이 0이 된다.
- $R^2 = 1$: 모든 표본자료의 산포점이 회귀선상에 위치하게 되어 설명된 변동이 1이 된다.

(2) 추정표준오차

추정표준오차는 실제 관측치가 추정된 회귀선상에서 얼마나 흩어져 있는가를 나타내는 지표이며 S_e로 표시한다.

$$S_e = \sqrt{\frac{\sum(Y_i - \widehat{Y}_i)^2}{n-2}} = \frac{\sqrt{SSE}}{n-2}$$

추정표준편차 S_e는 0에서 Y_i의 표준편차(σ) 사이의 값을 가진다. 자유도 $(n-2)$는 예측치 $\widehat{Y}_i$를 구하기 위해 추정량 a, b 두 개가 줄어야 하기 때문이다.

- $S_e = 0$: 관측치 Y_i가 예측치 $\widehat{Y}_i$와 같아 모든 관측치가 회귀선 상에 위치하는 경우
- $S_e = \sigma$: X_i와 Y_i가 아무런 관계가 없어 Y_i 대신에 $\overline{Y}$를 사용하는 경우

■ Excel 활용하기 3 ■

〈예 11-1〉에 있는 지난 10년간 순이익과 주가를 가지고 엑셀을 이용하여 추정표준오차와 결정계수를 구하라.

① 문제에서 주어진 자료를 입력하고 추정표준오차와 결정계수를 구하기 위해 필요한 공간을 확보한다. 셀 E5에서 F9까지 셀을 활성화시킨다.

E5 ▾ fx

	A	B	C	D	E	F	G
1		순이익(Xi)	주가(Yi)				
2	2000	5	3000				
3	2001	7	3400				
4	2002	9	3700				
5	2003	10	4000	b			a
6	2004	8	3500	b의 표준오차			a의 표준오차
7	2005	12	3800	결정계수			추정표준오차
8	2006	15	4200	F값			자유도
9	2007	13	4100	SSR			SSE
10	2008	16	4400				
11	2009	20	4800				
12							

② 메뉴에서 '수식' ⇒ '함수 삽입'으로 들어와 함수 마법사 함수 선택에서 'LINEST'를 찾아 확인을 누른다.

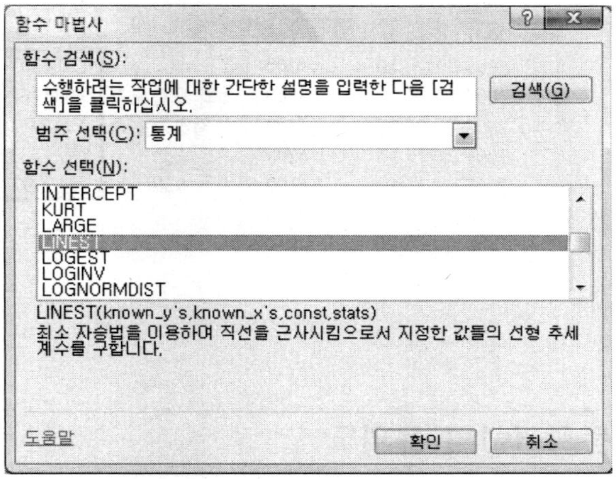

③ 함수 인수 상자에서 Known_y's에는 종속변수 'C2:C11'을 입력하고 Known_x's에는 독립변수 'B2:B11'을 입력한다. Const와 Stats에는 각각 1을 입력하고 〈Shift〉+〈Ctrl〉+〈Enter〉을 동시에 누른다.

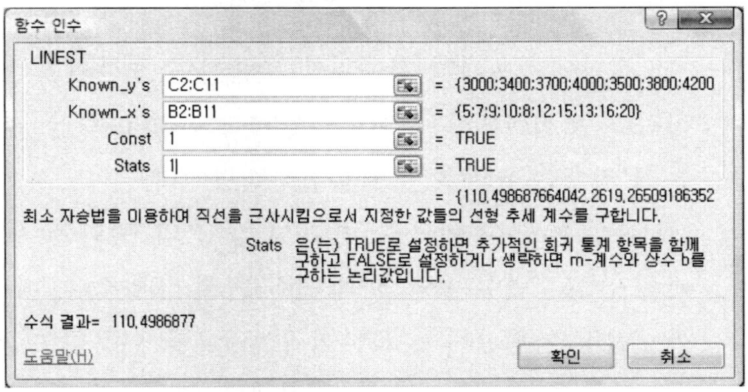

④ 추정표준오차와 결정계수의 값이 산출되어 나타난다.

E5 {=LINEST(C2:C11,B2:B11,1,1)}

	A	B	C	D	E	F	G
1		순이익(Xi)	주가(Yi)				
2	2000	5	3000				
3	2001	7	3400				
4	2002	9	3700				
5	2003	10	4000	b	110.4987	2619.265	a
6	2004	8	3500	b의 표준오차	9.686782	119.1514	a의 표준오차
7	2005	12	3800	결정계수	0.942081	133.6986	추정표준오차
8	2006	15	4200	F값	130.1233	8	자유도
9	2007	13	4100	SSR	2325997	143002.6	SSE
10	2008	16	4400				
11	2009	20	4800				
12							

5 표본회귀선의 유의도

회귀모형의 두 변수 X, Y 사이에 선형관계가 성립하는지 검정할 필요가 있다. 표본회귀선의 유의도 검정은 t검정과 F검정을 통해 설명되고 있다.

(1) 회귀계수 β에 대한 t검정

모집단에서 n개의 관측치를 추출하여 표본회귀선 $\hat{Y}=a+bX$를 분석하고 모집단의 단순회귀모형 $Y=\alpha+\beta X+\epsilon$을 추정하고 있다. $\hat{Y}$는 Y의 a는 α의 b는 β의 점추정량이다.

모수 α는 상수이므로 변수 X와 Y의 변화를 설명하지 못하지만 기울기 β는 변수 X와 Y의 변화를 설명해 준다. 따라서 모수 β에 대한 t검정은 중요하며 표본회귀선의 b를 이용하여 검정한다.

확률변수 b는 확률분포를 가지며 평균, 분산, 표준편차는 다음과 같이 정리한다.

$$E(b) = \beta$$

$$Var(b) = \frac{{\sigma_e}^2}{\Sigma(X_i - \overline{X})^2}$$

$$\sigma_b = \frac{\sigma_e}{\sqrt{\Sigma(X_i - \overline{X})^2}}$$

여기서 σ_e는 알 수가 없어 추정표준오차 S_e를 사용하는데 회귀계수 b의 표준오차 S_b는 t분포를 따른다.

$$S_b = \frac{S_e}{\sqrt{\Sigma(X_i - \overline{X})^2}}$$

$$t = \frac{b-0}{S_b} = \frac{b}{\dfrac{S_e}{\sqrt{\Sigma(X_i - \overline{X})^2}}}$$

(2) 회귀계수 β에 대한 F검정

모집단에서 추출하여 작성한 표본회귀선이 통계적으로 유의한지 검정해야 한다. 회귀선이 표본자료를 잘 설명하는 경우에는 설명된 변동(SSR)이 설명 안 된 변동(SSE)보다 상대적으로 크게 나타날 것이고 회귀선이 표본자료를 잘 설명하지 못한 경우에는 SSR이 SSE보다 상대적으로 작게 나타날 것이다.

이 개념을 이용하여 SSR을 자유도로 나눈 설명된 평균제곱(MSR)과 SSE를 자유도로 나눈 설명 안 된 평균제곱(MSR)을 구하고 두 비율로 F검정을 한다. 정리하면 다음과 같다.

$$F = \frac{\dfrac{SSR}{1}}{\dfrac{SSE}{n-2}} = \frac{MSR}{MSE}$$

<표 11-1> 회귀분석표

변동원인	제곱합	자유도	평균제곱	F값
회 귀	$SSR=\sum(\hat{Y}_i-\overline{Y})^2$	1	$MSR=\frac{SSR}{1}$	$F=\frac{MSR}{MSE}$
잔 차	$SSE=\sum(Y_i-\hat{Y}_i)^2$	$n-2$	$MSE=\frac{SSE}{n-2}$	
합 계	$SST=\sum(Y_i-\overline{Y})^2$	$n-1$		

<< 연습문제 <<<<<<<<<<<<<<<<<<<<<<<<<<<<<<<<<<<<<<<<<<<<<<<<

01 상관분석에서 공분산과 상관계수에 대해 설명하라.

02 상관분석과 회귀분석의 차이에 대해 설명하라.

03 단순회귀모형에 대해 설명하라.

04 적합도 분석과 유의도 분석에 대해 설명하라.

05 다음 자료는 건강초등학교 학생의 몸무게와 키를 나타내고 있다. 이를 토대로 공분산과 상관계수를 구하라.

학 생	몸무게(X_i)	키(Y_i)
1	25	118
2	28	123
3	32	127
4	35	123
5	38	129
6	40	135
7	43	133
8	47	139
9	50	137
10	54	140

(1) 계산식으로 구하라

(2) 엑셀을 이용하여 구하라.

(3) 산포도를 작성하라.

06 건강초등학교 학생의 몸무게와 키를 가지고 다음을 구하라.

(1) 표본회귀선을 구하라.

(2) 표본회귀선의 그래프를 작성하라.

(3) a와 b에 대해 설명하라.

07 건강초등학교 학생의 몸무게와 키를 가지고 엑셀을 이용하여 추정표준오차와 결정계수를 구하라.

08 다음 표는 공의 무게와 지름의 관계를 나타내고 있다.

무게(X_i)	지름(Y_i)
3	10
5	11
7	14
9	16
11	19

(1) a와 b의 값을 구하라.

(2) 회귀방정식 $\hat{Y}=a+bX$를 구하라.

(3) $X=5$일 때 예측치 $\hat{Y}$를 구하라.

(4) SSE, SSR, SST를 구하라.

(5) MSR와 MSE를 구하라.

(6) 추정표준오차 S_e를 구하라.

(7) 결정계수 R_2를 구하라.

(8) 엑셀을 이용하여 구하라.

부 록

1. 이항분포표

$P \leq 0.5$이면 위 행의 P값과 왼쪽 열의 n과 x값을 찾고,

$P \geq 0.5$이면 아래 행의 P값과 오른쪽 열의 n과 x값을 찾는다.

		P																			
n	x	0.01	0.02	0.03	0.04	0.05	0.06	0.07	0.08	0.09	0.10	0.11	0.12	0.13	0.14	0.15	0.16	0.17	0.18	x	n
2	0	0.9801	0.9604	0.9409	0.9216	0.9025	0.8836	0.8649	0.8464	0.8281	0.8100	0.7921	0.7744	0.7569	0.7396	0.7225	0.7056	0.6889	0.6724	2	
	1	0.0198	0.0392	0.0582	0.0768	0.0950	0.1128	0.1302	0.1472	0.1638	0.1800	0.1958	0.2112	0.2262	0.2408	0.2550	0.2688	0.2822	0.2952	1	
	2	0.0001	0.0004	0.0009	0.0016	0.0025	0.0036	0.0049	0.0064	0.0081	0.0100	0.0121	0.0144	0.0169	0.0196	0.0225	0.0256	0.0289	0.0324	0	2
3	0	0.9703	0.9412	0.9127	0.8847	0.8574	0.8306	0.8044	0.7787	0.7536	0.7290	0.7050	0.6815	0.6585	0.6361	0.6141	0.5927	0.5718	0.5514	3	
	1	0.0294	0.0576	0.0847	0.1106	0.1354	0.1590	0.1816	0.2031	0.2236	0.2430	0.2614	0.2788	0.2952	0.3106	0.3251	0.3387	0.3513	0.3631	2	
	2	0.0003	0.0012	0.0026	0.0046	0.0071	0.0102	0.0137	0.0177	0.0221	0.0270	0.0323	0.0380	0.0441	0.0506	0.0574	0.0645	0.0720	0.0797	1	
	3	0.0000	0.0000	0.0000	0.0001	0.0001	0.0002	0.0003	0.0005	0.0007	0.0010	0.0013	0.0017	0.0022	0.0027	0.0034	0.0041	0.0049	0.0058	0	3
4	0	0.9606	0.9224	0.8853	0.8493	0.8145	0.7807	0.7481	0.7164	0.6857	0.6561	0.6274	0.5997	0.5729	0.5470	0.5220	0.4979	0.4746	0.4521	4	
	1	0.0388	0.0753	0.1095	0.1416	0.1715	0.1993	0.2252	0.2492	0.2713	0.2916	0.3102	0.3271	0.3424	0.3562	0.3685	0.3793	0.3888	0.3970	3	
	2	0.0006	0.0023	0.0051	0.0088	0.0135	0.0191	0.0254	0.0325	0.0402	0.0486	0.0575	0.0669	0.0767	0.0870	0.0975	0.1084	0.1195	0.1307	2	
	3	0.0000	0.0000	0.0001	0.0002	0.0005	0.0008	0.0013	0.0019	0.0027	0.0036	0.0047	0.0061	0.0076	0.0094	0.0115	0.0138	0.0163	0.0191	1	
	4	—	—	0.0000	0.0000	0.0000	0.0000	0.0000	0.0000	0.0001	0.0001	0.0001	0.0002	0.0003	0.0004	0.0005	0.0007	0.0008	0.0010	0	4
5	0	0.9510	0.9039	0.8587	0.8154	0.7738	0.7339	0.6957	0.6591	0.6240	0.5905	0.5584	0.5277	0.4984	0.4704	0.4437	0.4182	0.3939	0.3707	5	
	1	0.0480	0.0922	0.1328	0.1699	0.2036	0.2342	0.2618	0.2866	0.3086	0.3280	0.3451	0.3598	0.3724	0.3829	0.3915	0.3983	0.4034	0.4069	4	
	2	0.0010	0.0038	0.0082	0.0142	0.0214	0.0299	0.0394	0.0498	0.0610	0.0729	0.0853	0.0981	0.1113	0.1247	0.1382	0.1517	0.1652	0.1786	3	
	3	0.0000	0.0001	0.0003	0.0006	0.0011	0.0019	0.0030	0.0043	0.0060	0.0081	0.0105	0.0134	0.0166	0.0203	0.0244	0.0289	0.0338	0.0392	2	
	4	—	0.0000	0.0000	0.0000	0.0000	0.0001	0.0001	0.0002	0.0003	0.0004	0.0007	0.0009	0.0012	0.0017	0.0022	0.0028	0.0035	0.0043	1	
	5	—	—	—	—	—	0.0000	0.0000	0.0000	0.0000	0.0000	0.0000	0.0000	0.0000	0.0001	0.0001	0.0001	0.0001	0.0002	0	5
6	0	0.9415	0.8858	0.8330	0.7828	0.7351	0.6899	0.6470	0.6064	0.5679	0.5314	0.4970	0.4644	0.4336	0.4046	0.3771	0.3513	0.3269	0.3040	6	
	1	0.0571	0.1085	0.1546	0.1957	0.2321	0.2642	0.2922	0.3164	0.3370	0.3543	0.3685	0.3800	0.3888	0.3952	0.3993	0.4015	0.4018	0.4004	5	
	2	0.0014	0.0055	0.0120	0.0204	0.0305	0.0422	0.0550	0.0688	0.0833	0.0984	0.1139	0.1295	0.1452	0.1608	0.1762	0.1912	0.2057	0.2197	4	
	3	0.0000	0.0002	0.0005	0.0011	0.0021	0.0036	0.0055	0.0080	0.0110	0.0146	0.0188	0.0236	0.0289	0.0349	0.0415	0.0486	0.0562	0.0643	3	
	4	—	0.0000	0.0000	0.0000	0.0001	0.0002	0.0003	0.0005	0.0008	0.0012	0.0017	0.0024	0.0032	0.0043	0.0055	0.0069	0.0086	0.0106	2	
	5	—	—	—	—	0.0000	0.0000	0.0000	0.0000	0.0000	0.0001	0.0001	0.0001	0.0002	0.0003	0.0004	0.0005	0.0007	0.0009	1	
	6	—	—	—	—	—	—	—	—	—	0.0000	0.0000	0.0000	0.0000	0.0000	0.0000	0.0000	0.0000	0.0000	0	6
7	0	0.9321	0.8681	0.8080	0.7514	0.6983	0.6485	0.6017	0.5578	0.5168	0.4783	0.4423	0.4087	0.3773	0.3479	0.3206	0.2951	0.2714	0.2493	7	
	1	0.0659	0.1240	0.1749	0.2192	0.2573	0.2897	0.3170	0.3396	0.3578	0.3720	0.3827	0.3901	0.3946	0.3965	0.3960	0.3935	0.3891	0.3830	6	
	2	0.0020	0.0076	0.0162	0.0274	0.0406	0.0555	0.0716	0.0886	0.1061	0.1240	0.1419	0.1596	0.1769	0.1936	0.2097	0.2248	0.2391	0.2523	5	
	3	0.0000	0.0003	0.0008	0.0019	0.0036	0.0059	0.0090	0.0128	0.0175	0.0230	0.0292	0.0363	0.0441	0.0525	0.0617	0.0714	0.0816	0.0923	4	
	4	—	0.0000	0.0000	0.0001	0.0002	0.0004	0.0007	0.0011	0.0017	0.0026	0.0036	0.0049	0.0066	0.0086	0.0109	0.0136	0.0167	0.0203	3	
	5	—	—	—	0.0000	0.0000	0.0000	0.0000	0.0001	0.0001	0.0002	0.0003	0.0004	0.0006	0.0008	0.0012	0.0016	0.0021	0.0027	2	
	6	—	—	—	—	—	—	—	0.0000	0.0000	0.0000	0.0000	0.0000	0.0000	0.0000	0.0001	0.0001	0.0001	0.0002	1	
	7	—	—	—	—	—	—	—	—	—	—	—	—	—	—	0.0000	0.0000	0.0000	0.0000	0	7
n	x	0.99	0.98	0.97	0.96	0.95	0.94	0.93	0.92	0.91	0.90	0.89	0.88	0.87	0.86	0.85	0.84	0.83	0.82	x	n
		P																			

n	x	0.01	0.02	0.03	0.04	0.05	0.06	0.07	0.08	0.09	0.10	0.11	0.12	0.13	0.14	0.15	0.16	0.17	0.18	x	n
8	0	0.9227	0.8508	0.7837	0.7214	0.6634	0.6096	0.5596	0.5132	0.4703	0.4305	0.3937	0.3596	0.3282	0.2992	0.2725	0.2479	0.2252	0.2044	8	
	1	0.0746	0.1389	0.1939	0.2405	0.2793	0.3113	0.3370	0.3570	0.3721	0.3826	0.3892	0.3923	0.3923	0.3897	0.3847	0.3777	0.3691	0.3590	7	
	2	0.0026	0.0099	0.0210	0.0351	0.0515	0.0695	0.0888	0.1087	0.1288	0.1488	0.1684	0.1872	0.2052	0.2220	0.2376	0.2518	0.2646	0.2758	6	
	3	0.0001	0.0004	0.0013	0.0029	0.0054	0.0089	0.0134	0.0189	0.0255	0.0331	0.0416	0.0511	0.0613	0.0723	0.0839	0.0959	0.1084	0.1211	5	
	4	0.0000	0.0000	0.0001	0.0002	0.0004	0.0007	0.0013	0.0021	0.0031	0.0046	0.0064	0.0087	0.0115	0.0147	0.0185	0.0228	0.0277	0.0332	4	
	5	—	—	0.0000	0.0000	0.0000	0.0000	0.0001	0.0001	0.0002	0.0004	0.0006	0.0009	0.0014	0.0019	0.0026	0.0035	0.0045	0.0058	3	
	6	—	—	—	—	—	—	0.0000	0.0000	0.0000	0.0000	0.0000	0.0001	0.0001	0.0002	0.0002	0.0003	0.0005	0.0006	2	
	7	—	—	—	—	—	—	—	—	—	—	—	0.0000	0.0000	0.0000	0.0000	0.0000	0.0000	0.0000	1	
	8	—	—	—	—	—	—	—	—	—	—	—	—	—	—	—	—	—	—	0	8
9	0	0.9135	0.8337	0.7602	0.6925	0.6302	0.5730	0.5204	0.4722	0.4279	0.3874	0.3504	0.3165	0.2855	0.2573	0.2316	0.2082	0.1869	0.1676	9	
	1	0.0830	0.1531	0.2116	0.2597	0.2985	0.3292	0.3525	0.3695	0.3809	0.3874	0.3897	0.3884	0.3840	0.3770	0.3679	0.3569	0.3446	0.3312	8	
	2	0.0034	0.0125	0.0262	0.0433	0.0629	0.0840	0.1061	0.1285	0.1507	0.1722	0.1927	0.2119	0.2295	0.2455	0.2597	0.2720	0.2823	0.2908	7	
	3	0.0001	0.0006	0.0019	0.0042	0.0077	0.0125	0.0186	0.0261	0.0348	0.0446	0.0556	0.0674	0.0800	0.0933	0.1069	0.1209	0.1349	0.1489	6	
	4	0.0000	0.0000	0.0001	0.0003	0.0006	0.0012	0.0021	0.0034	0.0052	0.0074	0.0103	0.0138	0.0179	0.0228	0.0283	0.0345	0.0415	0.0490	5	
	5	—	—	0.0000	0.0000	0.0000	0.0001	0.0002	0.0003	0.0005	0.0008	0.0013	0.0019	0.0027	0.0037	0.0050	0.0066	0.0085	0.0108	4	
	6	—	—	—	—	—	0.0000	0.0000	0.0000	0.0000	0.0001	0.0001	0.0002	0.0003	0.0004	0.0006	0.0008	0.0012	0.0016	3	
	7	—	—	—	—	—	—	—	—	—	0.0000	0.0000	0.0000	0.0000	0.0000	0.0000	0.0001	0.0001	0.0001	2	
	8	—	—	—	—	—	—	—	—	—	—	—	—	—	—	—	0.0000	0.0000	0.0000	1	
	9	—	—	—	—	—	—	—	—	—	—	—	—	—	—	—	—	—	—	0	9
10	0	0.9044	0.8171	0.7374	0.6648	0.5987	0.5386	0.4840	0.4344	0.3894	0.3487	0.3118	0.2785	0.2484	0.2213	0.1969	0.1749	0.1552	0.1374	10	
	1	0.0914	0.1667	0.2281	0.2770	0.3151	0.3438	0.3643	0.3777	0.3851	0.3874	0.3854	0.3798	0.3712	0.3603	0.3474	0.3331	0.3178	0.3017	9	
	2	0.0042	0.0153	0.0317	0.0519	0.0746	0.0988	0.1234	0.1478	0.1714	0.1937	0.2143	0.2330	0.2496	0.2639	0.2759	0.2856	0.2929	0.2980	8	
	3	0.0001	0.0008	0.0026	0.0058	0.0105	0.0168	0.0248	0.0343	0.0452	0.0574	0.0706	0.0847	0.0995	0.1146	0.1298	0.1450	0.1600	0.1745	7	
	4	0.0000	0.0000	0.0001	0.0004	0.0010	0.0019	0.0033	0.0052	0.0078	0.0112	0.0153	0.0202	0.0260	0.0326	0.0401	0.0483	0.0573	0.0670	6	
	5	—	—	0.0000	0.0000	0.0001	0.0001	0.0003	0.0005	0.0009	0.0015	0.0023	0.0033	0.0047	0.0064	0.0085	0.0111	0.0141	0.0177	5	
	6	—	—	—	—	0.0000	0.0000	0.0000	0.0000	0.0001	0.0001	0.0002	0.0004	0.0006	0.0009	0.0012	1.0018	0.0024	0.0032	4	
	7	—	—	—	—	—	—	—	—	0.0000	0.0000	0.0000	0.0000	0.0000	0.0001	0.0001	0.0002	0.0003	0.0004	3	
	8	—	—	—	—	—	—	—	—	—	—	—	—	—	0.0000	0.0000	0.0000	0.0000	0.0000	2	
	9	—	—	—	—	—	—	—	—	—	—	—	—	—	—	—	—	—	—	1	
	10	—	—	—	—	—	—	—	—	—	—	—	—	—	—	—	—	—	—	0	10
n	x	0.99	0.98	0.97	0.96	0.95	0.94	0.93	0.92	0.91	0.90	0.89	0.88	0.87	0.86	0.85	0.84	0.83	0.82	x	n

(Upper header: P; lower header: P)

		P																			
n	x	0.01	0.02	0.03	0.04	0.05	0.06	0.07	0.08	0.09	0.10	0.11	0.12	0.13	0.14	0.15	0.16	0.17	0.18	x	n
12	0	0.8864	0.7847	0.6938	0.6127	0.5404	0.4759	0.4186	0.3677	0.3225	0.2824	0.2470	0.2157	0.1880	0.1637	0.1422	0.1234	0.1069	0.0924	12	
	1	0.1074	0.1922	0.2575	0.3064	0.3413	0.3645	0.3781	0.3837	0.3827	0.3766	0.3663	0.3529	0.3372	0.3197	0.3012	0.2821	0.2627	0.2434	11	
	2	0.0060	0.0216	0.0438	0.0702	0.0988	0.1280	0.1565	0.1835	0.2082	0.2301	0.2490	0.2647	0.2771	0.2863	0.2924	0.2955	0.2960	0.2939	10	
	3	0.0002	0.0015	0.0045	0.0098	0.0173	0.0272	0.0393	0.0532	0.0686	0.0852	0.1026	0.1203	0.1380	0.1553	0.1720	0.1876	0.2021	0.2151	9	
	4	0.0000	0.0001	0.0003	0.0009	0.0021	0.0039	0.0067	0.0104	0.0153	0.0213	0.0285	0.0369	0.0464	0.0569	0.0683	0.0804	0.0931	0.1062	8	
	5	—	0.0000	0.0000	0.0001	0.0002	0.0004	0.0008	0.0014	0.0024	0.0038	0.0056	0.0081	0.0111	0.0148	0.0193	0.0245	0.0305	0.0373	7	
	6	—	—	—	0.0000	0.0000	0.0000	0.0001	0.0001	0.0003	0.0005	0.0008	0.0013	0.0019	0.0028	0.0040	0.0054	0.0073	0.0096	6	
	7	—	—	—	—	—	—	0.0000	0.0000	0.0000	0.0000	0.0001	0.0001	0.0002	0.0004	0.0006	0.0009	0.0013	0.0018	5	
	8	—	—	—	—	—	—	—	—	—	—	0.0000	0.0000	0.0000	0.0000	0.0001	0.0001	0.0002	0.0002	4	
	9	—	—	—	—	—	—	—	—	—	—	—	—	—	—	0.0000	0.0000	0.0000	0.0000	3	
	10	—	—	—	—	—	—	—	—	—	—	—	—	—	—	—	—	—	—	2	
	11	—	—	—	—	—	—	—	—	—	—	—	—	—	—	—	—	—	—	1	
	12	—	—	—	—	—	—	—	—	—	—	—	—	—	—	—	—	—	—	0	12
15	0	0.8601	0.7386	0.6333	0.5421	0.4633	0.3953	0.3367	0.2863	0.2430	0.2059	0.1741	0.1470	0.1238	0.1041	0.0874	0.0731	0.0611	0.0510	15	
	1	0.1303	0.2261	0.2938	0.3388	0.3658	0.3785	0.3801	0.3734	0.3605	0.3432	0.3228	0.3006	0.2775	0.2542	0.2312	0.2090	0.1878	0.1678	14	
	2	0.0092	0.0323	0.0636	0.0988	0.1348	0.1691	0.2003	0.2273	0.2496	0.2669	0.2793	0.2870	0.2903	0.2897	0.2856	0.2787	0.2692	0.2578	13	
	3	0.0004	0.0029	0.0085	0.0178	0.0307	0.0468	0.0653	0.0857	0.1070	0.1285	0.1496	0.1696	0.1880	0.2044	0.2184	0.2300	0.2389	0.2452	12	
	4	0.0000	0.0002	0.0008	0.0022	0.0049	0.0090	0.0148	0.0223	0.0317	0.0428	0.0555	0.0694	0.0843	0.0998	0.1156	0.1314	0.1468	0.1615	11	
	5	—	0.0000	0.0001	0.0002	0.0006	0.0013	0.0024	0.0043	0.0069	0.0105	0.0151	0.0208	0.0277	0.0357	0.0449	0.0551	0.0662	0.0780	10	
	6	—	—	0.0000	0.0000	0.0000	0.0001	0.0003	0.0006	0.0011	0.0019	0.0031	0.0047	0.0069	0.0097	0.0132	0.0175	0.0226	0.0285	9	
	7	—	—	—	—	—	0.0000	0.0000	0.0001	0.0001	0.0003	0.0005	0.0008	0.0013	0.0020	0.0030	0.0043	0.0059	0.0081	8	
	8	—	—	—	—	—	—	—	0.0000	0.0000	0.0000	0.0001	0.0001	0.0002	0.0003	0.0005	0.0008	0.0012	0.0018	7	
	9	—	—	—	—	—	—	—	—	—	—	0.0000	0.0000	0.0000	0.0000	0.0001	0.0001	0.0002	0.0003	6	
	10	—	—	—	—	—	—	—	—	—	—	—	—	—	—	0.0000	0.0000	0.0000	0.0000	5	
	11	—	—	—	—	—	—	—	—	—	—	—	—	—	—	—	—	—	—	4	
	12	—	—	—	—	—	—	—	—	—	—	—	—	—	—	—	—	—	—	3	
	13	—	—	—	—	—	—	—	—	—	—	—	—	—	—	—	—	—	—	2	
	14	—	—	—	—	—	—	—	—	—	—	—	—	—	—	—	—	—	—	1	
	15	—	—	—	—	—	—	—	—	—	—	—	—	—	—	—	—	—	—	0	15
20	0	0.8179	0.6676	0.5438	0.4420	0.3585	0.2901	0.2342	0.1887	0.1516	0.1216	0.0972	0.0776	0.0617	0.0490	0.0388	0.0306	0.0241	0.0189	20	
	1	0.1652	0.2725	0.3364	0.3683	0.3774	0.3703	0.3526	0.3282	0.3000	0.2702	0.2403	0.2115	0.1844	0.1595	0.1368	0.1165	0.0986	0.0829	19	
	2	0.0159	0.0528	0.0988	0.1458	0.1887	0.2246	0.2521	0.2711	0.2818	0.2852	0.2822	0.2740	0.2618	0.2466	0.2293	0.2109	0.1919	0.1730	18	
	3	0.0010	0.0065	0.0183	0.0364	0.0596	0.0860	0.1139	0.1414	0.1672	0.1901	0.2093	0.2242	0.2347	0.2409	0.2428	0.2410	0.2358	0.2278	17	
	4	0.0000	0.0006	0.0024	0.0065	0.0133	0.0233	0.0364	0.0523	0.0703	0.0898	0.1099	0.1299	0.1491	0.1666	0.1821	0.1951	0.2053	0.2125	16	
	5	—	0.0000	0.0002	0.0009	0.0022	0.0048	0.0088	0.0145	0.0222	0.0319	0.0435	0.0567	0.0713	0.0868	0.1028	0.1189	0.1345	0.1493	15	
	6	—	—	0.0000	0.0001	0.0003	0.0008	0.0017	0.0032	0.0055	0.0089	0.0134	0.0193	0.0266	0.0353	0.0454	0.0566	0.0689	0.0819	14	
	7	—	—	—	0.0000	0.0000	0.0001	0.0002	0.0005	0.0011	0.0020	0.0033	0.0053	0.0080	0.0115	0.0160	0.0216	0.0282	0.0360	13	
	8	—	—	—	—	—	0.0000	0.0000	0.0001	0.0002	0.0004	0.0007	0.0012	0.0019	0.0030	0.0046	0.0067	0.0094	0.0128	12	
	9	—	—	—	—	—	—	—	0.0000	0.0000	0.0001	0.0001	0.0002	0.0004	0.0007	0.0011	0.0017	0.0026	0.0038	11	
	10	—	—	—	—	—	—	—	—	—	0.0000	0.0000	0.0000	0.0001	0.0001	0.0002	0.0004	0.0006	0.0009	10	
	11	—	—	—	—	—	—	—	—	—	—	—	—	0.0000	0.0000	0.0000	0.0001	0.0001	0.0002	9	
	12	—	—	—	—	—	—	—	—	—	—	—	—	—	—	—	0.0000	0.0000	0.0000	8	
	13	—	—	—	—	—	—	—	—	—	—	—	—	—	—	—	—	—	—	7	
	14	—	—	—	—	—	—	—	—	—	—	—	—	—	—	—	—	—	—	6	
	15	—	—	—	—	—	—	—	—	—	—	—	—	—	—	—	—	—	—	5	
	16	—	—	—	—	—	—	—	—	—	—	—	—	—	—	—	—	—	—	4	
	17	—	—	—	—	—	—	—	—	—	—	—	—	—	—	—	—	—	—	3	
	18	—	—	—	—	—	—	—	—	—	—	—	—	—	—	—	—	—	—	2	
	19	—	—	—	—	—	—	—	—	—	—	—	—	—	—	—	—	—	—	1	
	20	—	—	—	—	—	—	—	—	—	—	—	—	—	—	—	—	—	—	0	20
n	x	0.99	0.98	0.97	0.96	0.95	0.94	0.93	0.92	0.91	0.90	0.89	0.88	0.87	0.86	0.85	0.84	0.83	0.82	x	n
		P																			

n	x	P																		x	n
n	x	0.19	0.20	0.21	0.22	0.23	0.24	0.25	0.26	0.27	0.28	0.29	0.30	0.31	0.32	0.33	0.34	0.35	0.36	x	n
2	0	0.6561	0.6400	0.6241	0.6084	0.5929	0.5776	0.5625	0.5476	0.5329	0.5184	0.5041	0.4900	0.4761	0.4624	0.4489	0.4356	0.4225	0.4096	2	
	1	0.3078	0.3200	0.3318	0.3432	0.3542	0.3648	0.3750	0.3848	0.3942	0.4032	0.4118	0.4200	0.4278	0.4352	0.4422	0.4488	0.4550	0.4608	1	
	2	0.0361	0.0400	0.0441	0.0484	0.0529	0.0576	0.0625	0.0676	0.0729	0.0784	0.0841	0.0900	0.0961	0.1024	0.1089	0.1156	0.1225	0.1296	0	2
3	0	0.5314	0.5120	0.4930	0.4746	0.4565	0.4390	0.4219	0.4052	0.3890	0.3732	0.3579	0.3430	0.3285	0.3144	0.3008	0.2875	0.2746	0.2621	3	
	1	0.3740	0.3840	0.3932	0.4015	0.4091	0.4159	0.4219	0.4271	0.4316	0.4355	0.4386	0.4410	0.4428	0.4439	0.4444	0.4443	0.4436	0.4424	2	
	2	0.0877	0.0960	0.1045	0.1133	0.1222	0.1313	0.1406	0.1501	0.1597	0.1693	0.1791	0.1890	0.1989	0.2089	0.2189	0.2289	0.2389	0.2488	1	
	3	0.0069	0.0080	0.0093	0.0106	0.0122	0.0138	0.0156	0.0176	0.0197	0.0220	0.0244	0.0270	0.0298	0.0328	0.0359	0.0393	0.0429	0.0467	0	3
4	0	0.4305	0.4096	0.3895	0.3702	0.3515	0.3336	0.3164	0.2999	0.2840	0.2687	0.2541	0.2401	0.2267	0.2138	0.2015	0.1897	0.1785	0.1678	4	
	1	0.4039	0.4096	0.4142	0.4176	0.4200	0.4214	0.4219	0.4214	0.4201	0.4180	0.4152	0.4116	0.4074	0.4025	0.3970	0.3910	0.3845	0.3775	3	
	2	0.1421	0.1536	0.1651	0.1767	0.1882	0.1996	0.2109	0.2221	0.2331	0.2439	0.2544	0.2646	0.2745	0.2841	0.2933	0.3021	0.3105	0.3185	2	
	3	0.0222	0.0256	0.0293	0.0332	0.0375	0.0420	0.0469	0.0520	0.0575	0.0632	0.0693	0.0756	0.0822	0.0891	0.0963	0.1038	0.1115	0.1194	1	
	4	0.0013	0.0016	0.0019	0.0023	0.0028	0.0033	0.0039	0.0046	0.0053	0.0061	0.0071	0.0081	0.0092	0.0105	0.0119	0.0134	0.0150	0.0168	0	4
5	0	0.3487	0.3277	0.3077	0.2887	0.2707	0.2536	0.2373	0.2219	0.2073	0.1935	0.1804	0.1681	0.1564	0.1454	0.1350	0.1252	0.1160	0.1074	5	
	1	0.4089	0.4096	0.4090	0.4072	0.4043	0.4003	0.3955	0.3898	0.3834	0.3762	0.3685	0.3601	0.3513	0.3421	0.3325	0.3226	0.3124	0.3020	4	
	2	0.1919	0.2048	0.2174	0.2297	0.2415	0.2529	0.2637	0.2739	0.2836	0.2926	0.3010	0.3087	0.3157	0.3220	0.3275	0.3323	0.3364	0.3397	3	
	3	0.0450	0.0512	0.0578	0.0648	0.0721	0.0798	0.0879	0.0962	0.1049	0.1138	0.1229	0.1323	0.1418	0.1515	0.1613	0.1712	0.1811	0.1911	2	
	4	0.0053	0.0064	0.0077	0.0091	0.0108	0.0126	0.0146	0.0169	0.0194	0.0221	0.0251	0.0283	0.0319	0.0357	0.0397	0.0441	0.0488	0.0537	1	
	5	0.0002	0.0003	0.0004	0.0005	0.0006	0.0008	0.0010	0.0012	0.0014	0.0017	0.0021	0.0024	0.0029	0.0034	0.0039	0.0045	0.0053	0.0060	0	5
6	0	0.2824	0.2621	0.2431	0.2252	0.2084	0.1927	0.1780	0.1642	0.1513	0.1393	0.1281	0.1176	0.1079	0.0989	0.0905	0.0827	0.0754	0.0687	6	
	1	0.3975	0.3932	0.3877	0.3811	0.3735	0.3651	0.3560	0.3462	0.3358	0.3251	0.3139	0.3025	0.2909	0.2792	0.2673	0.2555	0.2437	0.2319	5	
	2	0.2331	0.2458	0.2577	0.2687	0.2789	0.2882	0.2966	0.3041	0.3105	0.3160	0.3206	0.3241	0.3267	0.3284	0.3292	0.3290	0.3280	0.3261	4	
	3	0.0729	0.0819	0.0913	0.1011	0.1111	0.1214	0.1318	0.1424	0.1531	0.1639	0.1746	0.1852	0.1957	0.2061	0.2162	0.2260	0.2355	0.2446	3	
	4	0.0128	0.0154	0.0182	0.0214	0.0249	0.0287	0.0330	0.0375	0.0425	0.0478	0.0535	0.0595	0.0660	0.0727	0.0799	0.0873	0.0951	0.1032	2	
	5	0.0012	0.0015	0.0019	0.0024	0.0030	0.0036	0.0044	0.0053	0.0063	0.0074	0.0087	0.0102	0.0119	0.0137	0.0157	0.0180	0.0205	0.0232	1	
	6	0.0000	0.0001	0.0001	0.0001	0.0001	0.0002	0.0002	0.0003	0.0004	0.0005	0.0006	0.0007	0.0009	0.0011	0.0013	0.0015	0.0018	0.0022	0	6
7	0	0.2288	0.2097	0.1920	0.1757	0.1605	0.1465	0.1335	0.1215	0.1105	0.1003	0.0910	0.0824	0.0745	0.0672	0.0606	0.0546	0.0490	0.0440	7	
	1	0.3756	0.3670	0.3573	0.3468	0.3356	0.3237	0.3115	0.2989	0.2860	0.2731	0.2600	0.2471	0.2342	0.2215	0.2090	0.1967	0.1848	0.1732	6	
	2	0.2643	0.2753	0.2850	0.2935	0.3007	0.3067	0.3115	0.3150	0.3174	0.3186	0.3186	0.3177	0.3156	0.3127	0.3088	0.3040	0.2985	0.2922	5	
	3	0.1033	0.1147	0.1263	0.1379	0.1497	0.1614	0.1730	0.1845	0.1956	0.2065	0.2169	0.2269	0.2363	0.2452	0.2535	0.2610	0.2679	0.2740	4	
	4	0.0242	0.0287	0.0336	0.0389	0.0447	0.0510	0.0577	0.0648	0.0724	0.0803	0.0886	0.0972	0.1062	0.1154	0.1248	0.1345	0.1442	0.1541	3	
	5	0.0034	0.0043	0.0054	0.0066	0.0080	0.0097	0.0115	0.0137	0.0161	0.0187	0.0217	0.0250	0.0286	0.0326	0.0369	0.0416	0.0466	0.0520	2	
	6	0.0003	0.0004	0.0005	0.0006	0.0008	0.0010	0.0013	0.0016	0.0020	0.0024	0.0030	0.0036	0.0043	0.0051	0.0061	0.0071	0.0084	0.0098	1	
	7	0.0000	0.0000	0.0000	0.0000	0.0000	0.0000	0.0001	0.0001	0.0001	0.0001	0.0002	0.0002	0.0003	0.0003	0.0004	0.0005	0.0006	0.0008	0	7
n	x	0.81	0.80	0.79	0.78	0.77	0.76	0.75	0.74	0.73	0.72	0.71	0.70	0.69	0.68	0.67	0.66	0.65	0.64	x	n
		P																			

n	x	P																		x	n
n	x	0.19	0.20	0.21	0.22	0.23	0.24	0.25	0.26	0.27	0.28	0.29	0.30	0.31	0.32	0.33	0.34	0.35	0.36	x	n
8	0	0.1853	0.1678	0.1517	0.1370	0.1236	0.1113	0.1001	0.0899	0.0806	0.0722	0.0646	0.0576	0.0514	0.0457	0.0406	0.0360	0.0319	0.0281	8	
	1	0.3477	0.3355	0.3226	0.3092	0.2953	0.2812	0.2670	0.2527	0.2386	0.2247	0.2110	0.1977	0.1847	0.1721	0.1600	0.1484	0.1373	0.1267	7	
	2	0.2855	0.2936	0.3002	0.3052	0.3087	0.3108	0.3115	0.3108	0.3089	0.3058	0.3017	0.2965	0.2904	0.2835	0.2758	0.2675	0.2587	0.2494	6	
	3	0.1339	0.1468	0.1596	0.1722	0.1844	0.1963	0.2076	0.2184	0.2285	0.2379	0.2464	0.2541	0.2609	0.2668	0.2717	0.2756	0.2786	0.2805	5	
	4	0.0393	0.0459	0.0530	0.0607	0.0689	0.0775	0.0865	0.0959	0.1056	0.1156	0.1258	0.1361	0.1465	0.1569	0.1673	0.1775	0.1875	0.1973	4	
	5	0.0074	0.0092	0.0113	0.0137	0.0165	0.0196	0.0231	0.0270	0.0313	0.0360	0.0411	0.0467	0.0527	0.0591	0.0659	0.0732	0.0808	0.0888	3	
	6	0.0009	0.0011	0.0015	0.0019	0.0025	0.0031	0.0038	0.0047	0.0058	0.0070	0.0084	0.0100	0.0118	0.0139	0.0162	0.0188	0.0217	0.0250	2	
	7	0.0001	0.0001	0.0001	0.0002	0.0002	0.0003	0.0004	0.0005	0.0006	0.0008	0.0010	0.0012	0.0015	0.0019	0.0023	0.0028	0.0033	0.0040	1	
	8	0.0000	0.0000	0.0000	0.0000	0.0000	0.0000	0.0000	0.0000	0.0000	0.0000	0.0001	0.0001	0.0001	0.0001	0.0001	0.0002	0.0002	0.0003	0	8
9	0	0.1501	0.1342	0.1199	0.1069	0.0952	0.0846	0.0751	0.0665	0.0589	0.0520	0.0458	0.0404	0.0355	0.0311	0.0272	0.0238	0.0207	0.0180	9	
	1	0.3169	0.3020	0.2867	0.2713	0.2558	0.2404	0.2253	0.2104	0.1960	0.1820	0.1685	0.1556	0.1433	0.1317	0.1206	0.1102	0.1004	0.0912	8	
	2	0.2973	0.3020	0.3049	0.3061	0.3056	0.3037	0.3003	0.2957	0.2899	0.2831	0.2754	0.2668	0.2576	0.2478	0.2376	0.2270	0.2162	0.2052	7	
	3	0.1627	0.1762	0.1891	0.2014	0.2130	0.2238	0.2336	0.2424	0.2502	0.2569	0.2624	0.2668	0.2701	0.2721	0.2731	0.2729	0.2716	0.2693	6	
	4	0.0573	0.0661	0.0754	0.0852	0.0954	0.1060	0.1168	0.1278	0.1388	0.1499	0.1608	0.1715	0.1820	0.1921	0.2017	0.2109	0.2194	0.2272	5	
	5	0.0134	0.0165	0.0200	0.0240	0.0285	0.0335	0.0389	0.0449	0.0513	0.0583	0.0657	0.0735	0.0818	0.0904	0.0994	0.1086	0.1181	0.1278	4	
	6	0.0021	0.0028	0.0036	0.0045	0.0057	0.0070	0.0087	0.0105	0.0127	0.0151	0.0179	0.0210	0.0245	0.0284	0.0326	0.0373	0.0424	0.0479	3	
	7	0.0002	0.0003	0.0004	0.0005	0.0007	0.0010	0.0012	0.0016	0.0020	0.0025	0.0031	0.0039	0.0047	0.0057	0.0069	0.0082	0.0098	0.0116	2	
	8	0.0000	0.0000	0.0000	0.0000	0.0001	0.0001	0.0001	0.0001	0.0002	0.0002	0.0003	0.0004	0.0005	0.0007	0.0008	0.0011	0.0013	0.0016	1	
	9	—	—	—	—	0.0000	0.0000	0.0000	0.0000	0.0000	0.0000	0.0000	0.0000	0.0000	0.0000	0.0000	0.0001	0.0001	0.0001	0	9
10	0	0.1216	0.1074	0.0947	0.0834	0.0733	0.0643	0.0563	0.0492	0.0430	0.0374	0.0326	0.0282	0.0245	0.0211	0.0182	0.0157	0.0135	0.0115	10	
	1	0.2852	0.2684	0.2517	0.2351	0.2188	0.2030	0.1877	0.1730	0.1590	0.1456	0.1330	0.1211	0.1099	0.0995	0.0898	0.0808	0.0725	0.0649	9	
	2	0.3010	0.3020	0.3011	0.2984	0.2942	0.2885	0.2816	0.2735	0.2646	0.2548	0.2444	0.2335	0.2222	0.2107	0.1990	0.1873	0.1757	0.1642	8	
	3	0.1883	0.2013	0.2134	0.2244	0.2343	0.2429	0.2503	0.2563	0.2609	0.2642	0.2662	0.2668	0.2662	0.2644	0.2614	0.2573	0.2522	0.2462	7	
	4	0.0773	0.0881	0.0993	0.1108	0.1225	0.1343	0.1460	0.1576	0.1689	0.1798	0.1903	0.2001	0.2093	0.2177	0.2253	0.2320	0.2377	0.2424	6	
	5	0.0218	0.0264	0.0317	0.0375	0.0439	0.0509	0.0584	0.0664	0.0750	0.0839	0.0933	0.1029	0.1128	0.1229	0.1332	0.1434	0.1536	0.1636	5	
	6	0.0043	0.0055	0.0070	0.0088	0.0109	0.0134	0.0162	0.0195	0.0231	0.0272	0.0317	0.0368	0.0422	0.0482	0.0547	0.0616	0.0689	0.0767	4	
	7	0.0006	0.0008	0.0011	0.0014	0.0019	0.0024	0.0031	0.0039	0.0049	0.0060	0.0074	0.0090	0.0108	0.0130	0.0154	0.0181	0.0212	0.0247	3	
	8	0.0001	0.0001	0.0001	0.0002	0.0002	0.0003	0.0004	0.0005	0.0007	0.0009	0.0011	0.0014	0.0018	0.0023	0.0028	0.0035	0.0043	0.0052	2	
	9	0.0000	0.0000	0.0000	0.0000	0.0000	0.0000	0.0000	0.0000	0.0001	0.0001	0.0001	0.0001	0.0002	0.0002	0.0003	0.0004	0.0005	0.0006	1	
	10	—	—	—	—	—	—	—	—	0.0000	0.0000	0.0000	0.0000	0.0000	0.0000	0.0000	0.0000	0.0000	0.0000	0	10
12	0	0.0798	0.0687	0.0591	0.0507	0.0434	0.0371	0.0317	0.0270	0.0229	0.0194	0.0164	0.0138	0.0116	0.0098	0.0082	0.0068	0.0057	0.0047	12	
	1	0.2245	0.2062	0.1885	0.1717	0.1557	0.1407	0.1267	0.1137	0.1016	0.0906	0.0804	0.0712	0.0628	0.0552	0.0484	0.0422	0.0368	0.0319	11	
	2	0.2897	0.2835	0.2756	0.2663	0.2558	0.2444	0.2323	0.2197	0.2068	0.1937	0.1807	0.1678	0.1552	0.1429	0.1310	0.1197	0.1088	0.0986	10	
	3	0.2265	0.2362	0.2442	0.2503	0.2547	0.2573	0.2581	0.2573	0.2549	0.2511	0.2460	0.2397	0.2324	0.2241	0.2151	0.2055	0.1954	0.1849	9	
	4	0.1195	0.1329	0.1460	0.1589	0.1712	0.1828	0.1936	0.2034	0.2122	0.2197	0.2261	0.2311	0.2349	0.2373	0.2384	0.2382	0.2367	0.2340	8	
	5	0.0449	0.0532	0.0621	0.0717	0.0818	0.0924	0.1032	0.1143	0.1255	0.1367	0.1477	0.1585	0.1688	0.1787	0.1879	0.1963	0.2039	0.2106	7	
	6	0.0123	0.0155	0.0193	0.0236	0.0285	0.0340	0.0401	0.0469	0.0542	0.0620	0.0704	0.0792	0.0885	0.0981	0.1079	0.1180	0.1281	0.1382	6	
	7	0.0025	0.0033	0.0044	0.0057	0.0073	0.0092	0.0115	0.0141	0.0172	0.0207	0.0246	0.0291	0.0341	0.0396	0.0456	0.0521	0.0591	0.0666	5	
	8	0.0004	0.0005	0.0007	0.0010	0.0014	0.0018	0.0024	0.0031	0.0040	0.0050	0.0063	0.0078	0.0096	0.0116	0.0140	0.0168	0.0199	0.0234	4	
	9	0.0000	0.0001	0.0001	0.0001	0.0002	0.0003	0.0004	0.0005	0.0007	0.0009	0.0011	0.0015	0.0019	0.0024	0.0031	0.0038	0.0048	0.0059	3	
	10	—	0.0000	0.0000	0.0000	0.0000	0.0000	0.0000	0.0001	0.0001	0.0001	0.0001	0.0002	0.0003	0.0003	0.0005	0.0006	0.0008	0.0010	2	
	11	—	—	—	—	—	—	—	0.0000	0.0000	0.0000	0.0000	0.0000	0.0000	0.0000	0.0000	0.0001	0.0001	0.0001	1	
	12	—	—	—	—	—	—	—	—	—	—	—	—	—	—	—	0.0000	0.0000	0.0000	0	12
n	x	0.81	0.80	0.79	0.78	0.77	0.76	0.75	0.74	0.73	0.72	0.71	0.70	0.69	0.68	0.67	0.66	0.65	0.64	x	n
		P																			

n	x	0.19	0.20	0.21	0.22	0.23	0.24	0.25	0.26	0.27	0.28	0.29	0.30	0.31	0.32	0.33	0.34	0.35	0.36	x	n
15	0	0.0424	0.0352	0.0291	0.0241	0.0198	0.0163	0.0134	0.0109	0.0089	0.0072	0.0059	0.0047	0.0038	0.0031	0.0025	0.0020	0.0016	0.0012	15	
	1	0.1492	0.1319	0.1162	0.1018	0.0889	0.0772	0.0668	0.0576	0.0494	0.0423	0.0360	0.0305	0.0258	0.0217	0.0182	0.0152	0.0126	0.0104	14	
	2	0.2449	0.2309	0.2162	0.2010	0.1858	0.1707	0.1559	0.1416	0.1280	0.1150	0.1029	0.0916	0.0811	0.0715	0.0627	0.0547	0.0476	0.0411	13	
	3	0.2489	0.2501	0.2490	0.2457	0.2405	0.2336	0.2252	0.2156	0.2051	0.1939	0.1821	0.1700	0.1579	0.1457	0.1338	0.1222	0.1110	0.1002	12	
	4	0.1752	0.1876	0.1986	0.2079	0.2155	0.2213	0.2252	0.2273	0.2276	0.2262	0.2231	0.2186	0.2128	0.2057	0.1977	0.1888	0.1792	0.1692	11	
	5	0.0904	0.1032	0.1161	0.1290	0.1416	0.1537	0.1651	0.1757	0.1852	0.1935	0.2005	0.2061	0.2103	0.2130	0.2142	0.2140	0.2123	0.2093	10	
	6	0.0353	0.0430	0.0514	0.0606	0.0705	0.0809	0.0917	0.1029	0.1142	0.1254	0.1365	0.1472	0.1575	0.1671	0.1759	0.1837	0.1906	0.1963	9	
	7	0.0107	0.0138	0.0176	0.0220	0.0271	0.0329	0.0393	0.0465	0.0543	0.0627	0.0717	0.0811	0.0910	0.1011	0.1114	0.1217	0.1319	0.1419	8	
	8	0.0025	0.0035	0.0047	0.0062	0.0081	0.0104	0.0131	0.0163	0.0201	0.0244	0.0293	0.0348	0.0409	0.0476	0.0549	0.0627	0.0710	0.0798	7	
	9	0.0005	0.0007	0.0010	0.0014	0.0019	0.0025	0.0034	0.0045	0.0058	0.0074	0.0093	0.0116	0.0143	0.0174	0.0210	0.0251	0.0298	0.0349	6	
	10	0.0001	0.0001	0.0002	0.0002	0.0003	0.0005	0.0007	0.0009	0.0013	0.0017	0.0023	0.0030	0.0038	0.0049	0.0062	0.0078	0.0096	0.0118	5	
	11	0.0000	0.0000	0.0000	0.0000	0.0000	0.0001	0.0001	0.0002	0.0002	0.0003	0.0004	0.0006	0.0008	0.0011	0.0014	0.0018	0.0024	0.0030	4	
	12	—	—	—	—	—	0.0000	0.0000	0.0000	0.0000	0.0000	0.0001	0.0001	0.0001	0.0002	0.0002	0.0003	0.0004	0.0006	3	
	13	—	—	—	—	—	—	—	—	—	—	0.0000	0.0000	0.0000	0.0000	0.0000	0.0000	0.0001	0.0001	2	
	14	—	—	—	—	—	—	—	—	—	—	—	—	—	—	—	—	0.0000	0.0000	1	
	15	—	—	—	—	—	—	—	—	—	—	—	—	—	—	—	—	—	—	0	15
20	0	0.0148	0.0115	0.0090	0.0069	0.0054	0.0041	0.0032	0.0024	0.0018	0.0014	0.0011	0.0008	0.0006	0.0004	0.0003	0.0002	0.0002	0.0001	20	
	1	0.0693	0.0576	0.0477	0.0392	0.0321	0.0261	0.0211	0.0170	0.0137	0.0109	0.0087	0.0068	0.0054	0.0042	0.0033	0.0025	0.0020	0.0015	19	
	2	0.1545	0.1369	0.1204	0.1050	0.0910	0.0783	0.0669	0.0569	0.0480	0.0403	0.0336	0.0278	0.0229	0.0188	0.0153	0.0124	0.0110	0.0080	18	
	3	0.2175	0.2054	0.1920	0.1777	0.1631	0.1484	0.1339	0.1199	0.1065	0.0940	0.0823	0.0716	0.0619	0.0531	0.0453	0.0383	0.0323	0.0270	17	
	4	0.2168	0.2182	0.2169	0.2131	0.2070	0.1991	0.1897	0.1790	0.1675	0.1553	0.1429	0.1304	0.1181	0.1062	0.0947	0.0839	0.0738	0.0645	16	
	5	0.1627	0.1746	0.1845	0.1923	0.1979	0.2012	0.2023	0.2013	0.1982	0.1933	0.1868	0.1789	0.1698	0.1599	0.1493	0.1384	0.1272	0.1161	15	
	6	0.0954	0.1091	0.1226	0.1356	0.1478	0.1589	0.1686	0.1768	0.1833	0.1879	0.1907	0.1916	0.1907	0.1881	0.1839	0.1782	0.1712	0.1632	14	
	7	0.0448	0.0545	0.0652	0.0765	0.0883	0.1003	0.1124	0.1242	0.1356	0.1462	0.1558	0.1643	0.1714	0.1770	0.1811	0.1836	0.1844	0.1836	13	
	8	0.0171	0.0222	0.0282	0.0351	0.0429	0.0515	0.0609	0.0709	0.0815	0.0924	0.1034	0.1144	0.1251	0.1354	0.1450	0.1537	0.1614	0.1678	12	
	9	0.0053	0.0074	0.0100	0.0132	0.0171	0.0217	0.0271	0.0332	0.0402	0.0479	0.0563	0.0654	0.0750	0.0849	0.0952	0.1056	0.1158	0.1259	11	
	10	0.0014	0.0020	0.0029	0.0041	0.0056	0.0075	0.0099	0.0128	0.0163	0.0205	0.0253	0.0308	0.0370	0.0440	0.0516	0.0598	0.0686	0.0779	10	
	11	0.0003	0.0005	0.0007	0.0010	0.0015	0.0022	0.0030	0.0041	0.0055	0.0072	0.0094	0.0120	0.0151	0.0188	0.0231	0.0280	0.0336	0.0398	9	
	12	0.0001	0.0001	0.0001	0.0002	0.0003	0.0005	0.0008	0.0011	0.0015	0.0021	0.0029	0.0039	0.0051	0.0066	0.0085	0.0108	0.0136	0.0168	8	
	13	0.0000	0.0000	0.0000	0.0000	0.0001	0.0001	0.0002	0.0002	0.0003	0.0005	0.0007	0.0010	0.0014	0.0019	0.0026	0.0034	0.0045	0.0058	7	
	14	—	—	—	—	0.0000	0.0000	0.0000	0.0000	0.0001	0.0001	0.0001	0.0002	0.0003	0.0005	0.0006	0.0009	0.0012	0.0016	6	
	15	—	—	—	—	—	—	—	—	0.0000	0.0000	0.0000	0.0000	0.0001	0.0001	0.0001	0.0002	0.0003	0.0004	5	
	16	—	—	—	—	—	—	—	—	—	—	—	—	0.0000	0.0000	0.0000	0.0000	0.0000	0.0001	4	
	17	—	—	—	—	—	—	—	—	—	—	—	—	—	—	—	—	—	0.0000	3	
	18	—	—	—	—	—	—	—	—	—	—	—	—	—	—	—	—	—	—	2	
	19	—	—	—	—	—	—	—	—	—	—	—	—	—	—	—	—	—	—	1	
	20	—	—	—	—	—	—	—	—	—	—	—	—	—	—	—	—	—	—	0	20
n	x	0.81	0.80	0.79	0.78	0.77	0.76	0.75	0.74	0.73	0.72	0.71	0.70	0.69	0.68	0.67	0.66	0.65	0.64	x	n

n	x	0.37	0.38	0.39	0.40	0.41	0.42	0.43	0.44	0.45	0.46	0.47	0.48	0.49	0.50	x	n
2	0	0.3969	0.3844	0.3721	0.3600	0.3481	0.3364	0.3249	0.3136	0.3025	0.2916	0.2809	0.2704	0.2601	0.2500	2	
	1	0.4662	0.4712	0.4758	0.4800	0.4838	0.4872	0.4902	0.4928	0.4950	0.4968	0.4982	0.4992	0.4998	0.5000	1	
	2	0.1369	0.1444	0.1521	0.1600	0.1681	0.1764	0.1849	0.1936	0.2025	0.2116	0.2209	0.2304	0.2401	0.2500	0	2
3	0	0.2500	0.2383	0.2270	0.2160	0.2054	0.1951	0.1852	0.1756	0.1664	0.1575	0.1489	0.1406	0.1327	0.1250	3	
	1	0.4406	0.4382	0.4354	0.4320	0.4282	0.4239	0.4191	0.4140	0.4084	0.4024	0.3961	0.3894	0.3823	0.3750	2	
	2	0.2587	0.2686	0.2783	0.2880	0.2975	0.3069	0.3162	0.3252	0.3341	0.3428	0.3512	0.3594	0.3674	0.3750	1	
	3	0.0507	0.0549	0.0593	0.0640	0.0689	0.0741	0.0795	0.0852	0.0911	0.0973	0.1038	0.1106	0.1176	0.1250	0	3
4	0	0.1575	0.1478	0.1385	0.1296	0.1212	0.1132	0.1056	0.0983	0.0915	0.0850	0.0789	0.0731	0.0677	0.0625	4	
	1	0.3701	0.3623	0.3541	0.3456	0.3368	0.3278	0.3185	0.3091	0.2995	0.2897	0.2799	0.2700	0.2600	0.2500	3	
	2	0.3260	0.3330	0.3396	0.3456	0.3511	0.3560	0.3604	0.3643	0.3675	0.3702	0.3723	0.3738	0.3747	0.3750	2	
	3	0.1276	0.1361	0.1447	0.1536	0.1627	0.1719	0.1813	0.1908	0.2005	0.2102	0.2201	0.2300	0.2400	0.2500	1	
	4	0.0187	0.0209	0.0231	0.0256	0.0283	0.0311	0.0342	0.0375	0.0410	0.0448	0.0488	0.0531	0.0576	0.0625	0	4
5	0	0.0992	0.0916	0.0845	0.0778	0.0715	0.0656	0.0602	0.0551	0.0503	0.0459	0.0418	0.0380	0.0345	0.0312	5	
	1	0.2914	0.2808	0.2700	0.2592	0.2484	0.2376	0.2270	0.2164	0.2059	0.1956	0.1854	0.1755	0.1657	0.1562	4	
	2	0.3423	0.3441	0.3452	0.3456	0.3452	0.3442	0.3424	0.3400	0.3369	0.3332	0.3289	0.3240	0.3185	0.3125	3	
	3	0.2010	0.2109	0.2207	0.2304	0.2399	0.2492	0.2583	0.2671	0.2757	0.2838	0.2916	0.2990	0.3060	0.3125	2	
	4	0.0590	0.0646	0.0706	0.0768	0.0834	0.0902	0.0974	0.1049	0.1128	0.1209	0.1293	0.1380	0.1470	0.1562	1	
	5	0.0069	0.0079	0.0090	0.0102	0.0116	0.0131	0.0147	0.0165	0.0185	0.0206	0.0229	0.0255	0.0282	0.0312	0	5
6	0	0.0625	0.0568	0.0515	0.0467	0.0422	0.0381	0.0343	0.0308	0.0277	0.0248	0.0222	0.0198	0.0176	0.0156	6	
	1	0.2203	0.2089	0.1976	0.1866	0.1759	0.1654	0.1552	0.1454	0.1359	0.1267	0.1179	0.1095	0.1014	0.0937	5	
	2	0.3235	0.3201	0.3159	0.3110	0.3055	0.2994	0.2928	0.2856	0.2780	0.2699	0.2615	0.2527	0.2436	0.2344	4	
	3	0.2533	0.2616	0.2693	0.2765	0.2831	0.2891	0.2945	0.2992	0.3032	0.3065	0.3091	0.3110	0.3121	0.3125	3	
	4	0.1116	0.1202	0.1291	0.1382	0.1475	0.1570	0.1666	0.1763	0.1861	0.1958	0.2056	0.2153	0.2249	0.2344	2	
	5	0.0262	0.0295	0.0330	0.0369	0.0410	0.0455	0.0503	0.0554	0.0609	0.0667	0.0729	0.0795	0.0864	0.0937	1	
	6	0.0026	0.0030	0.0035	0.0041	0.0048	0.0055	0.0063	0.0073	0.0083	0.0095	0.0108	0.0122	0.0138	0.0156	0	6
7	0	0.0394	0.0352	0.0314	0.0280	0.0249	0.0221	0.0195	0.0173	0.0152	0.0134	0.0117	0.0103	0.0090	0.0078	7	
	1	0.1619	0.1511	0.1407	0.1306	0.1211	0.1119	0.1032	0.0950	0.0872	0.0798	0.0729	0.0664	0.0604	0.0547	6	
	2	0.2853	0.2778	0.2698	0.2613	0.2524	0.2431	0.2336	0.2239	0.2140	0.2040	0.1940	0.1840	0.1740	0.1641	5	
	3	0.2793	0.2838	0.2875	0.2903	0.2923	0.2934	0.2937	0.2932	0.2918	0.2897	0.2867	0.2830	0.2786	0.2734	4	
	4	0.1640	0.1739	0.1838	0.1935	0.2031	0.2125	0.2216	0.2304	0.2388	0.2468	0.2543	0.2612	0.2676	0.2734	3	
	5	0.0578	0.0640	0.0705	0.0774	0.0847	0.0923	0.1003	0.1086	0.1172	0.1261	0.1353	0.1447	0.1543	0.1641	2	
	6	0.0113	0.0131	0.0150	0.0172	0.0196	0.0223	0.0252	0.0284	0.0320	0.0358	0.0400	0.0445	0.0494	0.0547	1	
	7	0.0009	0.0011	0.0014	0.0016	0.0019	0.0023	0.0027	0.0032	0.0037	0.0044	0.0051	0.0059	0.0068	0.0078	0	7
n	x	0.63	0.62	0.61	0.60	0.59	0.58	0.57	0.56	0.55	0.54	0.53	0.52	0.51	0.50	x	n
		P															

Top header: P (spanning 0.37–0.50)

		P															
n	x	0.37	0.38	0.39	0.40	0.41	0.42	0.43	0.44	0.45	0.46	0.47	0.48	0.49	0.50	x	n
8	0	0.0248	0.0218	0.0192	0.0168	0.0147	0.0128	0.0111	0.0097	0.0084	0.0072	0.0062	0.0053	0.0046	0.0039	8	
	1	0.1166	0.1071	0.0981	0.0896	0.0816	0.0742	0.0672	0.0608	0.0548	0.0493	0.0442	0.0395	0.0352	0.0312	7	
	2	0.2397	0.2297	0.2194	0.2090	0.1985	0.1880	0.1776	0.1672	0.1569	0.1469	0.1371	0.1275	0.1183	0.1094	6	
	3	0.2815	0.2815	0.2806	0.2787	0.2759	0.2723	0.2679	0.2627	0.2568	0.2503	0.2431	0.2355	0.2273	0.2187	5	
	4	0.2067	0.2157	0.2242	0.2322	0.2397	0.2465	0.2526	0.2580	0.2627	0.2665	0.2695	0.2717	0.2730	0.2734	4	
	5	0.0971	0.1058	0.1147	0.1239	0.1332	0.1428	0.1525	0.1622	0.1719	0.1816	0.1912	0.2006	0.2098	0.2187	3	
	6	0.0285	0.0324	0.0367	0.0413	0.0463	0.0517	0.0575	0.0637	0.0703	0.0774	0.0848	0.0926	0.1008	0.1094	2	
	7	0.0048	0.0057	0.0067	0.0079	0.0092	0.0107	0.0124	0.0143	0.0164	0.0188	0.0215	0.0244	0.0277	0.0312	1	
	8	0.0004	0.0004	0.0005	0.0007	0.0008	0.0010	0.0012	0.0014	0.0017	0.0020	0.0024	0.0028	0.0033	0.0039	0	8
9	0	0.0156	0.0135	0.0117	0.0101	0.0087	0.0074	0.0064	0.0054	0.0046	0.0039	0.0033	0.0028	0.0023	0.0020	9	
	1	0.0826	0.0747	0.0673	0.0605	0.0542	0.0484	0.0431	0.0383	0.0339	0.0299	0.0263	0.0231	0.0202	0.0176	8	
	2	0.1941	0.1831	0.1721	0.1612	0.1506	0.1402	0.1301	0.1204	0.1110	0.1020	0.0934	0.0853	0.0776	0.0703	7	
	3	0.2660	0.2618	0.2567	0.2508	0.2442	0.2369	0.2291	0.2207	0.2119	0.2027	0.1933	0.1837	0.1739	0.1641	6	
	4	0.2344	0.2407	0.2462	0.2508	0.2545	0.2573	0.2592	0.2601	0.2600	0.2590	0.2571	0.2543	0.2506	0.2461	5	
	5	0.1376	0.1475	0.1574	0.1672	0.1769	0.1863	0.1955	0.2044	0.2128	0.2207	0.2280	0.2347	0.2408	0.2461	4	
	6	0.0539	0.0603	0.0671	0.0743	0.0819	0.0900	0.0983	0.1070	0.1160	0.1253	0.1348	0.1445	0.1542	0.1641	3	
	7	0.0136	0.0158	0.0184	0.0212	0.0244	0.0279	0.0318	0.0360	0.0407	0.0458	0.0512	0.0571	0.0635	0.0703	2	
	8	0.0020	0.0024	0.0029	0.0035	0.0042	0.0051	0.0060	0.0071	0.0083	0.0097	0.0114	0.0132	0.0153	0.0176	1	
	9	0.0001	0.0002	0.0002	0.0003	0.0003	0.0004	0.0005	0.0006	0.0008	0.0009	0.0011	0.0014	0.0016	0.0020	0	9
10	0	0.0098	0.0084	0.0071	0.0060	0.0051	0.0043	0.0036	0.0030	0.0025	0.0021	0.0017	0.0014	0.0012	0.0010	10	
	1	0.0578	0.0514	0.0456	0.0403	0.0355	0.0312	0.0273	0.0238	0.0207	0.0180	0.0155	0.0133	0.0114	0.0098	9	
	2	0.1529	0.1419	0.1312	0.1209	0.1111	0.1017	0.0927	0.0843	0.0763	0.0688	0.0619	0.0554	0.0494	0.0439	8	
	3	0.2394	0.2319	0.2237	0.2150	0.2058	0.1963	0.1865	0.1765	0.1665	0.1564	0.1464	0.1364	0.1267	0.1172	7	
	4	0.2461	0.2487	0.2503	0.2508	0.2503	0.2488	0.2462	0.2427	0.2384	0.2331	0.2271	0.2204	0.2130	0.2051	6	
	5	0.1734	0.1829	0.1920	0.2007	0.2087	0.2162	0.2229	0.2289	0.2340	0.2383	0.2417	0.2441	0.2456	0.2461	5	
	6	0.0849	0.0934	0.1023	0.1115	0.1209	0.1304	0.1401	0.1499	0.1596	0.1692	0.1786	0.1878	0.1966	0.2051	4	
	7	0.0285	0.0327	0.0374	0.0425	0.0480	0.0540	0.0604	0.0673	0.0746	0.0824	0.0905	0.0991	0.1080	0.1172	3	
	8	0.0063	0.0075	0.0090	0.0106	0.0125	0.0147	0.0171	0.0198	0.0229	0.0263	0.0301	0.0343	0.0389	0.0439	2	
	9	0.0008	0.0010	0.0013	0.0016	0.0019	0.0024	0.0029	0.0035	0.0042	0.0050	0.0059	0.0070	0.0083	0.0098	1	
	10	0.0000	0.0001	0.0001	0.0001	0.0001	0.0002	0.0002	0.0003	0.0003	0.0004	0.0005	0.0006	0.0008	0.0010	0	10
n	x	0.63	0.62	0.61	0.60	0.59	0.58	0.57	0.56	0.55	0.54	0.53	0.52	0.51	0.50	x	n
		P															

n	x	0.37	0.38	0.39	0.40	0.41	0.42	0.43	0.44	0.45	0.46	0.47	0.48	0.49	0.50	x	n
12	0	0.0039	0.0032	0.0027	0.0022	0.0018	0.0014	0.0012	0.0010	0.0008	0.0006	0.0005	0.0004	0.0003	0.0002	12	
	1	0.0276	0.0237	0.0204	0.0174	0.0148	0.0126	0.0106	0.0090	0.0075	0.0063	0.0052	0.0043	0.0036	0.0029	11	
	2	0.0890	0.0800	0.0716	0.0639	0.0567	0.0502	0.0442	0.0388	0.0339	0.0294	0.0255	0.0220	0.0189	0.0161	10	
	3	0.1742	0.1634	0.1526	0.1419	0.1314	0.1211	0.1111	0.1015	0.0923	0.0836	0.0754	0.0676	0.0604	0.0537	9	
	4	0.2302	0.2254	0.2195	0.2128	0.2054	0.1973	0.1886	0.1794	0.1700	0.1602	0.1504	0.1405	0.1306	0.1208	8	
	5	0.2163	0.2210	0.2246	0.2270	0.2284	0.2285	0.2276	0.2256	0.2225	0.2184	0.2134	0.2075	0.2008	0.1934	7	
	6	0.1482	0.1580	0.1675	0.1766	0.1851	0.1931	0.2003	0.2068	0.2124	0.2171	0.2208	0.2234	0.2250	0.2256	6	
	7	0.0746	0.0830	0.0918	0.1009	0.1103	0.1198	0.1295	0.1393	0.1489	0.1585	0.1678	0.1768	0.1853	0.1934	5	
	8	0.0274	0.0318	0.0367	0.0420	0.0479	0.0542	0.0611	0.0684	0.0762	0.0844	0.0930	0.1020	0.1113	0.1208	4	
	9	0.0071	0.0087	0.0104	0.0125	0.0148	0.0175	0.0205	0.0239	0.0277	0.0319	0.0367	0.0418	0.0475	0.0537	3	
	10	0.0013	0.0016	0.0020	0.0025	0.0031	0.0038	0.0046	0.0056	0.0068	0.0082	0.0098	0.0116	0.0137	0.0161	2	
	11	0.0001	0.0002	0.0002	0.0003	0.0004	0.0005	0.0006	0.0008	0.0010	0.0013	0.0016	0.0019	0.0024	0.0029	1	
	12	0.0000	0.0000	0.0000	0.0000	0.0000	0.0000	0.0000	0.0001	0.0001	0.0001	0.0001	0.0001	0.0002	0.0002	0	12
15	0	0.0010	0.0008	0.0006	0.0005	0.0004	0.0003	0.0002	0.0002	0.0001	0.0001	0.0001	0.0001	0.0000	0.0000	15	
	1	0.0086	0.0071	0.0058	0.0047	0.0038	0.0031	0.0025	0.0020	0.0016	0.0012	0.0010	0.0008	0.0006	0.0005	14	
	2	0.0354	0.0303	0.0259	0.0219	0.0185	0.0156	0.0130	0.0108	0.0090	0.0074	0.0060	0.0049	0.0040	0.0032	13	
	3	0.0901	0.0805	0.0716	0.0634	0.0558	0.0489	0.0426	0.0369	0.0318	0.0272	0.0232	0.0197	0.0166	0.0139	12	
	4	0.1587	0.1481	0.1374	0.1268	0.1163	0.1061	0.0963	0.0869	0.0780	0.0696	0.0617	0.0545	0.0478	0.0417	11	
	5	0.2051	0.1997	0.1933	0.1859	0.1778	0.1691	0.1598	0.1502	0.1404	0.1304	0.1204	0.1106	0.1010	0.0916	10	
	6	0.2008	0.2040	0.2059	0.2066	0.2060	0.2041	0.2010	0.1967	0.1914	0.1851	0.1780	0.1702	0.1617	0.1527	9	
	7	0.1516	0.1608	0.1693	0.1771	0.1840	0.1900	0.1949	0.1987	0.2013	0.2028	0.2030	0.2020	0.1997	0.1964	8	
	8	0.0890	0.0985	0.1082	0.1181	0.1279	0.1376	0.1470	0.1561	0.1647	0.1727	0.1800	0.1864	0.1919	0.1964	7	
	9	0.0407	0.0470	0.0538	0.0612	0.0691	0.0775	0.0863	0.0954	0.1048	0.1144	0.1241	0.1338	0.1434	0.1527	6	
	10	0.0143	0.0173	0.0206	0.0245	0.0288	0.0337	0.0390	0.0450	0.0515	0.0585	0.0661	0.0741	0.0827	0.0916	5	
	11	0.0038	0.0048	0.0060	0.0074	0.0091	0.0111	0.0134	0.0161	0.0191	0.0226	0.0266	0.0311	0.0361	0.0417	4	
	12	0.0007	0.0010	0.0013	0.0016	0.0021	0.0027	0.0034	0.0042	0.0052	0.0064	0.0079	0.0096	0.0116	0.0139	3	
	13	0.0001	0.0001	0.0002	0.0003	0.0003	0.0004	0.0006	0.0008	0.0010	0.0013	0.0016	0.0020	0.0026	0.0032	2	
	14	0.0000	0.0000	0.0000	0.0000	0.0000	0.0000	0.0001	0.0001	0.0001	0.0002	0.0002	0.0003	0.0004	0.0005	1	
	15	—	—	—	—	—	—	0.0000	0.0000	0.0000	0.0000	0.0000	0.0000	0.0000	0.0000	0	15
20	0	0.0001	0.0001	0.0001	0.0000	0.0000	0.0000	0.0000	0.0000	0.0000	0.0000	0.0000	—	—	—	20	
	1	0.0011	0.0009	0.0007	0.0005	0.0004	0.0003	0.0002	0.0001	0.0001	0.0001	0.0001	0.0000	0.0000	0.0000	19	
	2	0.0064	0.0050	0.0040	0.0031	0.0024	0.0018	0.0014	0.0011	0.0008	0.0006	0.0005	0.0003	0.0002	0.0002	18	
	3	0.0224	0.0185	0.0152	0.0123	0.0100	0.0080	0.0064	0.0051	0.0040	0.0031	0.0024	0.0019	0.0014	0.0011	17	
	4	0.0559	0.0482	0.0412	0.0350	0.0295	0.0247	0.0206	0.0170	0.0139	0.0113	0.0092	0.0074	0.0059	0.0046	16	
	5	0.1051	0.0945	0.0843	0.0746	0.0656	0.0573	0.0496	0.0427	0.0365	0.0309	0.0260	0.0217	0.0180	0.0148	15	
	6	0.1543	0.1447	0.1347	0.1244	0.1140	0.1037	0.0936	0.0839	0.0746	0.0658	0.0577	0.0501	0.0432	0.0370	14	
	7	0.1812	0.1774	0.1722	0.1659	0.1585	0.1502	0.1413	0.1318	0.1221	0.1122	0.1023	0.0925	0.0830	0.0739	13	
	8	0.1730	0.1767	0.1790	0.1797	0.1790	0.1768	0.1732	0.1683	0.1623	0.1553	0.1474	0.1388	0.1296	0.1201	12	
	9	0.1354	0.1444	0.1526	0.1597	0.1658	0.1707	0.1742	0.1763	0.1771	0.1763	0.1742	0.1708	0.1661	0.1602	11	
	10	0.0875	0.0974	0.1073	0.1171	0.1268	0.1359	0.1446	0.1524	0.1593	0.1652	0.1700	0.1734	0.1755	0.1762	10	
	11	0.0467	0.0542	0.0624	0.0710	0.0801	0.0895	0.0991	0.1089	0.1185	0.1280	0.1370	0.1455	0.1533	0.1602	9	
	12	0.0206	0.0249	0.0299	0.0355	0.0417	0.0486	0.0561	0.0642	0.0727	0.0818	0.0911	0.1007	0.1105	0.1201	8	
	13	0.0074	0.0094	0.0118	0.0146	0.0178	0.0217	0.0260	0.0310	0.0366	0.0429	0.0497	0.0572	0.0653	0.0739	7	
	14	0.0022	0.0029	0.0038	0.0049	0.0062	0.0078	0.0098	0.0122	0.0150	0.0183	0.0221	0.0264	0.0314	0.0370	6	
	15	0.0005	0.0007	0.0010	0.0013	0.0017	0.0023	0.0030	0.0038	0.0049	0.0062	0.0078	0.0098	0.0121	0.0148	5	
	16	0.0001	0.0001	0.0002	0.0003	0.0004	0.0005	0.0007	0.0009	0.0013	0.0017	0.0022	0.0028	0.0036	0.0046	4	
	17	0.0000	0.0000	0.0000	0.0000	0.0001	0.0001	0.0001	0.0002	0.0002	0.0003	0.0005	0.0006	0.0008	0.0011	3	
	18	—	—	—	—	0.0000	0.0000	0.0000	0.0000	0.0000	0.0000	0.0001	0.0001	0.0001	0.0002	2	
	19	—	—	—	—	—	—	—	—	—	—	0.0000	0.0000	0.0000	0.0000	1	
	20	—	—	—	—	—	—	—	—	—	—	—	—	—	—	0	20
n	x	0.63	0.62	0.61	0.60	0.59	0.58	0.57	0.56	0.55	0.54	0.53	0.52	0.51	0.50	x	n
		P															

(Top header spans columns 0.37–0.50 as "P".)

2. 포아송분포표

	λ									
x	**0.1**	**0.2**	**0.3**	**0.4**	**0.5**	**0.6**	**0.7**	**0.8**	**0.9**	**1.0**
0	0.9048	0.8187	0.7408	0.6703	0.6065	0.5488	0.4966	0.4493	0.4066	0.3679
1	0.0905	0.1637	0.2222	0.2681	0.3033	0.3293	0.3476	0.3595	0.3659	0.3679
2	0.0045	0.0164	0.0333	0.0536	0.0758	0.0988	0.1217	0.1438	0.1647	0.1839
3	0.0002	0.0011	0.0033	0.0072	0.0126	0.0198	0.0284	0.0383	0.0494	0.0613
4	0.0000	0.0001	0.0003	0.0007	0.0016	0.0030	0.0050	0.0077	0.0111	0.0153
5	0.0000	0.0000	0.0000	0.0001	0.0002	0.0004	0.0007	0.0012	0.0020	0.0031
6	0.0000	0.0000	0.0000	0.0000	0.0000	0.0000	0.0001	0.0002	0.0003	0.0005
7	0.0000	0.0000	0.0000	0.0000	0.0000	0.0000	0.0000	0.0000	0.0000	0.0001

	λ									
x	**1.1**	**1.2**	**1.3**	**1.4**	**1.5**	**1.6**	**1.7**	**1.8**	**1.9**	**2.0**
0	0.3329	0.3012	0.2725	0.2466	0.2231	0.2019	0.1827	0.1653	0.1496	0.1353
1	0.3662	0.3614	0.3543	0.3452	0.3347	0.3230	0.3106	0.2975	0.2842	0.2707
2	0.2014	0.2169	0.2303	0.2417	0.2510	0.2584	0.2640	0.2678	0.2700	0.2707
3	0.0738	0.0867	0.0998	0.1128	0.1255	0.1378	0.1496	0.1607	0.1710	0.1804
4	0.0203	0.0260	0.0324	0.0395	0.0471	0.0551	0.0636	0.0723	0.0812	0.0902
5	0.0045	0.0062	0.0084	0.0111	0.0141	0.0176	0.0216	0.0260	0.0309	0.0361
6	0.0008	0.0012	0.0018	0.0026	0.0035	0.0047	0.0061	0.0078	0.0098	0.0120
7	0.0001	0.0002	0.0003	0.0005	0.0008	0.0011	0.0015	0.0020	0.0027	0.0034
8	0.0000	0.0000	0.0001	0.0001	0.0001	0.0002	0.0003	0.0005	0.0006	0.0009
9	0.0000	0.0000	0.0000	0.0000	0.0000	0.0000	0.0001	0.0001	0.0001	0.0002

	λ									
x	**2.1**	**2.2**	**2.3**	**2.4**	**2.5**	**2.6**	**2.7**	**2.8**	**2.9**	**3.0**
0	0.1225	0.1108	0.1003	0.0907	0.0821	0.0743	0.0672	0.0608	0.0550	0.0498
1	0.2572	0.2438	0.2306	0.2177	0.2052	0.1931	0.1815	0.1703	0.1596	0.1494
2	0.2700	0.2681	0.2652	0.2613	0.2565	0.2510	0.2450	0.2384	0.2314	0.2240
3	0.1890	0.1966	0.2033	0.2090	0.2138	0.2176	0.2205	0.2225	0.2237	0.2240
4	0.0992	0.1082	0.1169	0.1254	0.1336	0.1414	0.1488	0.1557	0.1622	0.1680
5	0.0417	0.0476	0.0538	0.0602	0.0668	0.0735	0.0804	0.0872	0.0940	0.1008
6	0.0146	0.0174	0.0206	0.0241	0.0278	0.0319	0.0362	0.0407	0.0455	0.0504
7	0.0044	0.0055	0.0068	0.0083	0.0099	0.0118	0.0139	0.0163	0.0188	0.0216
8	0.0011	0.0015	0.0019	0.0025	0.0031	0.0038	0.0047	0.0057	0.0068	0.0081
9	0.0003	0.0004	0.0005	0.0007	0.0009	0.0011	0.0014	0.0018	0.0022	0.0027
10	0.0001	0.0001	0.0001	0.0002	0.0002	0.0003	0.0004	0.0005	0.0006	0.0008
11	0.0000	0.0000	0.0000	0.0000	0.0000	0.0001	0.0001	0.0001	0.0002	0.0002
12	0.0000	0.0000	0.0000	0.0000	0.0000	0.0000	0.0000	0.0000	0.0000	0.0001

	λ									
x	3.1	3.2	3.3	3.4	3.5	3.6	3.7	3.8	3.9	4.0
0	0.0450	0.0408	0.0369	0.0334	0.0302	0.0273	0.0247	0.0224	0.0202	0.0183
1	0.1397	0.1304	0.1217	0.1135	0.1057	0.0984	0.0915	0.0850	0.0789	0.0733
2	0.2165	0.2087	0.2008	0.1929	0.1850	0.1771	0.1692	0.1615	0.1539	0.1465
3	0.2237	0.2226	0.2209	0.2186	0.2158	0.2125	0.2087	0.2046	0.2001	0.1954
4	0.1734	0.1781	0.1823	0.1858	0.1888	0.1912	0.1931	0.1944	0.1951	0.1954
5	0.1075	0.1140	0.1203	0.1264	0.1322	0.1377	0.1429	0.1477	0.1522	0.1563
6	0.0555	0.0608	0.0662	0.0716	0.0771	0.0826	0.0881	0.0936	0.0989	0.1042
7	0.0246	0.0278	0.0312	0.0348	0.0385	0.0425	0.0466	0.0508	0.0551	0.0595
8	0.0095	0.0111	0.0129	0.0148	0.0169	0.0191	0.0215	0.0241	0.0269	0.0298
9	0.0033	0.0040	0.0047	0.0056	0.0066	0.0076	0.0089	0.0102	0.0116	0.0132
10	0.0010	0.0013	0.0016	0.0019	0.0023	0.0028	0.0033	0.0039	0.0045	0.0053
11	0.0003	0.0004	0.0005	0.0006	0.0007	0.0009	0.0011	0.0013	0.0016	0.0019
12	0.0001	0.0001	0.0001	0.0002	0.0002	0.0003	0.0003	0.0004	0.0005	0.0006
13	0.0000	0.0000	0.0000	0.0000	0.0001	0.0001	0.0001	0.0001	0.0002	0.0002
14	0.0000	0.0000	0.0000	0.0000	0.0000	0.0000	0.0000	0.0000	0.0000	0.0001

	λ									
x	4.1	4.2	4.3	4.4	4.5	4.6	4.7	4.8	4.9	5.0
0	0.0166	0.0150	0.0136	0.0123	0.0111	0.0101	0.0091	0.0082	0.0074	0.0067
1	0.0679	0.0630	0.0583	0.0540	0.0500	0.0462	0.0427	0.0395	0.0365	0.0337
2	0.1393	0.1323	0.1254	0.1188	0.1125	0.1063	0.1005	0.0948	0.0894	0.0842
3	0.1904	0.1852	0.1798	0.1743	0.1687	0.1631	0.1574	0.1517	0.1460	0.1404
4	0.1951	0.1944	0.1933	0.1917	0.1898	0.1875	0.1849	0.1820	0.1789	0.1755
5	0.1600	0.1633	0.1662	0.1687	0.1708	0.1725	0.1738	0.1747	0.1753	0.1755
6	0.1093	0.1143	0.1191	0.1237	0.1281	0.1323	0.1362	0.1398	0.1432	0.1462
7	0.0640	0.0686	0.0732	0.0778	0.0824	0.0869	0.0914	0.0959	0.1022	0.1044
8	0.0328	0.0360	0.0393	0.0428	0.0463	0.0500	0.0537	0.0575	0.0614	0.0653
9	0.0150	0.0168	0.0188	0.0209	0.0232	0.0255	0.0280	0.0307	0.0334	0.0363
10	0.0061	0.0071	0.0081	0.0092	0.0104	0.0118	0.0132	0.0147	0.0164	0.0181
11	0.0023	0.0027	0.0032	0.0037	0.0043	0.0049	0.0056	0.0064	0.0073	0.0082
12	0.0008	0.0009	0.0011	0.0014	0.0016	0.0019	0.0022	0.0026	0.0030	0.0034
13	0.0002	0.0003	0.0004	0.0005	0.0006	0.0007	0.0008	0.0009	0.0011	0.0013
14	0.0001	0.0001	0.0001	0.0001	0.0002	0.0002	0.0003	0.0003	0.0004	0.0005
15	0.0000	0.0000	0.0000	0.0000	0.0001	0.0001	0.0001	0.0001	0.0001	0.0002

	λ									
x	5.1	5.2	5.3	5.4	5.5	5.6	5.7	5.8	5.9	6.0
0	0.0061	0.0055	0.0050	0.0045	0.0041	0.0037	0.0033	0.0030	0.0027	0.0025
1	0.0311	0.0287	0.0265	0.0244	0.0225	0.0207	0.0191	0.0176	0.0162	0.0149
2	0.0793	0.0746	0.0701	0.0659	0.0618	0.0580	0.0544	0.0509	0.0477	0.0446
3	0.1348	0.1293	0.1239	0.1185	0.1133	0.1082	0.1033	0.0985	0.0938	0.0892
4	0.1719	0.1681	0.1641	0.1600	0.1558	0.1515	0.1472	0.1428	0.1383	0.1339
5	0.1753	0.1748	0.1740	0.1728	0.1714	0.1697	0.1678	0.1656	0.1632	0.1606
6	0.1490	0.1515	0.1537	0.1555	0.1571	0.1584	0.1594	0.1601	0.1605	0.1606
7	0.1086	0.1125	0.1163	0.1200	0.1234	0.1267	0.1298	0.1326	0.1353	0.1377
8	0.0692	0.0731	0.0771	0.0810	0.0849	0.0887	0.0925	0.0962	0.0998	0.1033
9	0.0392	0.0423	0.0454	0.0486	0.0519	0.0552	0.0586	0.0620	0.0654	0.0688
10	0.0200	0.0220	0.0241	0.0262	0.0285	0.0309	0.0334	0.0359	0.0386	0.0413
11	0.0093	0.0104	0.0116	0.0129	0.0143	0.0157	0.0173	0.0190	0.0207	0.0225
12	0.0039	0.0045	0.0051	0.0058	0.0065	0.0073	0.0082	0.0092	0.0102	0.0113
13	0.0015	0.0018	0.0021	0.0024	0.0028	0.0032	0.0036	0.0041	0.0046	0.0052
14	0.0006	0.0007	0.0008	0.0009	0.0011	0.0013	0.0015	0.0017	0.0019	0.0022
15	0.0002	0.0002	0.0003	0.0003	0.0004	0.0005	0.0006	0.0007	0.0008	0.0009
16	0.0001	0.0001	0.0001	0.0001	0.0001	0.0002	0.0002	0.0002	0.0003	0.0003
17	0.0000	0.0000	0.0000	0.0000	0.0000	0.0000	0.0001	0.0001	0.0001	0.0001

x	6.1	6.2	6.3	6.4	6.5	6.6	6.7	6.8	6.9	7.0
0	0.0022	0.0020	0.0018	0.0017	0.0015	0.0014	0.0012	0.0011	0.0010	0.0009
1	0.0137	0.0126	0.0116	0.0106	0.0098	0.0090	0.0082	0.0076	0.0070	0.0064
2	0.0417	0.0390	0.0364	0.0340	0.0318	0.0296	0.0276	0.0258	0.0240	0.0223
3	0.0848	0.0806	0.0765	0.0726	0.0688	0.0652	0.0617	0.0584	0.0552	0.0521
4	0.1294	0.1249	0.1205	0.1162	0.1118	0.1076	0.1034	0.0992	0.0952	0.0912
5	0.1579	0.1549	0.1519	0.1487	0.1454	0.1420	0.1385	0.1349	0.1314	0.1277
6	0.1605	0.1601	0.1595	0.1586	0.1575	0.1562	0.1546	0.1529	0.1511	0.1490
7	0.1399	0.1418	0.1435	0.1450	0.1462	0.1472	0.1480	0.1486	0.1489	0.1490
8	0.1066	0.1099	0.1130	0.1160	0.1188	0.1215	0.1240	0.1263	0.1284	0.1304
9	0.0723	0.0757	0.0791	0.0825	0.0858	0.0891	0.0923	0.0954	0.0985	0.1014
10	0.0441	0.0469	0.0498	0.0528	0.0558	0.0588	0.0618	0.0649	0.0679	0.0710
11	0.0245	0.0265	0.0285	0.0307	0.0330	0.0353	0.0377	0.0401	0.0426	0.0452
12	0.0124	0.0137	0.0150	0.0164	0.0179	0.0194	0.0210	0.0227	0.0245	0.0264
13	0.0058	0.0065	0.0073	0.0081	0.0089	0.0098	0.0108	0.0119	0.0130	0.0142
14	0.0025	0.0029	0.0033	0.0037	0.0041	0.0046	0.0052	0.0058	0.0064	0.0071
15	0.0010	0.0012	0.0014	0.0016	0.0018	0.0020	0.0023	0.0026	0.0029	0.0033
16	0.0004	0.0005	0.0005	0.0006	0.0007	0.0008	0.0010	0.0011	0.0013	0.0014
17	0.0001	0.0002	0.0002	0.0002	0.0003	0.0003	0.0004	0.0004	0.0005	0.0006
18	0.0000	0.0001	0.0001	0.0001	0.0001	0.0001	0.0001	0.0002	0.0002	0.0002
19	0.0000	0.0000	0.0000	0.0000	0.0000	0.0000	0.0000	0.0001	0.0001	0.0001

(λ)

x	7.1	7.2	7.3	7.4	7.5	7.6	7.7	7.8	7.9	8.0
0	0.0008	0.0007	0.0007	0.0006	0.0006	0.0005	0.0005	0.0004	0.0004	0.0003
1	0.0059	0.0054	0.0049	0.0045	0.0041	0.0038	0.0035	0.0032	0.0029	0.0027
2	0.0208	0.0194	0.0180	0.0167	0.0156	0.0145	0.0134	0.0125	0.0116	0.0107
3	0.0492	0.0464	0.0438	0.0413	0.0389	0.0366	0.0345	0.0324	0.0305	0.0286
4	0.0874	0.0836	0.0799	0.0764	0.0729	0.0696	0.0663	0.0632	0.0602	0.0573
5	0.1241	0.1204	0.1167	0.1130	0.1094	0.1057	0.1021	0.0986	0.0951	0.0916
6	0.1468	0.1445	0.1420	0.1394	0.1367	0.1339	0.1311	0.1282	0.1252	0.1221
7	0.1489	0.1486	0.1481	0.1474	0.1465	0.1454	0.1442	0.1428	0.1413	0.1396
8	0.1321	0.1337	0.1351	0.1363	0.1373	0.1382	0.1388	0.1392	0.1395	0.1396
9	0.1042	0.1070	0.1096	0.1121	0.1144	0.1167	0.1187	0.1207	0.1224	0.1241
10	0.0740	0.0770	0.0800	0.0829	0.0858	0.0887	0.0914	0.0941	0.0967	0.0993
11	0.0478	0.0504	0.0531	0.0558	0.0585	0.0613	0.0640	0.0667	0.0695	0.0722
12	0.0283	0.0303	0.0323	0.0344	0.0366	0.0388	0.0411	0.0434	0.0457	0.0481
13	0.0154	0.0168	0.0181	0.0196	0.0211	0.0227	0.0243	0.0260	0.0278	0.0296
14	0.0078	0.0086	0.0095	0.0104	0.0113	0.0123	0.0134	0.0145	0.0157	0.0169
15	0.0037	0.0041	0.0046	0.0051	0.0057	0.0062	0.0069	0.0075	0.0083	0.0090
16	0.0016	0.0019	0.0021	0.0024	0.0026	0.0030	0.0033	0.0037	0.0041	0.0045
17	0.0007	0.0008	0.0009	0.0010	0.0012	0.0013	0.0015	0.0017	0.0019	0.0021
18	0.0003	0.0003	0.0004	0.0004	0.0005	0.0006	0.0006	0.0007	0.0008	0.0009
19	0.0001	0.0001	0.0001	0.0002	0.0002	0.0002	0.0003	0.0003	0.0003	0.0004
20	0.0000	0.0000	0.0001	0.0001	0.0001	0.0001	0.0001	0.0001	0.0001	0.0002
21	0.0000	0.0000	0.0000	0.0000	0.0000	0.0000	0.0000	0.0000	0.0001	0.0001

x	λ 8.1	8.2	8.3	8.4	8.5	8.6	8.7	8.8	8.9	9.0
0	0.0003	0.0003	0.0002	0.0002	0.0002	0.0002	0.0002	0.0002	0.0001	0.0001
1	0.0025	0.0023	0.0021	0.0019	0.0017	0.0016	0.0014	0.0013	0.0012	0.0011
2	0.0100	0.0092	0.0086	0.0079	0.0074	0.0068	0.0063	0.0058	0.0054	0.0050
3	0.0269	0.0252	0.0237	0.0222	0.0208	0.0195	0.0183	0.0171	0.0160	0.0150
4	0.0544	0.0517	0.0491	0.0466	0.0443	0.0420	0.0398	0.0377	0.0357	0.0337
5	0.0882	0.0849	0.0816	0.0784	0.0752	0.0722	0.0692	0.0663	0.0635	0.0607
6	0.1191	0.1160	0.1128	0.1097	0.1066	0.1034	0.1003	0.0972	0.0941	0.0911
7	0.1378	0.1358	0.1338	0.1317	0.1294	0.1271	0.1247	0.1222	0.1197	0.1171
8	0.1395	0.1392	0.1388	0.1382	0.1375	0.1366	0.1356	0.1344	0.1332	0.1318
9	0.1256	0.1269	0.1280	0.1290	0.1299	0.1306	0.1311	0.1315	0.1317	0.1318
10	0.1017	0.1040	0.1063	0.1084	0.1104	0.1123	0.1140	0.1157	0.1172	0.1186
11	0.0749	0.0776	0.0802	0.0828	0.0853	0.0878	0.0902	0.0925	0.0948	0.0970
12	0.0505	0.0530	0.0555	0.0579	0.0604	0.0629	0.0654	0.0679	0.0703	0.0728
13	0.0315	0.0334	0.0354	0.0374	0.0395	0.0416	0.0438	0.0459	0.0481	0.0504
14	0.0182	0.0196	0.0210	0.0225	0.0240	0.0256	0.0272	0.0289	0.0306	0.0324
15	0.0098	0.0107	0.0116	0.0126	0.0136	0.0147	0.0158	0.0169	0.0182	0.0194
16	0.0050	0.0055	0.0060	0.0066	0.0072	0.0079	0.0086	0.0093	0.0101	0.0109
17	0.0024	0.0026	0.0029	0.0033	0.0036	0.0040	0.0044	0.0048	0.0053	0.0058
18	0.0011	0.0012	0.0014	0.0015	0.0017	0.0019	0.0021	0.0024	0.0026	0.0029
19	0.0005	0.0005	0.0006	0.0007	0.0008	0.0009	0.0010	0.0011	0.0012	0.0014
20	0.0002	0.0002	0.0002	0.0003	0.0003	0.0004	0.0004	0.0005	0.0005	0.0006
21	0.0001	0.0001	0.0001	0.0001	0.0001	0.0002	0.0002	0.0002	0.0002	0.0003
22	0.0000	0.0000	0.0000	0.0000	0.0001	0.0001	0.0001	0.0001	0.0001	0.0001

x	λ 9.1	9.2	9.3	9.4	9.5	9.6	9.7	9.8	9.9	10
0	0.0001	0.0001	0.0001	0.0001	0.0001	0.0001	0.0001	0.0001	0.0001	0.0000
1	0.0010	0.0009	0.0009	0.0008	0.0007	0.0007	0.0006	0.0005	0.0005	0.0005
2	0.0046	0.0043	0.0040	0.0037	0.0034	0.0031	0.0029	0.0027	0.0025	0.0023
3	0.0140	0.0131	0.0123	0.0115	0.0107	0.0100	0.0093	0.0087	0.0081	0.0076
4	0.0319	0.0302	0.0285	0.0269	0.0254	0.0240	0.0226	0.0213	0.0201	0.0189
5	0.0581	0.0555	0.0530	0.0506	0.0483	0.0460	0.0439	0.0418	0.0398	0.0378
6	0.0881	0.0851	0.0822	0.0793	0.0764	0.0736	0.0709	0.0682	0.0656	0.0631
7	0.1145	0.1118	0.1091	0.1064	0.1037	0.1010	0.0982	0.0955	0.0928	0.0901
8	0.1302	0.1286	0.1269	0.1251	0.1232	0.1212	0.1191	0.1170	0.1148	0.1126
9	0.1317	0.1315	0.1311	0.1306	0.1300	0.1293	0.1284	0.1274	0.1263	0.1251
10	0.1198	0.1210	0.1219	0.1228	0.1235	0.1241	0.1245	0.1249	0.1250	0.1251
11	0.0991	0.1012	0.1031	0.1049	0.1067	0.1083	0.1098	0.1112	0.1125	0.1137
12	0.0752	0.0776	0.0799	0.0822	0.0844	0.0866	0.0888	0.0908	0.0928	0.0948
13	0.0526	0.0549	0.0572	0.0594	0.0617	0.0640	0.0662	0.0685	0.0707	0.0729
14	0.0342	0.0361	0.0380	0.0399	0.0419	0.0439	0.0459	0.0479	0.0500	0.0521
15	0.0208	0.0221	0.0235	0.0250	0.0265	0.0281	0.0297	0.0313	0.0330	0.0347
16	0.0118	0.0127	0.0137	0.0147	0.0157	0.0168	0.0180	0.0192	0.0204	0.0217
17	0.0063	0.0069	0.0075	0.0081	0.0088	0.0095	0.0103	0.0111	0.0119	0.0128
18	0.0032	0.0035	0.0039	0.0042	0.0046	0.0051	0.0055	0.0060	0.0065	0.0071
19	0.0015	0.0017	0.0019	0.0021	0.0023	0.0026	0.0028	0.0031	0.0034	0.0037
20	0.0007	0.0008	0.0009	0.0010	0.0011	0.0012	0.0014	0.0015	0.0017	0.0019
21	0.0003	0.0003	0.0004	0.0004	0.0005	0.0006	0.0006	0.0007	0.0008	0.0009
22	0.0001	0.0001	0.0002	0.0002	0.0002	0.0002	0.0003	0.0003	0.0004	0.0004
23	0.0000	0.0001	0.0001	0.0001	0.0001	0.0001	0.0001	0.0001	0.0002	0.0002
24	0.0000	0.0000	0.0000	0.0000	0.0000	0.0000	0.0000	0.0001	0.0001	0.0001

	λ									
x	**11**	**12**	**13**	**14**	**15**	**16**	**17**	**18**	**19**	**20**
0	0.0000	0.0000	0.0000	0.0000	0.0000	0.0000	0.0000	0.0000	0.0000	0.0000
1	0.0002	0.0001	0.0000	0.0000	0.0000	0.0000	0.0000	0.0000	0.0000	0.0000
2	0.0010	0.0004	0.0002	0.0001	0.0000	0.0000	0.0000	0.0000	0.0000	0.0000
3	0.0037	0.0018	0.0008	0.0004	0.0002	0.0001	0.0000	0.0000	0.0000	0.0000
4	0.0102	0.0053	0.0027	0.0013	0.0006	0.0003	0.0001	0.0001	0.0000	0.0000
5	0.0224	0.0127	0.0070	0.0037	0.0019	0.0010	0.0005	0.0002	0.0001	0.0001
6	0.0411	0.0255	0.0152	0.0087	0.0048	0.0026	0.0014	0.0007	0.0004	0.0002
7	0.0646	0.0437	0.0281	0.0174	0.0104	0.0060	0.0034	0.0018	0.0010	0.0005
8	0.0888	0.0655	0.0457	0.0304	0.0194	0.0120	0.0072	0.0042	0.0024	0.0013
9	0.1085	0.0874	0.0661	0.0473	0.0324	0.0213	0.0135	0.0083	0.0050	0.0029
10	0.1194	0.1048	0.0859	0.0663	0.0486	0.0341	0.0230	0.0150	0.0095	0.0058
11	0.1194	0.1144	0.1015	0.0844	0.0663	0.0496	0.0355	0.0245	0.0164	0.0106
12	0.1094	0.1144	0.1099	0.0984	0.0829	0.0661	0.0504	0.0368	0.0259	0.0176
13	0.0926	0.1056	0.1099	0.1060	0.0956	0.0814	0.0658	0.0509	0.0378	0.0271
14	0.0728	0.0905	0.1021	0.1060	0.1024	0.0930	0.0800	0.0655	0.0514	0.0387
15	0.0534	0.0724	0.0885	0.0989	0.1024	0.0992	0.0906	0.0786	0.0650	0.0516
16	0.0367	0.0543	0.0719	0.0866	0.0960	0.0992	0.0963	0.0884	0.0772	0.0646
17	0.0237	0.0383	0.0550	0.0713	0.0847	0.0934	0.0963	0.0936	0.0863	0.0760
18	0.0145	0.0256	0.0397	0.0554	0.0706	0.0830	0.0909	0.0936	0.0911	0.0844
19	0.0084	0.0161	0.0272	0.0409	0.0557	0.0699	0.0814	0.0887	0.0911	0.0888
20	0.0046	0.0097	0.0177	0.0286	0.0418	0.0559	0.0692	0.0798	0.0866	0.0888
21	0.0024	0.0055	0.0109	0.0191	0.0299	0.0426	0.0560	0.0684	0.0783	0.0846
22	0.0012	0.0030	0.0065	0.0121	0.0204	0.0310	0.0433	0.0560	0.0676	0.0769
23	0.0006	0.0016	0.0037	0.0074	0.0133	0.0216	0.0320	0.0438	0.0559	0.0669
24	0.0003	0.0008	0.0020	0.0043	0.0083	0.0144	0.0226	0.0328	0.0442	0.0557
25	0.0001	0.0004	0.0010	0.0024	0.0050	0.0092	0.0154	0.0237	0.0336	0.0446
26	0.0000	0.0002	0.0005	0.0013	0.0029	0.0057	0.0101	0.0164	0.0246	0.0343
27	0.0000	0.0001	0.0002	0.0007	0.0016	0.0034	0.0063	0.0109	0.0173	0.0254
28	0.0000	0.0000	0.0001	0.0003	0.0009	0.0019	0.0038	0.0070	0.0117	0.0181
29	0.0000	0.0000	0.0001	0.0002	0.0004	0.0011	0.0023	0.0044	0.0077	0.0125
30	0.0000	0.0000	0.0000	0.0001	0.0002	0.0006	0.0013	0.0026	0.0049	0.0083
31	0.0000	0.0000	0.0000	0.0000	0.0001	0.0003	0.0007	0.0015	0.0030	0.0054
32	0.0000	0.0000	0.0000	0.0000	0.0001	0.0001	0.0004	0.0009	0.0018	0.0034
33	0.0000	0.0000	0.0000	0.0000	0.0000	0.0001	0.0002	0.0005	0.0010	0.0020
34	0.0000	0.0000	0.0000	0.0000	0.0000	0.0000	0.0001	0.0002	0.0006	0.0012
35	0.0000	0.0000	0.0000	0.0000	0.0000	0.0000	0.0000	0.0001	0.0003	0.0007
36	0.0000	0.0000	0.0000	0.0000	0.0000	0.0000	0.0000	0.0001	0.0002	0.0004
37	0.0000	0.0000	0.0000	0.0000	0.0000	0.0000	0.0000	0.0000	0.0001	0.0002
38	0.0000	0.0000	0.0000	0.0000	0.0000	0.0000	0.0000	0.0000	0.0000	0.0001
39	0.0000	0.0000	0.0000	0.0000	0.0000	0.0000	0.0000	0.0000	0.0000	0.0001

3. 표준정규분포표

z	0.00	0.01	0.02	0.03	0.04	0.05	0.06	0.07	0.08	0.09
0.0	.0000	.0040	.0080	.0120	.0160	.0199	.0239	.0279	.0319	.0359
0.1	.0398	.0438	.0478	.0517	.0557	.0596	.0636	.0675	.0714	.0753
0.2	.0793	.0832	.0871	.0910	.0948	.0987	.1026	.1064	.1103	.1141
0.3	.1179	.1217	.1255	.1293	.1331	.1368	.1406	.1443	.1480	.1517
0.4	.1554	.1591	.1628	.1664	.1700	.1736	.1772	.1808	.1844	.1879
0.5	.1915	.1950	.1985	.2019	.2054	.2088	.2123	.2157	.2190	.2224
0.6	.2257	.2291	.2324	.2357	.2389	.2422	.2454	.2486	.2518	.2054
0.7	.2580	.2612	.2642	.2673	.2704	.2734	.2764	.2794	.2823	.2852
0.8	.2881	.2910	.2939	.2967	.2995	.3023	.3051	.3078	.3106	.3133
0.9	.3159	.3186	.3212	.3238	.3264	.3289	.3315	.3340	.3365	.3389
1.0	.3413	.3438	.3461	.3485	.3508	.3531	.3554	.3577	.3599	.3621
1.1	.3643	.3665	.3686	.3708	.3729	.3749	.3770	.3790	.3810	.3830
1.2	.3849	.3869	.3888	.3907	.3925	.3944	.3962	.3980	.3997	.4015
1.3	.4034	.4049	.4066	.4082	.4099	.4115	.4131	.4147	.4162	.4177
1.4	.4192	.4207	.4222	.4236	.4251	.4265	.4279	.4292	.4306	.4319
1.5	.4332	.4345	.4357	.4370	.4382	.4394	.4406	.4418	.4429	.4441
1.6	.4452	.4463	.4474	.4484	.4495	.4505	.4515	.4525	.4535	.4545
1.7	.4554	.4564	.4573	.4582	.4591	.4599	.4608	.4616	.4625	.4633
1.8	.4641	.4649	.4656	.4664	.4671	.4678	.4686	.4693	.4699	.4706
1.9	.4713	.4719	.4726	.4732	.4738	.4744	.4750	.4756	.4761	.4767
2.0	.4772	.4778	.4783	.4788	.4793	.4798	.4803	.4808	.4812	.4817
2.1	.4821	.4826	.4830	.4834	.4838	.4842	.4846	.4850	.4854	.4857
2.2	.4861	4864	.4868	.4871	.4875	.4878	.4881	.4884	.4887	.4890
2.3	.4893	.4896	.4898	.4901	.4904	.4906	.4909	.4911	.4913	.4916
2.4	.4918	.4920	.4922	.4925	.4927	.4929	.4931	.4932	.4934	.4936
2.5	.4938	.4940	.4941	.4943	.4945	.4946	.4948	.4949	.4951	.4952
2.6	.4953	.4955	.4956	.4957	.4959	.4960	.4961	.4962	.4963	.4964
2.7	.4965	.4966	.4967	.4968	.4969	.4970	.4971	.4972	.4973	.4974
2.8	.4974	.4975	.4976	.4977	.4977	.4978	.4979	.4979	.4980	.4981
2.9	.4981	.4982	.4982	.4983	.4984	.4984	.4985	.4985	.4986	.4986
3.0	.4986	.4987	.4987	.4988	.4988	.4989	.4989	.4989	.4990	.4990

4. t분포의 상위 α의 확률을 주는 값

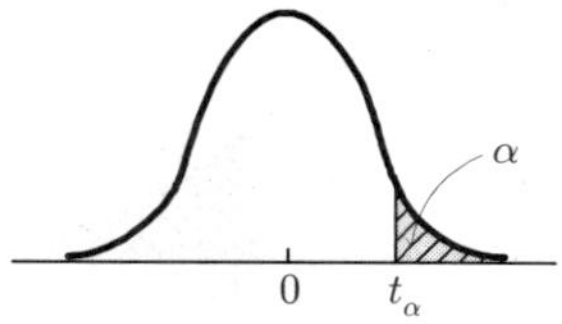

$d.f$ \ α	0.25	0.1	0.05	0.025	0.01	0.00833	0.00625	0.005
1	1.000	3.078	6.314	12.706	31.821	38.190	50.923	63.657
2	0.816	1.886	2.920	4.303	6.965	7.649	8.860	9.925
3	0.765	1.638	2.353	3.182	4.541	4.857	5.392	5.841
4	0.741	1.533	2.132	2.776	3.747	3.961	4.315	4.604
5	0.727	1.479	2.015	2.571	3.365	3.534	3.810	4.032
6	0.718	1.440	1.943	2.447	3.134	3.287	3.521	3.707
7	0.711	1.415	1.895	2.365	2.998	3.128	3.335	3.499
8	0.706	1.397	1.860	2.306	2.896	3.016	3.206	3.355
9	0.703	1.383	1.833	2.262	2.821	2.933	3.111	3.250
10	0.700	1.372	1.812	2.228	2.764	2.870	3.038	3.169
11	0.697	1.363	1.796	2.201	2.718	2.820	2.981	3.106
12	0.695	1.356	1.782	2.179	2.681	2.779	2.934	3.055
13	0.694	1.350	1.771	2.160	2.650	2.746	2.896	3.012
14	0.692	1.345	1.761	2.145	2.624	2.718	2.864	2.977
15	0.691	1.341	1.753	2.131	2.602	2.694	2.837	2.947
16	0.690	1.337	1.746	2.120	2.583	2.673	2.813	2.921
17	0.689	1.333	1.740	2.110	2.567	2.655	2.793	2.898
18	0.688	1.330	1.734	2.101	2.552	2.639	2.775	2.878
19	0.688	1.328	1.729	2.093	2.539	2.625	2.759	2.816
20	0.687	1.325	1.725	2.086	2.528	2.613	2.744	2.845
21	0.686	1.323	1.721	2.080	2.518	2.601	2.732	2.831
22	0.686	1.321	1.717	2.074	2.508	2.591	2.720	2.819
23	0.685	1.319	1.714	2.069	2.500	2.582	2.710	2.807
24	0.685	1.318	1.711	2.064	2.492	2.574	2.700	2.797
25	0.684	1.316	1.708	2.060	2.485	2.566	2.692	2.787
26	0.684	1.315	1.706	2.056	2.479	2.559	2.684	2.779
27	0.684	1.314	1.703	2.052	2.473	2.552	2.676	2.771
28	0.683	1.313	1.701	2.048	2.467	2.546	2.669	2.763
29	0.683	1.311	1.699	2.045	2.462	2.541	2.663	2.756
30	0.683	1.310	1.679	2.042	2.457	2.536	2.657	2.750
40	0.681	1.303	1.684	2.021	2.423	2.499	2.616	2.706
60	0.679	1.296	1.671	2.000	2.390	2.463	2.575	2.660
120	0.677	1.289	1.658	1.980	2.358	2.428	2.536	2.617
∞	0.674	1.282	1.645	1.960	2.326	2.394	2.498	2.576

5. F분포의 상위 α의 확률을 주는 값($\alpha = 0.10$)

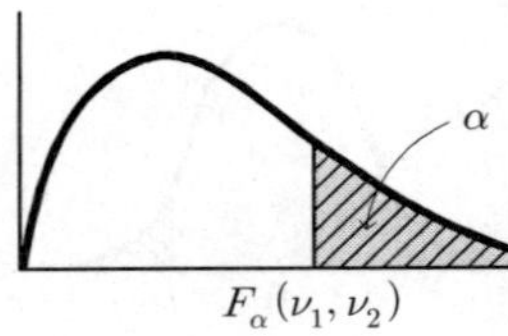

ν_2 \ ν_1	1	2	3	4	5	6	7	8	9	10	12	15	20	25	30	40	60
1	39.86	49.50	53.59	55.83	57.24	58.20	58.91	59.44	59.86	60.19	60.71	61.22	61.74	62.05	62.26	62.53	62.79
2	8.53	9.00	9.16	9.24	9.29	9.33	9.35	9.37	9.38	9.39	9.41	9.42	9.44	9.44	9.46	9.47	9.47
3	5.54	5.46	5.39	5.34	5.31	5.28	5.27	5.25	5.24	5.23	5.22	5.20	5.18	5.17	5.17	5.16	5.15
4	4.54	4.32	4.19	4.11	4.05	4.01	3.98	3.95	3.94	3.92	3.90	3.87	3.84	3.83	3.82	3.80	3.79
5	4.06	3.78	3.62	3.52	3.45	3.40	3.37	3.34	3.32	3.30	3.27	3.24	3.21	3.19	3.17	3.16	3.14
6	3.78	3.46	3.29	3.18	3.11	3.05	3.01	2.98	2.96	2.94	2.90	2.87	2.84	2.81	2.80	2.78	2.76
7	3.59	3.26	3.07	2.96	2.88	2.83	2.78	2.75	2.72	2.70	2.67	2.63	2.59	2.57	2.56	2.54	2.51
8	3.46	3.11	2.92	2.81	2.73	2.67	2.62	2.59	2.56	2.54	2.50	2.46	2.42	2.40	2.38	2.36	2.34
9	3.36	3.01	2.81	2.69	2.61	2.55	2.51	2.47	2.44	2.42	2.38	2.34	2.30	2.27	2.25	2.23	2.21
10	3.29	2.92	2.73	2.61	2.52	2.46	2.41	2.38	2.35	2.32	2.28	2.24	2.20	2.17	2.16	2.13	2.11
11	3.23	2.86	2.66	2.54	2.45	2.39	2.34	2.30	2.27	2.25	2.21	2.17	2.12	2.10	2.08	2.05	2.03
12	3.18	2.81	2.61	2.48	2.39	2.33	2.28	2.24	2.21	2.19	2.15	2.10	2.06	2.03	2.01	1.99	1.96
13	3.14	2.76	2.56	2.43	2.35	2.28	2.23	2.20	2.16	2.14	2.10	2.05	2.01	1.98	1.96	1.93	1.90
14	3.10	2.73	2.52	2.39	2.31	2.24	2.19	2.15	2.12	2.10	2.05	2.01	1.96	1.93	1.91	1.89	1.86
15	3.07	2.70	2.49	2.36	2.27	2.21	2.16	2.12	2.09	2.06	2.02	1.97	1.92	1.89	1.87	1.85	1.82
16	3.05	2.67	2.46	2.33	2.24	2.18	2.13	2.09	2.06	2.03	1.99	1.94	1.89	1.86	1.84	1.81	1.78
17	3.03	2.64	2.44	2.31	2.22	2.15	2.10	2.06	2.03	2.00	1.96	1.91	1.86	1.83	1.81	1.78	1.75
18	3.01	2.62	2.42	2.29	2.20	2.13	2.08	2.04	2.00	1.98	1.93	1.89	1.84	1.80	1.78	1.75	1.72
19	2.99	2.61	2.40	2.27	2.18	2.11	2.06	2.02	1.98	1.96	1.91	1.86	1.81	1.78	1.76	1.73	1.70
20	2.97	2.59	2.38	2.25	2.16	2.09	2.04	2.00	1.96	1.94	1.89	1.84	1.79	1.76	1.74	1.71	1.68
21	2.96	2.57	2.36	2.23	2.14	2.08	2.02	1.98	1.95	1.92	1.87	1.83	1.78	1.74	1.72	1.69	1.66
22	2.95	2.56	2.35	2.22	2.13	2.06	2.01	1.97	1.93	1.90	1.86	1.81	1.76	1.73	1.70	1.67	1.64
23	2.94	2.55	2.34	2.21	2.11	2.05	1.99	1.95	1.92	1.89	1.84	1.80	1.74	1.71	1.69	1.66	1.62
24	2.93	2.54	2.33	2.19	2.10	2.04	1.98	1.94	1.91	1.88	1.83	1.78	1.73	1.70	1.67	1.64	1.61
25	2.92	2.53	2.32	2.18	2.09	2.02	1.97	1.93	1.89	1.87	1.82	1.77	1.72	1.68	1.66	1.63	1.59
26	2.91	2.52	2.31	2.17	2.08	2.01	1.96	1.92	1.88	1.86	1.81	1.76	1.71	1.67	1.65	1.61	1.58
27	2.90	2.51	2.30	2.17	2.07	2.00	1.95	1.91	1.87	1.85	1.80	1.75	1.70	1.66	1.64	1.60	1.57
28	2.89	2.50	2.29	2.16	2.06	2.00	1.94	1.90	1.87	1.84	1.79	1.74	1.69	1.65	1.63	1.59	1.56
29	2.89	2.50	2.28	2.15	2.06	1.99	1.93	1.89	1.86	1.83	1.78	1.73	1.68	1.64	1.62	1.58	1.55
30	2.88	2.49	2.28	2.14	2.05	1.98	1.93	1.88	1.85	1.82	1.77	1.72	1.67	1.63	1.61	1.57	1.54
40	2.84	2.44	2.23	2.09	2.00	1.93	1.87	1.83	1.79	1.76	1.71	1.66	1.61	1.57	1.54	1.51	1.47
60	2.79	2.39	2.18	2.04	1.95	1.87	1.82	1.77	1.74	1.71	1.66	1.60	1.54	1.50	1.48	1.44	1.40
120	2.75	2.35	2.13	1.99	1.90	1.82	1.77	1.72	1.68	1.65	1.60	1.55	1.48	1.45	1.41	1.37	1.32
∞	2.71	2.30	2.08	1.94	1.85	1.77	1.72	1.67	1.63	1.60	1.55	1.49	1.42	1.38	1.34	1.30	1.24

5. F분포의 상위 α의 확률을 주는 값($\alpha = 0.05$)

ν_2 \ ν_1	1	2	3	4	5	6	7	8	9	10	12	15	20	25	30	40	60
1	161.45	199.50	215.71	224.58	230.16	233.99	236.77	238.88	240.54	241.88	243.91	245.95	248.01	249.3	250.10	251.14	252.20
2	18.51	19.00	19.16	19.25	19.30	19.33	19.35	19.37	19.38	19.40	19.41	19.43	19.45	19.46	19.46	19.47	19.48
3	10.13	9.55	9.28	9.12	9.01	8.94	8.89	8.85	8.81	8.79	8.74	8.70	8.66	8.63	8.62	8.59	8.57
4	7.71	6.94	6.59	6.39	6.26	6.16	6.09	6.04	6.00	5.96	5.91	5.86	5.80	5.77	5.75	5.72	5.69
5	6.61	5.79	5.41	5.19	5.05	4.95	4.88	4.82	4.77	4.74	4.68	4.62	4.56	4.52	4.50	4.46	4.43
6	5.99	5.14	4.76	4.53	4.39	4.28	4.21	4.15	4.10	4.06	4.00	3.94	3.87	3.83	3.81	3.77	3.74
7	5.59	4.74	4.35	4.12	3.97	3.87	3.79	3.73	3.68	3.64	3.57	3.51	3.44	3.40	3.38	3.34	3.30
8	5.32	4.46	4.07	3.84	3.69	3.58	3.50	3.44	3.39	3.35	3.28	3.22	3.15	3.11	3.08	3.04	3.01
9	5.12	4.26	3.86	3.63	3.48	3.37	3.29	3.23	3.18	3.14	3.07	3.01	2.94	2.89	2.86	2.83	2.79
10	4.96	4.10	3.71	3.48	3.33	3.22	3.14	3.07	3.02	2.98	2.91	2.85	2.77	2.73	2.70	2.66	2.62
11	4.84	3.98	3.59	3.36	3.20	3.09	3.01	2.95	2.90	2.85	2.79	2.72	2.65	2.60	2.57	2.53	2.49
12	4.75	3.89	3.49	3.26	3.11	3.00	2.91	2.85	2.80	2.75	2.69	2.62	2.54	2.50	2.47	2.43	2.38
13	4.67	3.81	3.41	3.18	3.03	2.92	2.83	2.77	2.71	2.67	2.60	2.53	2.46	2.41	2.38	2.34	2.30
14	4.60	3.74	3.34	3.11	2.96	2.85	2.76	2.70	2.65	2.60	2.53	2.46	2.39	2.34	2.31	2.27	2.22
15	4.54	3.68	3.29	3.06	2.90	2.79	2.71	2.64	2.59	2.54	2.48	2.40	2.33	2.28	2.25	2.20	2.16
16	4.49	3.63	3.24	3.01	2.85	2.74	2.66	2.59	2.54	2.49	2.42	2.35	2.28	2.23	2.19	2.15	2.11
17	4.45	3.59	3.20	2.96	2.81	2.70	2.61	2.55	2.49	2.45	2.38	2.31	2.23	2.18	2.15	2.10	2.06
18	4.41	3.55	3.16	2.93	2.77	2.66	2.58	2.51	2.46	2.41	2.34	2.27	2.19	2.14	2.11	2.06	2.02
19	4.38	3.52	3.13	2.90	2.74	2.63	2.54	2.48	2.42	2.38	2.31	2.23	2.16	2.11	2.07	2.03	1.98
20	4.35	3.49	3.10	2.87	2.71	2.60	2.51	2.45	2.39	2.35	2.28	2.20	2.12	2.07	2.04	1.99	1.95
21	4.32	3.47	3.07	2.84	2.68	2.57	2.49	2.42	2.37	2.32	2.25	2.18	2.10	2.05	2.01	1.96	1.92
22	4.30	3.44	3.05	2.82	2.66	2.55	2.46	2.40	2.34	2.30	2.23	2.15	2.07	2.02	1.98	1.94	1.89
23	4.28	3.42	3.03	2.80	2.64	2.53	2.44	2.37	2.32	2.27	2.20	2.13	2.05	2.00	1.96	1.91	1.86
24	4.26	3.40	3.01	2.78	2.62	2.51	2.42	2.36	2.30	2.25	2.18	2.11	2.03	1.97	1.94	1.89	1.84
25	4.24	3.39	2.99	2.76	2.60	2.49	2.40	2.34	2.28	2.24	2.16	2.09	2.01	1.96	1.92	1.87	1.82
26	4.23	3.37	2.98	2.74	2.59	2.47	2.39	2.32	2.27	2.22	2.15	2.07	1.99	1.94	1.90	1.85	1.80
27	4.21	3.35	2.96	2.73	2.57	2.46	2.37	2.31	2.25	2.20	2.13	2.06	1.97	1.92	1.88	1.84	1.79
28	4.20	3.34	2.95	2.71	2.56	2.45	2.36	2.29	2.24	2.19	2.12	2.04	1.96	1.91	1.87	1.82	1.77
29	4.18	3.33	2.93	2.70	2.55	2.43	2.35	2.28	2.22	2.18	2.10	2.03	1.94	1.89	1.85	1.81	1.75
30	4.17	3.32	2.92	2.69	2.53	2.42	2.33	2.27	2.21	2.16	2.09	2.01	1.93	1.88	1.84	1.79	1.74
40	4.08	3.23	2.84	2.61	2.45	2.34	2.25	2.18	2.12	2.08	2.00	1.92	1.84	1.78	1.74	1.69	1.64
60	4.00	3.15	2.76	2.53	2.37	2.25	2.17	2.10	2.04	1.99	1.92	1.84	1.75	1.69	1.65	1.59	1.53
120	3.92	3.07	2.68	2.45	2.29	2.18	2.09	2.02	1.96	1.91	1.83	1.75	1.66	1.60	1.55	1.50	1.43
∞	3.84	3.00	2.60	2.37	2.21	2.10	2.01	1.94	1.88	1.83	1.75	1.67	1.57	1.51	146	1.39	1.32

연습문제 해답

⁂ 제 1 장

1. 2. 3. 생략

4. 아래 문제 1-4 그림 참조

⁂ 제 2 장

1. 2. 3. 생략

4. (1) 20 이상~30미만, 30~40, 40~50, 50~60, 60~70

계급의 수는 5개

(2) 계급의 하한 : 20, 30, 40, 50, 60

계급의 상한 : 30, 40, 50, 60, 70

(3) 10

(4) 5, 15, 20, 8, 2

(5)

연 령	인원수	상대도수	상대도수(%)
20이상~30미만	5	0. 1	10
31~40	15	0. 3	30
41~50	20	0. 4	40
51~60	8	0. 16	16
61~70	2	0. 04	4
계	50	1. 0	100

(6) 70%

5. (1) 도보의 상대도수 $= X$

$0.25+0.40+X+0.10+0.05=1.0$

$\therefore X=0.2$

(2) 300명 $\times 0.2=$ 60명

(3)

연 령	도 수	상대도수
버스	75	0. 25
지하철	120	0. 40
도보	60	0. 20
오토바이	30	0. 10
자가용	15	0. 05
계	300	1

(4)

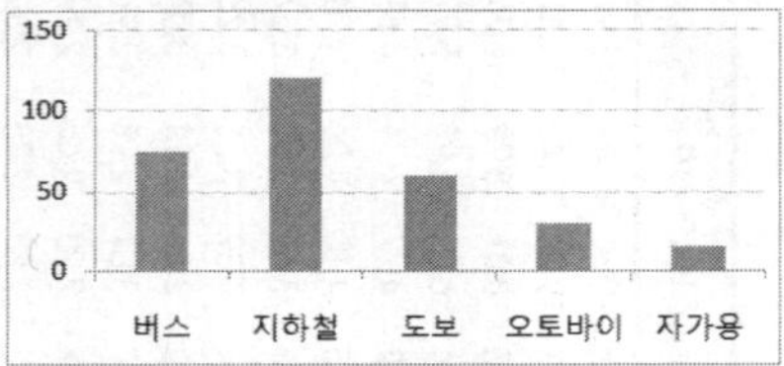

6. (1)

졸업생 진로	도 수
라면	10
한식	22
우동	11
짜장	7
계	50

	A	B	C	D	E	F	G	H	I	J	K	L	M	N
1	2009/07/01	2009/07/02	2009/07/03	2009/07/06	2009/07/07	2009/07/08	2009/07/09	2009/07/10	2009/07/13	2009/07/14	2009/07/15	2009/07/16	2009/07/17	
2	1,277.9	1,269.1	1,263.5	1,272.2	1,267	1,268.6	1,278.8	1,278.9	1,277.7	1,291.4	1,295.7	1,282.6	1,266.7	
3														
4	2009/07/20	2009/07/21	2009/07/22	2009/07/23	2009/07/24	2009/07/27	2009/07/28	2009/07/29	2009/07/30	2009/07/31	2009/08/03	2009/08/04	2009/08/05	
5	1,261.2	1,252.5	1,250	1,251	1,250.6	1,247.5	1,246.4	1,241.9	1,239.5	1,240.5	1,230.7	1,222.3	1,218.7	
6														

문제 1-4

(2)

졸업생 진로	도 수	상대도수	상대도수(%)
라면	10	0.20	20
한식	22	0.44	44
우동	11	0.22	22
짜장	7	0.14	14
계	50	1.0	100

(3)

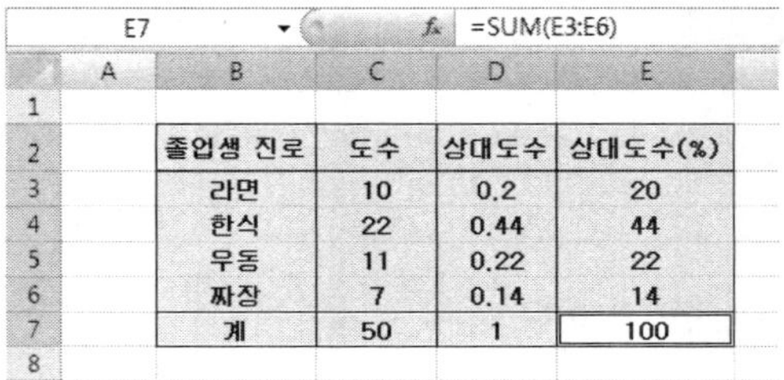

E7 =SUM(E3:E6)

졸업생 진로	도수	상대도수	상대도수(%)
라면	10	0.2	20
한식	22	0.44	44
우동	11	0.22	22
짜장	7	0.14	14
계	50	1	100

(4)

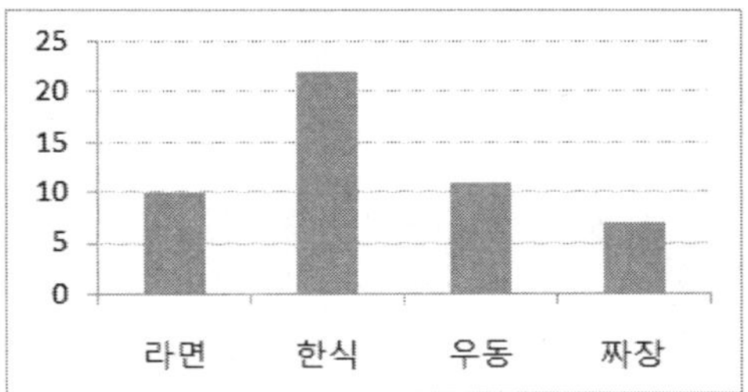

(5)

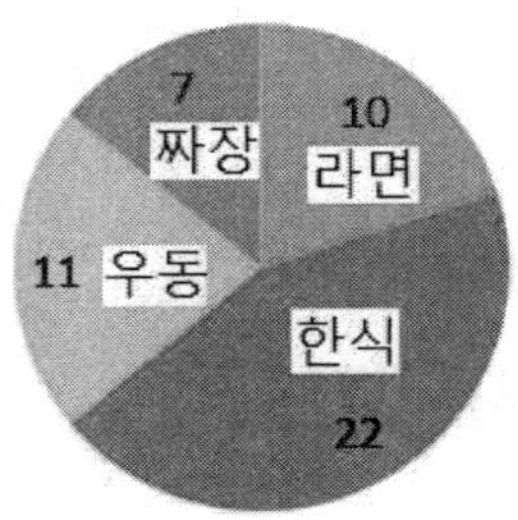

7. (1)

37 41 46 48 53 53 54 54 55 56
58 59 60 60 61 61 62 62 64 66
67 67 67 68 68 68 68 69 69 69
69 70 70 71 72 72 73 74 74 75
77 77 78 81 82 84 85 87 90 94

(2) (3)

계급구간	최고값	도 수	상대 도수	상대 도수(%)
30초과~ 40이하	40	1	0.02	2
40~50	50	3	0.06	6
50~60	60	10	0.2	20
60~70	70	19	0.38	38
70~80	80	10	0.2	20
80~90	90	6	0.12	12
90~100	100	1	0.02	2
계		50	1.0	100

(4)

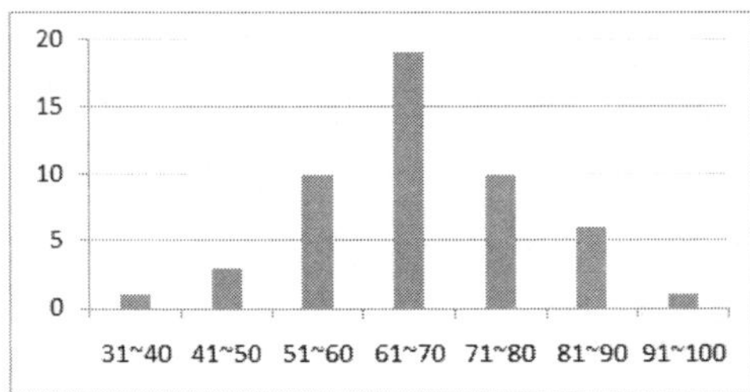

(5)

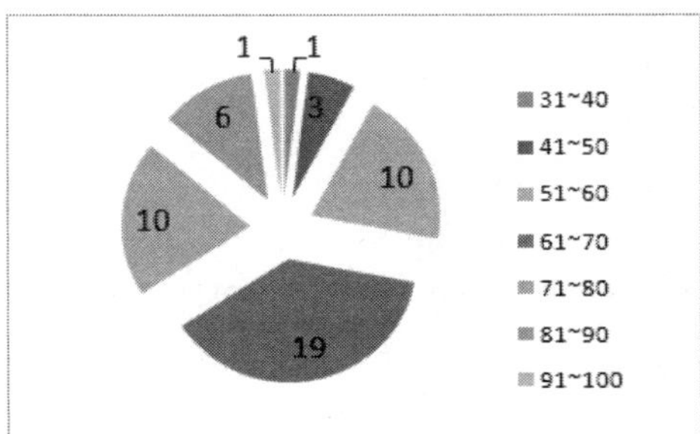

8.

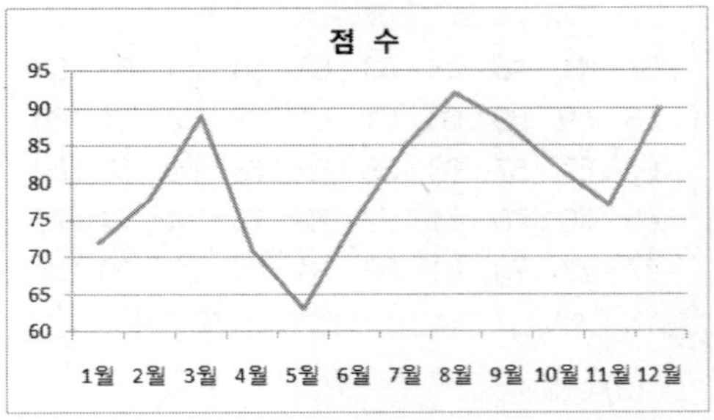

제 3 장

1. 2. 3. 4. 생략

5. (1) 산술평균 9.8 중앙값 9
(2) 산술평균 144 중앙값 61.5
(3) 산술평균 9.54 중앙값 3.6
(4) 산술평균 335.33 중앙값 137

6. 760

$$650=\frac{(610+500+\cdots+460+X)}{10}$$

$\therefore\ X=760$

7. 2.58

$$\frac{3\times4+2\times3+3\times2+3\times1+1\times4}{3+2+3+3+1}=\frac{31}{12}=2.58$$

8. (1) 107.9
(2) 107.7
(3) 104.6
(4) 30개월 평균이 107.9이므로 107 이하의 계획은 잘못 시행

9. (1) 28.3

(2) $27=\dfrac{(25+29)}{2}$

(3) 20 (3개)

(4) $36=48-12$

(5) $18=38-20$

(6) $8.9=\dfrac{1}{20}\times\sum_{i=1}^{20}|X_i-28.3|$

(7) $110.6421=\dfrac{1}{19}\times\left(\Sigma X_i^2-20\times28.3^2\right)$

$=\dfrac{1}{19}(18120-16017.8)$

(8) $10.51866=\sqrt{110.6421}$

(9) $0.3707=\dfrac{3(\text{평균}-\text{중앙값})}{\text{표준편차}}$

$=\dfrac{3(28.3-27)}{10.52}$

10.

16	18	21	23	26	26	27	28	33	35
37	42	42	45	46	48	50	50	54	64

(1) 36.55

(2) $36=\dfrac{(35+37)}{2}$

(3) 26(2개)

(4) $48=64-16$

(5) 26(5번째), 48(16번째)

(6) $22=48-26$

(7) $177.1026=\dfrac{1}{19}\times\left(\Sigma X_i^2-20\times36.55^2\right)$

$=\dfrac{1}{19}(30083-26718.05)$

(8) $13.30799=\sqrt{177.1026}$

제 4 장

1. 2. 생략

3. 40%, $\frac{(55+25)}{200}=0.4$

4. (1) $A\cap B=\{2, 8\}$

(2) $B\cup C=\{2, 3, 5, 6, 8, 9\}$

(3) $A\cap C=\{6, 8\}$

(4) $A\cup B\cup C=\{1, 2, 3, 4, 5, 6, 7, 8, 9\}$

(5) $A\cap B\cap C=\{8\}$

(6) A or $C=\{1, 2, 3, 4, 6, 7, 8, 9\}$

(7) B and $C=\{3, 8\}$

5. $\frac{4}{13}$

에이스가 나올 사건을 A, 다이아몬드가 나올 사건을 B

$P(A)=\frac{4}{52},\quad P(B)=\frac{13}{52}$

$P(A\cap B)=\frac{1}{52}$

$$P(A\cup B)=P(A)+P(B)-P(A\cap B)=\frac{4}{52}+\frac{13}{52}-\frac{1}{52}=\frac{16}{52}=\frac{4}{13}$$

6. (1) $\frac{150}{400}=\frac{3}{8}$

(2) $\frac{7}{25}$

남학생일 사건 A, 3학년일 사건 B

$P(A)=\frac{250}{400},\quad P(B)=\frac{100}{400}$

$P(A\cap B)=\frac{70}{400}$

$$P(B|A)=\frac{P(A\cap B)}{P(A)}=\frac{\frac{70}{400}}{\frac{250}{400}}=\frac{7}{25}$$

(3) $\frac{7}{30}$

여학생일 사건 A, 2학년일 사건 B

$P(A)=\frac{150}{400},\quad P(B)=\frac{100}{400}$

$P(A\cap B)=\frac{35}{400}$

$$P(B|A)=\frac{P(A\cap B)}{P(A)}=\frac{\frac{35}{400}}{\frac{150}{400}}=\frac{7}{30}$$

7. 21%

어학연수를 다녀온 사건 A, 자격증이 있는 사건 B

$P(A)=25/100,\quad P(B)=70/100,$

$P(A|B)=0.30$

$$P(A\cap B)=P(B)\times P(A|B)=\left(\frac{70}{100}\right)\times 0.30=0.21$$

8. (1) $\frac{4}{10}\times\frac{6}{9}=\frac{4}{15}$

(2) $\frac{6}{10}\times\frac{5}{9}=\frac{1}{3}$

9. (1) $\frac{21}{60}=\frac{7}{20}$

(2) $\frac{9}{60}=\frac{3}{20}$

(3) $P(1\text{학년}|A\text{학점})$

$$=\frac{P(1\text{학년}\cap A\text{학점})}{P(A\text{학점})}=\frac{\frac{12}{60}}{\frac{21}{60}}=\frac{4}{7}$$

10. (1) $\{MP, MT, MS, WP, WT, WS\}$

(2) 표본공간

(3) 32%

(4) 58%

(5) $P(W|S) = \dfrac{P(W \cap S)}{P(S)} = \dfrac{8}{33}$

(6) 18%

11. 주사위 2개 던져서 합이 7이 되는 경우 (1, 6), (2, 5), (3, 4), (4, 3), (5, 2), (6, 1)의 6가지

합이 7이 되는 확률 $\dfrac{6}{36} = \dfrac{1}{6}$

합이 7이 안 될 확률 $= \dfrac{5}{6}$

A가 이기는 경우는 1회, 3회, 5회, ⋯

A가 1회에 이길 확률 $\dfrac{1}{6}$

3회에 이길 확률 $\left(\dfrac{5}{6}\right)\left(\dfrac{5}{6}\right)\left(\dfrac{1}{6}\right) = \left(\dfrac{5}{6}\right)^2\left(\dfrac{1}{6}\right)$

5회에 이길 확률

$$\left(\frac{5}{6}\right)\left(\frac{5}{6}\right)\left(\frac{5}{6}\right)\left(\frac{5}{6}\right)\left(\frac{1}{6}\right) = \left(\frac{5}{6}\right)^4\left(\frac{1}{6}\right)$$

⋮

A가 이길 확률 $= \dfrac{\frac{1}{6}}{1-\left(\frac{5}{6}\right)^2} = \dfrac{6}{11}$

B가 이길 확률 $= \dfrac{5}{11}$

⁂ 제 5 장

1. 2. 생략

3. 평균 : $E(X) = \dfrac{4}{10}(1) + \dfrac{3}{10}(2) + \dfrac{2}{10}(3) + \dfrac{1}{10}(4) = 2$

x	1	2	3	4	계
$f(x)$	$\frac{4}{10}$	$\frac{3}{10}$	$\frac{2}{10}$	$\frac{1}{10}$	1
$x-E(x)$	−1	0	1	2	
$[x-E(x)]^2$	1	0	1	4	
$[x-E(x)]^2 \cdot f(x)$	0. 4	0	0. 2	0. 4	1. 0

분산 : $Var(X) = \sum [x_i - E(X)]^2 \cdot f(x) = 1.0$

표준편차 : $\sigma = \sqrt{1.0} = 1.0$

4. (1) $E(X) = 1\dfrac{1}{2} + 2\dfrac{1}{4} + 3\dfrac{1}{4} = \dfrac{7}{4}$

$$E(X^2) = 1^2\left(\frac{1}{2}\right) + 2^2\left(\frac{1}{4}\right) + 3^2\left(\frac{1}{4}\right) = \frac{1}{2} + 1 + \frac{9}{4} = \frac{15}{4}$$

$$V(X) = E(X^2) - [E(X)]^2 = \frac{15}{4} - \frac{49}{16} = \frac{11}{16}$$

$$\sigma(X) = \sqrt{\frac{11}{4}}$$

(2) $V\left(\dfrac{2}{3}X\right) = \left(\dfrac{2}{3}\right)^2 V(X) = \left(\dfrac{4}{9}\right)\left(\dfrac{11}{16}\right) = \dfrac{11}{36}$

(3) $E(3X+1) = 3E(X) + 1 = \dfrac{25}{4}$

5.

X	1	2	3	4	5	6	계
$P(X=x)$	$\frac{1}{6}$	$\frac{1}{6}$	$\frac{1}{6}$	$\frac{1}{6}$	$\frac{1}{6}$	$\frac{1}{6}$	1

(1) 평균 $= E(X) = \dfrac{7}{2}$

(2) $E(X^2) = \left(\dfrac{1}{6}\right)(1+4+9+16+25+36) = \dfrac{91}{6}$

분산 : $V(X) = E(X^2) - [E(X)]^2$

$$= \frac{91}{6} - \frac{49}{4} = \frac{35}{12}$$

(3) 표준편차 : $\sigma(X) = \sqrt{\frac{35}{12}} = \sqrt{\frac{105}{6}}$

6. 같은 색이 나올 확률 $= \frac{13}{28}$

흰 공일 경우$= \frac{_5C_2}{_8C_2} = \frac{10}{28}$

파란 공일 경우$= \frac{_3C_2}{_8C_2} = \frac{3}{28}$

다른 색이 나올 확률 $= \frac{_5C_1\,_3C_1}{_8C_2} = \frac{15}{28}$

기대금액 $= \left(\frac{13}{28}\right)1{,}500 + \left(\frac{15}{28}\right)1{,}000$

$= 696 + 536 = 1{,}232$ (원)

7. $\frac{6}{10} \times \frac{5}{9} \times \frac{4}{8} \times \frac{3}{7} \times \frac{2}{6} = \frac{1}{42}$

8. (1) $V(X) = E(X^2) - [E(X)]^2$이므로

$8 = E(X^2) - 4$

$E(X^2) = 12$

(2) $E[(X-3)^2] = E(X^2 - 6X + 9)$

$= 12 - 12 + 9 = 9$

9. (1) $E(X) = 10(0.3) + 20(0.5) + 30(0.2)$

$= 19$

(2) $P(X \geq 15) = 0.5 + 0.2 = 0.7$

(3) $E(X^2) = 100(0.3) + 400(0.5)$

$+ 900(0.2) = 410$

분산 : $V(X) = E(X^2) - [E(X)]^2$

$= 410 - 361 = 49$

표준편차 : $\sigma(X) = \sqrt{49} = 7$

(4) $E(50 + 4X) = 50 + 4(19) = 126$

$V(50 + 4X) = 16\,V(X) = 784$

10. (1)

X	학생수	**P(X)**
0	5	0. 05
1	10	0. 10
2	20	0. 20
3	30	0. 30
4	20	0. 20
5	15	0. 15

(2)

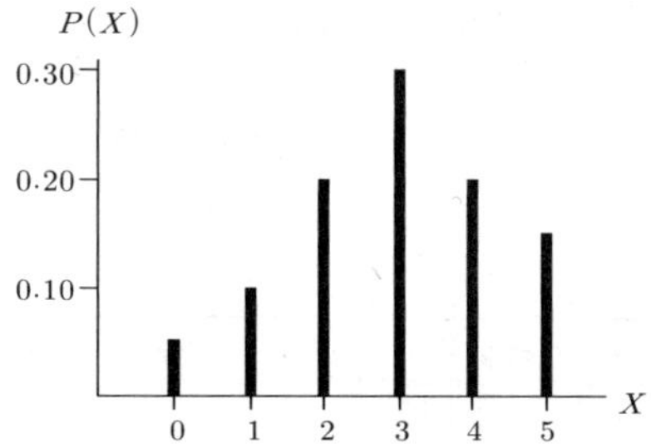

(3)

X	학생수	**P(X)**	**F(X)**
0	5	0. 05	0. 05
1	10	0. 10	0. 15
2	20	0. 20	0. 35
3	30	0. 30	0. 65
4	20	0. 20	0. 85
5	15	0. 15	1. 00

(4) $P(X \geq 3) = f(3) + f(4) + f(5)$

$= 0.30 + 0.20 + 0.15 = 0.65$

$P(X < 2) = f(0) + f(1)$

$= 0.05 + 0.10 = 0.15$

(5) 기대값 $= \sum XP(X)$

$= 0(0.05) + 1(0.10) + 2(0.20)$

$+ 3(0.30) + 4(0.20) + 5(0.15)$

$= 2.95$

(6) 분산 $= \sum [X - E(X)]^2 P(X)$

$= (0 - 2.95)^2(0.05) + (1 - 2.95)^2(0.10)$

$+ (2 - 2.95)^2(0.20) + (3 - 2.95)^2(0.30)$

$+ (4 - 2.95)^2(0.20) + (5 - 2.95)^2(0.15)$

$= 1.8475$

(7) 표준편차 $=1.35923$

11.

x	y	$f(x,y)$	$x \cdot f(x,y)$	$y \cdot f(x,y)$	xy	$xy \cdot f(x,y)$
10	3	0.4	4	1.2	30	12
10	5	0.2	2	1	50	10
20	3	0.1	2	0.3	60	6
20	5	0.3	6	1.5	100	30
합	18		$E(X)=14$	$E(Y)=4$		$E(XY)=58$

공분산 : $Cov(X, Y) = E(XY) - E(X)E(Y)$

$= 58 - 56 = 2$

x	y	$f(x, y)$	x^2	y^2	$x^2 \cdot f(x, y)$	$y^2 \cdot f(x, y)$
10	3	0.4	100	9	40	3.6
10	5	0.2	100	25	20	5
20	3	0.1	400	9	40	0.9
20	5	0.3	400	25	120	7.5
합					$E(X^2)=220$	$E(Y^2)=17$

분산 : $V(X) = E(X^2) - [E(X)]^2$

$= 220 - 14^2 = 24$

$V(Y) = E(Y^2) - [E(Y)]^2$

$= 17 - 4^2 = 1$

상관계수

$$\beta_{XY} = \frac{Cov(X,Y)}{\sigma_X \sigma_Y} = \frac{2}{\sqrt{24} \times \sqrt{1}} = \frac{2}{4.9}$$

$= 0.4081$

제 6 장

1. 2. 3. 생략

4. 앞면이 나오는 개수 : X

동전 개수 : $n=200$

앞면이 나오는 확률 : $p=0.5$

(1) 평균 : $E(X) = np = 200 \times 0.5 = 100$

(2) 분산 : $V(X) = np(1-p)$

$= 200 \times 0.5 \times 0.5 = 50$

표준편차 : $\sigma(X) = 7.07$

5. 흰 공이 나올 개수 : X

공을 꺼내는 횟수 : $n=10$

흰 공이 나올 확률 : $p=0.3$

(1) 평균 : $E(X) = np = 10 \times 0.3 = 3$

(2) 분산 : $V(X) = np(1-p)$

$= 10 \times 0.3 \times 0.7 = 2.1$

표준편차 : $\sigma(X) = 1.449$

6. $\frac{1}{4}$과 $\frac{1}{3}$의 공통부분이 $\frac{1}{12}$이므로

$360 \times \frac{1}{12} = 30$ (쌍)

7. 불량품이 나올 확률 : $p=0.05$

(1) $f(1) = {}_3C_3 (0.05)^1 (0.95)^2$

$= 3 \times 0.05 \times 0.9025 = 0.1354$

∴ 약 13.5%

(2) $f(3) = {}_3C_3 (0.05)^3 (0.95)^0$

$= 1 \times 0.000125 \times 1 = 0.000125$

∴ 0.0125%

(3) $E(X) = np = 300 \times 0.05 = 15$

(4) $V(X) = np(1-p)$

$= 300 \times 0.05 \times 0.95 = 14.25$

$\sigma(X) = 3.775$

8. (1) 이항분포표

확률함수를 이용하여 기대값과 분산을 구하면 다음 표와 같다.

X	P(X)	XP(X)	X−E(X)	[X−E(X)]²	[X−E(X)]²P(X)
0	0.0778	0	−2	4	0.31104
1	0.2592	0.2592	−1	1	0.2592
2	0.3456	0.6912	0	0	0
3	0.2304	0.6912	1	1	0.2304
4	0.0768	0.3072	2	4	0.3072
5	0.0102	0.0512	3	9	0.09216
계		$E(X)=2$			$V(X)=1.2$

문제 6-8 (1)

다섯 명 모두 실패할 확률 :

$f(0)={}_5C_0(0.4)^0(0.6)^5=0.0778$

한 명만 등정에 성공할 확률 :

$f(1)={}_5C_1(0.4)^1(0.6)^4=0.2592$

두 명만 등정에 성공할 확률 :

$f(2)={}_5C_2(0.4)^2(0.6)^3=0.3456$

세 명만 등정에 성공할 확률 :

$f(3)={}_5C_3(0.4)^3(0.6)^2=0.2304$

네 명만 등정에 성공할 확률 :

$f(4)={}_5C_4(0.4)^4(0.6)^1=0.0768$

다섯 명 모두 성공할 확률 :

$f(5)={}_5C_5(0.4)^5(0.6)^0=0.0102$

(2) 기대값과 분산

기대값 $=E(X)=f(0)+f(1)+f(2)+f(3)+f(4)+f(5)=2$

분산 $=(0-2)^2(0.0778)+(1-2)^2(0.2592)+(2-2)^2(0.3456)+(3-2)^2(0.2304)+(4-2)^2(0.0768)+(5-2)^2(0.0102)=1.2$

(3) 엑셀 이용은 생략

9. (1) 하반기 게임당 안타수의 평균을 구하라.

$E(X)=0(0.15)+1(0.4)+2(0.25)+3(0.15)+4(0.05)=1.55$

(2) 하반기 안타수의 분산과 표준편차를 구하라.

$V(X)=0.15(0-1.55)^2+0.4(1-1.55)^2+0.25(2-1.55)^2+0.15(3-1.55)^2+0.05(4-1.55)^2=1.1475$

$\sigma(X)=1.0712$

X	P(X)	XP(X)	X−E(X)	[X−E(X)]²	[X−E(X)]²P(X)
0	0.15	0	−1.55	2.4025	0.360375
1	0.4	0.4	−0.55	0.3025	0.121
2	0.25	0.5	0.45	0.2025	0.050625
3	0.15	0.45	1.45	2.1025	0.315375
4	0.05	0.2	2.45	6.0025	0.300125
계	1	$E(X)=1.55$			$V(X)=1.1475$

문제 6-9 (3)

X	P(X)	XP(X)	X−E(X)	[X−E(X)]²	[X−E(X)]²P(X)
0	0. 15	0	−1. 55	2. 4025	0. 360375
5	0. 4	2	3. 45	11. 9025	4. 761
10	0. 25	2. 5	8. 45	71. 4025	17. 850625
15	0. 15	2. 25	13. 45	180. 9025	27. 135375
20	0. 05	1	18. 45	340. 4025	17. 020125
계	1	$E(X)=7.75$			$V(X)=67.1275$

문제 6-9 (4)

(3) 확률분포표를 작성하라. 표 참조

(4) 안타 1개당 보너스를 5만원씩 받을 경우 보너스의 평균과 분산을 구하라. 표 참조

$E(X)=7.75$

$V(X)=67.1275$

10. 20분 간격이므로 시간당 3회 운행, $\lambda=3$

$$f(0)=\frac{e^{-3}\times 3^0}{0!}=0.0498$$

$$f(1)=\frac{e^{-3}\times 3^1}{1!}=0.1494$$

$$f(2)=\frac{e^{-3}\times 3^2}{2!}=0.2240$$

$$f(3)=\frac{e^{-3}\times 3^3}{3!}=0.2240$$

$$f(4)=\frac{e^{-3}\times 3^4}{4!}=0.1680$$

$$f(5)=\frac{e^{-3}\times 3^5}{5!}=0.1008$$

$$f(6)=\frac{e^{-3}\times 3^6}{6!}=0.0504$$

$$f(7)=\frac{e^{-3}\times 3^7}{7!}=0.0216$$

$$f(8)=\frac{e^{-3}\times 3^8}{8!}=0.0081$$

$$f(9)=\frac{e^{-3}\times 3^9}{9!}=0.0027$$

$$f(10)=\frac{e^{-3}\times 3^{10}}{10!}=0.0008$$

$$f(11)=\frac{e^{-3}\times 3^{11}}{11!}=0.0002$$

$$f(12)=\frac{e^{-3}\times 3^{12}}{12!}=0.0000$$

(1) 5번 운행될 확률

$f(5)=0.1008$　　　∴ 약 10%

(2) 시간당 운행수를 확률변수 X라 할 때 확률분포

X	f(X)
0	0. 049787068
1	0. 149361205
2	0. 224041808
3	0. 224041808
4	0. 168031356
5	0. 100818813
6	0. 050409407
7	0. 021604031
8	0. 008101512
9	0. 002700504
10	0. 000810151
11	0. 00022095
12	5. 52376E-05

(3) 그래프

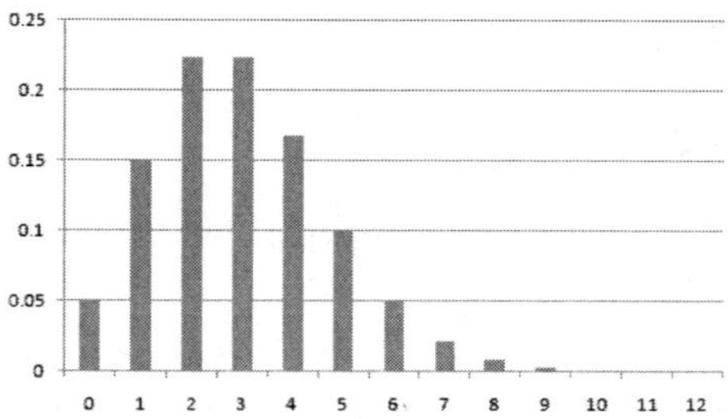

(4) 기대값 : $E(X)=3$

(5) 분산 : $V(X)=3$

(6) 생략

제 7 장

1. 2. 3. 생략

4. (1) k의 값

$$(2k+6k)\times 4 \div 2=1 \qquad \therefore\ k=\frac{1}{16}$$

(2) $P(3 \leqq X \leqq 5)=\frac{1}{2}$

5. $\mu=40,\ \sigma=10$이므로

(1) $P(20 \leqq X \leqq 40)$

$$X=20 : Z=\frac{20-40}{10}=-2$$

$$X=40 : Z=\frac{40-40}{10}=0$$

$$\therefore\ P(20 \leqq X \leqq 40)=P(-2 \leqq Z \leqq 0)$$
$$=P(0 \leqq Z \leqq 2)=0.4772$$

(2) $P(X \geqq 50)$

$$X=50 : Z=\frac{50-40}{10}=1$$

$$\therefore P(X \geqq 50)=P(Z \geqq 1)$$
$$=0.5-P(0 \leqq Z \leqq 1)=0.1587$$

(3) $P(X \leqq 60)$

$$X=60 : Z=\frac{60-40}{10}=2$$

$$\therefore\ P(Z \leqq 2)=0.5+P(0 \leqq Z \leqq 2)$$
$$=0.5+0.4772=0.9772$$

6. (1) 5분 이내로 기다리는 확률

$$P=\frac{P(15<X<20)}{P(0<X<30)}=\frac{5}{30}=\frac{1}{6}$$

(2) 10분 이상 기다리는 확률

$$P=\frac{P(0<X<10)+P(20<X<30)}{P(0<X<30)}$$
$$=\frac{20}{30}=\frac{2}{3}$$

7. (1) X값을 Z값으로 전환

$\mu=10,\quad \sigma=4$

$$P(8 \leqq X \leqq 13)$$
$$=P\left(\frac{8-10}{4} \leqq Z \leqq \frac{13-10}{4}\right)$$
$$=P(-0.5 \leqq Z \leqq 0.75)$$

(2) 확률

$$P(-0.5 \leqq Z \leqq 0.75)$$
$$=P(-0.5 \leqq Z \leqq 0)$$
$$+P(0 \leqq Z \leqq 0.75)$$
$$=P(0 \leqq Z \leqq 0.5)$$
$$+P(0 \leqq Z \leqq 0.75)$$
$$=0.1915+0.2734$$
$$=0.4649$$

$\therefore$ 약 46.5%

8. 토익점수를 확률변수 X라 하고

(1) $Z=\frac{650-700}{100}=-0.5$

$$Z=\frac{750-700}{100}=0.5$$

$$P(650 \leqq X \leqq 750)=P(-0.5 \leqq Z \leqq 0.5)$$
$$=2\times P(0 \leqq Z \leqq 0.5)$$

$$= 2 \times 0.1915 = 0.3830$$

∴ 약 38%

(2) $P(X \geq 900)$이므로

$$Z = \frac{900 - 700}{100} = 2$$

$$P(X \geq 900) = P(Z \geq 2)$$
$$= 0.5 - P(0 \leq Z \leq 2)$$
$$= 0.5 - 0.4772$$
$$= 0.0228$$

100명 $\times 0.0228 = 2.28$

∴ 약 2명

9. 완치되는 환자수를 확률변수 X라 할 때

평균 $= np = 200 \times 0.7 = 140$

분산 $= np(1-p) = 200 \times 0.7 \times 0.3 = 42$

표준편차 $= 6.48$

$$Z = \frac{150 - 140}{6.48} = 1.54$$

$$P(X \geq 150) = P(Z \geq 1.54)$$
$$= 0.5 - P(0 \leq Z \leq 1.54)$$
$$= 0.5 - 0.4382$$
$$= 0.0618$$

∴ 약 6%

10. (1) 표준정규분포표를 이용하는 경우
주행거리를 확률변수 X라 할 때

$$Z = \frac{60 - 50}{8} = 1.25$$

$$P(Z \geq 1.25) = 0.5 - P(0 \leq Z \leq 1.25)$$
$$= 0.5 - 0.3944$$
$$= 0.1056$$

∴ 약 10.6%

(2) 엑셀을 이용하는 경우 (생략)

⁂ 제 8 장

1. 2. 3. 생략

4. 모집단 {1, 2, 3, 4}에서 $n = 2$인 표본을 추출

(1) 복원 추출할 때

단위	표본	표본평균($\overline{X}$)	단위	표본	표본평균($\overline{X}$)
1	(1, 1)	1	9	(3, 1)	2
2	(1, 2)	1.5	10	(3, 2)	2.5
3	(1, 3)	2	11	(3, 3)	3
4	(1, 4)	2.5	12	(3, 4)	3.5
5	(2, 1)	1.5	13	(4, 1)	2.5
6	(2, 2)	2	14	(4, 2)	3
7	(2, 3)	2.5	15	(4, 3)	3.5
8	(2, 4)	3	16	(4, 4)	4

(2) 비복원 1개씩 두 번 추출할 때

단위	표본	표본평균($\overline{X}$)	단위	표본	표본평균($\overline{X}$)
1	(1, 2)	1.5	7	(3, 1)	2
2	(1, 3)	2	8	(3, 2)	2.5
3	(1, 4)	2.5	9	(3, 4)	3.5
4	(2, 1)	1.5	10	(4, 1)	2.5
5	(2, 3)	2.5	11	(4, 2)	3
6	(2, 4)	3	12	(4, 3)	3.5

(3) 비복원으로 동시에 두 개 추출할 때

단위	표본	표본평균($\overline{X}$)	단위	표본	표본평균($\overline{X}$)
1	(1, 2)	1.5	4	(2, 3)	2.5
2	(1, 3)	2	5	(2, 4)	3
3	(1, 4)	2.5	6	(3, 4)	3.5

5. (1) 모집단의 평균 :

$$E(X) = \frac{(1+2+3+4+5)}{5} = 3$$

모집단의 분산 :

$$V(X)=(1-3)^2\left(\frac{1}{5}\right)+(2-3)^2\left(\frac{1}{5}\right)+(3-3)^2\left(\frac{1}{5}\right)+(4-3)^2\left(\frac{1}{5}\right)+(5-3)^2\left(\frac{1}{5}\right)=2$$

모집단 표준편차 : $\sigma(X)=1.4142$

(2) 표준평균 평균 : $E(\overline{X})=E(X)=3$

표준평균 분산 : $V(\overline{X})=\frac{2}{3}$

표준평균 표준편차 : $\sigma(\overline{X})=\frac{\sqrt{6}}{3}$

6. (1) 모집단의 평균과 표준편차

아래 표 참조

평균 : $E(X)=1\left(\frac{1}{5}\right)+3\left(\frac{1}{5}\right)+5\left(\frac{1}{5}\right)+7\left(\frac{1}{5}\right)+9\left(\frac{1}{5}\right)=5$

분산 : $V(X)=(1-5)^2\left(\frac{1}{5}\right)+(3-5)^2\left(\frac{1}{5}\right)+(5-5)^2\left(\frac{1}{5}\right)+(7-5)^2\left(\frac{1}{5}\right)+(9-5)^2\left(\frac{1}{5}\right)=8$

표준편차 : $\sigma(X)=2.8284$

(2) $n=2$일 때 가능한 모든 표본과 표본평균, 그래프

표본단위	표 본	표본평균($\overline{X}$)
1	(1, 3)	2
2	(1, 5)	3
3	(1, 7)	4
4	(1, 9)	5
5	(3, 5)	4
6	(3, 7)	5
7	(3, 9)	6
8	(5, 7)	6
9	(5, 9)	7
10	(7, 9)	8
평균		5

($\overline{X}$)	$f(\overline{X})$
2	1/10
3	1/10
4	2/10
5	2/10
6	2/10
7	1/10
8	1/10

x	$f(x)$	$x \cdot f(x)$	$x-E(X)$	$[x-E(X)]^2$	$[x-E(X)]^2 \cdot f(X)$
1	1/5	1/5	1−5	16	16/5
3	1/5	3/5	3−5	4	4/5
5	1/5	5/5	5−5	0	0
7	1/5	7/5	7−5	4	4/5
9	1/5	9/7	9−5	16	16/5
계	1	$E(X)=5$			$V(X)=8$

문제 8-6 (1)

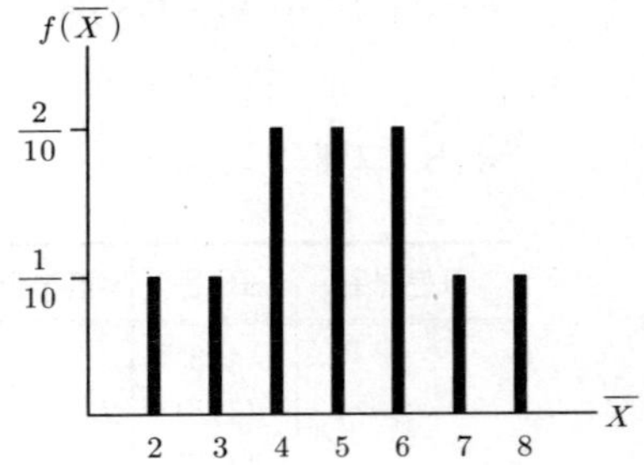

(3) 표본크기가 4일 때 가능한 모든 표본과 표본평균

표본단위	표 본	표본평균($\overline{X}$)
1	(1, 3, 5, 7)	4
2	(1, 3, 5, 9)	4.5
3	(1, 3, 7, 9)	5
4	(1, 5, 7, 9)	5.5
5	(3, 5, 7, 9)	6
평균		5

($\overline{X}$)	$f(\overline{X})$
4	1/5
4.5	1/5
5	1/5
5.5	1/5
6	1/5

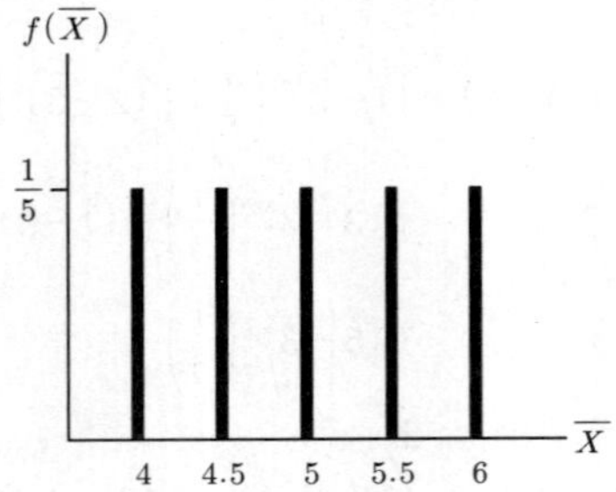

(4) 동시에 2개와 4개를 꺼낼 때 표준오차가 더 작은 경우는?

① 동시에 2개를 꺼낼 때

아래 표 참조

분산 :

$$V(\overline{X}) = (2-5)^2\left(\frac{1}{10}\right) + (3-5)^2\left(\frac{1}{10}\right) + (4-5)^2\left(\frac{2}{10}\right) + (5-5)^2\left(\frac{2}{10}\right) + (6-5)^2\left(\frac{2}{10}\right) + (7-5)^2\left(\frac{1}{10}\right) + (8-5)^2\left(\frac{1}{10}\right)$$

$$= 3$$

표준편차 : $\sigma(\overline{X}) = 1.7321$

x	$f(x)$	$x \cdot f(x)$	$x-E(X)$	$[x-E(X)]^2$	$[x-E(X)]^2 \cdot f(X)$
2	1/10	2/10	2−5	9	9/10
3	1/10	3/10	3−5	4	4/10
4	2/10	8/10	4−5	1	2/10
5	2/10	10/10	5−5	0	0
6	2/10	12/10	6−5	1	2/10
7	1/10	7/10	7−5	4	4/10
8	1/10	8/10	8−5	9	9/10
계	1	$E(X)=5$			$V(X)=3$

문제 8-6 (1) '동시에 2개를 꺼낼 때'

x	$f(x)$	$x \cdot f(x)$	$x-E(X)$	$[x-E(X)]^2$	$[x-E(X)]^2 \cdot f(X)$
4	1/5	4/5	4.5−5	1	0.2
4.5	1/5	4.5/5	5−5	0.25	0.05
5	1/5	5/5	5.5−5	0	0
5.5	1/5	5.5/5	6−5	0.25	0.05
6	1/5	6/5		1	0.2
계	1	$E(X)=5$			$V(X)=0.5$

문제 8-6 (1) '동시에 4개를 꺼낼 때'

② 동시에 4개를 꺼낼 때

위의 표 참조

분산 :

$$V(\overline{X})=(4-5)^2\left(\frac{1}{5}\right)+(4.5-5)^2\left(\frac{1}{5}\right)+(5-5)^2\left(\frac{1}{5}\right)+(5.5-5)^2\left(\frac{1}{5}\right)+(6-5)^2\left(\frac{1}{5}\right)=0.5$$

표준편차 : $\sigma(\overline{X})=0.7071$

7. 모평균 : $m=500$

모분산 : $\sigma^2=100$

표본크기 : $n=25$

표준평균 평균 : $E(\overline{X})=m=500$

표준평균 분산 : $V(\overline{X})=\dfrac{\sigma^2}{25}=\dfrac{100}{25}=4$

표준평균 표준편차 : $\sigma(\overline{X})=2$

(1) $P(496 \leq \overline{X} \leq 502)$

$$=P\left(\frac{496-500}{2} \leq Z \leq \frac{502-500}{2}\right)$$
$$=P(-2 \leq Z \leq 1)$$
$$=P(0 \leq Z \leq 1)+P(0 \leq Z \leq 2)$$
$$=0.3413+0.4772$$
$$=0.8202$$

(2) $P(\overline{X} \geq 504)$

$$=P\left(Z \geq \frac{504-500}{2}\right)$$
$$=P(Z \geq 2)$$
$$=0.5-P(0 \leq Z \leq 2)$$
$$=0.5-0.4772$$
$$=0.0228$$

8. (1) 복원 추출할 때

성공횟수	표본비율	확 률
0	0	0.0256
1	0.25	0.1536
2	0.50	0.3456
3	0.75	0.3456
4	1.00	0.1296

노란 공이 0번 나올 확률 :

$f(0)={}_4C_0(0.6)^0(0.4)^4=0.0256$

노란 공이 1번 나올 확률 :

$f(1)={}_4C_1(0.6)^1(0.4)^3=0.1536$

노란 공이 2번 나올 확률 :

$f(2)={}_4C_2(0.6)^2(0.4)^2=0.3456$

노란 공이 3번 나올 확률 :

$f(3)={}_4C_3(0.6)^3(0.4)^1=0.3456$

노란 공이 4번 나올 확률 :

$f(4)={}_4C_4(0.6)^4(0.4)^0=0.1296$

(2) 비복원 추출할 때

성공횟수	표본비율	확 률
0	0	0. 0233
1	0. 25	0. 1512
2	0. 50	0. 3521
3	0. 75	0. 3491
4	1. 00	0. 1244

노란 공이 0번 나올 확률 :

$$f(0)=\frac{{}_{60}C_0 \cdot {}_{40}C_4}{{}_{100}C_4}=0.0233$$

노란 공이 1번 나올 확률 :

$$f(1)=\frac{{}_{60}C_1 \cdot {}_{40}C_3}{{}_{100}C_4}=0.1512$$

노란 공이 2번 나올 확률 :

$$f(2)=\frac{{}_{60}C_2 \cdot {}_{40}C_2}{{}_{100}C_4}=0.3521$$

노란 공이 3번 나올 확률 :

$$f(3)=\frac{{}_{60}C_3 \cdot {}_{40}C_1}{{}_{100}C_4}=0.3491$$

노란 공이 4번 나올 확률 :

$$f(4)=\frac{{}_{60}C_4 \cdot {}_{40}C_0}{{}_{100}C_4}=0.1244$$

9. (1) 크기 $n=2$의 모든 가능한 표본과 표본평균

표본단위	표 본	표본평균($\overline{X}$)
1	(10, 20)	15
2	(10, 30)	20
3	(10, 40)	25
4	(20, 30)	25
5	(20, 40)	30
6	(30, 40)	35
평균		25

(2) 모집단의 평균과 분산

모집단 평균 :

$$E(X)=\frac{(10+20+30+40)}{4}=25$$

모집단 분산 :

$$\begin{aligned}V(X)&=(10-25)^2\left(\frac{1}{4}\right)\\&\quad+(20-25)^2\left(\frac{1}{4}\right)\\&\quad+(30-25)^2\left(\frac{1}{4}\right)\\&\quad+(40-25)^2\left(\frac{1}{4}\right)\\&=\frac{(225+25+25+225)}{4}\\&=125\end{aligned}$$

(3) 평균의 표본분포의 평균과 분산

표본분포의 평균 :

$$E(X)=\frac{(15+20+25+25+30+35)}{6}$$

$$=25$$

표본분포의 분산 :

$$\begin{aligned}V(X)&=(15-25)^2\left(\frac{1}{6}\right)\\&\quad+(20-25)^2\left(\frac{1}{6}\right)\\&\quad+(20-25)^2\left(\frac{2}{6}\right)\\&\quad+(30-25)^2\left(\frac{1}{6}\right)\\&\quad+(35-25)^2\left(\frac{1}{6}\right)\\&=\frac{(100+25+25+100)}{6}\\&=41.6667\end{aligned}$$

(4) 모분산과 평균의 표본분산의 분산을 비교

모분산은 10~40 사이로 분포되어 있으며 분산이 125이다. 반면 평균의 표본분산은 15~35 사이로 분포되어 있으며 분산이 41.7로 모분산보다 적다.

10. 모집단 : $m=150,\ \sigma^2=16,\ n=64$

$$\text{표준오차} = \frac{\sigma}{\sqrt{n}} = \frac{4}{8} = 0.5$$

$$\begin{aligned} P(X \geqq 151) &= P\left(Z \geqq \frac{151-150}{0.5}\right) \\ &= P(Z \geqq 2) \\ &= 0.5 - P(0 \leqq Z \leqq 2) \\ &= 0.0228 \end{aligned}$$

$\therefore$ 2.28

⁂ 제 9 장

1. 2. 생략

3. (1) 80% (2) 90%
(3) 95% (4) 99%

4. (1) 2.5758 (2) 2.3263
(3) 2.0537 (4) 1.96
(5) 1.6449 (6) 1.2816

D1 =ABS(NORMSINV(B1/2))

	A	B	C	D	E	F
1	Alpha =	0.01	Z값	2.575829		
2	Alpha =	0.02	Z값	2.326348		
3	Alpha =	0.04	Z값	2.053749		
4	Alpha =	0.05	Z값	1.959964		
5	Alpha =	0.1	Z값	1.644854		
6	Alpha =	0.2	Z값	1.281552		
7						

5. (1) 2.2047

C2 =TINV(0.04,19)

	A	B	C	D	E
1	p	n	t값		
2	0.96	20	2.204701		

(2) −2.1503

C2 =TINV(0.04,29)

	A	B	C	D	E
1	p	n	t값		
2	0.04	30	2.150325074		

(3) 1.6558

C2 =TINV(0.12,14)

	A	B	C	D	E
1	p	n	t값		
2	0.12	15	1.655781959		

(4) $P(t < -t_\alpha \text{ or } t > t_\alpha) = 0.1$

$2 \times P(t > t_\alpha) = 0.1$

$P(t > t_\alpha) = 0.05$

C2 =TINV(0.1,9)

	A	B	C	D
1	p	n	t값	
2	0.1	10	1.833112923	

6. A후보의 지지율은 22~28%, B후보의 지지율은 47~53%에 있을 확률이 95%라는 의미

7. (1) $n=30,\quad \alpha=0.05\ ,\quad \sigma=25$

$$\sigma_{\overline{X}} = \frac{\sigma}{\sqrt{n}} = \frac{25}{\sqrt{30}} = 4.5643$$

$$\overline{X} = 88.8$$

공식

$\overline{X} - Z_{\frac{\alpha}{2}}\frac{\sigma}{\sqrt{n}} \leqq \mu \leqq \overline{X} + Z_{\frac{\alpha}{2}}\frac{\sigma}{\sqrt{n}}$ 에서

95% 신뢰구간은

$$88.8-1.96\times 4.5643 \leqq \mu \leqq 88.8+1.96\times 4.5643$$

$$\therefore\ 79.854 \leqq \mu \leqq 97.746$$

(2)

F10 f_x =F2+F6

	A	B	C	D	E	F
1	80	115	77		표본크기	30
2	105	83	90		표본평균	88.8
3	78	95	86		모 표준편차	25
4	91	100	112		표본 표준편차	4.564355
5	120	115	130		Alpha	0.05
6	49	118	69		95% 표본오차	8.945971
7	38	93	53			
8	94	88	79			
9	67	55	98		하한값	79.85403
10	125	74	87		상한값	97.74597
11						

(3)

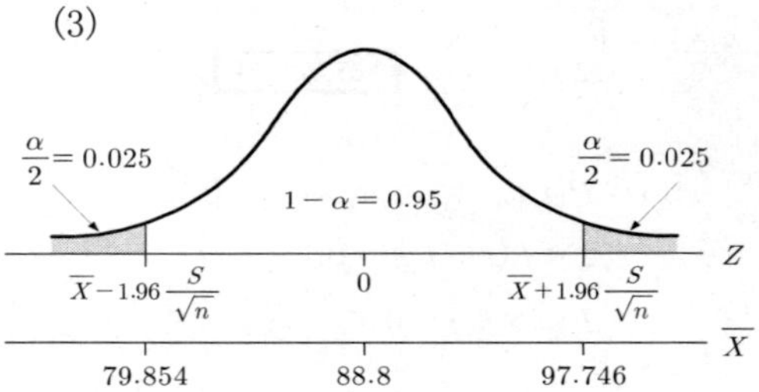

8. (1) $n=10$

$$\overline{X}=\frac{18+25+33+\cdot+30}{10}=29.2$$

$$S^2=\frac{1}{n-1}\left(\sum X^2-n\overline{X}^2\right)$$

$$=\frac{1}{9}\{9080-10(29.2)^2\}=61.5111$$

$$S=7.8429$$

$$\frac{\alpha}{2}=0.025$$

$$t_{\left(\frac{\alpha}{2},\,n-1\right)}=t_{(0.025,\,9)}=2.2622$$

공식

$$\overline{X}-t_{\left(\frac{\alpha}{2},\,n-1\right)}\frac{S}{\sqrt{n}} \leqq \mu \leqq \overline{X}+t_{\left(\frac{\alpha}{2},\,n-1\right)}\frac{S}{\sqrt{n}}$$

에 대입하면

$$29.2-2.2622\left(\frac{7.8429}{\sqrt{10}}\right) \leqq \mu \leqq 29.2+2.2622\left(\frac{7.8429}{\sqrt{10}}\right)$$

$$\therefore\ 23.5895 \leqq \mu \leqq 34.8105$$

(2)

D8 f_x =D7*D6/SQRT(D3)

	A	B	C	D	E
1	18				
2	25		Alpha	0.05	
3	33		표본크기	10	
4	28		자유도	9	
5	20		표본평균	29.2	
6	37		표본표준편차	7.842902	
7	42		t값	2.262157	
8	36		95% 표본오차	5.610474	
9	23		하한값	23.58953	
10	30		상한값	34.81047	
11					

(3)

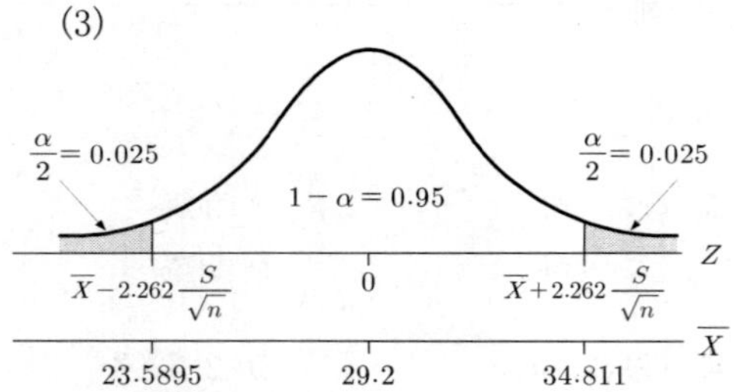

9. (1) $n=20,\quad \alpha=0.1,\quad e=4$

$S=14.8213$

t값 $=1.729133$

$$n=\frac{\left(t_{\frac{\alpha}{2}}\right)^2 S^2}{e^2}=\frac{1.729^2\times 14.82^2}{4^2}=41.05$$

∴ 추가로 더 조사할 나무는 $42-20=22$ 이다.

(2)

E10 | f_x =E9-E1

	A	B	C	D	E
1	25	46		표본크기	20
2	30	63		표본 표준편차	14.8213
3	47	50		Alpha	0.1
4	32	45		표본오차	4
5	16	40		t값	1.729133
6	41	35			
7	36	19			
8	55	28		산출된 표본크기	41.04966
9	38	70		수정된 표본크기	42
10	33	66		필요한 표본크기	22
11					

10. $e=0.05, \quad \alpha=0.05, \quad Z_{0.025}=1.96$

$$n=\frac{\left(Z_{\frac{\alpha}{2}}\right)^2}{4e^2}=\frac{1.96^2}{4\times 0.05^2}=384.16$$

⁂ 제 10 장

1. 2. 3. 4. 생략

5. (1) $H_0 : \mu=170$

$H_1 : \mu\neq 170$

(2) $H_0 : \mu\leq 170$

$H_1 : \mu>170$

(3) $H_0 : \mu\geq 170$

$H_1 : \mu<170$

6. (1) $\mu=100, \quad \sigma=3, \quad n=10, \quad \alpha=0.05$

① 가설설정

$H_0 : \mu=100$

$H_1 : \mu\neq 100$

② 임계치와 기각영역

$Z_{\frac{\alpha}{2}}=Z_{0.025}=1.96$

$-Z_{\frac{\alpha}{2}}=-Z_{0.025}=-1.96$

채택영역 : $-1.96\leq Z\leq 1.96$

기각영역 : $Z<-1.96$ or $1.96<Z$

③ 표본평균, 표본표준편차, Z값

$\overline{X}=101.8$

$\sigma_{\overline{X}}=0.9487$

$$Z=\frac{\overline{X}-\mu}{\frac{\sigma}{\sqrt{n}}}=\frac{101.8-100}{\frac{3}{\sqrt{10}}}$$

$=1.8974$

④ 가설 채택 여부 결정

$-1.96\leq Z=1.8974\leq 1.96$이므로 채택

∴ 피자의 무게는 100g라고 말해도 된다.

(2) $\mu=100, \quad \sigma=3, \quad n=10, \quad \alpha=0.1$

① 가설설정

$H_0 : \mu=100$

$H_1 : \mu\neq 100$

② 임계치와 기각영역

$Z_{\frac{\alpha}{2}}=Z_{0.025}=1.645$

$-Z_{\frac{\alpha}{2}}=-Z_{-0.025}=-1.645$

채택영역 : $-1.645\leq Z\leq 1.645$

기각영역 : $Z<-1.645$ or $1.645<Z$

③ 표본평균, 표본표준편차, Z값

$\overline{X}=101.8$

$\sigma_{\overline{X}}=0.9487$

$$Z=\frac{\overline{X}-\mu}{\frac{\sigma}{\sqrt{n}}}=\frac{101.8-100}{\frac{3}{\sqrt{10}}}$$

$=1.8974$

④ 가설 채택 여부 결정

$1.645<Z=1.8974$이므로 기각

∴ 피자의 무게는 100g이라고 말하면 안 된다.

(3) $\alpha=0.05$인 경우

D7 | f_x =(D5-D3)/D6

	A	B	C	D	E	F
1	94					
2	95		유의수준	0.05	표본크기	10
3	98		평균	100	표준편차	3
4	100					
5	100		표본평균	101.8		
6	102		평균표준오차	0.948683		
7	105		Z값	1.897367		
8	106		임계치	1.959964		
9	108					
10	110					
11						

$\alpha=0.1$인 경우

D7 | f_x =(D5-D3)/D6

	A	B	C	D	E	F
1	94					
2	95		유의수준	0.1	표본크기	10
3	98		평균	100	표준편차	3
4	100					
5	100		표본평균	101.8		
6	102		평균표준오차	0.948683		
7	105		Z값	1.897367		
8	106		임계치	1.644854		
9	108					
10	110					
11						

7. 모집단이 정규분포를 보이고 모표준편차를 알고 있으므로 검정통계량은 Z분포를 보인다.

$\mu=200,\quad \sigma=30,\quad n=16,$

$\overline{X}=180,\quad \alpha=0.05$

① 가설설정

$H_0 : \mu=200$

$H_1 : \mu<200$

② 검정통계량

$$Z=\frac{\overline{X}-\mu_0}{\frac{\sigma}{\sqrt{n}}}=\frac{180-200}{\frac{30}{\sqrt{16}}}$$

$$=\frac{-20}{7.5}=-2.67$$

③ H_0 기각영역

유의수준 $\alpha=0.05$에 좌측검정이므로 임계치는 $-Z_{0.05}=-1.645$

④ 가설 채택 여부 결정

$Z=-2.67<Z_{0.05}=-1.645$

이므로 귀무가설 기각되어 커피의 양은 200g에 미달되는 것으로 판단된다.

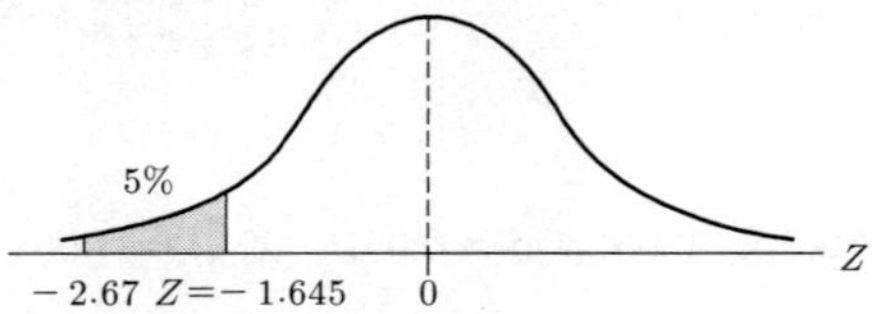

8. (1) 모집단이 정규분포를 보이지만 모표준편차를 모르고 소표본 $n<30$이므로 검정통계량은 t분포를 보인다.

$\mu=70,\quad n=9,\quad \alpha=0.05$

① 가설설정

$H_0 : \mu=70$

$H_1 : \mu\neq 70$

② 유의수준 $\alpha=0.05$의 임계치와 기각영역 결정

$t_{(n-1),\,\frac{\alpha}{2}}=t_{8,\,0.025}=2.306$

채택영역 : $-2.306\le t\le 2.306$

기각영역 : $t<-2.306$ or $2.306<t$

③ 표본평균, 표본표준편차, t통계량

$$\overline{X}=\frac{(66+67+68+69+\cdots+72)}{10}$$

$=69$

$$S=\sqrt{\frac{\sum(X-\overline{X})^2}{n-1}}=1.8028$$

$$t=\frac{\overline{X}-\mu}{\frac{S}{\sqrt{n}}}=\frac{69-70}{\frac{1.8028}{\sqrt{9}}}=-1.6641$$

④ 가설 채택 여부 결정

$-2.306 \leq t = -1.6641 \leq 2.306$

이므로 귀무가설 채택

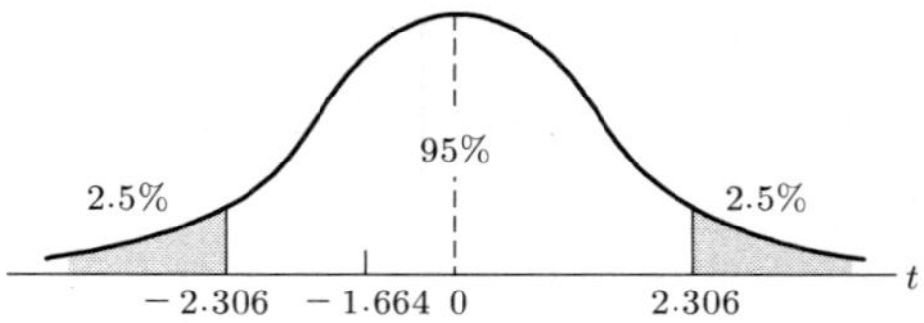

(2)

D8 | f_x =(D5-D3)/D7

	A	B	C	D	E	F
1	66					
2	67		유의수준	0.05	표본크기	9
3	68		평균	70	자유도	8
4	69					
5	69		표본평균	69		
6	70		표본표준편차	1.802776		
7	70		평균의 표준오차	0.600925		
8	70		t통계량	-1.6641		
9	72		양측t임계치	2.306004		
10						

⁂ 제 11 장

1. 2. 3. 4. 생략

5. (1) $E(X) = 39.2,\quad E(Y) = 130.4$

$$Cov(X, Y) = E[(X - E(X)) \cdot (Y - E(Y))]$$
$$= E(XY) - E(X) \cdot E(Y)$$
$$= 5172.7 - 39.2 \times 130.4$$
$$= 61.02$$

$$V(X) = \sum X^2 - [E(X)]^2 = 1617.6 - (39.2)^2$$
$$= 80.96$$

$$\sigma(X) = 8.9978$$

$$V(Y) = \sum Y^2 - [E(Y)]^2$$
$$= 17055.6 - (130.4)^2 = 51.44$$

$$\sigma(Y) = 7.1722$$

$$\therefore \beta = \frac{Cov(X,\ Y)}{\sigma(X) \cdot \sigma(Y)}$$

$$= \frac{61.02}{8.9978 \times 7.1722} = 0.9456$$

(2)

	A	B	C	D	E	F
1	학생	몸무게(Xi)	키(Yi)	Xi^2	Yi^2	XiYi
2	1	25	118	625	13924	2950
3	2	28	123	784	15129	3444
4	3	32	127	1024	16129	4064
5	4	35	123	1225	15129	4305
6	5	38	129	1444	16641	4902
7	6	40	135	1600	18225	5400
8	7	43	133	1849	17689	5719
9	8	47	139	2209	19321	6533
10	9	50	137	2500	18769	6850
11	10	54	140	2916	19600	7560
12	합계	392	1304	16176	170556	51727
13	평균	39.2	130.4	1617.6	17055.6	5172.7
14						
15	V(X) =	80.96	σx =	8.997778		
16	V(Y) =	51.44	σy =	7.172168		
17	σxy =	61.02			β =	0.945554
18						

(3)

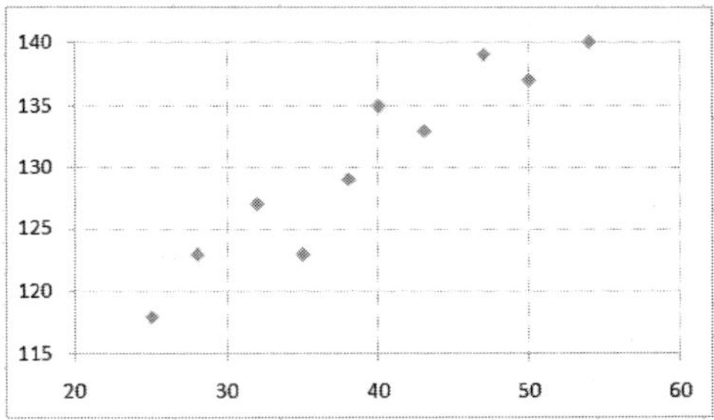

6. (1)

학생	몸무게(Xi)	키(Yi)	Xi^2	XiYi
1	25	118	625	2950
2	28	123	784	3444
3	32	127	1024	4064
4	35	123	1225	4305
5	38	129	1444	4902
6	40	135	1600	5400
7	43	133	1849	5719
8	47	139	2209	6533
9	50	137	2500	6850
10	54	140	2916	7560
합계	392	1304	16176	51727
평균	39. 2	130. 4	1617. 6	5172. 7

$\overline{X} = 39.2 \qquad \overline{Y} = 130.4$

$$b = \frac{\sum X_i Y_i - n\overline{X}\,\overline{Y}}{\sum X_i^{\,2} - n\overline{X}^{\,2}}$$

$$= \frac{51727 - 10(39.2)(130.4)}{16176 - 10(39.2)^2}$$

$$= 0.7537$$

$$a = \overline{Y} - b\overline{X} = 130.4 - 0.7537 \times 39.2$$

$$= 100.8547$$

$$\therefore \ \hat{Y} = a + bX = 100.8547 + 0.7537X$$

(2)

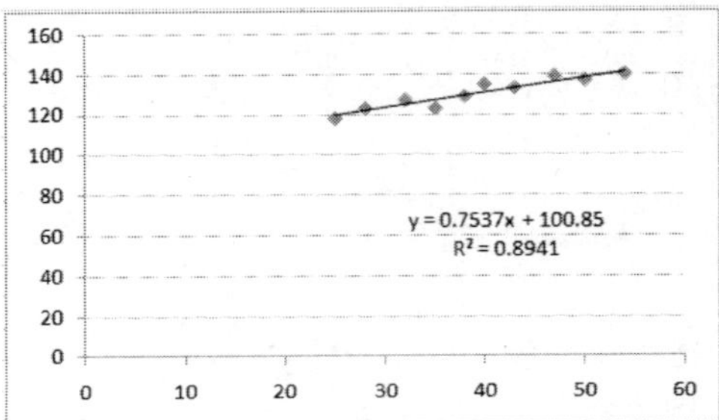

(3) $a = 100.8547$은 몸무게에 관계없이 기본적으로 키가 100. 8547를 유지한다는 것을 의미하고 $b = 0.7537$은 기울기의 계수로 몸무게가 1단위 증가할 때마다 키가 0. 7537만큼 비례하여 증가한다는 것을 의미한다.

7.

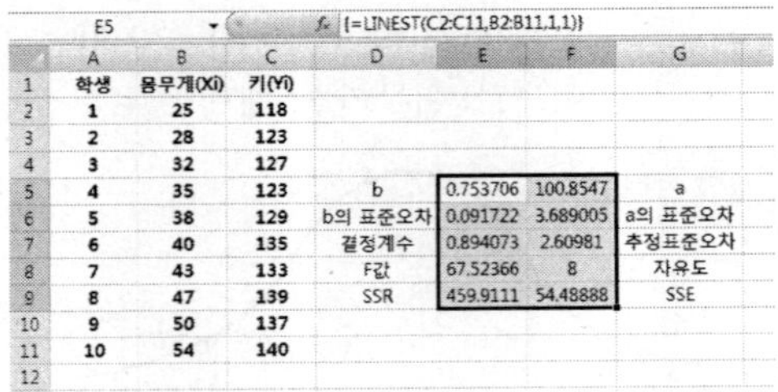

E5 | {=LINEST(C2:C11,B2:B11,1,1)}

	A	B	C	D	E	F	G
1	학생	몸무게(Xi)	키(Yi)				
2	1	25	118				
3	2	28	123				
4	3	32	127				
5	4	35	123	b	0.753706	100.8547	a
6	5	38	129	b의 표준오차	0.091722	3.689005	a의 표준오차
7	6	40	135	결정계수	0.894073	2.60981	추정표준오차
8	7	43	133	F값	67.52366	8	자유도
9	8	47	139	SSR	459.9111	54.48888	SSE
10	9	50	137				
11	10	54	140				
12							

8. 아래 표 참조

(1) $$b = \frac{\sum X_i Y_i - n\overline{X}\,\overline{Y}}{\sum X_i^2 - n\overline{X}^{\,2}}$$

$$= \frac{536 - 5(7)(14)}{285 - 5(7)^2}$$

$$= \frac{46}{40} = 1.15$$

$$a = \overline{X} - b\overline{X} = 14 - 1.15(7) = 5.95$$

(2) $\hat{Y} = a + bX, \qquad \hat{Y} = 5.95 + 1.15X$

(3) $\hat{Y} = 5.95 + 1.15X$

$= 5.95 + 1.15(5) = 11.7$

(4) $SST = \sum(Y_i - \overline{Y})^2 = 54$

$SSE = \sum(Y_i - \hat{Y}_i)^2 = 1.1$

$SSR = \sum(\hat{Y}_i - \overline{Y})^2 = 52.9$

Xi	Yi	Xi^2	Yi^2	$XiYi$	$\hat{Y}$	$(Yi-\hat{Y})^2$	$(\hat{Y}-E(Y))^2$	$(Yi-E(Y))^2$	$(Xi-E(X)) \times (Yi-E(Y))$	$(Xi-E(X))^2$
3	10	9	100	30	9. 4	0. 36	21. 16	16	16	16
5	11	25	121	55	11. 7	0. 49	5. 29	9	6	4
7	14	49	196	98	14	0	0	0	0	0
9	16	81	256	144	16. 3	0. 09	5. 29	4	4	4
11	19	121	361	209	18. 6	0. 16	21. 16	25	20	16
7	**14**	**57**	**206. 8**	**107. 2**	**14**	**0. 22**	**10. 58**	**10. 8**	**9. 2**	**8**
35	**70**	**285**	**1034**	**536**	**70**	**1. 1**	**52. 9**	**54**	**46**	**40**

문제 11-8

	A	B	C	D	E	F	G	H	I	J	K
1	**Xi**	**Yi**	**Xi^2**	**Yi^2**	**XiYi**	**Ŷ**	**(Yi-Ŷ)^2**	**(Ŷ-E(Y))^2**	**(Yi-E(Y))^2**	**(Xi-E(X))(Yi-E(Y))**	**(Xi-E(X))^2**
2	**3**	**10**	9	100	30	9.4	0.36	21.16	16	16	16
3	**5**	**11**	25	121	55	11.7	0.49	5.29	9	6	4
4	**7**	**14**	49	196	98	14	0	0	0	0	0
5	**9**	**16**	81	256	144	16.3	0.09	5.29	4	4	4
6	**11**	**19**	121	361	209	18.6	0.16	21.16	25	20	16
7	**35**	**70**	**285**	**1034**	**536**	**70**	**1.1**	**52.9**	**54**	**46**	**40**
8	**7**	**14**	**57**	**206.8**	**107.2**	**14**	**0.22**	**10.58**	**10.8**	**9.2**	**8**
9											
10		b	**1.15**	**5.95**	a						
11		b표준오차	**0.09574**	**0.72284**	a표준오차						
12		결정계수	**0.97963**	**0.60553**	추정표준오차						
13		F값	**144.273**	**3**	자유도						
14		SSR	**52.9**	**1.1**	SSE						
15											

문제 11-8 (8)

(5) $MSR = \dfrac{SSR}{1} = 52.9$

$MSE = \dfrac{SSE}{n-2} = \dfrac{1.1}{3} = 0.3667$

(6) $S_e = \sqrt{\dfrac{\sum(Y_i - \widehat{Y}_i)^2}{n-2}}$

$= \dfrac{\sqrt{SSE}}{n-2} = \dfrac{\sqrt{1.1}}{3} = 0.3496$

(7) $R^2 = \dfrac{SSR}{SST} = \dfrac{52.9}{54} = 0.9796$

(8) 위의 그림 참조

찾아보기

ㅎ

기타

경영통계학

2022년 8월 25일　1판 7쇄 발행

저　자　강규철 · 최정일
발행인　남　승　우

발행처　도서출판 상尙 학學 당堂

서울특별시 동작구 사당로9가길 6
TEL : 02) 595-1692 ~ 4
FAX : 02) 595-1394
E-mail : shdbooks@naver.com
신고 : 2-155호 (1968. 11. 29)

정가 27,000원

ISBN 978-89-93383-56-0　93410

〈디자인〉 편집 이선경 / 표지 토틀컴